矢越葉子

日本古代の文書行政

正倉院文書の形成と復原

八木書店

はじめに ―研究の視角―

日本の古代国家は、律令制によって統治された「律令国家」であると言われる。律令制は東アジア世界に共通する統治制度であるが、西嶋定生は「東アジア世界」について、中国による冊封体制のなかで漢字文化を媒介に儒教・律令制・仏教が伝播するもので、漢代に形成がはじまり、晋代・五胡十六国の動乱期に完成、隋・唐に冊封体制が一元化されるに至って自律的に機能するようになると述べる[1]。このうち五胡十六国から唐代に至るまでの時期は日本における古代国家の形成期に相当し、漢字文化・儒教・律令制・仏教をその時々に受容し徐々に形成されたのが日本の古代国家である。したがって、本書で中心に扱う文書行政の制度も一度に、あるいは系統立てて伝播・受容された訳ではなく、朝鮮半島を経由して、あるいは中国から直接に伝わったものを、その時々で必要に応じて継受したものと言える。

この文書行政の制度は、律令法の中では主に公式令に規定されている。まとまった形で現在に伝わる公式令は日本の養老令文（天平宝字元年〔七五七〕施行）のみであるが、具体的には、

公文書の様式（1詔書式条[2]～22過所式条）

公文書の作成・施行上の諸規定（23平出条～41行公文皆印条、66公文条、69奉詔勅条、71諸司受勅条～83文案条）

駅鈴・伝符および駅の運用についての規定（42給駅伝馬条～51朝集使条、70駅使至京条）

官人の秩序・服務についての規定（52内外諸司条～62受事条、65陳意見条、67料給官物条、68授位任官条、84任授官位条～89遠方殊俗条）

訴訟手続（63訴訟条・64訴訟追摂条）

といった事項が規定されている。「公式」の意味するところを「公文の様式」とする『令義解』の解釈[3]とは若干異なる印象を受けるが、広い意味で公文書の作成およびその使途を規定していると解するべきであろうか。いずれにしても、公文書の様式を定めた二十二箇条、公文書の作成・施行上の諸規定を定めた二十五箇条のみでは国家全体の文書行政制度を定めることは困難であったと見られ、制度を運営する上で必要に応じて改変が加えられた。その様相は平安時代に入って編纂された格式に明らかである。ただし、格や式は改変の事実を伝えはするものの、編纂された法制史料という性格上、そのような措置が必要とされた状況は詳述しない。したがって、公式令の施行の実際や改変が加えられるべき状況、すなわち文書の授受や保管の方法は、一次史料によってしか明らかにし得ないのである。

日本古代の一次史料としてまとまった形で現存するのは、正倉院文書のみである。本書はこの正倉院文書を対象として検討を進めるが、ここで正倉院文書について簡単に述べておく。正倉院文書は、奈良東大寺の正倉院中倉に伝来したもので、幕末の発見以降、明治中期までに数段階の「整理」を経て、現在の姿（正集四十五巻、続修五十巻、続修後集四十三巻、続修別集五十巻、続々修四百四十巻二冊、塵芥文書三十九巻三冊、計六百六十七巻五冊）に編成された。この「整理」は戸籍や計帳といった特定の律令公文を抜き出すことによって始められたため、保存されていた当初の原形は大きく破壊されている[4]。しかし、その後の原本調査や記載された内容の分析を通じて多くの史料の原形が明らかになり、また一九八〇年代後半より始まった復原の基礎データを提供する『正倉院文書目録』[5]および『正倉院古文書影印集成』[6]の公刊により、正倉院文書の中核をなす写経所文書の研究が飛躍的に進展した[7]。

この写経所文書研究の近年における成果の一つが写経機構の解明である[8]。写経所文書についてはそれまでにも先駆的な研究が行われ[9]、また特に寺院造営に関する史料については集中的に整理が行われた結果、組織やその構成員などが明らかになっていたが、近年の写経所文書研究の進展により史料群としての正倉院文書を生み出した皇后宮職系統写経機関の内部構造や変遷の詳細が判明した。写経所文書は神亀四年（七二七）から宝亀七年（七七六）に至るまでの約五十年に渡って形成されたものであり、各時期のものがそれぞれ特徴を有するが、その形成に直接に携わった機構の系統や変遷の解明は、広く行われている個別写経事業研究の成果と共に[10]史料群としての写経所文書を解明する手掛かりとなる[11]。

このような研究の動向を踏まえ、本書では第一部を「正倉院文書の形成と文書行政」と題し、文書行政という観点から史料群としての正倉院文書を論じる。先述のように日本古代の律令国家は中国からの律令制の導入に当たりその特徴のひとつである文書主義を継受したが、その日本の文書行政システムに関する従来の研究は主に法制史料を対象とし、一次史料である正倉院文書はその特殊性ゆえにあまり活用されてこなかった[12]。しかし、既に指摘されているように、臨時に設けられた令外官であるものの、写経所は他の令制官司との間で文書を授受し、人員や予算を国家の枠組みの中で配分されていた[13]。また上級官司が恒常的な令外官である造東大寺司へと発展し、特に天平宝字年間（七五七〜七六五）に官司としての規模が八省並みに整備された段階においては、令制官司と同様の普遍的なシステムが導入されていた可能性が高いと考えられる。そこで、この特殊性と普遍性を明らかにすることを目的に、第一章では律令国家の文書行政を象徴する儀式である告朔との関連性が指摘される行政報告書「告朔解」のうち、写経所のものを対象に検討を加える。次いで第二章では、正倉院文書の中で史料の原形が最も明らかとなっている石山寺造営関係史料を対象に、文書および帳簿の作成から保管までを一体で考察することを通じ、史料群が形成される過程を具体的に検討する。さらに、第三章では正倉院文書と同時期の中国唐で形成された敦煌文書・吐魯番文書のうち官司が作成した文書との比較を行うことで、そこに見られた特徴が有する意味を考える。敦煌と吐魯番は唐の辺境に所在し、文書群もその特殊性と普遍性が指摘されているが、唐が施行した律令制の中で形成されたことは明らかである。この比較を通じて正倉院文書を形成した日本古代の文書行政システムの特質が明らかになるものと考える。

また、近年の正倉院文書研究では、研究環境の整備に伴い[14]、復原研究のさらなる深化が求められている。特に復原情報を掲載する『正倉院文書目録』の刊行が続々修に及んだことで、続々修整理の状況やその方針を再確認する必要が生じていると言える。第一部の個別文書の検討においても触れるが、この続々修については鮮明とは言えないマイクロフィルムもしくはその紙焼き写真の形でしか写真が公開されていないこともあり、接続などの情報を写真から読み取ることは容易ではなく、先行研究もこの続々修部分で接続に曖昧なものが多い。そこで、第二部では「古代史料とその復原」と題し、まず第一章において続々修の成巻に至るまでの過程で作成された複数の目録の対比を通じて、明治十年代に行われた「整理」を検討する。この「整理」過程の考察を通じて、さらなる復原の糸口が見えてくるであろう。またこの続々修を用いた復原研究とも直接に関わるため、あわせて続々修と目録との対照表を作成し、復原の最小単位となる「断簡」を一覧の形で示し、『大日本古文書』での掲載の巻・頁も併載することで利用の便を図ることとした。なお、日本古代史においては、このような復原は正倉院文書のような一次史料のみならず、典籍等の編纂史料においても必須である。そこで史料復原をキーワードとして、第二章には複数の写本に基づいて勘物を復原した『政事要略』および『西宮記』にかかる論考を、また第三章には二〇〇六年に中国寧波市の天一閣博物館で発見された明鈔本天聖令に基づく転写過程の復原に関する論考を収め、全体として史料研究にあたっての復原の方法を論じることとする。

注

（1）西嶋定生著・李成市編『古代東アジア世界と日本』（岩波書店、二〇〇〇年）。

（2）条文番号は井上光貞他校注『日本思想大系3　律令』（岩波書店、一九七六年）に従う。

（3）『令集解』引用の諸説では、令釈は『令義解』と同じく「公文の様式」、跡記は「公文を録する式」と解する。

（4）正倉院文書の整理については、皆川完一「正倉院文書の整理とその写本―穂井田忠友と正集―」（『正倉院文書と古代中世史料の研究』吉川弘文館、二〇一二年、初発表一九七二年）、西洋子『正倉院文書整理過程の研究』（吉川弘文館、二〇〇二年）に詳しい。

（5）東京大学史料編纂所編纂、東京大学出版会刊行。現在までに『一　正集』（一九八七年）、『二　続修』（一九八八年）、『三　続修後集』（一九九四年）、『四　続修別集』（一九九九年）、『五　塵芥』（二〇〇四年）、『六　続々修一』（二〇一〇年）、『七　続々修二』（二〇一五年）、『八　続々修三』（二〇二〇年）が刊行されている。

（6）宮内庁正倉院事務所編集、八木書店刊行。一九八八年以降、現在までに正集、続修、続修後集、続修別集、塵芥文書の部分が刊行されている。

（7）近年の正倉院文書研究の概要については、栄原永遠男『正倉院文書研究入門』（角川学芸出版、二〇一一年）、同「正倉院文書研究の現状と課題」、山下有美「写経所文書研究の展開と課題」、同「正倉院文書の性格とその特質」（以上、『国立歴史民俗博物館研究報告』一九二、二〇一四年）を参照されたい。また、大平聡「正倉院文書研究試論」（『日本史研究』三一八、一九八九年）は新たに進展しつつあった研究動向の中で書かれたものであり、それまでの研究成果を総括し、示唆に富む展望を述べる。

（8）代表的な成果として、山下有美『正倉院文書と写経所の研究』（吉川弘文館、一九九九年）がある。

（9）福山敏男「奈良朝に於ける写経所に関する研究」（『寺院建築の研究』中〔福山敏男著作集二〕、中央公論美術出版、一九八二年、初発表一九三二年）、皆川完一「光明皇后願経五月一日経の書写について」（注（1）書、初発表一九六二年）など。

(10) 個別写経事業研究については栄原注（7）書の目録に詳しいが、その後、まとまった形では山本幸男『写経所文書の基礎的研究』（吉川弘文館、二〇〇二年）が刊行されている。また東京大学史料編纂所で行われていた石上英一氏による正倉院文書演習の成果が「正倉院文書写経機関関係文書編年目録」として順次公開されており（『東京大学日本史学研究室紀要』三、一九九九年〜）、個別の研究成果に基づいて史料の整理を行い、その概要が述べられている。

(11) 史料群としての正倉院文書については、吉田孝「律令時代の交易」（『律令時代の国家と社会』岩波書店、一九八三年）、黒田洋子「正倉院文書の一研究—天平宝字年間の表裏関係から見た伝来の契機—」（『お茶の水史学』三六、一九九二年）はそれぞれ伝来の契機となった人物を挙げつつ検討を行う。

(12) 正倉院文書を使用した文書行政制度の研究の早い例として、早川庄八「公式様文書と文書木簡」（『日本古代の文書と典籍』吉川弘文館、一九九七年、初発表一九八五年）がある。また、近年、山口英男氏は正倉院文書を用いた「書類学」を提唱し、写経所で作成された書類を用いた情報伝達を具体的に分析し、業務の実際の解明を目指している（「正倉院文書の〈書類学〉」（『日本古代の地域社会と行政機構』吉川弘文館、二〇一九年、初発表二〇一六年））。本書の視覚と異なる点もあるが、写経所文書を文書のみではなく全般として検討する際に有効な分析と言える。

(13) 大平注（7）論文。

(14) 正倉院文書を収載した『大日本古文書』編年文書全二十五巻をテキスト検索できる「奈良時代古文書フルテキストデータベース」、断簡や接続の情報を盛り込んだ「正倉院文書マルチ支援（多元的解析支援）データベース　ＳＨＯＭＵＳ」（東京大学史料編纂所公開）、テキストおよび画像を閲覧できる「ＳＯＭＯＤＡ（正倉院文書データベース）」（正倉院文書データベース作成委員会作成）など、各種のオンラインデータベースが公開されており、今後も各研究機関で整備・拡充の計画がある。本書コラム「古代の史料群とデータベース」参照。

凡例

一、本書で正倉院文書に言及する場合、以下のようにする。

①正倉院文書の種別は、正集、続修、続修後集、続修別集、塵芥、続々修の略称を用いる。

②文書の所属を表すにあたっては、種別、巻次、断簡番号および『大日本古文書』編年文書での掲載位置を記載する。

③種別内の巻次をアラビア数字のみで表す場合がある。

例　続修後集第九巻　＝　続修後集9　　続々修第三十五帙第一巻　＝　続々修35―1

④断簡番号は、『正倉院文書目録』既刊部分（二〇二〇年三月現在、八　続々修三まで刊行）に従う。未刊行の部分については、形態から明らかな場合は『正倉院文書目録』に従って付し、不明瞭な場合は料紙番号を記す。

⑤史料の接続は、『正倉院文書目録』既刊部分についてはその内容を示す。なお、次の略号を使用する場合がある。

正集＝S　続修＝Z　続修後集＝ZK　続修別修＝ZB　塵芥＝J　続々修＝ZZ

料紙番号＝〈　〉　「接続ス」・「接続カ」＝＋　「続ク」「中間欠」＝↓

⑥『大日本古文書』編年文書での掲載位置は、巻と頁を漢数字とアラビア数字で示す。

例　『大日本古文書』第七巻一八八頁　＝　七188

⑦史料の表題は、文書様式や題簽の記載等に則って付すことを原則とする。したがって、必ずしも『大日本古文

書』『正倉院文書目録』『正倉院古文書影印集成』の名称と一致しない。
⑧釈文を示す場合、原本の写真（正集〜塵芥は『正倉院古文書影印集成』、続々修はマイクロ写真）に基づき、『大日本古文書』編年文書の用字および改行箇所等に変更を加えた。

二、本文中での引用史料のはじまりに「を、また細行書きのはじまりに〈を用いる。また、紙幅の都合から追い込みで引用した場合、改行部分を／で示す。

三、正倉院文書以外で利用した活字本は以下の通りである。

養老令（条文番号も含めて）―井上光貞『日本思想大系3　律令』（岩波書店）
『令義解』『令集解』『政事要略』『類聚符宣抄』―新訂増補国史大系（吉川弘文館）
『続日本紀』―『新日本古典文学大系』（岩波書店）
『延喜式』―『訳注日本史料』（集英社）
『東大寺要録』―筒井英俊編（国書刊行会）
『儀式』『北山抄』『江家次第』―新訂増補故実叢書（明治図書出版）

『日本古代の文書行政　—正倉院文書の形成と復原—』目次

図表・写真目次

第一部　正倉院文書の形成と文書行政

第一章　写経所と「告朔解」

はじめに

七世紀から九世紀にかけて行われた儀式に告朔がある。この儀式は各官司の官人が毎月朔日に朝堂院の庭に集い、一定期間内の政務報告を奏上するもので、その報告に際して官司毎に文書が作成された。告朔の初見は天武朝であるが[(1)]、その後、大宝令において成文化される。養老令では儀制令5文武官条に、

凡文武官初位以上、毎㆓朔日㆒朝。各注㆓当司前月公文㆒。五位以上、送㆓着朝庭案上㆒。即大納言進奏。若逢㆑雨失㆑容、及泥潦、並停。弁官取㆓公文㆒、惣納㆓中務省㆒。

とあり、この条文から儀場においては各官司が作成した公文をその官司に属する五位以上の者が朝庭の机の上に置き、それを大納言が進奏すること、また雨などにより儀式の実施が不可能な場合には公文は弁官を経て申奏され、最終的に中務省に収められたことが判明する。しかし、令文が雨泥の日に限定していた公文の進奏方法をそれ以外

の日にも適用したことから、八世紀初頭以降告朔は必ずしも毎月実施されなくなり、さらに平安初期以降は天皇が出御して行われる儀式は四孟月のみとなり、寛平年間（八八九～八九八）以降は遂に実施されなくなるに至った。[2]

提出される文書自体が実際に何と呼ばれていたかは現存する史料から判然としないが、このような儀場において、あるいは中央官司または地方において下級官司から上級官司に対して提出された特定の文書を指して、現在「告朔解」という呼称が用いられている。「告朔解」の実例は正倉院文書中に五十点ほど見出され、

①造金堂所の告朔解―天平宝字四年（七六〇）秋季、冬季

②天平宝字六年の告朔解

　造東大寺司―六年二月、三月、四月、閏十二月

　造石山寺所―二月、春季、秋季

　甲賀山作所―五年十二月～六年正月、三月～四月

　田上山作所―正月、二月、三月、三月末～五月

③写経所の告朔解―天平年間（七二四～七四九）～宝亀年間（七七〇～七八一）

の三種に分類される。①・②は造営関係史料として早くから整理の対象とされており、また造東大寺司の告朔解は儀場において提出されたと考えられることから、告朔に関する研究では中心的に扱われている。古瀬奈津子氏は②のうち造東大寺司と造石山寺所の告朔解から造東大寺司と造石山寺所との関係を、[3]中村順昭氏は造東大寺司の告朔解から造東大寺司とその配下にある「所」の関係や別当制を考察し、[4]また風間亜希子氏も②の天平宝字六年（七六二）の告朔解を中心に正倉院文書中の告朔という語句や告朔解の性格を分析し、前月末日の時点で必ずしも告朔解が完成していないことから告朔儀との関係を疑問視する。[5]なお筆者も第一部第二章において造石山寺所の文書行政

との関連で②の告朔解に言及した。

これら先行研究において利用されている造東大寺司の告朔解に関しては、古瀬氏により書式の復原案が提示されている。すなわち「造東大寺司解　申○月中作物幷散役事」という事書に続いて、造東大寺司全体の作業量を延べ人数である「単口」で示し、その詳細を造東大寺司に属する所（造物所、木工所など）毎に総単口および将領・雑工・仕丁・雇夫といった造東大寺司内の立場毎の単口の内訳を示し、続けて作物としてその作業内容とそれに要した人数（「散役」）を挙げる。そして最後に「官人上日」として四等官の勤務日数を記載し、「以前、○月中作物、幷雑工等散役、及官人上日、具件如前、謹解」と結ぶのである。この天平宝字六年の告朔解を見る限りでは、告朔解の内容は作業内容と勤務日数である。これに対し、儀場で提出する行政報告の文書に関して、『令集解』穴記に「謂前月所レ行符移解牒等、或施行或不二施行一、加レ之皆悉注」との注釈（前掲三頁史料の傍線部分への注釈）がなされており、各官司が前月に授受した文書を施行したか、あるいは施行しなかったかを詳しく記載したものであるとする。この穴記の記載に関して、古瀬氏は「前月公文」という語に基づいて推測した字句的解釈に過ぎないとするが、これは飽くまでも天平宝字六年の告朔解の検討に基づく解釈であり、告朔解の時期的な変遷を否定することはできないであろう。

他方、③の写経所の告朔解は、天平年間～宝亀年間のものが残存しているものの、従来の研究においては余り関心が払われていない。これは正倉院文書を作成した皇后宮職の写経機構が複雑に変遷していることに起因していると考えられる。しかし、近年の写経所文書の整理および研究の進展により、写経機構や写経所において実施された写経事業について明らかになっていることも多い[6]。また風間氏は「告朔解」と告朔儀とを無関係であるとするが、造石山寺所では「告朔解」の雛形を配下の所に示す事例が確認されており、各官司においては統一された書式で

「告朔解」が作成されてその直属の上級官司に提出されていたと考えられるのである。そこで本章では、それらの研究に基づき各時期の写経所の告朔解を検討することで、律令官司における政務報告の在り方を考察していくこととする。

一　写経司の「告朔解」

皇后宮職管下の写経機構は、光明子の家政機関での写経事業を引き継ぐ形で天平元年（七二九）八月の光明子の立后と前後して[7]設置されたものである。写経司はその皇后宮職管下の写経機構であり、既存の写経機関が天平十年（七三八）正月の阿倍内親王の立太子[8]により司に昇格したものであると言われている。

まず、ここで表の説明をすると、表は文書の接続案を示す接続表（表1―1）と文書の内容を整理したもの（表1―2）の二つを作成した。接続表には正倉院文書中の種別や断簡番号および料紙番号、『大日本古文書』の巻・頁、紙背文書についてまとめ、文書の内容について整理した表には書出・書止の文言、日付、署名についてまとめた。

写経司の告朔解（以下、本文中では「　」を省略する）は九通が残存しており、それらは続々修第三十五帙第一巻第十七紙～第三紙裏として計十五紙が貼り継がれた状態で保管されている。この貼り継ぎに関して、山口英男氏は継文であるとし[9]、須原祥二氏も紙背を写経充紙帳として二次利用された際に抜き取られたことによる前欠および中間欠を想定しつつも一つの継文であったとする[10]。ただし、第十七紙～第十一紙裏と第十紙～第三紙裏は続々修編成前の状態を記載する「未修古文書目録」[11]の段階ではそれぞれNo.616（第二十八号第十二括[12]）・No.286（第十六号第十三括[13]）として分離しているため、続々修成巻時の復原であることが分かる。また第十六紙裏右下に「廿八ノ□」の付箋が

表1―1　写経司の告朔解（接続）

編成	帙・巻	断簡番号	紙番号	表裏	『大日本古文書』	含まれる期間	紙背（日付）	『大日本古文書』
続々修	35―1		17	裏	七188	天平10年7月分ヵ	写経充紙帳（天平13年8月1日〜14年4月29日）	七561〜577
続々修	35―1		16〜13	裏	二十四78〜79	天平10年8月分		
続々修	35―1		12	裏	七195〜197	天平10年11月分		
続々修	35―1		11	裏	七225〜226	天平11年3月分		
続々修	35―1		10	裏	七227〜228	天平11年6月分		
続々修	35―1		9〜8	裏	七228〜231	天平11年7月分		
続々修	35―1		7〜6	裏	七231〜236	天平11年8月分		
続々修	35―1		5〜4	裏	七236〜238	天平11年9月分		
続々修	35―1		3	裏	七238〜239	天平11年10月分		
続々修	35―1		2〜1	裏	（空）	――		

表1―2　写経司の告朔解（内容）

No.	書出	書止	日付	署名		
1	（欠）	以前月内行事、顕注如件、以解	天平10年8月			
2	写経司解　申八月行事事	以前、	（天平10年9月ヵ）			
3	写経司解　申十一月行事事	以前、十一月内、経師并装潢、行事顕注、如前申送、以解	天平10年12月1日			
4	写経司解　申三月行事事	以前月内行事顕注如前以解	天平11年4月1日	史生无位小野朝臣［国堅］		
5	写経司解　申六月行事事	以前、月内行事、顕注如前、以解	天平11年7月	舎人市原王		
6	写経司解　申七月行事事	以前、七月内行事、顕注如前、以申	天平11年8月1日	高屋［赤麻呂］	史生小陽国	舎人［市原王］
7	写経司解　申八月行事事	以前、八月内行事、顕注如前、以解	天平11年9月2日			
8	写経司解　申九月告朔事	前前九月内行事、顕注如前、以解	天平11年9月30日	小野朝臣［国堅］		
9	写経司解　申十月告朔事	（欠）	（天平11年11月ヵ）			

貼られていることより、第十七紙～第十一紙裏は一括であったものの、第十七紙裏と第十六紙裏の間は続々修編成以前の段階で離れていた可能性があり、よって紙背を二次利用された際以外にも欠損が生じた可能性は残る。

表1―2を一見して分かるように、この九通は書止文言が全て「行事」となっているものの、書出文言は「行事」もしくは「告朔」である。このことから、これらの文書を作成した人物が「行事」と「告朔」をほぼ同一の内容として理解し、一つの継文として貼り継いだものと言える。

しかし、内容や書式にはかなりの幅がある。そこで、具体例として、天平十年十一月分と天平十一年九月分の二通を見ていくこととする。まず、天平十年十一月分（続々修第三十五帙第一巻第十二紙裏、No.3）[14]であるが、

写経司解　申十一月行事事
合経師装潢壹拾肆（伍）人 経師十二人 装潢十（三）人
写雑経参拾巻 千手経十五巻 最勝王経十五巻
用紙肆伯肆拾貳張
経師安曇廣麻呂　写紙卅七張
　調少屎麻呂　写紙卅七張
（中略）
装潢三野乙麻呂　造紙四百卌二張
以前、十一月内、経師幷装潢、行事顕注、如件（前）申

送、移解

天平十年十二月一日

と事書に続いて経師と装潢の人数、写経巻数とそれに要した紙の枚数を記載し、それに続けて作業に従事した経師と装潢の姓名および作業量を列記している。写経所文書に類例を求めるならば、給与である布施を請求するための布施申請解から布施支給額の記載を除いたものと言えようか。

これに対し、天平十一年九月分（続々修第三十五帙第一巻第五～四紙裏、No.8）は、次の通りである。

写経司解　申九月告朔事

合経司装潢校生卅一人 廿人経師 八人校生三人装潢

写経一百廿二巻 並一切経

用~~三~~一千~~六~~八百~~九~~二十~~五~~一張

破空幷卅四張 十二張破 廿二張空

校紙~~三~~五千~~四~~五百~~六~~七十~~三~~九張

装潢紙

所請物八種

銭十六貫七百六十九文

十四貫六百九文経師布施料

一千五百六十文経師等羹茹料直用一千三百七十文 残百九十文
六百文薪直料盡
油一升経師供養料
用料米廿一石~~九~~八斗三升一合計欠米二斗七升七合　用十九石三斗七升四合 定米廿一石五斗五升四合残二石一斗八升
（中略）
前前九月内行事、顕注如前、以解
天平十一年九月卅日小野朝臣

事書に続いて、作業従事者として経師・装潢・校生の人数を、その後に作業内容として写経巻数・用紙数・校紙数を記す。また、これに続けて天平十年十一月分には見られなかった受領した物品の記載がある。物品の内訳は、銭と現物支給の食料であり、銭に関しては使用額とその用途も併せて、また現物支給の食料に関しても使用量と残量が記されている。

このように、写経司の時期の告朔解は、作業量の報告形態が一様ではなく、また記載すべき内容も一定していないという印象を受ける。

二　福寿寺写一切経所期の「告朔解」

写経司の事業を受け継ぐのが福寿寺写一切経所である。福寿寺は光明子発願の寺院であり、天平十年の阿倍内親王の立太子に際して建立が計画されたとされる。その福寿寺内に場を移して写経事業を行ったのが福寿寺写一切経所であり、天平十三年閏三月には成立していたと言われる。なお福寿寺の造営に際しては福寿寺造物所という造営機関が設けられたが、写経所は依然として皇后宮職の直属機関である。これ以降、福寿寺が金光明寺、東大寺へと発展していく過程で、写経所の名称や上級官司も変遷していくこととなる。

福寿寺写一切経所の告朔解は現存していないものの、装潢所の告朔解が七通残る。これらは続々修第二十八帙第二巻第一～七紙の計七紙として貼り継がれた状態で現存している。この貼り継ぎに関して、有富純也氏は装潢所から福寿寺写一切経所に送進された文書の継文、あるいは装潢所で保管されていた案文の継文かとする。[15] また、大隅亜希子氏は第二紙と第三紙の筆跡・墨色が一致するとし、第三紙作成時に第二紙は書き直されたとする。[16] とすれば、この継文は装潢所で継がれたことになろうか。これら七紙は「未修古文書目録」では№61（第五号第十一巻）[17]に該当し、同項には往来軸の記載も含まれており、また紙背が空であることより、往来軸および全七紙の貼り継ぎは継文作成当時の状態を保っているものと考えられる。

装潢所の告朔解は、往来軸の題籤には「装潢告朔／天平十三年」とあるものの、文面には「告朔」の文言は見えない。文書の事書に現れてくる作業内容を総括する文言は「造物」であるが、装潢所の担う作業が写経用紙の製作（紙継・打紙・施界）や経典の装丁であることを考え合わせると、これは写経司の「行事」と同様に装潢所の作業内

表2―1　福寿寺写一切経所期の告朔解（接続）

編成	帙・巻	断簡番号	紙番号	表裏	『大日本古文書』	含まれる期間（日付）	紙背（日付）	『大日本古文書』
続々修	28―2		往来軸		七514	「装潢告朔／天平十三年」		
続々修	28―2		1	表	七514	（?年4月20日）	（空）	
続々修	28―2		2	表	七514～515	（天平11年7月30日）		
続々修	28―2		3	表	七515～516	（天平13年4月30日）		
続々修	28―2		4	表	七517	（?年閏3月29日）		
続々修	28―2		5	表	七517～519	（天平13年5月4日）		
続々修	28―2		6	表	七519	（天平13年7月29日）		
続々修	28―2		7	表	七519～520	天平13年閏3月29日～6月30日		

表2―2　福寿寺写一切経所期の告朔解（内容）

No.	書出	書止	日付	署名		
1	装潢所解 申造物事	録状、具謹解	?年4月20日	三野弟麿		
2	装潢所謹解 申七月造物事		天平11年7月30日			
3	装潢所解 申受紙事		天平13年4月30日	秦大床	薗部広公	
4	天平十三年閏三月内装潢等送紙事		（天平13年）閏3月29日	辛国人成		
5	起天平十一年七月盡廿二年四月受用充紙事		天平13年5月4日	辛国人成		
6	装潢所解 申用盡紙事	右、三月内用盡紙、状録、謹以解	天平13年7月29日	秦大床		
7	――		天平13年閏3月29日～6月30日			

容を総括する語と理解することができようか。そのように理解すれば、月に一度、上級官司に提出する文書には月内の作業内容を記載するものと意識されていたと解されよう。また、これら告朔解を継文の形に貼り継いだ主体については前述のように見解の分かれるところであり、文書の提出先である写経所で貼り継いだものとも、また装潢部門が後に写経所に吸収されることから、[18]装潢所において貼り継がれた継文が写経所に移管されたものとも解釈できるが、いずれにしても、この福寿寺写一切経所の時期においても写経司と同様に「告朔」という語は作業内容を示す語と同義として理解されていたと言えよう。

なお、煩を避けるために文書は掲げないが、写経司と同様に、装潢所の告朔解も内容および書式は一様ではない。

三　金光明寺写経所の「告朔解」

天平十四年五月末、金光明寺への寺名変更に際して、写経機関の名称も福寿寺写一切経所から金光明寺写経所へと変更される。この金光明寺写経所への変化は写経機関の名称ばかりではなく、所管官司がこれまでの皇后宮職から造営官司である金光明寺造物所へと大きく変更されている。金光明寺写経所の告朔解は天平十五年と同十七年のものが残っているが、十五年と十七年では写経所の内部機構が変化しており、また文書の残存状況自体も異なっているため、別々に検討していくことにする。

（1）天平十五年

天平十五年の告朔解としては、写疏所・写大官一切経所・写法華経所・写経所の四つの機関名の文書が残存して

表3（1）―1　天平十五年の告朔解（接続）

（＝：接続ス　┋：接続カ　―：続ク）

A、写疏所

編成	帙・巻	断簡番号	紙番号	表裏	『大日本古文書』	含まれる期間	紙背（日付）	『大日本古文書』
続修後集	9		往来軸		二十四233	「告朔案帳／告朔案」		
続修後集	9	(1)	1	表	二十四234～238	天平15年5～9月分[草案]	優婆塞貢進文（天平15年正月8日）	二333
続修後集	9	(2)	2	表			（空）	
続修後集	9	(3)	3	表			優婆塞貢進文（天平15年正月8日）	二332～333
続修後集	9	(4)	4	表			優婆塞貢進文（天平14年12月30日）	二324～325
続修後集	9	(5)	5	表			優婆塞貢進文（天平15年正月9日）	二334
続修別集	25	①(1)	1	表	二343～347	天平15年5～9月分[案文]	（空）	
続修別集	25	①(2)	2	表			優婆塞貢進文（天平14年11月15日）	二315～316
続修別集	25	①(3)	3	表			優婆塞貢進文（天平14年）	二316～317

B、写大官一切経所

編成	帙・巻	断簡番号	紙番号	表裏	『大日本古文書』	含まれる期間	紙背（日付）	『大日本古文書』
正集	22	②	6～4	裏	八285～290	天平15年7月分[草案]	御野国味蜂間郡春部里戸籍F断簡	一21～24
＝続修	4	③	8～7	裏	八317～320	天平15年8・9月分	御野国味蜂間郡春部里戸籍C断簡	一9～11
正集	19	②	5～3	裏	八222～227	天平15年7月分[案文]	伊豆国正税帳B断簡	二195～200
＝正集	19	①	2～1	裏	八313～317	天平15年8・9月分	伊豆国正税帳A断簡	二192～195

C、写法華経所

編成	帙・巻	断簡番号	紙番号	表裏	『大日本古文書』	含まれる期間	紙背（日付）	『大日本古文書』
続々修	42―5	⑫	17	表	二十四241～242	天平15年8・9月分	優婆塞貢進文（天平15年正月7日）	八161～162
┋続修	18	④	4	裏	二十四240～241		優婆塞貢進文（天平15年正月7日）	二331～332
＝続修別集	47	⑤	5	裏	八351		優婆塞貢進文（天平15年正月6日）	二331

D、写経所

編成	帙・巻	断簡番号	紙番号	表裏	『大日本古文書』	含まれる期間	紙背（日付）	『大日本古文書』
続修	4	④	10	裏	八228～230	天平15年7月分カ	御野国味蜂間郡春部里戸籍D断簡	一11～15
			9		二十四213～214	天平15年7月分カ		
＝続修	4	②	6	裏	八320～321		御野国味蜂間郡春部里戸籍B断簡	一7～9

表3（1）—2　天平十五年の告朔解（内容）

	種別	書出	書止	日付	署名		
A	天平15年5～9月分	写疏所解 申五箇月行事事	以前、従五月一日、迄九月廿九日、行事如件、以解	天平15年10月17日	阿刀酒主		
		写疏所解 申五箇月行事事	以前、従五月一日、迄九月廿九日、行事如件、以解	天平15年10月15日	阿刀酒主		
B	天平15年7月分	写官一切経所解　申告朔事	以前、七月以往行事、顕注如前、以解	（天平15年）7月29日	王国益	辛国人成	
		写官一切経所解申告朔事	以前、七月以往行事、顕注如前、以解	（天平15年）8月1日	王国益		
	天平15年8月分	写官経所解　申八九月行事	（欠）				
		写官経所解　申八九月行事々	（欠）				
C	天平15年8～9月分	写法華経所解申両月行事事	以前、従八月一日迄九月廿九日、行事如件、以解	天平15年10月16日	阿刀酒主	僧正私	
D	天平15年7月分ヵ	写経所解　申奉写経事		天平15年7月29日	［辛国］人成	王国益	
		（欠）	（欠）				

いる。このうち写疏所・写大官一切経所・写法華経所は担当している写経事業名に基づく機関名であり、写疏所は五月一日経を、写大官一切経所は聖武天皇の勅願と言われる一切経を、写法華経所は玄昉所願の五十部法華経を担当している。また、写経所という名称はその三機関のうち複数の機関の事業に渡って総括する場合に用いられる機関名であると考えられる。[19]

現存する告朔解は、写疏所は五～九月分の草案と案文が、写大官一切経所は七月分の案文と八・九月分の草案と案文が、写法華経所は八・九月分が、写経所は七月分と考えられるものの草案と案文がそれぞれ現存している。[20] これら四機関の告朔解は、書出文言に「行事」もしくは「告朔」、書止文言に「行事」という言葉が使われている。その点においては告朔解の内容は「行事」であるという写経司以来の意識が維持されていると思われるが、ほぼ一定の書式で作成されているという点で先のものと大きく異なっている。

ここでは、例として写疏所の五～九月分の告朔解（続修別集第二十五巻①(1)～(3)、A案文）を掲げる。

写疏所解　申五箇月行事事
請筆十六箇 一箇新 十五箇古
墨六挺　墨頭廿頂
凡紙八張 下纏幷敷紙料　韓樻三合 並着鏁子
（中略）
合所写律集疏卌四巻 廿四巻一切経内 廿巻間写
毗尼律二巻 未了部　用黄紙百七十二張

法花玄賛二巻部未了　用黄紙百廿張

（中略）

書生卌四人

呉原生人　写十九張常　大石廣万呂　写紙廿八張間

（中略）

校生七人

川原人成　校紙百五十五張常　阿刀酒主　校紙二百七十五張五十七張常 二百十八張間

（中略）

以前、従去五月一日迄九月廿九日、行事如件、

以解

天平十五年十月十七日阿刀酒主

書出に続いてまず受領した物品の名称および数量を記載する。これら物品は、筆・墨・唐櫃・机・円座・紙などで、写経作業に使用するもののみが挙げられている。また紙に関しては、支給された数量と共にその使用量および残量も記されている。物品の記載に続いて作業量についての記載が設けられている。まず、期間内に行われた写経作業の内容を経典名・巻数、使用した紙の種類および枚数についてまとめ、次いでその作業に従事した書生（経師）・校生毎にその姓名および作業量を記す。作業量をその従事者の個人名を挙げて具体的に記載する方式は、写経司の天平十年十一月分と同様であり、布施申請解における作業量の報告形態と類似している。

（2）天平十七年

天平十七年の告朔解は、写疏所のもの三通が貼り継がれた状態で残存している。天平十五年のものとほぼ同じ書式に基づき作成されているが、書出に続いての物品の記載が消え、作業量のみが記されるようになる。六月分（正集第二十巻④裏、No.1）を例に見ていこう。

写疏所解　申~~告~~六月朔行事々
合写紙一千三百八十三張■■ 一千二百一張宮 百八十二張私
装潢紙
打紙一千八百張（ママ） 一千六百十九張宮 一百八十二張私
界紙二千五百六十張 二千三百七十八張宮 百八十二私
書造紙四百卅二張 二百五十張宮 百八十二張私
校紙三千二百卌（ママ）三張 二千八百卌九張宮 三百六十四張私
経師山邊千足　写紙一百卅一張 百廿二間 九常　錦マ大名　写紙五十張
山マ花　写紙百八張　達沙牛甘　写紙一百六十八張 六十四宮 百四私
（中略）
装潢秦犬　界紙六百張　書造紙二百五十張
能登忍人　打紙八百張　界紙一千張　書造紙百八十二張　校紙四百二十九

（中略）

校生紀少鯖万呂　校紙五百二張〈三百廿宮／百八十二私〉　石村熊鷹　校紙六百九十七張

弓消佐比止　校紙廿九張　檜前万呂　校紙六百五十四張

（中略）

以前、起六月一日、迄廿九日、行事顕注、申送如前、以申

天平十七年六月廿九日辛国人成

阿刀

表3（2）—1　天平十七年の告朔解（接続）

（⋮⋮：接続カ）

編成	帙・巻	断簡番号	紙番号	表裏	『大日本古文書』	含まれる期間	紙背（日付）	『大日本古文書』
正集	20	④	7	裏	八567～569	天平17年6月分	下総国葛飾郡大嶋郷戸籍C断簡	一234～237
正集	21	④	5	裏	八569～571	天平17年7月分	下総国葛飾郡大嶋郷戸籍E断簡	一240～243
正集	25	②	4～3	裏	八571～573	天平17年8月分	御野国山方郡三井田里戸籍B断簡	一50～52

表3（2）—2　天平十七年の告朔解（内容）

No.	書出	書止	日付	署名		
1	写疏所解　申六月行事々	以前、起六月一日、迄廿九日、行事顕注、申送如前、以申	天平17年6月29日	辛国人成	阿刀［酒主］	
2	写疏所解　申七月中行事事	以前、七月中、経師等行事、具件如前、以解	天平17年8月1日	阿刀酒主	辛国［人成］	
3	写疏所解　申八月中行事事	以前、自八月一日、迄廿九日、写紙幷装潢校紙如前、以解	天平17年9月2日	阿刀酒主	王［国益］	

全体の作業量と個人毎の作業量を報告するという形態は変わらないものの、装潢の作業量が報告されるようになっている。装潢作業について写経所文書全般から考察された大隅氏は天平十五年から十七年にかけて案主による装潢作業の把握が強まるとされるが[21]、告朔解における記載からもそれが窺われる。

四　東大寺写経所の「告朔解」

天平十九年の冬、金光明寺写経所は東大寺写経所へと移行する。この機関名の変更も寺名の改称によるものであるが、東大寺写経所においても金光明寺写経所の事業が継続して行われるなど、両機関の連続性はかなり高い。これは上級官司である金光明寺造物所の造東大寺司への発展が飽くまでも造営の強化によるためであろう。また、この造東大寺司の段階に至って、四等官を備えた八省並みとも言われる規模の恒常的な令外官に昇格した[22]。

東大寺写経所の告朔解は、端裏に「天平勝宝三年告朔案」と記された継文に継がれた十二通と、天平勝宝三年（七五一）正月分の草案二通が現存する。

継文は続々修三十八帙第二巻第一紙〜第二十六紙および正集第六巻(7)（第七紙〜第十紙）の計三十紙から構成される。「未修古文書目録」では第一紙〜第十紙はNo.124（第十号第五巻）[23]、第十一紙はNo.831（第三十二号第八括）[24]、第十二紙〜第十六紙はNo.690（第三十号第三巻）の紙背、第十七紙〜第十八紙はNo.645（第二十九号第二括）の紙背[25]、第十九〜第二十六紙はNo.224（第十五帙第一巻）[26]に該当し、また『正倉院文書目録』一は続々修三十八帙第二巻第二十六紙と正集第六巻(7)の間の接続を推定する[27]。内容から見て、欠損はないように思われる。本継文には天平勝宝三年正月分～十二月分の文書が奥から袖に向かって貼り継がれているが、正月分～五月分は告朔解、六月分～十二月分は食口案である。この継文を含め写経所の食口案を復原した西洋子氏によると、このように食口案に交じって他の種類の文書が継がれる例は他にはないという[28]。

なお、天平勝宝三年正月分の告朔解は継文に継がれ正式に保管される案文の他に、当継文の第二紙～第四紙の紙背に入る形で一通、寿量品校帳の紙背に入る形で一通が残存している。いずれも紙背を二次利用されることで残ったものであり、また尾欠ではあるものの、継文に継がれたものと文字の異同はない。

告朔解の書出の文言は、正月分～四月分は「行事」、五月分のみが「告朔」、書止の文言は「行事幷請物」となっている。天平勝宝三年正月分の告朔解（正集第六巻(7)、№1）によって書式を見ていく。

写疏所解　申正月行事事

三百五十四巻　卌七

合奉写経幷疏肆佰肆拾肆巻

廿部　一百六十七張

法華経一十六部　一百廿八巻　千部内者

一百七十六

寿量品十十四五巻

（中略）

用紙肆仟陸佰陸拾伍張　七十一張

三千三百卅九張

十千五百六十張千部法華経

表4―1　東大寺写経所の告朔解（接続）

（┆┆：接続カ）

編成	帙・巻	断簡番号	紙番号	表裏	『大日本古文書』	含まれる期間	紙背（日付）	『大日本古文書』
続々修	38―2	①(1)	1	表	十一506～507	勝宝3年12月分	写書所解案ヵ（未詳）	十一507
続々修	38―2	①(2)	2	表	十一507～509	勝宝3年9・10月分	勝宝3年正月分［尾欠、天地逆］	十一539～542
			3		十一509～510	勝宝3年11月分		
			4		（空）	―		
続々修	38―2	①(3)	5	表	十一511	勝宝3年9月分	表紙并銭進上経師等歴名（勝宝2年）	二十五20～21
続々修	38―2	①(4)	6	表	十一512	勝宝3年8月分	（空）	
続々修	38―2	①(5)	7	表	十一513	勝宝3年6・7月分	写書所食口案（勝宝3年ヵ）	十一514
続々修	38―2	①(6)	8	表	十一514～515	勝宝3年6月分	（空）	
続々修	38―2	①(7)	9	表	（空）	―	（空）	
			10		十一515～523	勝宝3年5月分		
続々修	38―2	②	11	表			（空）	
続々修	38―2	③(1)	12～14	表			（空）	
			15		（空）	―		
続々修	38―2	③(2)	16	表	十一523～529	勝宝3年4月分	造東大寺司牒案（勝宝3年3月25日）	十一501
続々修	38―2	③(3)	17～18	表			造東大寺司牒案（勝宝2年11月）	十一427～429
続々修	38―2	③(4)	19	表			写書所解案（勝宝3年4月25日）	十一549～550
続々修	38―2	③(5)	20～23	表	十一529～534	勝宝3年3月分	（空）	
			24～26		十一534～538	勝宝3年2月分		
正集┆┆	6	(7)	7～10	表	三495～500	勝宝3年正月分	（空）	

編成	帙・巻	断簡番号	紙番号	表裏	『大日本古文書』	含まれる期間	紙背（日付）	『大日本古文書』
続々修	9―11		2	裏	十一543	勝宝3年正月分	寿量品校帳（勝宝3年4月10日～7月6日）	十一545～548
			1		（空）	―		
続々修	9―11		往来軸					十一545

表4—2　東大寺写経所の告朔解（内容）

No.	書出	書止	日付	署名		
1	写書所解　申正月行事事	以前、起正月一日盡廿九日、行事并請物顕注如前、以解	勝宝3年4月5日	鴨書手	他田水主	呉原生人
2	写書所解　申二月行事事	以前、起二月一日、盡卅日、行事并請物、顕注如前、以解	勝宝3年4月5日	鴨書手	他田水主	呉原生人
3	写書所解　申三月行事事	以前、起三月一日、盡廿九日、行事并請物、顕注申送如前、以解	勝宝3年4月5日	鴨書手	他田水主	呉原生人
4	写書所解　申四月行事事	以前、起四月一日、盡廿九日、行事并月中請物、顕注如前、以解	勝宝3年5月1日	他田水［主］		
5	写書所解　申五月告朔事	以前、月中行事、顕注如件、以解	勝宝3年6月1日	紫微中台舎人他田水主 呉原生人	史生阿刀酒主 鴨書手	散位三嶋宗麻呂
6	六月食口	以前、自六月一日、到廿日、食口顕注如件、以解	勝宝3年6月21日	賀茂［書手］	三嶋［宗麻呂］	
7	自六月廿一日至于七月卅日食口					
8	写書所解　申八月食口					
9	九月食口	以前、起九月一日、盡廿日、食口顕注如件、以解	（勝宝3年）9月23日	鴨［書手］		
10	写書所解　申十月食口事	以前、起九月廿一日、迄十月卅日、食口顕注如件、以解				
11	写書所解　申十一月食口事	以前、起十月一日、迄十一月廿九日、食口顕注如件、以解	勝宝3年11月29日			
12	写書所解　申十二月告朔事	以前、起十二月一日、盡廿日、行事如前、以解	勝宝3年12月21日	他田水主	三嶋［宗麻呂］	

一千五十七張
十十八百卅張寿量品

（中略）

校紙柒仟玖佰捌拾張校十度
一百十張　一
四千三百六十
五十十百六十張千部法華経

二千四百張寿量品

（中略）

装潢紙伍仟貳佰伍拾張並継打界端切者

三千九百五十張千部法華経料

一千張寿量品料

（中略）

経師已下雑使已上単惣壹仟貳佰陸拾陸人

経師柒佰参拾参人人別写紙七張

四百七十七人写千部法華経人別写紙七張

一百五十一人写寿量品人別写紙七張　已上人別写七張

五人写間経已上人別写疏七張　余八張　御写者

廿九人写常疏人別写木紙

一十人写間疏已上人別六張

六十一人供奉礼仏

（中略）

月中請物

莵毛筆廿箇

墨廿挺已上並千部料者

炭二斛五斗炰硯料者

以前、起正月一日盡廿九日、行事幷請物

顕注如前、以解

天平勝宝三年四月五日鴨書手

他田水主

呉原生人

事書に続いてまず一ヶ月間の写経所全体の作業内容として写経巻数および使用した用紙・校紙・装潢紙の枚数を写経事業毎に挙げる。次いで、作業に携わった経師以下雑使以上の単口の総計を記し、経師・題師・装潢・史生・案主などの各々について単口および写経事業毎の内訳を記す。最後に「月中請物」として、一月内に受領した物品の名称と数量を記載する。ここに見える物品は筆や墨など写経作業に直接に関係するもののみである。

ここで注目されるのは、この東大寺写経所の段階に至って、作業量の報告形態が単口および散役へと変化していることである。単口とは一日一人の労働のことで、諸種の造営事業や物品製作などに要する延べ人数を表す際に用いられる用語であり、天平宝字六年の造東大寺司の告朔解においても労働力の記載方法として用いられている。単口の記載においては個々人の作業量は定量化される傾向にあり、(29) 天平勝宝三年正月分の告朔解においても経師の一日あたりの労働量は「人別写紙七張」や「人別写六張」のように実際の個々人の作業量の平均値として報告されている。

この単口での表記の登場に呼応するかのように、告朔解が食口案と共に貼り継がれているのである。食口とは、経師や装潢・校生などの写経事業従事者に食米を支給する際に用いられる単位で、数え方は単口と同様で一人が一日勤務すると食口一人となる。「告朔案」の継文に継がれている食口案の中から天平勝宝三年（七五一）十二月分（続々修第三十八帙第二巻①(1)、№12）を挙げると、

写疏所解　申十二月告朔事
合食口単貳伯捌人
　　書生壹伯壹人
　　　十七人《奉写》瑜伽論　　八十四人《臺奉写》一切経内疏
　　装潢十六人《拾陸人》
　　　二人造瑜伽論紙　　十人造疏紙　　四人造政所公文紙
　校生壹人校疏
　案主廿三人
　舎人六十七人
　卌人堂童子　　廿五人雑使　　二人検政所公文

以前、起十二月一日盡廿日、行事如前、以解

天平勝宝三年十二月廿一日他田水主

三嶋

と書出に「告朔」、書止に「行事」とあり、また内容も単口の総数とその内訳となっている。つまり、告朔解から冒頭の作業巻数および使用した紙の枚数、末尾の「月中請物」の記載を除いたものであり、それを指して「告朔」と称しているのである。食口案と告朔解の共通部分は延べ人数による労働量の記載ということになる。また、食口案と告朔解が一巻の継文として継がれていることも併せて考えると、天平勝宝三年の時点では、告朔解と食口案は類似性の高い文書あるいは同種の文書であり、「行事」が指す内容は延べ人数による記載である、ということが強く意識されていると言えよう。

五　奉写一切経所の「告朔解」

東大寺写経所は天平宝字八年に活動を停止し、その後の約五年間は経典の貸し出しといった書写事業以外の活動しか行っていない。しかし、神護景雲四年（七七〇）五月に至って突如活動を再開し、宝亀七年（七七六）六月までの間に、先一部（神護景雲四年六月～宝亀二年九月書写）、始二部（宝亀三年二月～四年六月書写）、更一部（宝亀四年六月～五年六月書写）・今更一部（宝亀五年六月～七年六月書写）の計五部の一切経の書写および甲部一切経の仕上げ作業（宝亀二年十二月～四年六月）が実施された。この神護景雲四年に再開された写経所は、奉写一切経所と呼ばれている。

この奉写一切経所の告朔解は、季別の告朔解五通と月別の告朔解十九通が現存する。季別の告朔解のうち、神護景雲四年六月～九月分、宝亀二年正月～三月分、宝亀二年閏三月～五月分は単独で残るが、宝亀二年六月～十二月分は継文の紙背に入る形で、宝亀三年正月～三月分は継文に継がれる形で残存する。また月別の告朔解は基本的に約一年分を一巻とした継文の形で残存もしくは継文に復原されるが、宝亀六年正月分は紙背を二次利用されたために単独で残る。

接続であるが、続々修第三帙第七巻から構成される神護景雲四年六月～九月分は「未修古文書目録」№26（第二号第十一巻）に該当し[30]、往来軸の記載があることから、往来軸および第一紙～第十四紙の貼り継ぎは当時の状態を保っているものと思われる。宝亀三年十二月分～四年九月分の継文は、続修および続修別集の編纂段階で抜き取りが行われたため細かく分割された形で今日に伝わる。続々修の部分は、第三帙第十巻第一紙～第七紙が№883（第三十四号第十二括）[31]、第八紙～第九紙が№641（第二十九号第二括）[32]、第十紙～第十六紙は№444（第二十三号第三括）の一部[33]、第四十二帙第五巻第十紙～第十二紙は№649（第三十号第七巻）、第十六帙第五巻第四紙～第二紙裏は№651（第二十九号第二括）に該当し、続々修成巻以前にそれぞれがまとまりを成していたことが判明する。また続修別集成巻時の切除であると推定される中間欠の二箇所を挟むもの[34]、その他の箇所は接続が確認もしくは推定されており、切除によって生じた一行分の欠損を除いて文面に欠如はないものと思われる。

告朔解の書出の文言は、神護景雲四年～宝亀二年は「請（用）雑物等事」で、宝亀三年以降は「告朔」となっている。書止の文言は「請用雑物并残等（及食口）」で、「及食口」は宝亀二年六月以降のものに付されるようになる。書式としては、書出文言に続いて簡略な形で作業巻数を配し、物品の収納および使用記録、作業量の記載という形式である。作業量の報告形態について宝亀二年閏三月～五月分（続修別集第十九巻、№3）を例に見てみよう。

表5―1　奉写一切経所の告朔解（接続）

（‖：接続ス　⁞：接続カ　―：続ク）

編成	帙・巻	断簡番号	紙番号	表裏	『大日本古文書』	含まれる期間	紙背（日付）	『大日本古文書』
続々修	3―7		往来軸			「神護景雲四年自六月迄于九／月告朔案」		
続々修	3―7		1	表	（空）	――		
			2〜14	表	六86〜107	神護景雲4年6〜9月分	（空）	
続修後集	42	①	1	表	十五126	宝亀2年1〜3月分	（空）	
‖ 続修後集	35		1〜14	表	六135〜160	宝亀2年1〜3月分	（空）	
続修別集	19		1〜14	表	六173〜198	宝亀2年閏3〜5月分	（空）	
続修別集	13	(1)	1〜3	表	六417〜422	宝亀3年11月分	（空）	
続修別集	13	(2)	4〜7	表	六407〜415	宝亀3年10月分	（空）	
続修別集	13	(3)	8〜10	表	六398〜403	宝亀3年9月分	（空）	
続修別集	13	(4)	11〜13	表	六391〜395	宝亀3年8月分	（空）	
続修別集	13	(5)	14〜16	表	六374〜378	宝亀3年7月分	（空）	
続修別集	13	(6)	17〜19	表	六368〜374	宝亀3年6月分	（空）	
続修別集	13	(7)	20〜22	表	六324〜329	宝亀3年5月分	（空）	
続修別集	13	(8)	23〜27	表	六317〜323	宝亀3年4月分	（空）	
続修別集	13	(9)	28〜36	表	六291〜307	宝亀3年正〜3月分	（空）	
続修別集	13		往来軸		六291	「告朔案／宝亀三年三月」		

編成	帙・巻	断簡番号	紙番号	表裏	『大日本古文書』	含まれる期間	紙背（日付）	『大日本古文書』
続修別集	12		往来軸		六447	「宝亀三年／四年告朔案」		
続修別集	12	(1)	1〜6	表	六447〜463	宝亀3年12月分	宝亀2年6〜12月分	六223〜247
			7		六469〜473	宝亀4年正月分		
			8					
			9		六476〜484	宝亀4年2月分		
			10〜12					
続修別集	12	(2)	13	表	六498〜508	宝亀4年3月分	奉写一切経所解案（宝亀3年8月11日）	六379〜389
			14〜18					
続々修	3―10	①(1)	1	表	二十一484〜491	宝亀4年4月分	大師家牒（宝字7年類収）	十六405〜407
続々修	3―10	①(2)	2〜3	表			奉写経所請疏文案（宝字8年正月17日）	十六415〜419
続々修	3―10	①(3)	4	表	二十一491〜497	宝亀4年5月分	大師家牒（宝字7年7月1日）	十六400〜405
			5〜6					
続々修	3―10	①(4)	7	表			大師家牒（宝字7年4月16日）	十六373〜375
続々修	3―10	①(5)	8	表	二十一497〜501	宝亀4年6月分	造東大寺司牒（勝宝4年2月26日）	十二219〜220
続々修	3―10	①(6)	9	表			僧教演牒（勝宝4年4月2日）	十二264
続修別集	5	③	3	裏			奉請文（勝宝4年7月22日）	三585〜586
続修別集	5	②	2	裏			奉請文（勝宝4年7月18日）	三584〜585
		（一行分欠）						
続々修	3―10	②(1)	10	表	二十一501〜503		東大寺牒（勝宝4年7月10日）	十二332
続々修	3―10	②(2)	11	表			僧弘曜牒（勝宝4年6月5日）	十二331
続々修	3―10	②(3)	12	表			僧慈訓奉請文（勝宝4年5月23日）	十二298〜299

続々修	3－10	②(4)	13	表	二十一 503～510	宝亀4年7月分	経疏出納帳（勝宝4年5月23日）	三 576～577
続々修	3－10	②(5)	14	表			興福寺牒（勝宝3年12月27日）	十二 202
続々修	3－10	②(6)	15	表			東大寺倶舎衆牒（勝宝3年11月25日）	十二 178～179
続々修	3－10	②(7)	16	表			東大寺律衆牒（勝宝3年11月12日）	十二 177～178
続修別集	5	①	1	裏	二十一 511～512	宝亀4年8月分	奉請文（勝宝3年11月12日）	三 527
	（中間僅欠、欠行ナシ）							
続修別集	9	②	2	裏	未収（年報10）		奉請文（勝宝3年8月1日）	三 515、三 558
続々修	42－5	⑧(1)	10	表	二十一 512～516		造東大寺司請経文（勝宝3年5月22日）	十一 556～557
続々修	42－5	⑧(2)	11	表			造東大寺司牒（勝宝3年8月1日）	十二 39
続々修	42－5	⑧(3)	12	表			奉請文（勝宝3年7月21日）	二十五 37
続修別集	7	⑦	7	裏	二十一 516～524	宝亀4年9月分	奉請文（勝宝3年7月15日）	三 512
続々修	16－5	②(2)	4	裏			奉請帳（勝宝5年4月16日～5月25日）	十二 433～434
続々修	16－5	②(1)	3～2	裏				十二 431～433
続修	26	⑥	6	裏			月借銭解（宝亀4年6月1日）	六 522

続々修	40－3	①(22)	25～24	裏	二十三 319～321	（宝亀6年ヵ）正月分	奉写一切経所食口案（宝亀6年3月21日～4月3日部分）	二十三 205～208

表5―2　奉写一切経所の告朔解（内容）

No.	書出	書止	日付	署名
1	□写一切経所解　□□□□物等事	以前、起去六月一日盡今月廿九日、請用雑物并残等、注顕如件、以解	神護景雲4年9月29日	散位大初位下味酒［広成］ 大法師 散位正六位上上村主馬養 法師［奉栄］ 別当大判官従五位上美努連［奥麻呂］ 少鎮修学進守大法師
2	（欠）	以前、起去正月一日、盡今月卅日、請用雑物并残等、注顕如件、以解	宝亀2年3月30日	散位少位上味酒広成 法師奉栄 散位正六位上上村主馬養 少鎮大法師 別当大判官従五位上美努連［奥麻呂］
3	奉写一切経所解　申請用雑物等事	以前、起去潤三月一日、盡今月廿九日、請用雑物并残等、顕注如件、以解	宝亀2年5月29日	散位正六位上上村主馬養 少鎮大法師 別当大判官従五位上美努連［奥麻呂］ 法師奉栄
4	奉写一切経所解　申請雑物等事	以前、起去六月一日、盡今月廿九日、請用雑物并残等及食口、顕注如件、以解	宝亀2年12月29日	散位正六位上上村主馬養 別当大判官従五位上美努連［奥麻呂］ 法師［奉栄］
5	奉写一切経所解　申正月二月三月并三箇月告朔事	以前、起去正月一日、盡今月卅日、請用雑物并残等及食口、顕注如件、以解	宝亀3年3月30日	散位正六位上上村主馬養 主典正六位上葛井連［荒海］
6	奉写一切経所解　申四月告朔事	以前、起今月一日、盡廿九日、請用雑物并残等及食口、顕注如件、以解	宝亀3年5月15日	案主上［馬養］ 主典葛井連［荒海］
7	奉写一切経所解　申五月告朔事	以前、起今月一日盡廿九日、請用雑物并残等及食口、顕注如件、以解	宝亀3年5月29日	案主上［馬養］ 主典葛井連［荒海］
8	奉写一切経所解　申六月告朔事	以前、起今月一日、盡卅日、請用雑物并残等及食口、顕注如件、以解	宝亀3年7月11日	案主上［馬養］ 主典葛井連［荒海］
9	奉写一切経所解　申七月告朔事	以前、起今月一日、盡廿九日、請用雑物并残等及食口、顕注如件、以解	宝亀3年7月29日	案主上［馬養］ 主典葛井連［荒海］
10	奉写一切経所解　申八月告朔事	以前、起今月一日盡卅日、請用雑物并残等及食口、顕注如件、以解	宝亀3年8月30日	案主上［馬養］ 主典葛井連［荒海］

11	奉写一切経所解 申九月告朔事	以前、起今月一日盡廿九日、請用雑物幷残等及食口如件、以解	宝亀3年9月29日	案主上[馬養]	主典葛井連[荒海]
12	奉写一切経所解 申十月告朔事	以前、起今月一日迄廿九日、請用雑物幷残等及食口顕注如件、以解	宝亀3年10月29日	案主上[馬養]	主典葛井連[荒海]
13	□□□□□□ □十一月告朔事	以前、起今月一日迄卅日、請用雑物幷残等及食口如件、以解	宝亀3年11月30日	案主上[馬養]	主典葛井連[荒海]
14	奉写一切経所解 申十二月告朔事	以前、起今月一日盡卅日、請用雑物幷残等及食口顕注如件、以解	宝亀3年12月30日	案主上[馬養]	主典葛井連[荒海]
15	奉写一切経所解 申正月告朔事	以前、起今月一日盡廿九日、請用雑物幷残等及食口、顕注如件、以解	宝亀4年正月29日	案主上[馬養]	主典葛井連[荒海]
16	奉写一切経所解 申二月告朔事	以前、起今月一日盡卅日、請用雑物幷残等及食口、顕注如件、以解	宝亀4年2月30日	案主上[馬養]	主典葛井連[荒海]
17	奉写一切経所解 申三月告朔事	以前、起今月一日盡卅日、請用雑物幷残等及食口、顕注如件、以解	宝亀4年3月30日	案主上[馬養]	主典葛井連[荒海]
18	奉写一切経所解 申四月告朔事	以前、起今月一日、盡廿九日、請用雑物幷残等及食口、顕注如件、以解	宝亀4年4月29日	案主上[馬養]	主典葛井連[荒海]
19	奉写一切経所解 申五月告朔事	以前、起今月一日、盡卅日、請用雑物幷残等及食口、顕注如件、以解	宝亀4年5月30日	案主上[馬養]	主典葛井連[荒海]
20	奉写一切経所解 申六月告朔事	以前、起今月一日、盡廿九日、請用雑物幷残等及食口、顕注如件、以解	宝亀4年6月29日	案主上[馬養]	主典葛井連[荒海]
21	奉写一切経所解 申七月告朔事	以前、起今月一日、盡卅日、請用雑物幷残等及食口、顕注如件、以解	宝亀4年7月30日	案主上[馬養]	主典葛井連[荒海]
22	奉写一切経所解 申八月告朔事	以前、起今月一日、盡廿九日、請用雑物幷残等及食口、顕注如件、以解	宝亀4年8月29日	案主上[馬養]	主典葛井連[荒海]
23	奉写一切経所解 申九月告朔事	以前、起今月一日、盡卅日、請用雑物及食口等、顕注如件、以解	宝亀4年9月30日	案主上馬養	主典葛井連[荒海]
24	奉写一切経所解 申正月告朔事	（欠）	（宝亀6年2月ヵ）		

惣単口六千二百卌一人

　三千九百十六人経師　　二百七十九人装潢

　八十三人案主　　三百人舎人

　五百九十一人仕丁　　八百五十一人自進

　八十六人優婆夷　　八十五人廝女

　五十人雇女

散

　三千九百十六人経師　　二百七十六人装潢

　八十三人案主　　三百（ママ）舎人

　五百九十一人仕丁

　二百六十四人廝日別三人

　九十二人打紙　　八十九人沸湯

　一百廿人採薪

　　一百十人日別二荷

　　十人日別一荷

　廿三人奉請経使　　三人不仕

（以下略）

このように単口および散役に分けてそれぞれを記載するようになっており、形態の上では天平宝字六年の造東大寺司の告朔解に酷似している。つまり、このような単口での記載および食口と告朔解とを関連づける意識は天平勝宝年間の東大寺写経所の時期において発生し、それは天平宝字年間以降も維持され、宝亀年間に至っているのである。ただし、冒頭の作業巻数の記載は宝亀三年八月分以降にしか見られず、これ以前の「行事」として作業内容を詳細に記す形態の告朔解と比べると、奉写一切経所の告朔解は物品の記録を重視した報告書になっていると言える。特に季別の告朔解には、物品の記録として写経作業に直接関係しない食料や作業従事者の給料に当たる布施料、また収納した銭を用いての購入記録までもが見える。しかし、月別の告朔解になると、例えば宝亀三年八月分では、新規に受納した物品は綺や紙、筆といった写経用品や紙継ぎのための糊の原料である大豆や灯明に使用する胡麻油といったように、写経事業に間接的に使用する物品のみとなってくるのである。この季別告朔と月別告朔の記載の違いは何に起因しているのだろうか。

奉写一切経所で書写が行われた六部の一切経について、従来の研究においては先一部・甲部・始二部・更一部・今更一部は全て称徳天皇発願の十部一切経の一部であり、内裏系統の写経機構である奉写一切経司より移管された事業であると理解されてきた[35]。しかし、近年奉写一切経所の写経事業を論じた森明彦氏は、先一部を東大寺少鎮実忠により企図され称徳天皇発願として東大寺のために実施された写経事業であるとし、甲部を西大寺のための一切経、始二部・更二部の四部を称徳天皇所願の十部一切経の一部であったと論じる[36]。また奉写一切経所の財政を論じた栄原永遠男氏は、始二部の開始以降、写経所の造東大寺司に対する財政的自立性が減退するとしている[37]。

この奉写一切経所の写経事業と告朔解の形態を比較すると、先一部の時は季別の告朔解のみが作成されている。

この先一部では奉写一切経司から収納した物品が見えないものの、それ以外の写経所内で使用された物品や食料のほぼ全てが記されている。これに対し、甲部および始二部の際には、宝亀三年正月～三月のもの以外は全て月別の告朔解であり、物品の記録がほとんど見えない。この違いは直接的には財政状況によるものと解されるが、その背景には森氏の指摘する写経事業自体の性格があるのではないだろうか。正倉院文書中に残存する季別の告朔解は、奉写一切経所のもの以外には、天平宝字年間の造金堂所や造石山寺所のものがある。それらの事業は上級官司である造東大寺司の財政に拠りながらも、造東大寺司から比較的独立した形で事業を実施しており、特に造石山寺所の場合には、同時期に作成された造東大寺司の告朔解に造石山寺所の内容が含まれていないなど、告朔解を含めた文書の作成に関してもある程度の独立性が認められる。これら造営事業の際に作成された告朔解と奉写一切経所の先一部の際に作成された季別の告朔解は書式の上でも類似点が多く、造東大寺司に対する事業の独立性という点でも相通じる点があるのではないかと考えられる[38]。また、告朔解の署名者に実忠が見えるように、東大寺僧の積極的な関与という点でも石山寺造営事業と共通しており、この先一部を含む奉写一切経所期の写経所の在り方は、官司における文書の作成という点からも再度検討する必要があろう。

おわりに

以上、本章で述べてきたことをまとめる。

一、写経所の告朔解においては、天平年間から天平勝宝年間まで「告朔」と「行事」が同義語的に用いられていたが、天平勝宝年間には告朔解が食口案と共に貼り継がれるなど「告朔」と「食口」の相関性が強く意識されるようになり、この単口による記載は神護景雲年間から宝亀年間にかけて臨時に再開された奉写一切経所の告朔解においても引き継がれた。

二、告朔解の作業量の報告形態は、天平勝宝年間を境に個人毎の作業量を詳細に記載する形態から、単口や散役といった単位を使用し全体の作業量をまとめて報告する形態へと変化した。

この二点はいわば表裏一体の事象であると思われるが、写経所の作成する文書の種類やその形態には時期的な変遷があまり見られないという指摘があり[39]、とすれば写経所内の事務処理形態の変化に伴うものではなく写経所外における何らかの変化に起因すると考えられよう。この写経所外からの影響として想起されるのは、上級官司の変化および告朔儀で提出される公文の変化である。

まず、上級官司の変化であるが、皇后宮職系統の写経機関を所管する官司は、皇后宮職、金光明寺造物所、造東大寺司と変遷を経てきた。しかし、皇后宮職は中務省の被管であるものの[40]、その中務省は太政官の被管であり、また金光明寺造物所および造東大寺司は太政官の直接の被管である。つまり、令外官といえどもこれらの官司は太政官に統括されているのであり、天平宝字六年に見られる太政官―造東大寺司―配下の「所」といった告朔解の重層的な提出過程を考慮に入れるのであれば、写経所の告朔解の変化をその直属の上級官司の変遷に求めるのは不適当と言わざるを得ない。

では、告朔儀において提出される公文が変化したとするならば、それはいかなる要因に拠るのであろうか。ここで参考になるのが、寺崎保広氏によって指摘された考課制度の変質であろう。考課とは官人の勤務を審査しその成績を判定する機会であるが、平城宮出土の考課木簡を基に奈良時代の考課制度を論じた寺崎氏は、奈良時代前期には官人の勤務実態に即した厳密な考課が行われていたのに対し、後期になると昨年度の勤務状況と比較した上で大過なく勤務すれば「中上」として平均点以上の評価を与えられるようになり、考課制度が形骸化を見せ始め、また考問を実施する場が当該期に朝堂から式部曹司庁へと移行したと推定する。[41] 奈良時代前期すなわち天平年間までとそれ以降では、考課の査定内容や実施の場に大きな変化が生じているのである。判定を下すに当たっての材料となるのが考中行事や上日などであり、これらは告朔解の報告内容である「行事」や単口と関連を有する事項なのである。また、この天平年間を挟んだ奈良時代前期と後期という時期区分は、近年、吉川真司氏によってその画期性が指摘されている天平勝宝から神護景雲のいわゆる四字年号時代に当たる。[42] この間に創出されたと吉川氏が指摘する「中文刺文」制や上宣制は、平安時代以降まで引き継がれる決裁方法となってゆくのである。

かつて古瀬氏は、告朔・上日・外記の諸制度を基に官僚組織運営法を検討し、天皇によって即物的に捉えられていた官人達が、政治機構の整備に伴い、平安時代初期に天皇—太政官—諸司という抽象的な官僚機構として把握し直されたと指摘した。[43] しかし、写経所の告朔解の変遷から見る限りにおいては、「抽象的な官僚機構」の萌芽は四字年号時代にこそ見出されよう。すなわち、奈良時代前期に個人名と共にその作業内容を具体的に記載していた書式が、後期になると官人の個人名は記さずに単口あるいは散役という数値によって官司全体の作業量のみを抽象的に報告する書式へと転換するのである。このような書式の変化が告朔儀で提出される公文で発生したからこそ、他の「告朔解」の書式も変更されたのであろう。ただし、告朔解においては抽象的な数値に置き換わったものの、官人個人毎の作業内容やその量は依然として上日や考中行事、あるいは写経所においては布施申請解などを通じて個別具体的に直属の上級官司によって把握されている。その意味において、天皇あるいは太政官と下級官人との結びつきは希薄になる一方、下級官人と所属官司あるいはその上級官司との結びつきは強化されていく。告朔解の書式変化の背景には、このような律令官僚制の深化および官司機構の整備が存在すると考えられるのである。

注

（1）『日本書紀』天武天皇五年九月丙寅条。

（2）儀式としての告朔に関する研究には、武光誠「告朔について」（『律令制成立過程の研究』雄山閣出版、一九九八年、初発表一九七七年）、古瀬奈津子「告朔についての一試論」（『日本古代の王権と儀式』吉川弘文館、一九九八年、初発表一九八〇年）、新川登亀男「文書と机と告朔儀礼―その序説」・同「日本古代の告朔儀礼と対外的契機」（『日本古代の儀礼と表現―アジアの中の政治史―』吉川弘文館、一九九九年、初発表一九八四・一九八五年）、川北靖之「告朔をめぐって」（谷省吾先生退職記念神道学論集編集委員会編『神道学論文集』国書刊行会、一九九五年）などがある。

（3）古瀬注（2）論文。

（4）中村順昭「造東大寺司の「所」と別当―天平宝字六年造東大寺司告朔解の考察―」（皆川完一編『古代中世史料学研究』上、吉川弘文館、一九九八年）。

（5）風間亜希子「文書行政における告朔解の意義」（『正倉院文書研究』一〇、二〇〇五年）

（6）写経機構の変遷については山下有美『正倉院文書と写経所の研究』（吉川弘文館、一九九九年）、栄原永遠男『奈良時代の写経と内裏』（塙書房、二〇〇〇年）、同『奈良時代写経史研究』（塙書房、二〇〇三年）に詳しい。以下で記述する写経機構の変遷はこの両氏の論考に基づく。

（7）光明子の立后は『続日本紀』天平元年八月戊辰条、また皇后宮職の初見は『続日本紀』同年九月乙卯条の皇后宮大夫（小野牛養）任命記事である。

（8）『続日本紀』天平十年正月壬午条。

（9）山口英男「正倉院文書の継文について」（『日本古代の地域社会と行政機構』吉川弘文館、二〇一九年、初発表一九九九年）。

（10）石田実洋・須原祥二「正倉院文書写経機関関係文書編年目録―養老七年より天平十年まで―」（『東京大学日本史

学研究室紀要』三、一九九九年)。

(11) 「未修古文書目録」は国立公文書館〔内閣文庫〕所蔵本(一五九―九二六、明治十五年作成)、東京大学史料編纂所所蔵本(RS四一七一―六七―一、図書寮所蔵本を明治二十二年書写)、宮内庁正倉院事務所所蔵本(参考図書四四、図書寮所蔵本を大正十二年書写)が知られ、また、正倉院事務所所蔵本が飯田剛彦「正倉院事務所所蔵『正倉院御物目録　十二(未収古文書目録)』」(一)~(三)(『正倉院紀要』二三~二五、二〇〇一~二〇〇三年)として翻刻されている。以下で「未修古文書目録」に触れる際には基本的にこの飯田目録に拠り、その整理番号を掲げることとする。なお、「未修古文書目録」および続々修に付された付箋の意義については、西洋子『正倉院文書整理過程の研究』(吉川弘文館、二〇〇二年)および同「「未修古文書目録」と「続々修正倉院古文書目録」の対照表(一)」(『正倉院文書研究』一一、吉川弘文館、二〇〇九年)、西・矢越「「未修古文書目録」と「続々修正倉院古文書目録」の対照表(二)」(『正倉院文書研究』一二、吉川弘文館、二〇一一年)、また第二部第一章付表を参照のこと。

(12) 飯田注(11)目録は「一　写経司解　「紙充帳」「自四月一日至廿九日受黄白紙/飛鳥刀良」　三枚(「一枚」を訂正)」と記載し、現状の計七枚と枚数が合致しない。しかし、内容から判断して、No.616は国立公文書館〔内閣文庫〕所蔵本の「一　不用唯　写経司解　申八月行事事　同〔壱巻〕　七枚」(第二拾八号)と一致すると思われるため、正倉院事務所本の祖本である図書寮所蔵本が誤ったものと考えられる。第十六紙裏右下に「廿八ノ□」(□はマイクロフィルムでは判読不能)の付箋あり。

(13) 「一　充紙帳　天平十三年八月　九枚」。第十紙裏右下に「十六ノ十三」の付箋あり。

(14) 文書一覧(表×―2)におけるNo.を示す。

(15) 有富純也「正倉院文書写経機関関係文書編年目録―天平十二年・天平十三年―」(『東京大学日本史学研究室紀要』五、二〇〇一年)。

(16) 大隅亜希子「装潢組織の展開と布施支給の変遷」(『正倉院文書研究』六、吉川弘文館、一九九九年)。

(17) 「同〔往来〕/一　装潢告朔　天平十三年　同〔壱巻〕　七枚」。第七紙左下に「五ノ十一」の付箋あり。

(18)　大隅注(16)論文によると、天平十五から十七年にかけて案主による装潢作業の把握が強まり、天平十八年の紙屋の創設を契機に、天平二十一年頃には装潢所が解消される。

(19)　金光明寺写経所の写経機構および作業形態については、渡辺晃宏「金光明寺写経所の研究」(『史学雑誌』九六―八、一九八七年)を参照。

(20)　三上喜孝・飯田剛彦「正倉院文書写経機関関係文書編年目録―天平十四年・天平十五年―」(『東京大学日本史学研究室紀要』四、二〇〇〇年)。

(21)　大隅注(16)論文。

(22)　造東大寺司の成立に関しては、渡辺晃宏・若井敏明両氏による論争がある。渡辺晃宏「金光明寺写経所と反故文書」(『弘前大学国史研究』八一、一九八六年)、同「造東大寺司の誕生」(『続日本紀研究』二四八、一九八七年)、同「続造東大寺司の誕生」(『続日本紀研究』二五五、一九八八年)、若井敏明「造東大寺司の成立について」(『続日本紀研究』二四三、一九八六年)、同「再び造東大寺司の成立について」(『続日本紀研究』二五〇、一九八七年)、同「三たび造東大寺司の成立について」(『続日本紀研究』二六三、一九八九年)。

(23)　「一　天平勝宝三年告朔案　同〔壱巻〕　拾枚」。第一紙右下に「十ノ五　一」の付箋あり。

(24)　「一　題経一千五百巻　「千部法花経之内」　一枚」。第十一紙左下に「卅二ノ「二」九□」の付箋あり。

(25)　「一　造東大寺司牒　平摂大徳「房」下　二枚」。第十七紙表右下に判読不能の付箋あり。

(26)　「一　用紙帳　請物　天平勝宝三年四月「五月一日」　壱巻　七枚」。第十九紙右下に「十五ノ一　六」の付箋あり。

(27)　『正倉院文書目録』一、一六四頁。なお、同書は正集第六巻(7)の左端を「裏ニハガシトリ痕アリ」とするが、現在のところ、奥に貼り継がれていた文書は確認できない。

(28)　西洋子「食口案の復原―正倉院文書断簡配列復原研究資料I―」(『正倉院文書研究』四・五、吉川弘文館、一九九六・一九九七年)。

(29)　造石山寺所の春季告朔解に左記のような記載が認められる(五168 1.3〜1.4)。

「長押八枚 六枚各長二丈二尺 二枚各長一丈二尺　並 広七寸 厚四寸半
工十一人 二枚別一人 六枚別一人半」

(30)「同〔往来〕／一　神護景雲四年自六月至于九月告朔案　同〔壱巻〕　十二枚半」。第二紙右下に「二ノ十二」の付箋あり。

(31)「一　奉写一切経所解　四月告朔事　七枚」。第七紙左下に「卅四ノ十二」の付箋あり。

(32)「一　牒写経所　裏奉写一切経所解　申六月告朔事　二枚」。第八紙右下に「廿九ノ二」「一」、第九紙左下に「二」の付箋あり。

(33)「一　食口案　同〔壱巻〕　参拾枚（「二十一枚」を訂正）」。第十紙右下に「廿三ノ三」の付箋あり。

(34)『正倉院文書目録』四、七六頁および八〇頁。

(35)大平聡『正倉院文書と古写経の研究による奈良時代政治史の検討』一九九五年、山下有美注（6）書、栄原永遠男「正倉院文書と続日本紀」（石上英一・加藤友康・山口英男編『古代文書論―正倉院文書と木簡・漆紙文書』東京大学出版会、一九九九年）。

(36)森明彦「奈良朝末期の奉写一切経群と東大寺実忠」（『正倉院文書研究』七、二〇〇一年）。

(37)栄原永遠男「奉写一切経所の写経事業」・同「奉写一切経所の財政」（注（6）『奈良時代写経史研究』所収、初発表一九七七・一九七九年）。

(38)造石山寺所においては、造東大寺司外に宛てて文書を作成する場合にのみ署名に位階を記すという特徴があるが（本書第一部第二章）、その特徴が奉写一切経所にも当てはまるとすれば、先一部に際して作成された告朔解は造東大寺司外に宛てて提出された可能性もあろう。

(39)大平聡「正倉院文書研究試論」（『日本史研究』三一八、一九八九年）、杉本一樹「正倉院文書」（『日本古代文書の研究』吉川弘文館、二〇〇一年、初発表一九九四年）。

(40)山田英雄「奈良時代における上日と禄」（『日本古代史攷』岩波書店、一九八七年、初発表一九六二年）。

(41)寺崎保広「考課木簡の再検討」・同「式部曹司庁の成立」（『日本古代の都城と木簡』吉川弘文館、二〇〇六年、初発表一九八九・二〇〇〇年）。

（42）　吉川真司『律令官僚制の研究』（塙書房、一九九八年）、同「王宮と官人社会」（上原真人他編『列島の古代史三　社会集団と政治組織』岩波書店、二〇〇五年）、同「律令体制の展開と列島社会」（『列島の古代史八　古代史の流れ』岩波書店、二〇〇六年）、同「大極殿儀式と時期区分論」（『国立歴史民俗博物館研究報告』一三四、二〇〇七年）など。

（43）　古瀬奈津子「宮の構造と政務運営法―内裏・朝堂院分離に関する一考察―」（注（2）書所収、初発表一九八四年）。

〔コラム〕国分寺と写経所

皇后宮職系統写経機関は光明子発願の一切経、いわゆる「五月一日経」を中心に書写活動を行っていたが、宮中で開催される仁王会での使用といった国家的な要請や個人の依頼にしたがって臨時の書写も担った。前者を常写、後者を間写とも呼ぶ。

この間写の一例として、諸国国分寺の塔に納めることを目的に写された紫紙金字金光明最勝王経が挙げられる。金光明最勝王経は法華経、仁王経と共に護国三部経とも称され、奈良時代の支配者層に重視された経典であった。国分寺はその正式名称「金光明四天王護国之寺」が示すように金光明最勝王経を根本経典としており、諸国国分寺の建造物のうちランドマーク的役割を担う七重塔に安置することを目的に、料紙に紫色の染紙を、墨の代わりに金泥を使用するという特別仕様で製作されたのがこの最勝王経であった。国分寺建立の詔には「朕、又別擬、写二金字金光明最勝王経一、毎レ塔各令レ置二一部一」（『続日本紀』天平十三年三月乙酉条〔二十四日〕）と、あたかも聖武天皇自らが書写したものを頒下するかのように述べられているが、実際には皇后宮職系統写経機関の中に臨時で設けられた「写金字経所」が書写を担ったのである。

紫紙金字金光明最勝王経は経巻自体の遺例に加え、経巻を巻き束ねた帙も正倉院に伝来している（中倉五十七）。竹ひごと絹糸を用いて「依天平十四年歳在壬午春二月十四日勅」「天下諸国毎塔安置金字金光明最勝王経」の文字や迦陵頻伽等の文様を編み出した、これまた特別仕様の帙である。経帙の製作は写経所文書に見えず、また本品は正倉院に伝来したことから、総国分寺の性格を付与された東大寺の塔に安置されたものと見られる。諸国に頒下した最勝王経にも同様の帙が付随していたであろう。

さて、国分寺建立の詔には、先程の字句の直前に「宜レ令下天下諸国各令レ敬二造七重塔一区一、并写中金光明最勝王経・妙法蓮華経一部上」とあり、天下諸国に対して金光明最勝王経・妙法蓮華経一部を書写するよう命じている。これ以外にも『続日本紀』天平十七年九月甲戌条（二十日）のように諸国にはたびたび写経の命令が下され、また諸国で定期的に開催する法会に経典は不可欠であった。これら経典の書写はどこで実施されたのであろうか。

この問いへの一つの解答を示すのが、千葉県市原市の荒久遺跡A地点で発見された「経所」と墨書された土師器杯である（図参照）。荒久遺跡は上総国分寺跡の東隣に位置する国分寺関連遺跡で、「経所」墨書土器は寺院地のすぐ外側の竪穴建物SI二五から出土した。国分寺付近には国分尼寺も所在するが、間に谷を挟むことから、国分寺に伴う遺物と判断される。土器の型式より九世紀中葉の年代が与えられる。つまり、上総国では国分寺に写経所が設置され、少なくとも九世紀中葉までは書写が行われていたのである。

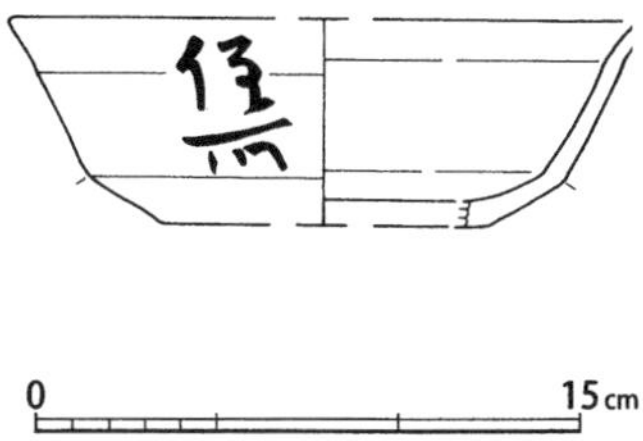

図　「経所」墨書土器

この上総国の事例が直ちに全ての国分寺に当てはまるとは言えないが、写経所文書に現れる経師は経典に関するある程度の知識と書写技能を兼ね備えたいわば熟練工であり、諸国においても国府ではなく国分寺に専用の作業場を設けて書写を行ったと見るべきであろう。儀式としての告朔や告朔解が中央と地方で重層的な構造を有していたのと同様に、官営写経所も東大寺と諸国国分寺の間で重層的な構造を呈するのである。

【参考文献】市原市教育委員会編『市原市南中台遺跡・荒久遺跡A地点』（上総国分寺台遺跡調査報告二〇、市原市埋蔵文化財調査センター調査報告書第一〇集）、二〇〇九年

第二章　造石山寺所の文書行政

—文書の署名と宛先—

はじめに

天平宝字五年（七六一）末から六年にかけて行われた石山寺の増改築に関する史料（以下、石山寺造営関係史料とする）は、造営に際して臨時に設置された造石山寺所[1]が造東大寺司の配下の「所」の一つであったこと[2]、また造石山寺所に派遣された別当および案主が東大寺写経所に所属する安都雄足・下道主・上馬養であったことにより[3]、その多くが正倉院文書中に良好な状態で残存している。これら史料は、早くから福山敏男氏[4]により整理が進められ、またその後を受けて進められた岡藤良敬氏[5]の補完的整理も相俟って、ほぼその基礎的な研究は達成されている。その結果、寺の造営やその財政だけではなく、労働力編成や官司の運営など多岐に渡る成果が現在までに蓄積されてきている[6]。また、これらの成果により、さらに史料の復原研究も進展し[7]、現在正倉院文書中において史料の原型が比較的明らかな一群となっている。

石山寺造営関係史料は帳簿と文書から成り立っているが、従来の研究は主に帳簿を対象とする傾向にあり、また研究対象として文書を使用する際には必要な部分のみが抜粋される形で利用されてきた。それら文書を対象とした研究の中で、造石山寺所における文書の授受に関する専論としては、現在までのところ以下のものがある。

まず、古瀬奈津子氏(8)は、造東大寺司告朔解を中心に造石山寺所の授受した文書を検討し、造東大寺司告朔解に造石山寺所の記載が無いこと、造東大寺司と造石山寺所は「「牒」—「以解」の「解」で結ばれるという公式令の規定にない特殊な関係」にあることより、造石山寺所は造東大寺司の下にありながら、独立性の強い所であったと指摘している。同じく造東大寺司告朔解を検討した中村順昭氏(9)は古瀬氏と同様の指摘をしつつ、さらに造石山寺所発信文書に良弁の署名が予定されているものがあること、また石山寺造営の財源が造東大寺司と東大寺により共同で分担されていることより、造石山寺所が造東大寺司のみではなく東大寺にも属しており、造東大寺司より派遣された別当が安都雄足であり東大寺より派遣された別当が良弁であろうとしている(10)。また、田中史生氏(11)は、当時造東大寺司が発信した文書のうち寺内向けのものには「造東寺印」が、寺外向けのものには「東大寺印」が捺されているとし、造東大寺司より造石山寺所に宛てて送られた文書に「東大寺印」が捺されている点に関して、「文書のあて先が造東大寺司の下部組織である造石山寺所となっているものの（中略）、寺外という意識は働いていた可能性がある」とする。またこれらの研究とは若干趣旨が異なるが、山下有美氏(12)は、天平宝字年間（七五六〜七六五）に作成された「解移牒（符）案」五通（造石山寺所解移牒符案も含む）の署名を検討し、宛先によって署名の肩書きが変化することを指摘している。山下氏によれば、造石山寺所から造東大寺司の外部に出す文書の場合には本官・位階を伴う署名をし、造石山寺所・造東大寺司内部に留まる文書には本官・位階などは記さない。また肩書きに関しても、「別当」は外部宛ての場合に、「領」は内部宛ての場合のみに記されるとする。

これらの研究においては、諸氏の関心が造石山寺所と造東大寺司との間で授受した文書（そのうち特に告朔解）に集中している。また、山下氏の研究は、従来石山寺造営関係史料を用いての研究では注目されることの少なかった解移牒符案や文書の署名に注目するものの、写経所文書の研究としての性格が強く、造石山寺所の文書に関しては文書の宛先自体には言及していない。また、解移牒符案以外にも帳簿の紙背に二次利用される形で現存する造石山寺所の作成した文書や、また造石山寺所の受領した文書は検討の対象には含まれていない。

そこで、本章では、山下氏の指摘を踏まえつつ、造石山寺所が作成した文書と受領した文書の双方を対象とし、署名の検討・宛先の推定を行い、それを通して造石山寺所の行っていた文書行政について分析していくこととする。なお、最後にその結果を踏まえ、文書行政システムを象徴する儀式として実施されていたと捉えられている告朔との関係から、造東大寺司告朔解、造石山寺所告朔解、甲賀山作所・田上山作所告朔解の動きを考察することとする。

一　関係史料の整理

石山寺造営関連史料に関しては、先に指摘したように、福山敏男氏[13]、岡藤良敬氏[14]、山本幸男氏[15]による詳細な復原研究が既になされている。その三氏の整理結果と本章における史料番号を示したのが、表6である。石山寺造営関係史料に関して研究の先鞭を付けた福山氏は、石山寺造営に関する史料を網羅的に収集し、それを文書と帳簿に分け内容別に分類した。この福山氏の整理法を継承したのが岡藤氏であり、福山氏の時期には利用できなかったマイクロフィルムおよび明治期の写本類を参照し、表裏関係や用紙一紙毎の接続関係、紙の流入経路を検討した。また福山氏の整理には入っていない「造石山寺所貯蓄継文」を復原している。山本氏は福山氏・岡藤氏の研究を継承しつつも、造石山寺所における帳簿の在り方に着目し、造石山寺所における紙の使用状況や帳簿の作成過程を検討した。しかし、以上三氏の、特に福山氏と岡藤氏の整理方法を見てみると、必ずしも造石山寺所における文書の扱い

表6　石山寺造営関係史料一覧

史料名		福山氏	岡藤氏	山本氏	本章
田上山作所告朔解		史料1～4	第一章		ツ
甲賀山作所告朔解		史料5～6	第二章		ソ
造石山寺所告朔解案（二月告朔）		史料7	第三章		［ニの紙背］
造石山寺所告朔解案（春季告朔）		史料8	第四章		［レの紙背］
労劇文案		史料9	第五章		タ
造石山寺所解案（秋季告朔）		史料10	第六章		レ
解移牒符案（公文案帳）		史料11	第七章	（D）	ル
雑物収納帳（雑納帳）		史料12	第八章	（B）	イ
雑材并檜皮和炭納帳（雑納帳）		史料13	第九章	（E）	ロ
鉄充并作上帳（鉄帳）		史料14	第十章	（F）	ハ
銭用帳		史料15	第十一章	（A）	ニ
雑材并檜皮和炭用帳（材用帳）		史料16	第十二章	（H）	ホ
雑物用帳（雑用帳）		史料17	第十三章	（G）	ヘ
食物用帳（食用帳）		史料18	第十四章	（C）	ト
雑様手実帳		史料19	第十五章	参考	ナ
屋壊運に関する文書		史料22～25	第十六章		ネ
「造石山寺所貯蓄継文」			第十七章		ラ
石山写経所に関する文書	充本経帳		第十八章		チ
	米売価銭用帳	史料20		（I）	リ
	食物下帳	史料21		（J）	ヌ

方を忠実に再現しているとは言えず、また山本氏の整理も帳簿のみを検討の対象としているため造石山寺所における文書の動きを全てカバーしているとは言えない。

そこで石山寺造営関係史料を造石山寺所の活動期間中の状態に復原することを目的とし、帳簿と文書に大別して以下のように分類した[16]。

1　帳　簿

まず帳簿であるが、造石山寺所が作成したものが七通、石山寺に設置された石山院奉写大般若経所の作成した帳簿が三通、計十通が現存している。

造石山寺所で作成したものは、次の通りである。

イ、造石山寺所雑物収納帳（天平宝字五年十二月二十八日～六年二月二十八日、ＺＺ43―14〈1〉、四537～539）

ロ、造石山寺所雑材檜皮和炭納帳（天平宝字六年正月十五日～七月二十二日、ＺＺ45―3〈1〉～〈12〉＋ＺＢ47⑧裏＋ＺＺ45―3〈13〉～〈15〉＋Ｚ28③裏＋ＺＺ45―3〈16〉～〈17〉＋Ｚ47⑩裏＋ＺＺ45―3〈18〉～〈19〉、十五260～289）

ハ、造石山寺所鉄充幷作上帳（天平宝字六年正月十六日～八月三日、ＺＺ45―2〈1〉～〈4〉＋ＺＢ16⑥裏＋ＺＢ16⑦裏＋ＺＺ45―2〈5〉＋ＺＢ7⑨裏＋ＺＺ45―2〈6〉～〈7〉＋Ｚ26①裏＋ＺＺ45―2〈8〉～〈10〉＋Ｚ46⑨裏、十五292～306）

ニ、造石山寺所銭用帳（天平宝字五年十二月二十四日～七年正月三十日（六年十月六日）、ＺＺ43―13〈1〉～〈2〉＋Ｚ38(1)＋Ｚ38(2)＋Ｚ48⑦～⑥裏＋ＺＢ48①(2)～(1)裏↓Ｚ25⑥裏＋ＺＺ43―9〈8〉＋ＺＺ43―9〈3〉～〈5〉↓ＺＺ43―9〈6〉～〈7〉＋ＺＢ32裏＋Ｚ29⑤裏＋ＺＺ43―9〈2〉、四532～536＋五355～360＋十五442～444＋五360～362↓十五450～452＋十五446～448↓十五448～450＋五362～371＋十五444～446）

ホ、造石山寺所雑材幷檜皮和炭用帳（天平宝字六年正月二十四日～十月一日、ＺＺ45―4〈1〉～〈3〉＋Ｚ47②裏＋ＺＫ20②裏＋Ｚ25④裏＋Ｚ25⑤裏＋Ｚ46①裏、十五365～374）

ヘ、造石山寺所雑物用帳（天平宝字六年正月十六日～七月二十七日、ＺＺ44―6〈1〉～〈19〉、十五314～342）

ト、造石山寺所食物用帳（天平宝字六年正月十四日～閏十二月二十九日、ＺＢ42＋ＺＫ10(3)＋ＺＢ20裏＋ＺＺ38―9〈1〉～〈19〉＋ＺＺ43―3〈5〉～〈1〉裏＋Ｚ9⑦裏＋Ｚ9③裏＋Ｚ9④裏＋Ｚ9②裏＋ＺＺ43―19〈7〉、五5～22＋十五378～436＋五29～30＋五25～29＋五24～25＋十六177～178）

それぞれ、イは造営開始期に造東大寺司から送られ造石山寺所で収納した物品の記録、ロは材木・檜皮・和炭の収納記録、ハは下充した鉄の数量・重さおよび製作物の名称・数量の記録、ニは銭の下給記録、ホは炭・檜皮・雑材の下用数量と用途の記録、へはハ・ニ・ホに記載されている以外の雑物の下給数量と用途の記録、トは食料の下用記録である。

石山院奉写大般若経所で作成された帳簿は、

チ、石山院奉写大般若経所充本経帳（ZZ18—2〈1〉～〈3〉、五107～110・五457～458）

リ、石山院奉写大般若経所米売価銭用帳（天平宝字六年八月十日～九月二十四日、ZK11⑴～⑵、五266～270）

ヌ、石山院奉写大般若経所食物用帳（天平宝字六年八月十二日～十二月半ば、ZZ38—8〈1〉～〈4〉＋Z25③裏＋Z25①裏＋ZK20①裏＋Z25②裏＋ZZ38—8〈5〉＋S44②裏＋ZZ38—8〈6〉～〈12〉＋ZB48⑧裏＋Z22⑩裏＋ZZ38—8〈13〉～〈14〉、十五471～482＋五33＋十五482～486＋五23～24＋十五486～495＋五30～32＋十五496～500）

の三通である。チは石山で実施された大般若経一部六百巻および理趣経二巻に関する経師への経本・用紙の下充記録、リは白米を売却して得た銭に関する下給記録、ヌは写経所における食料の下給記録である。

なお、これら帳簿には、石山で作成された文書の案文としてはロ—23裏（「ロの第23紙裏」の意。以下同様に記載する）（ZZ45—3〈19〉裏、十五440～441）、ニ—4～5裏（Z38⑵裏、五137～139）、ヌ—19裏（Z22⑩、五255～256）の三点が、石山に到来した文書としてはロ—16裏（ZZ45—3〈14〉裏、十五441）、ロ—20裏（ZZ45—3〈17〉裏、十五374～376）、ハ—3裏（ZZ45—2〈3〉裏、十五378）、ハ—13～14裏（ZZ45—2〈10〉～〈9〉裏、十五466～467）、ニ—15裏（ZZ43—9〈6〉裏、五201～204）、ニ—17～19裏（ZB32裏、五195～201）、ホ—3裏（ZZ45—4〈3〉裏、十五455）、ホ—4裏（Z47②、五139）、ヘ—14裏（ZZ44—6〈14〉裏、十五461）、ト—15～19裏（ZZ38—9〈5〉～〈1〉裏、五125～131）、ト—43裏（ZZ43—19〈7〉裏、十五470～471）の十一点が、反故になった後に紙背が二次利用されている。

2　文書

次いで文書であるが、造石山寺所が作成した文書の案文としては、次の七点である。

ル、造石山寺所解移牒符案（天平宝字六年正月十五日～七年六月十六日、ZZ18―3〈1〉～〈2〉＋ZB5⑥裏＋Z44⑫裏＋Z44⑬裏＋Z22⑨裏＋ZK28⑤裏＋ZB48⑦裏＋ZZ18―3〈3〉～〈4〉＋Z43⑫裏＋Z28④裏＋「天平時代文書」(5)＋ZZ18―3〈5〉→Z48⑤裏＋ZB1⑥＋ZZ18―3〈6〉～〈18〉＋ZK33(2)裏＋ZZ18―3〈19〉＋ZK33(1)裏＋ZB48⑨裏＋ZZ18―3〈20〉～〈28〉＋S6(2)裏＋Z17②裏＋ZZ18―3〈29〉＋Z46⑦裏＋Z17③裏＋S6(3)裏＋ZZ18―3〈30〉～〈32〉＋S5⑤裏＋Z30⑩裏＋ZB8③裏＋Z49②裏＋ZZ18―3〈33〉＋ZB18―4〈5〉＋Z47③裏＋ZZ18―3〈34〉＋ZB8①裏＋Z9⑨裏＋ZZ47―4〈2〉＋Z9①裏＋Z9⑤(2)裏＋Z9⑤(1)裏＋ZZ46―7〈5〉裏＋Z9⑥裏＋Z9⑧裏＋Z26⑨裏＋Z19⑤裏＋Z49⑨裏＋ZZ18―3〈35〉～〈37〉→Z26⑧裏→Z44④裏→Z20⑧裏＋Z20⑨裏＋ZZ18―3〈38〉～〈39〉＋Z49⑧(2)裏＋Z49⑧(1)裏＋ZZ18―4〈1〉→ZB8⑥＋ZK42③＋ZK42⑥(1)裏＋ZZ18―4〈3〉～〈4〉＋Z40裏＋Z17④＋Z43②裏＋Z43①裏＋Z16⑤裏、十五137～143＋十五311＋十五143～156＋未収＋十五156～157→十五158～159＋五113～114＋十五157～158＋十五159～229＋五256＋十五230～234＋未収＋二十五246＋未収＋十五85＋未収＋十六1～3＋十五243～247→十五247→十五248～250→十五250～254＋十六118～120＋未収＋五385～386→五400～402＋未収＋五439＋五438＋五441～442＋五444＋五438～444＋五444～446＋十六390～399(17)、写真1）

ヲ、奉写石山院大般若所請経師文案（天平宝字六年三月十三日、Z44②、五141～142）

ワ、石山院禄物班給注文（天平宝字六年三月二十一日、Z44③、五145～146、［38］）

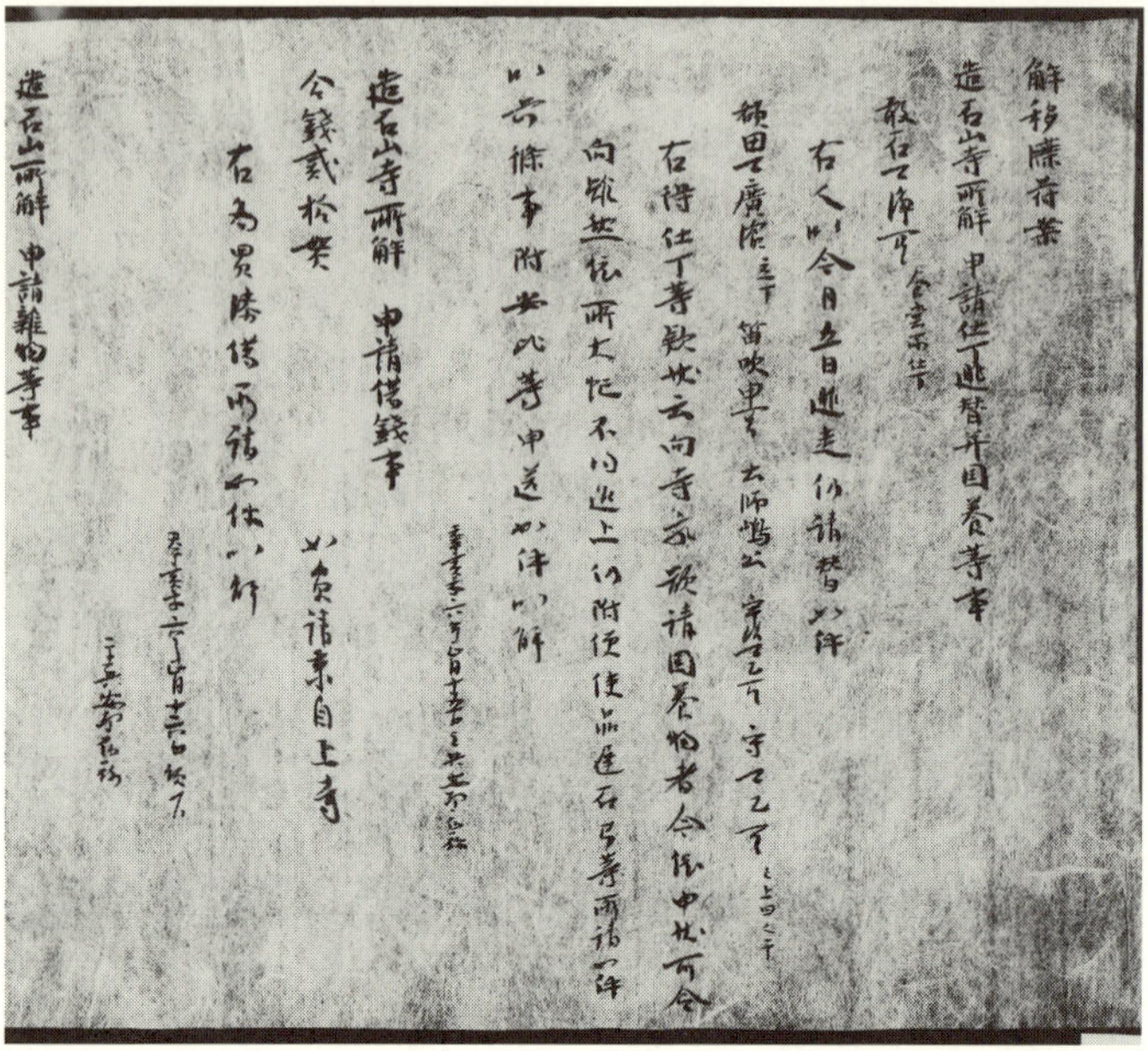

写真1　造石山寺所解移牒符案（冒頭部分）
（『正倉院文書』続々修18—3〈1〉—〈2〉、正倉院宝物）

カ、造石山寺所解案（天平宝字六年四月カ、ZZ18—4〈6〉～〈6〉裏、十五456＋257～258）

ヨ、石山院奉写大般若経所牒案（天平宝字六年五月十四日・八月四日、ZB8②、五231～232・十五234～235）

タ、造石山寺所労劇文案（天平宝字六年八月二十七日、Z37(1)～(3)＋Z29⑧裏、十五235～242）

レ、造石山寺所解案（秋季告朔）（天平宝字六年閏十二月二十九日[18]、ZZ45—7〈6〉～〈5〉裏＋ZZ45—7〈1〉～〈2〉＋ZK42②＋ZZ45—5〈14〉～〈13〉裏＋ZZ45—5〈15〉裏＋ZZ45—5〈12〉～〈1〉裏＋Z35(4)裏＋Z35(1)裏＋Z35(3)裏＋Z35(5)裏＋Z36(2)裏＋Z35(2)裏＋ZZ45—6〈6〉＋Z36(1)裏＋ZK34裏、十六219～222＋十六212～215＋十五127＋十六229～252＋十六191～195＋十六199～201＋十六195～197＋十六186～188＋十六185～191＋十六201～208＋十六197～199＋十六227～229＋十六208～211＋五335～354）

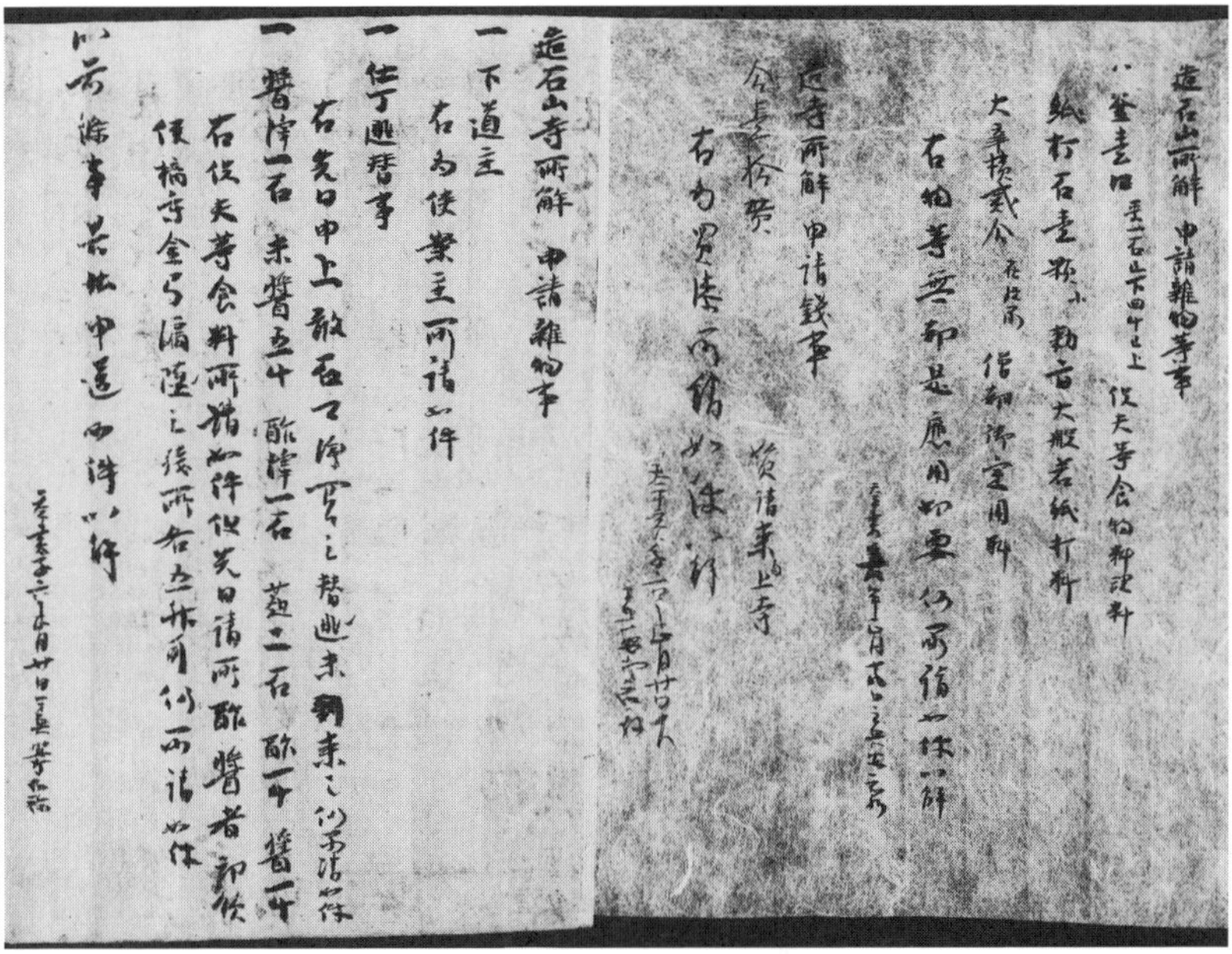

この七点が、一次文書として単体で、あるいは反故の紙背を利用した二次史料として現存するものである。ルは造石山寺所が作成した文書案（一部に受領した文書案を含む）計二百十二点を日付毎に帳簿形式で書き継いだものであり、作成過程から考えると本来は帳簿に入れるべきであるが、内容から造石山寺所の文書として分類した。ヲ〜レは造石山寺所で作成した文書の案文であり、ルの解移牒符案には記載が見えない案文も含まれる。またヲ〜タは紙背が空である。

なお、これら石山で作成された文書案の紙背には、ル―6裏（ＺＺ22⑨、十五290）、ル―7裏（ＺＫ28⑤、五58〜59）、ル―9裏（ＺＺ18―3〈3〉裏、十五348〜349）、ル―12裏（ＺＺ28④、十五256〜257）、ル―18裏（ＺＺ18―3〈7〉裏、十五254）、ル―37裏（ＺＺ18―3〈20〉裏、十五254〜255）、ル―59裏（ＺＢ8③、五251〜252）、ル―61裏（ＺＺ18―3〈33〉裏、十五229〜230）、ル―64裏（ＺＺ18―3〈34〉裏、五257〜258）、ル―65裏（ＺＢ8①、五143〜144）、ル―81裏（ＺＺ44④、五230〜231）、ル―85裏（ＺＺ

18—3〈39〉裏、五288）、ル—88裏（ZZ18—4〈1〉裏、五327）、ル—94～96裏（Z40、五201～204）、レ—36～46裏（ZK34、五163～187[19]）の計十五通が、石山に到来した文書としてはル—2裏（ZZ18—3〈2〉裏、五310）、ル—3裏（ZB5⑥、五67～68）、ル—4裏（Z44⑫、十五307）、ル—5裏（Z44⑬、十五309）、ル—11裏（Z43⑫、十五106）、ル—14裏（ZZ18—3〈5〉裏、十五356）、ル—15裏（Z48⑤、十五355）、ル—30～35裏（ZK33(1)+ZZ18—3〈19〉裏+ZK33(2)、五188～194+五四65+五194～195）、ル—38裏（ZZ18—3〈21〉裏、五132）、ル—58裏（Z30⑩、五252～253）、ル—60裏（Z49②、五242～243）、ル—63裏（Z47③、五242）、ル—74裏（Z26⑨、十五502）、ル—75裏（Z19⑤、五270）、ル—76裏（Z49⑨、二十五337）、ル—80裏（Z26⑧、五284）、ル—82裏（Z20⑧、五244～245）、ル—83裏（Z20⑨、十五469）、ル—90裏（ZK42③裏、五400）の計十九通が二次利用されている。

次いで、造石山寺所の受領した文書のうち紙背が二次利用されていないものは、次の十一点である。

ソ、甲賀山作所告朔解（二通、Z39(1)・Z39(2)+ZZ45—6〈2〉、五86～94・五95～102+十五462）

ツ、田上山作所告朔解（四通、ZK32、ZB31(1)・ZB31(2)・ZB31(3)・ZB31(4)+ZZ42—5〈7〉、十五344～348、五77～83・五114～124・五148～160・五221～229+十五463～465）

ネ、屋壊運漕に関する文書（三通、ZZ45—1〈1〉・〈2〉・〈3〉、五74～75・四528～529・五104～105）

ナ、造石山寺所雑様手実（十通、ZB34(1)～(10)→ZK6(3)～(5)→S6(5)+ZZ45—6〈4〉～〈5〉、十五357～364→五220・五239～240→五261・五262～265）

ラ、「造石山院所貯蓄継文」（四十五通、S5①(1)・ZZ43—22〈2〉・Z27①・Z41⑤・S5①(2)・Z26③・Z26④・ZB6⑦・ZB7⑪・Z41⑥・Z29⑦・Z27②・Z43⑩・Z27③・ZZ44—10〈42〉・ZZ44—10〈43〉・ZZ44—10〈44〉・S5①(3)・S5①(4)・Z27④・ZZ43—22〈3〉・Z43⑪・ZB7⑫・Z43⑬・Z44①・Z43⑮・ZB7⑬・

Z43⑭(1)・Z43⑭(2)・Z26⑤・Z30⑭・S5①(5)・S5①(6)・S5①(7)・S5①(8)・ZZ43—22〈17〉・ZZ43—22〈18〉・S5⑥裏・Z26⑦・Z27⑥・Z27⑥・Z27⑤・Z41③・Z47④・ZB8④、四525～526・四526・四526～527・四527～528・五1～2・五2～3・五4～5・五3～4・五68～69・五59～60・五65～66・五66・五67・五71・十五342・十五343～344・十五343・五76～77・五84・五72～73・五85・五104・五103・五112～113・五135～136・五133・五132～133・五113・未収・五142・二十五332～333・五143・五144・五240～241・五243～244・十五460・十五461・五271・五271～272・五281～283・五279・五280・五278・五284・五287）[20]

ム、運堂所啓（天平宝字六年三月二十四日、Z47①、五147～148）

ウ、山作所解（天平宝字六年四月、ZZ45—6〈3〉、二十五334）

ヰ、焼炭所状（天平宝字六年六月二日、ZZ44—10〈45〉、十五466～467）

ノ、草原嶋守啓（天平宝字六年六月三日、Z48⑨、十五467）

オ、上院牒（天平宝字六年六月五日、ZZ43—22〈31〉、十五468～469）

ク、上院牒（天平宝字六年八月十九日、ZZ44—10〈41〉、十五501）

ソ～ラは継文の形で、ム～クは単独で残存している。

ソ・ツはそれぞれ作材のために設けられた甲賀山作所・田上山作所から提出された告朔解を貼り継いだものであり、双方とも往来軸・題籤が残存している。また、ネは石山寺の増改築に伴って実施された法備国師奉入三丈殿の建材の運搬に関する文書であり、臨時に設けられた信楽殿壊運所から提出された文書が往来軸に貼り継がれた状態で残存している。[21] ナは石山寺造営に従事した様工の集団から提出された手実を貼り継いだ継文で、余白部分に造石山寺所で記入された追記がある。ラは、他の継文に入らない文書を集めた雑多な内容を含む継文である。紙背が二次利用されず、かつ独立した状態で残存するム～クがこのラに継がれていた可能性もあるが、積極的根拠に乏しいため保留する。

なお、ナは様工の手実を造石山寺所で作成し貼り継いだものであるため、石山で作成したナ―6裏（ZB34(6)裏、五215）および石山に到来したナ―1裏（ZB34(1)裏、十五438）を反故紙として二次利用している。

3　参考史料

最後に、石山寺造営終了後、奈良に引き揚げた後に授受した文書が含まれている史料として以下の二点を参考史料として掲げることとする。

ヤ、奉写二部般若経解移牒案（天平宝字六年十二月二十一日～八年十一月二十九日、ZZ4―21〈1〉～〈5〉＋ZB48⑩裏＋ZB6⑧＋Z20㉑裏＋ZZ18―4〈2〉＋日名子文書(3)→Z48③裏＋Z47⑧裏＋ZZ24―5〈38〉＋Z48④裏＋ZZ18―7〈2〉裏＋Z50③裏→ZB38(1)～(8)＋ZZ18―7〈3〉～〈5〉→ZZ18―7〈6〉～〈7〉＋ZZ42―1〈11〉＋ZB47⑨裏、十六106～113＋五333～335＋五383～384＋十六326～328＋五386～387＋五399→十六328～330＋十六382～384＋十六364～365＋十六330～334→五468～473＋未収＋五473～496＋五474＋五496～497＋五474～475＋五498～502＋五475＋五505～507→未収＋五507＋五503～504＋十六562＋五508～509[22]）

この史料の袖には往来軸が付随し、その題籤に「二部般若／解移牒案」（表裏同文）、「寶字六年」（題籤左側）と書かれているため、『正倉院文書目録』は「奉写二部大般若経解移牒案」と命名している。[23]しかし、この解移牒案には大般若経二部の書写に関連するもの以外の写経所関係文書も書き継がれている。また、この解移牒案と平行してルの造石山寺所解移牒符案も作成されていたため、本来ルに書かれるべき文書のうちこの史料に混入してしまっている場合もある。内容から判断し、8・9・10・11・12・15・16・19・24の九通を本章で扱うこととする。なお、紙背に入るヤ—2裏（ZZ4—21〈2〉裏、五289〜290）、ヤ—6裏（ZB48⑩、五328〜329）も、石山寺造営に関する文書である。

マ、奉写灌頂経所食口案（ZZ10—7〈1〉〜〈6〉+Z31⑤裏+ZZ40—5〈1〉〜〈5〉+Z47⑤裏+ZB8⑤裏+ZZ40—5〈6〉〜〈9〉→ZZ43—16〈6〉〜〈2〉裏、十六26〜48→十六48〜50[24]）

この史料の袖には裏空の白紙で貼り付けられた往来軸が付随し、「六年十二月／食口案」（表）・「食口案」（裏）と書かれ、冒頭部分に「奉写灌頂経所食口案」とあるため、奉写灌頂経所食口案と呼称されている。この帳簿にも、造石山寺所に到来したマ—14裏（ZB8⑤、五328）、マ—16裏（ZZ40—5〈7〉裏、十六136〜137）が紙背を二次利用されている。

二　造石山寺所の作成した文書

1　文書に関する規定

解移牒符案という帳簿の名称からも分かるように、造石山寺所では符、移・牒、解といった文書が作成され、また受領されていた。これらの文書は公式令の中には左記のような文書の様式として規定されている。

公式令13符式条（下達文書）

符式

太政官符其国司

其事云云。符到奉行。

大　弁　位　姓　名　　　史　位　姓　名

年　月　日　使　人　位　姓　名

鈴　剋伝符亦准レ此。

右太政官下レ国符式。省台准レ此。若下二在京諸司一者、不レ注二使人以下一。凡応二為レ解向慢一レ上者、其上官向レ下、皆為レ符。署名准二弁官一。其出符、皆須二案成一、并レ案送二太政官一検勾。若事当二計会一者、仍録二会目一、与レ符倶送二太政官一。

公式令12移式条（平行文書）

移式

刑部省移式部省

其事云云。故移。

年　月　日　　録　位　姓　名

卿　位　姓

右八省相移式。内外諸司、非二相管隷一者、皆為レ移。若因レ事管隷者、以レ以代レ故。其長官署准レ卿、長官無、即次官判官署。国司亦准レ此。其僧綱与二諸司一相報答、亦准二此式一。以レ移代レ牒。署名准レ省。三綱亦同。

公式令11解式条（上申文書）

解式

式部省解　申其事

其事云云。謹解。

　　年月日　　　大録位姓名

卿位姓名　　　　大丞位姓名

大輔位姓名　　　少丞位姓名

少輔位姓名　　　少録位姓名

　右八省以下内外諸司、上二太政官及所一レ管、並為レ解。其非レ向二太政官一者、以レ以代レ謹。

これらを一見して判明するように、下達文書・平行文書には宛先を明記するのに対し、上申文書には宛先を記さないという特徴がある。この上申文書に宛先を記さないという特徴について、早川庄八氏(25)は「宛先は、太政官か、もしくは直属の上級官司に限られる。このように宛先が明確であるから、解には宛所を書く必要がない」ためであるとする。以下では、まず宛所の明記されている下達文書と平行文書について検討し、その結果を踏まえて上申文書、およびこれらの文書様式の分類には当てはまらない文書について考察していくこととする。

2　下達文書

造石山寺所の発給した下達文書の書出・書止・日付・文面に見える文書の動き・署名の項目を一覧にしたのが表7である。なお、署名に関しては、①主典、②案主の項目を設けた。また、「所在」は前節における分類中の所在を意味し、現状での表面に記載がある場合には「史料名―先頭から数えた文書番号」（ただし、文書数の多いルは「文書番号」のみ）、紙背文書の場合には「史料名―紙番号 裏」のように示した。

この表より分かるように、造石山寺所が下達文書を発給している相手は、田上山作所、甲賀山作所、勢多庄領、坂田庄領、愛智郡封租米徴収使であり、文書様式は全て符式である。宛先となっている機関別に見ていくこととする。

まず田上山作所であるが、田上山は造東大寺司所有の杣である。この杣における木材の伐採・作材および石山への運搬を目的として、天平宝字六年正月十六日に開設されたのが田上山作所であり、作業は五月十八日まで継続して行われた[26]。田上山作所には、領として阿刀乙万呂・玉作子綿が派遣されたが、乙麻呂は正月いっぱいで造石山寺所に所属を移管され、二月は道豊足が[27]、三月以降は三嶋豊羽[28]が領として出仕している。現存している田上山作所宛ての文書案は、10・11・16・17・19・20・22・23・29・32・38・41・44・45・47・48・51・58・59・60・61・64・66・67・70・75・77・79・84・87・90・95・ナ―6裏・96・98・99・104・109・110・119・126の計四十一通であり、下達文書中でかなりの割合を占める。

甲賀山作所も、造東大寺司所有の杣である甲賀山に設けられた所であり、木材の伐採・作材、運搬が行われた。天平宝字五年十二月二十二日に開設され、領として勝屋主・橘守金弓・秦足人が派遣された[29]。しかし、前述の六年正月の田上山作所の開設により正月十四日で作材を中止することとなり、勝屋主は高嶋山作所に、橘守金弓は勢多庄に、秦足人は造石山寺所に出仕することとなる。その後、山に放置されたままになっていた木材は、橘守金弓の指揮の下で三月十三日～四月二十五日にかけて石山へと運搬する作業が行われている。解移牒符案の作成開始日は正月十五日と甲賀山作所が閉鎖された正月十四日の後であるため、甲賀山作所が作材を行っている期間の下達文書は現存していない。現存している文書案は55・63・68・135の四点であり、三月から四月にかけての運材期間のものである。

勢多庄は造東大寺司の所有する庄であり、領は造東大寺司より派遣された責任者である。勢多庄に関しては、既に戦前から荘園研究(30)において石山寺造営に果たした一定の役割が指摘されており、戦後吉田孝氏(31)は庄内の安都雄足宅の存在を指摘し、またそれが材木などの交易の拠点であったことを明らかにしている。また、松原弘宣氏(32)は、勢多は畿内の水上・陸上交通の要衝に当たり、また石山寺造営に際して物品の購入および集積・愛智郡封租米の徴収・各種の運漕に関与していることより、勢多庄は石山寺造営を中心として造東大寺司により設置された庄であり、他の庄と共に造東大寺司の利用する水上交通の一端を担っていた、とする。なお、松原氏は庄領に関しても、天平宝字六年二月の時点では猪名部枚虫と橘守金弓、閏十二月には猪名部枚虫と阿刀乙万呂であったとしている。現存している勢多庄領宛ての文書案は、9・18・46・62・ヤ―8・ヤ―9・ヤ―10・ヤ―16・185・188の十通であるが、9・62・ヤ―9以外の七通には庄領として猪名部枚虫の名が上がっており、実質的な責任者は猪名部枚虫であったようである。

坂田庄領宛ての文書案は69の一通のみである。しかし、書出しに続いて二行目までしか作成されておらず、具体的な内容は不明である。また、次項の平行文書にも坂田庄司宛ての文書があり、この案は書き損じとも考えられる。

表7　下達文書

番号	書出	書止	日付	文書の動き	署名①（安都雄足）	署名②（下道主）	署名③（上馬養）
9	符　庄領等所	右、附玉作子綿、充山作所、宜到依員早下充、今以状、故符	（宝字6）正・23	造石山寺所→勢多庄領	主典安都宿祢「雄足」	領下道主	
10	符　山作領玉作子綿等所	以前條事、至承知状、火急施行、不得怠緩、故符	宝字6・正・24	造石山寺所→田上山作所	主典安都宿祢	下	
11	符　山作所領玉作子綿等	右、附弓削伯万呂、雑役夫等食料充遣如件、宜到依員検納充用、故符	宝字6・正・26	造石山寺所→田上山作所	主典安都宿祢	領下道主	
16	符　山作領玉作子綿等	以前條事、至即承知施行、仍附仕丁宇治乙万呂、故符	宝字6・2・1	造石山寺所→田上山作所	主典安都宿祢	下	
17	符　山作領阿刀乙万呂等	右、依彼所解状、附玉子作綿充遣如件	（宝字6）2・3	造石山寺所→田上山作所	主典安都宿祢	領下道主	
18	符　庄領猪名部枚虫等	右、山作所充遣如件、宜至依員運納下充、故符	（宝字6）2・3	造石山寺所→勢多庄領	主典安都宿祢	下道主	
19	符　山作所領玉作子綿等　充遣領道豊足		（宝字6）2・4	造石山寺所→田上山作所	主典安都宿祢	下道主	
20	符　山作所領玉作子綿阿刀乙万呂等	以前、先後條事等、依符早速施行、今具状、故符	（宝字6）2・5	造石山寺所→田上山作所	主典安都宿祢	領下道	
22	符　山作所領玉作子綿等	右、今作可材等如件、宜急承知状、早速令作運、故符	（宝字6）2・8	造石山寺所→田上山作所	主典安都宿祢	下道主	
23	符　山作所領玉作子綿等　充遣夫七人〈仕丁一人、雇夫六人〉	右、其所作扉一枚、温船板幷蘇岐令持発遣、宜承知、荷別加松進上、又昨日仰遣机板者、宜厚一寸令作耳、又無蘇岐者令持檜皮、今具状、故符	（宝字6）2・9	造石山寺所→田上山作所	主典安都宿祢	下	
29	符　山作所領等	右、依彼所状、附道豊足、充遣如件、今具状、故符	（宝字6）2・11	造石山寺所→田上山作所	主典安都宿祢	下道主	
32	符　山作所	右、為用急作五丈殿架、仰下如件、到宜早速令作進送、又先仰柱二丈歩板等、以今月内進上、今具状、以符	（宝字6）2・28	造石山寺所→田上山作所	主典安都宿祢	案主下	
38	符　山作領玉作子綿等	右材等、急可令作、（仍附）依斧修理使調乙万呂、故符	（宝字6）3・4	造石山寺所→田上山作所	主典安都宿祢	下	
41	符　山作所領等	右、依玉作子綿状、充遣如件	宝字6・3・3	造石山寺所→田上山作所	主典安都宿	下道	

44	符　山作領等	右、依彼所解状、充遣如件、但以明日附等、更将充遣、然廣濱欵云、依給遣米欠、領等使夫等令償事者、宜承知状、四斗五升已上者、依満宜検納之、一役夫等功充事者、准人階十六文已下充雇役之／右、以月八日可始悔過、仍件材且可用、宜承状、以明日早速進上之、今且趣、故符	(宝字)6・3・6	造石山寺所→田上山作所	主典安都宿祢		
45	符　山作領等	右、依彼所解状、充遣如件、宜承知状、早速役使、故符		造石山寺所→田上山作所	主典安都宿祢	下道主	
46	造石山院所符　庄領猪名部枚虫	右、為用家院切要、宜承知状、火急早速買進上、但且二駄荷[redacted]、至使進上、故符	(宝字6)3・7	造石山寺所→勢多庄領	主典安都宿祢	下道主	
47	符　山作領三嶋豊羽等	右物、今切要、宜承知状、早速令作、十四日以前進上、今具状、附即豊羽、以符	(宝字6)3・8	造石山寺所→田上山作所	主典安都宿祢		
48	符　山作領玉作子綿等	右、雑役夫等食料功料、附三嶋豊羽充遣如件、宜至依員検納充用、今具状、故符	(宝字6)3・9	造石山寺所→田上山作所	主典安都宿祢	下	
51	符　山作領三嶋豊羽玉作子綿等	右、附廻使仕丁廣濱、充遣如件／佐須料材、依員今明日進上、但増成者、依此符取、又器者、折十合蓋合麻二笥合、作了者、宜工早速進上、今具状、以符	(宝字)6・3・12	造石山寺所→田上山作所	主典安都宿祢	案主下	
55	符　橘守金弓等	右、便充信楽板屋壊運僧等所、宜承知状、早速施行、今具状、以符	(宝字)6・3・13	造石山寺所→橘守金弓	主典安都宿祢	案主下	
58	符　山作領等可作材等事		(宝字6)3・15	造石山寺所→田上山作所	主典安都宿祢	下	
59	符　山作所領等	右、依彼所状、即附仕丁額田廣濱、充遣如件		造石山寺所→田上山作所	主典安都宿祢	下道主	
60	符　山作所領等	右、役夫食料、即附玉作子綿充遣如件、宜承状行用、故符	(宝字)6・3・15	造石山寺所→田上山作所	主典安都宿祢	下	
61	符　山作所	右、堂宗屋飛炎棉如件、宜承知状、月廿五日以前令作、早速進上／右、仏堂用度如件、宜承知状、早速令作、如仰日限進上、事有限、不得退廻、今具状、以符	(宝字)6・3・16	造石山寺所→田上山作所	主典安都宿祢	案主	
62	符　収納藁参拾貳囲	右、依進上員、検納已畢、但駄一匹可負員廿囲、是以准量甚少負也、宜承知状、自今以後為令運船、便船津近所二百囲許令買置之、以加以今日僧都可上坐者、仍枚虫正身早速参来、今具状、附即廻使、故符	(宝字6)3・17	造石山寺所→勢多庄領？	主典安都宿祢	下道	
63	符　甲賀運材領橘守金弓	右、宜早速令運出、月廿五日以前参向、不得退廻、今具状、故符	(宝字6)3・18 辰時　以時使検校	造石山寺所→甲賀運材領橘守金弓	主典安都宿祢	案主下	
64	石山院務所符　山作所	右、大徳下坐之更改事、宜承知状、如先様勿令作、但扉如先令作、而廣五寸厚五寸令作、若作了者、勿令運持、後符侍、又仰遣材、作了者、宜早速進上、又何故至今日先板桁等不進、宜不過今日進上、今具状、以符	(宝字6)3・19	造石山寺所→田上山作所	主典安都宿祢	下	
66	符　山作領等合可作材	右、可作物仰遣如件、宜承知状、司木工者、皆悉進上、以様工令作進上、又雇夫等宜令取檜皮、又秦小鯨者、彼器用畢、宜早速進上、今具状、以符	(宝字)6・3・21	造石山寺所→田上山作所	主典安都宿祢	案主	

番号	書出	書止	日付	文書の動き	署名①（安都雄足）	署名②（下道主）	署名③（上馬養）
67	符　山作領三嶋豊羽玉作子綿等	右作物稍畢、宜承知状、先後仰遣材等皆如員作畢者、領差専使申送、即随状符遣、又雇夫等、自今以後勿令檜皮取、若无行事者、便彼採置檜皮令運耳、今具状、以符	（宝字）6・3・22	造石山寺所→田上山作所	主典安都宿祢	領下	
68	符　三雲運材領橘守金弓等	右、依申状、附道豊足穂積河内等充下、到宜早速施行、又人功者、日別、充十五文已下、但車賃雇難者、宜二三文許加耳、早速令運出、又作物火急、宜承知状、今明日内令運出之参向、今具状、以符	（宝字）6・3・23	造石山寺所→三雲運材領橘守金弓	主典安宿祢	下道主	
69	符　板田庄領錦部小老	右、被僧都宣、有可仰給事		造石山寺所→坂田庄領錦部小老			
70	符　山作所	右、随在且附廣嶋充遣如件、但司木工等皆進上、又夫等十人已下常留役、自余足庭進上止者、寺充米不到、仍雇夫多役不便、又架百枝〈幷先後方三寸長一丈五尺〉棉梠十四枝、明日内進上、若更作材有者、随運漕上、今具状、以符	（宝字）6・3	造石山寺所→田上山作所	主典安都	下	
75	符　山作所	右、依彼所解状、即附私部廣国等、充遣如件、但雇夫勿多雇役、今具状、故符	（宝字6）3・28午一点	造石山寺所→田上山作所	主典安都宿祢	下	
77	符　山作領三嶋豊羽玉作子綿等	右、先後幷所仰遣架令作、四月五日以前進上、又先仰遣雑材、作畢早速申送、今具状、以符	（宝字6）3・30	造石山寺所→田上山作所	主典安都宿祢	下	
79	符　山作所	右、附廻使仕丁額田部廣濱等充遣如件、但仕丁等、此度依無同米不給、宜又附使参時将給、仍具状、故符	（宝字）6・4・1	造石山寺所→田上山作所	主典安都宿祢	領下	
84	符　山作所	右、附仕丁春米水取、充下如件／右、依今急可用仰下、宜承知状、早速令作進上到、所残雑材又檜皮切要、宜彼雇夫等令持、早進上、今具状、以符	（宝字）6・4・7	造石山寺所→田上山作所	主典安都宿祢		
87	符　山作所	右、附便廣濱仰下、宜承知、早速施行、今具状、以符	（宝字）6・4・9	造石山寺所→田上山作所	主典安都宿祢		
90	符　山作所領玉子綿等	右、彼所常食料、附仕丁春米水取充遣如件、故符	（宝字）6・4・7	造石山寺所→田上山作所	主典安都宿祢		領上馬養
95	符　山作所領玉作子綿等	右、彼所雇工幷夫功料、附便子綿、充遣如件、符	（宝字）6・4・15	造石山寺所→田上山作所	主典安都宿祢		領上
ナー6裏	符　山作所領玉作子綿等	右、彼所雇工幷夫等功料、附便子綿充遣如件、故符	宝字6・4・15	造石山寺所→田上山作所	主典安都宿祢		領上馬養（抹消）
96	符　山作所領玉作子綿等	右件材木、今急令作早速進上寺家、不得怠廻、符到奉行	（宝字）6・4・17	造石山寺所→田上山作所	主典安都宿祢		領上馬養
98	符　山作所領玉作子綿等	右、依来員検納如件		造石山寺所→田上山作所			上馬養

99	符　山作所領玉作子綿等	右、彼所常食料、附仕丁私廣国、充遣如件、故符	(宝字)6・4・21	造石山寺所→田上山作所			
104	符　山作所　充遣黒米壹斛〈乗八合〉	右、依彼所状充遣如件、然先日充遣米者、最使仕丁私廣国令見所量、又此米廣国等令量充遣、宜承状、欠所使幷彼所断等可追徴之、更勿司疑、去於今年米尤切要、勿許、必令進、今具状、故符／右、依員検納如件／右、依先様、早速令作進上	(宝字)6・4・26	造石山寺所→田上山作所	主典安都宿祢		領上
109	符　山作所領等	右、造物事停止、宜承状、所造雑材等、一物已上既悉進上、更勿工雇役、又散用物等、惣集令持参向、不得怠退、今具状、附木工丈部真犬、故符	(宝字)6・5・1	造石山寺所→田上山作所	主典安都宿祢		
110	石山政所符　山作所領等	右、依彼解状、附三嶋豊羽充遣如件、又収納材六十二物	(宝字)6・5・2	造石山寺所→田上山作所	主典安都宿祢	下	
119	符　山作所領等	右、依彼所解状、夫等食料充遣、附春部沙弥万呂、充遣如件	(宝字)6・5・13	造石山寺所→田上山作所	主典安都宿祢	領下	
126	符山作領等	右夫等食料、附三嶋豊羽、充遣如件	(宝字)6・5・16	造石山寺所→田上山作所	主典安都宿祢	領下	
135	石山司符　領橘守金弓	右、今彼材可用切要、宜承知状、川水共争漕下、事有限、勘不得怠退、今具状、差仕丁額田部廣濱、故符	(宝字)6・6・4	造石山寺所→(三雲運材領?)橘守金弓	主典安都宿祢	領下	
145	司符　秦足人穂積河内等	右、先日足人幷米長等召遣既畢、此迄今日未向、若有■故、宜承知状、徴所米等令持、火急参向、不得怠、今具状、即返丁等、故符	(宝字)6・7・9	造石山寺所→秦足人・穂積河内等	主典安都宿祢	案主下	
ヤ-8	符　庄領猪名部枚虫	右、差散位少初位下丸部足人令乞発遣、宜承知此状、此使相副、共彼残所米乞徴、早令進上、今具状、故符	宝字6・閏12・1	造石山寺所→勢多庄領	主典安都宿祢		
ヤ-9	符　橘守金弓	右物、可進上月過、依何迄今不進、仍差散位丸部足人徴発遣、宜承知状、早進上、若可怠者、金弓身早速参向、以不得退日、故符	宝字6・閏12・1	造石山寺所→橘守金弓	主典安都宿祢		
ヤ-10	符　庄領猪名部枚虫	右、為竪石山院、信楽買板殿壊運雇夫等食料、報送如件、宜察此趣、彼所買置秋米内便折取、依員件僧所充遣、但先日庄運申者、好案置守耳、今具状、附丸部足人等、故符	宝字6・閏12・1	造石山寺所→勢多庄領	主典安都宿祢		
ヤ-16	司符　庄領猪名部枚虫阿刀乙万呂等	右、得彼院三綱状云、以今月十九日、件院収置造寺料物所盗々人縛、此外令勘問疑諸人者、宜承知此状、早速院家参向、勘問件盗人、随所盗物令出耳之、若国府及市司等可用於状申遣耳、仍差雇夫建部浄万呂充使、発遣如件、今具事状、故符	宝字6・閏12・23	造石山寺所→勢多庄領	主典安都宿祢		
185	符　猪名部枚虫所	右、信楽殿壊漕専当実慶充遣如件、宜察此趣、随請使至日、依員彼買置米折取充遣、仍事具状、便自岡田鋳物師王廣嶋所、併充遣如件、故符	宝字7・2・18	造石山寺所→勢多庄領	主典安都宿祢	下	
188	符　庄領猪名部枚虫所	右信楽殿壊運夫等食料、充遣如件、宜察此状、受使至者、依員充遣、但先日自岡田鋳師王廣嶋所、随便送遣文、猶託此符行遣耳、仍具事状、即彼所使等、故符	宝字7・3・3	造石山寺所→勢多庄領	主典安都宿祢	案主下	

145は愛智郡封租米徴収使宛ての文書案である。愛智郡封租米の徴収に関しては既に研究の蓄積があり様々な指摘がなされているが、ここでは触れず次節で触れることとする。この時徴収使に充てられていたのは秦足人と穂積河内の二人であり、二人とも造石山寺所の所属であるため、下達文書が出されたのだろう。

以上、下達文書を見てきたが、署名を見てみると、安都雄足は、書き損じと思われるものが三点、[33]「雄足」まで含めた署名があるものが一点あるものの、[34]他は全て「主典安都宿祢」であり、位階を伴わない簡略な記載方法をとっている。案主を見てみると、下道主は「領下（道主）」「案主（下）」「下（道主）」、上馬養は「領上（馬養）」「上馬養」となっており、二者の署名とも位階や本官は記載していない。また肩書きである領や案主の使用に関しては、特に書き分けは見られないように思われる。

また、宛先の書き方を見てみると、「山作所」となっているものもあるが、主に「山作所領」や「庄領」のように派遣されている責任者の名が記される傾向がある。

3　平行文書

2で造石山寺所の発給した下達文書を見てみたが、下達文書に付された署名はほぼ一様であった。しかし平行文書に付された署名にはいくつかのパターンがあり、三種に分類された。以下、分類毎に平行文書について見ていくこととする。

①下達文書と同じ署名方式の文書

平行文書として、下達文書とほぼ同じ署名が付された群がある。それを一覧にしたのが表8である。署名を見てみると、主典の安都雄足は、「雄足」まで含めた署名があるものが二点あり、また「主典」のみのものが一点あるものの、他は全て「主典安都宿祢」である。また、「主典安都宿祢」の後に「奈良」と奈良にいて石山に不在である旨を記すものが三点ある。案主の下道主は「領下」「案主（下道主）」「散位下」「下（道主）」となっており、二者の署名とも位階は記載していない。

この表より分かるように、宛先は造物所、写経所、造東大寺司政所、鋳物所、坂田庄司、木工所、焼炭司、宇治司所、岡田鋳物所、上院政所、石山院三綱務所である。また、これらと同様な署名を持つ益田大夫所、坂田郡司宛ての案もあるが、発信機関が司（造東大寺司）となっている。

各々の機関について見ていく。まず造物所であるが、造物所より到来した文書に造東大寺司史生川原人成および六人部荒角が署名していることより、造東大寺司に付属し史生川原人成が別当として監督責任を負っていた所であると考えられる。造物所宛ての文書案は、6・28・131・ル―59裏の四通であり、石山寺造営に関しては物品や人員を借用している。

写経所宛ての文書は8の一通のみである。この文書は、造石山寺所に付属する石山院奉写大般若経所の開設に当たって人員や物品を召集する目的で作成されており、東大寺写経所に勤務していた上馬養の召喚も兼ねている。文書の書出が「告」、書止も「以告」となっており、早川氏は告を下達文書の召文の類似形態として分類するものの、この文書に関しては署名と日付の位置から「移式転用の牒の系統に属するものとみてよい」としている。文書の内容から考えると、写経所別当の安都雄足が自身の配下にある写経所に対して発している文書であるため下達文書とも考えられるが、

表8　平行文書①

番号	書出	書止	日付	文書の動き	署名①（安都雄足）	署名②（下道主）	署名③（その他）
6	造石山寺所牒　造物所	右、依志斐主典附上牒旨施行耳、但残所漆者、便附還使追進上、今具状、以牒	宝字6・正・23	造石山寺所↓造物所	主典安都宿祢	下	
8	告　経所他田上案主等	右、以能登忍人、件物等令領附之、月卅日以前、令可参向造石山寺所之／右件経、所奉始二月八日、宜承知状、上件人等、手階類経師七八人許率引参上可告知、但上馬甘者司許者、二月三日以前参上、今具状、以告	宝字6・正・23	造石山寺所↓東大寺写経所	主典案都宿祢	下	
14	牒　造寺司政所　応施行五経布施事	右、依常例之、以二千戸封物施行之、更勿擬論、今具状、附便使、以牒	宝字6・2・1	造石山寺所↓造東大寺司政所			大僧都
21	牒　造寺司政所　請木工伍人	右、自先雖有木工五人、不得事成、是以為令作安居堂、上件工等早速令向、事有期限、以勿退日、今具状、以牒	宝字・2	造石山寺所↓造東大寺司政所			大僧都
28	造石山寺所牒　造物所	右、依作物畢、副上日幷功銭、返上如件、宜承知状、以件銭、其替可雇役、今以状、故牒	（宝字6）2・16	造石山寺所↓造物所	主典		
65ル-裏	造石山院所牒　坂田庄司	右、作寺料米欠、仍差舎人物部根万呂充使、請如件、今具事状、故牒	宝字6・3・17	造石山院所（↓坂田庄司）	主典安都宿祢「雄足」	案主下「道主」	
23ロ-裏	（前欠）	今具状、差仕丁宇遅部古万呂、以牒	宝字6・3・23	造石山寺所↓？	主典安都宿祢「雄足」	案主下	「史生僧圓栄」
74	石山院牒　奈良政所	今、被因八麻命婦廿四日宣云、奉　太上天皇　勅偁、為鋳一尺鏡四面、上手工四人許、早速令召者、宜察状、且用度令勘故、不論日夜、令持調度進上、事有期限、不得退廻、今具状、附上馬養、以牒	宝字6・3・25	造石山寺所↓造東大寺司政所	主典安都宿祢		大僧都
89	牒　鋳物所上毛野大夫所	牒二條事、便附采女山守如件、宜察事状、早速施行、今具状、以牒	宝字6・4・10	造石山寺所↓鋳物所			
92	造東大寺司　牒坂田郡司	右件米、昨年六月以前可進畢、然其米迄今未進、仍差充散位少初位下工廣道使、副国符一枚令向、郡宜察此状、依数早速催上石山院作所、不得退廻、今具事状、故牒	宝字6・4・11	造東大寺司↓坂田郡司	主典安都宿祢		
115	司　牒益田大夫所	右、依応勘寺裏内物作、以今月二日大殿門申給已訖、被宣云、宜早令見勘者、宜察状此、葛井大夫令申知之、[illegible]、今具状、附秦足人、以牒	宝字6・5・3	造石山寺所？↓益田大夫所	主典安都宿祢		

121	石山院牒　木工所	院退来、此依有僧房板作敷事、便頃日間留令役使、乞察此状、欲預彼例、今顕注状、并副上日、即附小公、返赴如件、以牒	宝字6・5・14	造石山寺所→木工所	主典安都宿祢〈奈良〉	案主下	
131	石山院牒　造物所	右、依无行事、今間令向如件　付長上船木	宝字6・5・23	造石山寺所→造物所	主典安都宿祢	案主下	
133	石山院牒　焼炭司	右、鋳作　御鏡料炭等如前、然二日彼司牒云、為令勘受件炭、欲得使者、今依牒旨、差仕丁額田部廣濱令向如件、但勘請所炭、今明日難運、乞察此趣、蹔間宜所令検知、使仕丁者、欲借宿置、今具状、以牒	宝字6・6・3	造石山寺所→焼炭司	主典安都宿祢〈奈良〉	散位下	
134	石山院	右、今日牒云、大殿御畠蔵宿置件炭、宜察此趣、可運日定報牒者、今依員可令運、然可納炭員先牒載、乞察状、先文者欲奉送焼炭司上毛野史生所、今具状、即附廻使仕丁、以牒	宝字6・6・3	造石山寺所→?	主典安都宿祢〈奈良〉	散位下	
151	作石山院牒　鋳物所	右、便附木工所仕丁大湯坐古万呂、進上如件	宝字6・7・16	造石山寺所→鋳物所	主典安都宿祢	領下	
155	造石山院所牒　宇治司所	右、依別当安都主典於奈良参上坐事、不得彼事勘定、但以今日申上已訖、然送可漕件材、仍且功銭充給返却如件、今具事状、以牒	(宝字)6・7・23	造石山寺所→宇治司所		案主下	
59ル―	石山院牒　造物所	返向如件／今具状、即附帯成、以牒	宝字6・7・18巳時	石山院(→造物所)	主典安都宿祢	下道主	
175	石山院	右、便附仕丁私部廣国、進上如件	宝字6・10・1	造石山寺所→鋳物所?	主典安都宿祢	下	
11ヤ―	牒　岡田鋳物師所	右米、可用切要、宜令運遣間、好案置、依員附運遣、到進上、不得欠少、今具状、附阿刀乙万呂、丸部足人等、故牒	宝字6・閏12・1	造石山寺所→岡田鋳物所	主典安都宿祢		
15ヤ―	東寺写経所牒　石山院三綱務所	右、得今月十九日牒、細知彼趣、即依牒旨、差勘問使、可発遣之、然今間、依所大忙、不得参向、但差庄領猪名部枚虫、便仰遣如件、乞院察此趣、枚虫共量所盗物等欲令取出、但事畢以後、難決許給、難国申送、此者命、仍具事状、即副廻使并経所使、以牒	(宝字)6・閏12・23	東大寺写経所→石山院三綱所	主典安都宿祢	案主下	
184	牒　岡田鋳師王公所	右、信楽殿壊漕所充遣如件、宜察此趣、随請使至日、便彼買置米依員許充、今具状、故牒〈付丈部万呂〉	宝字7・2・18	造石山寺所→岡田鋳物所		案主下	
18ル―裏	石山院牒上　上院政所受請本久紙事	宜明此状、火急御所能吉申給、付便使、可月廿九日不過速給下、以牒上		石山院→上院政所			
37ル―裏	牒　坂田庄司僧等并錦部子老等	右、被大僧都大徳宣云、為用造寺所、彼大丼料地子米令持、早速召上者、今依宣旨、召如件、不過（尾欠）		造石山院所→坂田庄司僧等			

（前略）今具状、以告

天平寶字六年正月廿三日下

主典安都宿祢

との署名方式より見て、早川氏の見解に従うべきであろう。なお、下道主の召喚はこれに先立って正月二十日付の造東大寺司宛ての解（5、表11参照）の中で行われており、両名とも造東大寺司の判断を仰がないうちに既に石山に到来していることが鷺森浩幸氏により指摘されている。[35]

造東大寺司政所宛ての文書案は14・21・74の三通であるが、全ての文書に大僧都良弁の署名が予定されている。また前の二通には安都雄足や下道主の署名が予定されていないことより、政所宛ての文書には良弁の署名が必須であったのであろうか。ただし、二月の初めには安都雄足が奈良へ一時帰還しているため、別当である安都雄足の代わりに署名をしている可能性もあり、断定はできない。

鋳物所は上毛野判官所とも併記されているが、造東大寺司告朔解で鋳所とされ、別当として判官上毛野真人と史生御杖年継が充てられている機関がこれに相当するのであろう。鋳物所宛ての文書案は89・151・175の三通であり、他の所と同様に人員や物品の貸し借りをしていることが分かる。

木工所宛ての文書案は121の一通であり、木工所より木工を借用していることが分かる。造東大寺司告朔解によると木工所には別当として判官葛井根道と主典弥努奥麻呂が配属されており、別当制が敷かれていた所であることが分かる。

焼炭司宛ての文書案は133の一通のみであり、134は文面からは宛先が不明なものの焼炭司関係の文書なのでここで扱うこととする。焼炭司は134に「焼炭司上毛野史生所」とあり、また造石山寺所に到来した六月二日付の焼炭所[36]中には上毛野薩□（麻）が署名していることより、史生の上毛野薩麻が責任者を務めていた所であろうと思われる。薩麻は元造東大寺司の職員ではあるものの、三月十四日付の文書[37]には「乾政官史生上毛野薩麻」として署名しているので造東大寺司の所ではない可能性もあり、そのためこの二通のみ下道主の署名が「散位下」となっているとも考えられる。

宇治司所に関しては既に吉田氏[38]・松原氏[39]の論考があり、それらによると宇治司所は宇治津に存在した造東大寺司の庄の一つであり、その領は阿刀宇治麻呂であるとしている。また、前述の勢多庄と同様に造東大寺司の水上交通網の一端を担っていたと考えられている。実際、造石山寺所の活動中に石山寺造営用だけではなく東塔所材や安都雄足の私材など造東大寺司内の各種木材の運搬に便宜を図っている様子が窺える。宇治司所宛ての文書案は155の一通のみであるが、この内容も材木運漕に関するものである。

岡田鋳物所宛ての文書案はヤ―11・184の二通である。岡田鋳物所に関しては、宛先として「王公所」とあり、また米売価銭用帳の八月十日条に「岡田村夫王広嶋并妻丹比須弓刀自」とあることより、鋳物師王広嶋が管轄していた所であることが分かる。また、栄原永遠男氏[40]は、岡田の地には天平七年（七三五）から天応二年（七八二）にかけて鋳銭司が置かれていたとし、その要因として①付近の銅鉱の存在・②王広嶋のような鋳銅技術者の存在・③良質の粘土の産出・④水運の便を挙げている。岡田鋳物所の石山寺造営に関する活動は、本業であるはずの鋳物ではなく、造石山寺所より銭を受けて米を購入するという経済活動に関するものであり、銭を預けている事実からして浅からぬ関係にあったものと見られるが、造東大寺司および造石山寺所との具体的な関係は不明と言わざるを得ない。

上院政所宛ての文書案はル―18裏の一通のみである。上院について鷺森氏(41)は「良弁の居所に付属し、事務機構を備えた、良弁の種々の活動を支える役割を負う機関で、当時、良弁の居所が東大寺と石山寺にあったのに対応して、双方に存在した」とし、またこの上院に僧綱の史生と見られる円栄が派遣されていることより、上院は僧綱の機能をも代行しうる機関であったとする。

坂田庄司宛ての文書案はル―65裏・ル―37裏の二通である。この二通を見るといずれも「大𦬇料地子米」を請求する内容であり、宛先としてはル―37裏に「坂田庄司僧幷錦部子老等」とあるように僧と錦部子老が責任者であった所であることが分かる。大菩薩料が具体的にどのようなものであるかは不明であるが、大僧都良弁の宣により石山寺の造営費用に充てられている点から考えると、石山寺本尊の丈六観世音菩薩の供養料として設定された地子米であろうか。また、受信者である坂田庄司として錦部子老と具体的な姓名を挙げていることより、事前に造石山寺所と何らかの関係を有していたと考えることもできよう。この坂田庄が東大寺の所有する庄園かどうかは定かではないが、時代の下った天暦四年（九五〇）の段階では東大寺が坂田郡に封戸庄園を有していたことが史料より判明する(42)。

造東大寺司の名の下に作成した文書の宛先である益田大夫所は、東大寺の造営にも関与した大工益田縄手の司る所である(43)。縄手は当時外従五位下の位階を有していたため、益田大夫所と称されているのであろう。造石山寺所の活動中には、四月に経師秦男公を貢進するなど一定の役割を果たしている。益田大夫所宛ての文書案は、115の一通のみである。

もう一通、造東大寺司の名義で文書を発信した相手は坂田郡司である。坂田郡司宛ての文書は③に挙げる一通もあるが、ここで扱う位階を伴わない署名方式のものは92の一通である。直前の91には近江国の発給した坂田郡司宛ての符を書き留めているため、この符と一緒に坂田郡司に渡されたのであろうか。内容は封租米徴収に関するものである。

以上、署名に位階を伴わない文書の宛先を見てきたが、造東大寺司内の機関（造物所・写経所・造東大寺司政所・鋳物所・木工所・宇治司所・益田大夫所）、石山寺造営以前から造東大寺司と何らかの関係を有していた機関（岡田鋳物所・焼炭司）、上院、坂田郡司ということになる。

②信楽殿壊運所宛ての文書

平行文書のうち、①で扱ったものと同様に署名に位階を伴わないものの、安都雄足の署名に「別当」や「造東大寺司」を冠するものがある。それらは全て信楽殿壊運所宛ての文書である。そこで、②としてそれら信楽殿壊運所宛ての文書を扱うこととする。

文書を一覧にしたのが表9である。信楽殿壊運所宛ての文書は六通が現存しており、そのうち54・78・187の安都雄足の肩書きが「別当主典」「造寺司主典」「造東大寺司主典」となっている。一方、下道主の署名は「案主」「案主下」であり、下達文書や①と同様である。

さて、前節でも触れたが、[44] 石山寺の造営には複数の建物が移築され再利用されている。このうち、信楽宮周辺に存在した計三棟の建物の解体・運送に関与したのが信楽殿壊運所である。信楽殿壊運所では近江国夜須郡林寺の慶宝・法宣・法順が領僧として作業の指揮を執っており、費用の折留を巡って造東大寺司と交渉していることより造東大寺司所属の所であると考えられている。建物の壊運漕は、一回目の法備国師奉入三丈殿一宇は天平宝字六年正月二十八日〜二月八日頃に、二回目の買藤原五丈殿二宇[45]は六月中旬〜七月初旬に、と二回に渡って行われた。法備

表9　平行文書②

番号	書出	書止	日付	文書の動き	署名①（安都雄足）	署名②（下道主）	署名③（上馬養）
54	造石山院所解　板屋壊運僧等所	右、随在且即附橘守金弓道豊足、進送如件、今具状、以牒	宝字6・3・13	造石山寺所→信楽壊運漕所	別当主典安都宿祢	案主	
78	造石山寺所牒　運屋所	右、随彼所受、即附廻使法宣奉充如件、至宜検納、但所運屋者、以四月十五日、応安居始、仍以其板可敷法堂、乞察此趣、若可敢、且敷板送遣宜之、今具状、以牒	宝字6・3・30	造石山寺所→信楽壊運漕所	造寺司主典安都宿祢	案主	
143	造石山院所返抄	右、附桴工春日廣足所到、依員且検納如件、但材員未来了、仍即附廣足、以返抄	(宝字)6・7・7	造石山寺所→信楽殿壊運漕所		案主下	
153	造石山院所返抄	右、雑材等員、検定如件、以返抄	(宝字)6・7・21	造石山寺所→信楽殿壊運漕所	主典安都宿祢	案主下	
186	牒　信楽殿壊運所	右、依彼所解状、充如件、但可充米事、彼所仰遣既訖、仍具事状、以牒	宝字7・2・18	造石山寺所→信楽殿壊運漕所	主典安都宿祢	案主下	
187	造石山院所牒　信楽殿壊運所	以前、依令相量、折留如件、然法宣師政所受銭米等、依彼牒文、司可乞徴耳、但上件奉充米者、差使便受遣耳、仍今具事状、以牒	宝字7・3・3	造石山寺所→信楽殿壊運漕所	造東大寺司主典安都宿祢	案主下	

国師奉入三丈殿一宇はその名の通り近江国師と見られる法備が施入した建物で、信楽宮辺の「山」で解体したのち陸路で矢川津に運出され、桴に編んで杣川→野洲川→琵琶湖→瀬田川→石山と漕運された。信楽殿壊運所は全行程に関与した。造石山寺所が負担した経費は矢川津～石山の漕運に要した雇夫の功食料のみで、その他は全て法備国師が負担したものと見られる。買藤原五丈殿二宇は、良弁の指示によって購入されたものと見られ、所在地の信楽宮辺で解体したのち陸路で雇夫と車を用いて三雲川津まで運出され、桴に編んで野洲川→夜洲潮→琵琶湖→瀬田川→石山と漕運された。信楽殿壊運所は夜洲潮までの壊運漕を担当するものの、途中で料材の一部が流出し、その取り扱いを巡って翌七年三月まで造石山寺所と折衝を続けることとなる。

　信楽殿壊運所は右記のように信楽宮周辺に所在していた建物の移築にのみ関与している所であり、その目的のためだけに設定された所である可能性が高い。ただし、建物の購入および移築には法備国師や良弁などの僧侶が関与しており、純粋な意味での造東大寺司の所とは言い難い。また、流出材の費用を巡って造石山寺所と揉めるなど、造東大寺司内で会計を同じくする所同士とは思えない点も見受けられる。

　信楽殿壊運所に宛てた文書の安都雄足の肩書きに「別当」や「造東大寺司」といった文言を付しているのは、①で扱った機関と比較すると、造石山寺所との関係は相対的に疎遠であったためではなかろうか。なお、信楽殿壊運所から到来した文書ムには文書様式の混乱が見られ（「運堂所啓」と書き出しつつ「以解」で書き止める）、相互に試行錯誤しながら文書を作成している様が窺える。

③位階を伴う署名を持つ文書

　署名に位階を伴う文書を一覧にしたのが表10である。これら文書を内容より類別すると四種に分けられるので、

表10　平行文書③

番号	書出	書止	日付	文書の動き	署名①（安都雄足）	署名②（下道主）	署名③（上馬養）
39	造東大寺司移　主税寮	以前、得大僧都良弁法師昨正月卅日状云、上件米残、迄於今日、一斛未到、冀申寮家之、依員欲請者、（今依請状毎年残数）勘録如件、故移	宝字6・2・29	造東大寺司→主税寮	主典正八位上安都宿祢		
100	東大寺作石山院司返抄	右、依員検納如件、然得去十四日彼状云、以同日且卅斛将進上、所残同月卅日以前、依員可進畢、若過期限者、依式科罪者、今依解状太違先状、宜承知趣之、所残米等早速進上、不得怠退、仍具事状之、即附廻使等、以返抄	宝字6・4・22	造石山寺所→愛智郡	別当主典正八位上安都宿祢〈向奈良〉	案主散位従八位上	
103	奉写石山院大般若所牒　右大舎人寮	右人今月上日如件、以牒	宝字6・4・27	奉写大般若経所→右大舎人寮	造東大寺司主典正八位上安都宿祢	案主散位従八位下上村主	
105	東大寺作石山院司返抄	右、依員検納如件、然所残米急進上、勿怠之、仍具状、即附廻使山公美怒久万呂、以返抄	宝字6・4・27	造石山寺所→愛智郡	別当主典正八位上安都宿祢〈向奈良〉	案主散位従八位上	
106	東大寺作石山院司返抄　愛智郡	右、司史生麻柄全万呂状云、件米進上不便、仍准時価之、欲銭進上者、今依欵状、彼事許已訖、然雖定価直、以件銭之、臨米買時、更可定、仍具状、附勝豊成、以返抄	宝字6・4・28	造石山寺所→愛智郡	別当主典正八位上安都宿祢	案主散位従八位上	
111	東大寺作石山院所返抄	右、宝字四年料租、依進上員、且検納如件、仍即附秦公万呂、以返抄	宝字6・5・2	造石山寺所→愛智郡	別当主典正八位上安都宿祢	散位従八位上下村主	
112	東大寺作石山院所返抄	右、宝字四年料租、依進上員、且検納如件、仍即附石作咋万呂、以返抄	宝字6・5・2	造石山寺所→愛智郡	別当主典正位八位上安都宿祢〈内〉	散位従八位上下	
114	東大寺司作石山院所牒　愛智郡司	右、以先日、於石山院司申上者、此今間停止、宜察状之、如常於奈良可進送／右、為用石山院切要件米、仍差散位少初位下秦足人、充乞使発遣、宜承知状、依員早速進上、今具状、故牒	宝字6・5・4	造石山寺所→愛智郡	主典安都宿祢	案主散位従八位上	

120	石山院奉写大般若所牒竪子所	右人、従二月一日、迄五月十四日、上日顕注、附右大舎人正七位上能登忍人、申送如件、今具状、以牒	宝字6・5・14	奉写大般若経所→竪子所	別当造東大寺司主典正八位上安都宿祢〈奈良〉	散位従八位上下村主	
ヨ-1	石山院奉写大般若所牒竪子所	右人、従二月一日、迄五月十四日、上日顕注、附右大舎人正七位上能登忍人、申送如件、今具状、以牒	宝字6・5・14	奉写大般若経所→竪子所	別当造東大寺司主典正八位上安都宿祢〈奈良〉	散位従八位上下村主	
122	石山院奉写大般若所左衛士	右仕丁、預奉写 勅旨経事、自山作請夫等労粮於院家、到即返遣間、衛士日下部千足来相也、件人船盗云、直有打縛事共、勘其趣不聞、然此船津者、諸百姓船多停宿所、或流来倚、或託人到、然件船不知彼来由、但江川渡間乗件廣国、因茲所縛参上、仍具其由、差散位少初位上工廣道充使、請処分如件	宝字6・5・14	奉写大般若経所→左衛士府	別当造東大寺司主典正八位上安都宿祢	案主散位従八位上下村	
裏ル-81	石山院奉写大般若所	仍具其事由、差散位少初位上工廣道充使、請処分如件	宝字6・5・14	石山院奉写大般若経所（→左衛士府）	別当造東大寺司主典正八位上安都宿祢「雄足」	案主散位従八位上下村主「道主」	
123	造東大寺石山院所牒愛智郡司	右四年料租、以去五日、差散位少初位下秦足人充乞使、発遣既畢、此迄于今未進、依何然有、仍更差加散位少初位上穂積河内領請発遣、宜承知状、依員早速進上、不得怠退、今具状、故牒	(宝字)6・5・16	造石山寺所→愛智郡司	別当主典安都宿祢	散位	
128	石山院奉写大般若所牒竪子所	右、従正月十一日、迄五月十七日、上日顕注、附左大舎人正七位上能登臣忍人、申送如件、今具状、以牒	(宝字)6・5・17	奉写大般若経所→竪子所	別堂造東大寺司主典正八位上安都宿祢	案主散位従八位上下	
144	造石山院所返抄	右、従例大異、又薦縄悪与、加以件米依員不到、造物皆悉停止、宜察此状、所残早速進上、以不得怠退、今具状、以返抄	宝字6・7・9	造石山寺所→愛智郡	主典安都宿祢	案主散位従八位上下	
147	東大寺作石山院所返抄	右、以去六月四日、附秦小粟進上米、且依員収納如件、今具状、以返抄	宝字6・7・13	造石山寺所→愛智郡	主典正八位上安都宿祢	案主散位従八位上下	
148	東大寺作石山院所返抄	右、依進上数、且検納如前、然件米黒、自今後以有如之類者、必勘将返、宜承知状此、依例早速進上、今具状、即附丁服部酒主、以返抄	宝字6・7・13	造石山寺所→?郡	主典正八位上安都宿祢	案主散位従八位上下	
149	東大寺司作石山院所牒愛智郡司	以前二條事、差舎人少初位上三嶋豊羽充使発遣、宜察状、早速進上、今具状、以牒	宝字6・7・16	造石山寺所→愛智郡	主典正八位上安都宿祢	案主散位従	

番号	書出	書止	日付	文書の動き	署名①（安都雄足）	署名②（下道主）	署名③（上馬養）
150	東太寺作石山院所牒坂田郡司	右、被奈良司宣云、件米便充用彼院者、今依宣旨、差左大舎人少初位上三嶋豊羽充使発遣、宜承知状、月廿日以来、差米長等副遣使之、依員進上、不得怠退、但子細事者、在使口之、今具状、以牒	宝字6・7・20	造石山寺所→坂田郡	主典正八位上安都宿祢	案主散位従八	
152	東大寺司造石山院所牒高嶋郡司	右、被奈良司宣云、彼租米随乞得員、且造石山院所充用者、今依宣旨、便即附勝屋主、令運発遣、宜察状、従其所、加可運於奈良駄賃等、早速勘遷、件人充部領、令運石山院家、勿有退日、但運畢以後、請返抄耳、今具事状、以牒	宝字6・7・21	造石山寺所→高嶋郡	主典安都宿祢	案主散位従八位上下	
ヨ－2	石山院奉写大般若所牒竪子所	以前人、上日幷行事顕注、即附雑物、以牒	宝字6・8・4	奉写大般若経所→竪子所	別当造東大寺司主典正八位上安都宿祢		散位従八位下上村主
167	奉写勅旨大般若経所移文部省	以前、起去二月一日、盡七月廿九日、上日幷行事如件、以移	宝字6・9・2	奉写大般若経所→文部省	別当造東大寺司主典正八位上安都□□		
168	奉写　勅旨大般若経所移左大舎人寮	以前、起二月十日、盡七月廿九日、上日幷行事如件、以移	宝字6・9・2	奉写大般若経所→左大舎人寮	別当造東大寺司主典正八位上		
169	奉写勅旨大般若経所移散位寮	以前人等、起去二月一日、盡七月廿九日、上日幷行事如件、以移	宝字6・9・2	奉写大般若経所→散位寮	別当造東大寺司主典正八位上安都宿祢		
ヤ－12	司　牒愛智郡司	右米造石山院料、充已訖、此雖乞、迄今未進畢、自今以後、彼彼残所者、依員造寺司進上、仍差右大舎人少初位上猪名部枚虫、散位少初位下丸部足人等充使、令徴発遣如件、宜察此状、令持与使、月十五日以前参向寺家、今具状、以牒	宝字6・閏12・1	造東大寺司（造石山寺所）→愛智郡	主典安都宿祢		
183	造東大寺院所牒　愛智郡司	依進上員、且検納如件、然残所米早速進上、仍附秦太智万呂、故牒	宝字6・閏12・28	造東大寺司（造石山寺所）→愛智郡	主典安都宿祢	散位従八位上下	

ヤ-19	造東大寺司石山院所牒愛智郡司	右、造作院料、件米充用事者、尤彼郡司所知、然数雖令乞、迄今時未進畢、宜承知此趣、残所依員、即副此使等進上、不得怠廻、仍差散位少初位下丸部足人、未選舎人弓削伯万呂等、充使発遣如件、今具事状、故牒	宝字7・正・26	造石山寺所→愛智郡	別當主典正八位上安都宿祢	散位従八位上下村主	
ヤ-24	造東大寺司石山院所牒愛智郡司	右、以去正月二十六日乞使、差散位丸部足人、舎人弓削伯万呂等、発遣已訖、此迄于今、米并使等未来、仍更差右大舎人正八位下坂田池主、発遣如前、宜察此状、副件米并先後使等、依員進上、事有期限、以不得怠、今具状、故牒	宝字7・2・18	造石山寺所→愛智郡	別當主典正八位上安都宿祢	案主散位従七位下下村主	
191	東大寺造石山院所牒愛智郡司	右、先日雑雖乞、至今未進畢、宜察此状、依残員早進上、但子細趣、従元送牒別顕、仍寺奴立人充乞使、発遣如前、今具事状、故牒	宝字7・5・21	造石山寺所→愛智郡	別当主典正八位上安都宿祢	案主散位従七位下下	
192	東大寺司造石山院所牒智愛郡司	右、以去五月廿一日、差寺奴立人令乞、発遣已訖、此至于今、一斛未到、仍更差舎人弓削伯万呂、加領遣如前、宜承知此趣、残所米祖、依員無漏随之、附先後使等、六月中旬以前進上、不得怠退、今具事状、故牒	宝字7・6・9	造石山寺所→愛智郡	別当主典正八位上安都宿祢	案主散位従七位下下	
193	東大寺造石院山所返抄愛智郡司	右、依且進上員、検納如前、但残所依数早速進上、今具状、即附宇遅部石立、故返抄	宝字7・6・15	造石山寺所→愛智郡	別当主典正八位上安都宿祢	案主散位従七位下下	

以下種類別に述べていくこととする。

まず、第一類は左右大舎人寮・竪子所・文部省・散位寮宛てのものである。これらの官司は造石山寺所および石山院奉写大般若経所に官人を派遣しており、それら石山で使役した官人の使役期間終了後の最終的な上日報告や行事報告を目的として作成されたものである。第一類に分類される文書は103・120・ヨ―1・128・ヨ―2・167・168・169の八通である。これらの文書の署名のうち安都雄足の肩書きを見ると「造東大寺司主典」「別当造東大寺司主典」などの文言が付されている。

第二類は39の造東大寺司名義で発信が予定されている主税寮宛ての文書である。この文書は解移牒符案内に39と分類したものの、写真版で確認すると第十六紙の他の案と比較して清書風の書き様であり、第十六紙はこの文書を作成したものの途中で破棄し、その余白に40～42の文書案を書き込んだものと考えられている[46]。書出に「造東大寺司移　主税寮」とあるものの、署名は安都雄足一人分のみしか書かれておらず、また同日付けで解移牒符案の用紙として転用されていることからも、奈良ではなく石山で作成したものと思われる。備後国の租米のうち天平勝宝七歳（七五五年）・八歳・天平宝字二年・三年・四年の計五年分の未進米を主税寮に請求する内容となっている[47]。

第三類は122・ル―81裏の左衛士府宛てのものである。これは石山院奉写大般若経所に出仕していた仕丁私部廣国が石山津において衛士日下部千足により船盗人として捕縛された事件を受けて作成されたもので、廣国の釈放を求める内容となっている。この左衛士府宛ての文書の安都雄足の署名を見ると、「別当造東大寺司主典」の肩書きが付されている。

第四類は、近江国・愛智郡司・坂田郡司・高嶋郡司宛てのものである。石山寺造営に際しての費用は東大寺と造東大寺司とでほぼ半分ずつ負担したと言われているが、東大寺はその費用を封戸に対する徴収権を造石山寺所に付与するという形で負担していた。その対象となっていたのが、近江国愛智郡蚊野郷の天平宝字四年の封租米であり、造東大寺司で使用する近江国坂田郡上坂郷・高嶋郡葦積郷の封租米と併せて三郡の封租米全てを造石山寺所が徴収することとなった。その関係上、近江国および三郡に対して文書を発信しているのである。しかし、この封租米徴収もなかなか捗らず、六年四月二十二日から七年六月十五日にかけての計十八回の収納により予定総量百四十八石九斗四升のうち百二十五石五斗を収納した段階で徴収を打ち切り、残りの二十三石四斗四升は未進のままであったと見られている[48]。この第四類に分類される文書案は、100・105・106・111・112・114・123・144・147・148・149・150・152・ヤ―12・183・ヤ―19・ヤ―24・191・192・193の二十通である。これらの文書の書出の発信機関名を通観すると造石山寺所を表す表現として「東大寺」「東大寺司」を冠したものが多いのが目に付く。上級官司の名称である「造東大寺司」ではなく、わざわざ「東大寺」と書いているのは何らかの意図があると思われる。やはり造東大寺司ではなく東大寺封の租米の徴収であることが要因であろうか。一方、安都雄足の署名には位階はあるものの冠せられた肩書きは「別当主典」「主典」であり、他の文書のように「造東大寺司」の付されたものは無いが、これは発信機関名として「東大寺」「東大寺司」と記しているためであると思われる。

以上、署名に位階を記載する文書を見てきたが、これらの文書の宛先は全て造東大寺司外であった。また、書出の発信機関名や署名の肩書きも、①・②で扱った造東大寺司・造石山寺所と何らかの関係を有している機関宛ての文書と比較すると、安都雄足の場合は「東大寺」「造東大寺司」「別当」などの文言が多く付されていたことが分かる。なお、下道主の署名の肩書きは「案主散位」と「散位」であり、①・②で扱った文書と比較すると他所向きと思われる署名になっていないが、「造東大寺司」「造石山寺所」などの文言が付されることはない。

4　上申文書

造石山寺所の発信した上申文書を一覧にしたのが表11である。この表の署名の欄を見ると、署名に位階を伴うものと伴わないものがあることが分かる。従来の研究では、造石山寺所の作成した上申文書は全て造東大寺司宛ての文書であると考えられてきた。しかし、2・3と宛先の明記された下達文書・平行文書を検討した結果、位階を伴う署名を有する文書は造東大寺司外に宛てての発信が予定されている文書であることが確認された。本項では、位階を伴う上申文書を対象とし、これらの文書が果たして造東大寺司宛てであるのかどうかを検討していくこととする。

なお、位階を伴う上申文書は、内容の面から仕丁関係文書と賻物請求文書の二種類に分類できる。以下この二種類の文書の宛先を推測していく。

①仕丁関係文書

まず、仕丁関係文書であるが、位階の有無に関わらず造石山寺所の作成した仕丁関係の上申文書を一覧にしたのが表12である。このうち位階を伴う文書は、25・30・52・65・82・124・137・138・166・177・181・ル―88裏の十二通である。

仕丁に関する研究において、史料の残存状態との関係から石山で使役された仕丁は検討の対象となることが多かった。その中で、石山への仕丁の配置に関する文書としてよく挙げられる文書を次に掲げる。

甲斐国司解　申貢上逃走仕丁替事

　坤宮官廝丁巨麻郡栗原郷漢人部千代年卅二左手於疵

　　右、同郷漢人部町代之替

以前、被仁部省去九月卅日符偁、逃走仕丁如件、国宜承知、更點其替、毎司別紙保良離宮早速貢上者、謹依符旨、點定替丁、貢上如件、仍録事状、附都留郡散仕矢作部宮麻呂申上、謹解

　　天平寶字五年十二月廿三日従七位上行目小治田朝臣朝集使

　　　正六位上行員外目桑原村主「足床」

従五位下行守山口忌寸「佐美麻呂」

「仁部省充　石山寺奉写般若所

　天平寶字六年二月三日従六位上行少録土師宿祢

　　従六位下守少丞當麻真人「永嗣」」

これは天平宝字五年十二月二十三日付の甲斐国司解（正集十八⑪、四523〜524）である。(49)この文書の奥には仁部省（民部省）による漢人部千代を石山院奉写大般若経所に補充する旨の追記があり、仕丁の配置は民部省の管轄事項であったと櫛木氏により指摘されている。(50)造石山寺所の作成した仕丁関係文書も民部省に宛てて出されたものなのだろうか。しかし、上申文書に関する早川氏の説では造石山寺所の上申文書の場合は造東大寺司宛てということにな

表11　上申文書

番号	書出	書止	日付	署名①（安都雄足）	署名②（下道主）	署名③（上馬養）
1	造石山寺所解　申請仕丁逃替并国養物事	以前條事、附安比等、申送如件、以解	宝字6・正・15	主典安都宿祢		
2	造石山寺所解　申請借銭事	右、為買漆、借所請如件、以解	宝字6・正・16	主典安都宿祢	領下	
ル—6裏	造石山寺所解　申請借銭事	右、為買漆、借所請如件、以解	宝字6・1・16	主典安都宿祢	領下	
3	造石山所解　申請雑物等事	右物等無都、是應用切要、仍所請如件、以解	宝字6・正・18	主典安宿祢		
4	造寺所解　申請銭事	右、為買漆、所請如件、以解	宝字6・正・20	主典安都宿祢	下	
5	造石山寺所解　申請雑物事	以前條事、具状申送如件、以解	宝字6・正・20	主典安都宿祢		
7	造石山寺所解　申請雑物等事	以前條事、具状附止理帯万呂、申送如件、以解	宝字6・正・23	主典安都宿祢		
12	造石山寺所解　申上日事	以前人等、今月上日顕注、即附上馬養申送如件、以解	宝字6・正・28	主典安都宿祢		
13	作石山寺所解　申上日事	以前條事、具件申送如件、以解	宝字6・正・30	主典安都宿祢		
25	奉写大般若所解　申請替逃仕丁等	右、以今月九（十三?）日逃走、仍具所請如件、以解	宝字6・2・14	別当主典正八位上安都宿祢		
30	造石山寺院所解　申買給米事	右、以今月十一日、附猪名部枚虫、買給已訖、仍具状申如件、以解	宝字6・2・19	造東大寺司主典正八位上安都宿祢		
34	作石山寺所解　申進上上日事	右人等今月上日顕注申送以解	宝字6・2・27	主典安都宿祢	案主下道	
35	造石山寺所解　申請雑物事　政所申送文	以前條物等、附秦足人所請如件、以解	宝字6・2・30	主典安都宿祢		
36	造石山寺所解　申消息事	以前消息、附秦足人、申上如件、以解	宝字6・2・30		案主下	
37	――	――	――	主典安都宿祢		

40	造石寺山所解　申請雑物事	右、作雑公文幷雑役夫等食料、便付上馬養、所請如件、今具状、以解	宝字6・3・2	主典		
50	造石山院所解　申請仕丁等月養事	右仕丁等欵云、欲請己等月養物者、今依申状、鉄工附物部根万呂、所請如件、以解	宝字6・3・10	主典安都宿祢	下	
52	造石山院所解　申請仕丁逃替事	右仕丁等、以（十二）昨日充給、即逃走、仍彼替所請如件、今具状、以解	宝字6・3・13	主典正八位上安都宿祢		
56	造石山院所解　申請雑物事	右、先請所既用盡、仍雑工幷役夫等功食料、更所請如件、今具状、以解	宝字6・3・13	主典安都宿祢	領下	
57	謹啓　削息事	仍先所請銭米菜等、用盡畢、更雑物請、附秦足人、令向政所、若不充者、必作手可停止之、以加役工夫等菜甚難買求、而不得塩海藻、少々充給者、甚辛苦也、若請物不給、自常雇役人等、皆悉散住者、恐又更難雇寄之、仍預可遅怠状、具件、謹啓	宝字6・3・13	主典安都宿祢	案主下	
65	奉写石山大般若所解　申請仕丁等国養物事	以前、仕丁等欵云、請己等国養物、欲向省家者、即依申状、可令向之、然依作物忙、附右大舎人従八位下物部塩並、所請如件、今具状、以解	宝字6・3・19	造東大寺司主典安都宿祢	案主散位従八位上下村主	
71	造石山院所解　申請雑物事	以前四條事、附鉄工物部根万呂、以解		主典安都宿祢	領下	
72	解　申不参向領事	右、得勝屋主解状云、被政所今月六日符偁、依有推問事、早速副使参向者、即応副参、然所々散流柱引漕尤盛、依符旨参向者、恐更流出、望請件柱引集、月卅日以前、令漕必参向者、加以石山院所用久礼残材、便附令買、漕来進畢、仍更召遣、不得進上、今具状、附穴太家男、以解		主典安都宿祢	領下	
73	造石山院所解　申今月上日事	右人等、今月上日注顕申送、以解	宝字6・3・26	主典安都宿祢	案主下	
76	造石山院所解　申未到鋳工事	今、依司牒旨、以廿七日、可向於院、然以今日巳時、僅山代野守参、欵云、秦中国等者、依有私障故、今明日間留奈良者、因此件野守者、不得用度勘申者、然件　御鏡可作有期、無可怠延、事大早速、加以数有仰給、仍附返向仕丁、更請処分如前、今具状、以解　附仕丁阿刀乙万呂	宝字6・3・29 巳四点	主典安都宿祢		

番号	書出	書止	日付	署名①（安都雄足）	署名②（下道主）	署名③（上馬養）
81	造石山院所解　申請米事	右、彼郡去天平宝字四年租米、便請用之、下符已訖、今依符旨乞徴、郡司等答云、件米附綱丁等申進畢、附綱丁等求間、欵云、綱丁者史生麻柄又万呂令持手実、引率参向之、加以雖有綱丁米、実入京更無、可乞得、望請相替宝字五年租米、便請雑用、仍具実状、附猪名部枚虫申送、以解／右、為固高座、所請如件	宝字6・4・4	主典安都宿祢		
82	石山寺写経所解　申請仕丁等去二月并三月養物事	右件仕丁等、二箇月々養物所請如件、以解	宝字6・4・6	別当造東大寺司主典正八位上安都宿祢	案主散位従八位下上村主	
85	造石山院所解　申請黒葛事	右、先日所請尽用、仍為葺堂并僧房檜皮、附木工甲賀深万呂、更所請如件／右、以去三月二日、附上馬養申上解文内未請、仍所請如件、以解	宝字6・4・7	主典安都宿祢		上
88	作石山院所解　申進上荒炭并鋪設事	右、為用　御鏡鋳所、附采女山守、且進上如件、以解	（宝字）6・4・10	主典安都宿祢		上馬養
94	造石山院所解　申進上雑物事	右、可鋳　御鏡調度并鋳工等浄衣料、附便物部諸人、進上如件、以解	宝字6・4・15			
97	作石山院所解　申請酢滓事	右、雑工等食料、附他田小豊、且所請如件、以解	（宝字6）4・17	主典安都宿祢		案主上
101	造石山院所解　申雑色人等上日事	右人等、今月上日申送如件、以解	宝字6・4・27	主典安都宿祢	案主下	
カ	石山院申　解削息事	右件條事、附采女山守、申送如件、今具状、以解	（宝字6・4？）			
113	石山院解　申消息事	以前條事、附甲賀深万呂申上如件、以解	宝字6・5・4	主典安都宿祢	案主下	
116	造石山院所解　申請仕丁月養物事	以前條事、便送上木工等刃器、附仕丁等所請如件、以解	宝字6・5・4	主典安都宿祢	案主下	
117	造石山院所解　申返上木工等事	右、依作物蹔停止、人別副上日、并便充奉請仏像、部領返向如件、以解	宝字6・5・6	主典安都宿祢	案主下	
118	造石山院所解　申可向文部省長上事	右、以月六日、自省家之造東寺司召者、即副還使、差舎人等令向、仰云、件人造寺司一々率引、早速参向省家、不得怠退者、今依仰状、即便附京入経師張藤万呂、申送如件、以解	宝字6・5・7		下	

124	石山院奉写大般若所解　申請仕丁等月養物事	以前、仕丁等欵云、請已等月養物、欲向省家者、即依申状、可令向之、然依有作物、差左大舎人少初位上三嶋豊羽従七位上能登臣忍人充使、所請如件、今具状、以解	宝字6・5・16	別当造東大寺司主典正八位上安都	案主散位従八位上下	
125	造石山院所解　申逃走仕丁事	右仕丁、以四月廿九日逃走、但充文依無此所、不得立丁廝別申上、仍附阿刀乙万呂、申送如件、以解	宝字6・5・17	主典安都宿祢	案主下	
127	造石山所解　申請禄事	以前條物等、具件申送如前、以解	(宝字)6・5・17	主典安都宿祢	案主下	
129	造石山院所解　申申上雑工等事	右工等欵云、衣服所請、欲向奈良者、依申状、人別四箇日暇許、即附長上船木宿奈万呂、令向如件、以解	宝字6・5・22	主典安都宿祢	案主下	
130	造石山院所解　申請舎人等衣服事	右、依山作使未出畢、幷僧房等中塗事不得、令向、仍便附船木宿奈万呂、所請如件、以啓	宝字6・5・23	主典安都宿祢	案主下	
132	造石山院所解　申申上上日事	右人等、今月上日顕注申送如件、以解　付萬福師	宝字6・5・27	主典安都宿祢	案主下	
136	造石山院所解　申請雑物事	右、以工画師幷木工等常食料、且所請如件、以解	宝字6・6・21	主典安都宿祢	案主下	
137	石山院奉写大般若所解　申請仕丁等月養物事	以前仕丁等欵云、請已等月養物、欲向省家者、即依申状、可令向之、然依有作物、不得令向、具状所請如件、以解	宝字6・6・21	別当造東大寺司主典正八位上安都宿祢		案主散位従八位下上村主
138	石山院奉写大般若所解　申請逃仕丁替事	右仕丁、以去五月七日逃走、仍所請彼替如件、今具状、以解	宝字6・6・21	別当造東大寺司主典従八位上安都宿祢		案主散位従八位下上村主
140	造石山院所解　申六月上日事	以前、起今月一日、盡卅日、上日顕注、申送如件、以解	宝字6・6・27	主典安都宿祢	案主下	上
142	造石院所解　申可障作物事	右、條事等、附弓削伯万呂、申送如件、以解	(宝字)6・7・2		下	
146	造石山院所解　申造物幷請物等事	右、奉彩色菩薩像為用、所請如件／右上楯万呂等欵云、依無人之、彩色物日可退廻、若有件人許給事、今十箇日間可奉彩色畢、但彼雇役功、日毎充卌文給耳者、今依申状、此実行事大進、画師少乏、仍申送如件	宝字6・7・9		下	
154	造石山院所解　申請物事	右、画師等食料、所請如件	宝字6・7・23	主典安都宿祢	領下	

番号	書出	書止	日付	署名①（安都雄足）	署名②（下道主）	署名③（上馬養）
156	造石山院所解　申自宇治進上桴工事	右人等歎偁云、自勢多橋間、迄宇治橋、漕榑一千材之功食料、充米一十俵、此国懸文所載、但他色材准是、共彼功食無堪感者、今院与件人共、不得商量、仍具状、即附嶋足等、申送如件	（宝字6）7・23		下	
ヌ-19裏	解　申請賻物事	右、左兵衛少属従七位上出雲臣大嶋□物如件、仍差散位寮散位従八位上□道主、右大舎人小初位上猪名部枚虫、東大寺領阿刀乙万呂等充受使、所請如件、今具状、以解	宝字6・7・23	造東大寺司主典正八位上安都宿祢「雄足」		
ル-61裏	解　申請賻物事	右、左兵衛少属従七位上出雲臣大嶋之賻物如件、仍差散位寮散位従八位上下道主、右大舎人小初位上猪部枚虫、東大寺領阿刀乙万呂等充受使、所請如件、今具状、以解	宝字6・7・23	造東大寺主典正位上（改行）安都雄足		
157	造石山院所解　申七月上日事	以前、（右）今月上日顕注申送如件、以解	宝字6・7・25	主典安都宿祢	領下	
158	造石山院所解　申応預考人進上考銭事	右、依月廿四日符、応預考人等、并所輸考銭、勘録進上如件、以解	宝字6・7・25	主典安都宿祢	領下	
159	造石山院所解　申進上公文事	右、進上公文、具状如件、以解	宝字6・7・25	主典安都宿祢	下	
160	造石山院所解　申請好白土事	右、為塗菩薩御坐礒形等、切要件土、但自先所取運真野土者、於細物作麁悪不要、仍好土依員、附便使所請如件、上楯万呂等申状具件、以解	宝字6・7・25		領下	
162	造石山院所解　申考中行事事	以前、依月廿四日符旨顕注、件人等考中行事申送如件、以解	宝字6・7・25	主典安都宿祢	領下	
163	造石山院所解　申進返仕丁等事	右二人散材等採収并為使材守今間請留如件				
ル-64裏	造石山院所解　申七月上日事	右人等、今月上日顕注、申送如件、以解	宝字6・7・25	主典安都宿祢	領下	
164	造石山院所解　申進返木工等事	右木工等進返如件但件鋳工并土工者今間有作物仍追可進上今具状以解	宝字6・8・1	主典安都宿祢	領下	
165	造石山院所解　申八月上日事	以前起今月一日盡廿九日顕注如件以解	宝字6・8・28	主典安都宿祢		領上村主馬養

166	石山院奉写大般若経所	以前、従去正月迄八月、仕丁廝等月養物、所請如件、謹解	宝字6・9・1	主典正八位上安都宿□		
170	石山院奉写大般若経所解　申返本経事	右、随写畢、附弓削伯万呂、奉請如件、以解	宝字6・9・9			領上馬養
171	石山院奉写経所解　申削息事	以前五条事、附乙足、申送如件	(宝字)6・9・14			上
173	石山院奉写大般若所解　申上日事	右人等、今月上日、申送如件、以解	宝字6・9・30	主典安都宿祢	領下	
176	石山院奉写大般若所解　申十月上日事	右人等、今月上日、申送如件	宝字6・10・28	主典安都宿祢	領上	
177	石山務所解　申応月養仕丁事	以前、従去正月、迄十一月、仕丁等月々養物、所請如件、以解	宝字6・11・30	主典正八位上安都宿祢		
ル−85裏	石山院	以前條物等、附弓削伯万呂、且進上如件、以解	(宝字)6・12・8辰時		下道主	
ヤ−2裏	石山院	以前物等、略勘注申上、但道主板写公文未了、加以雑散殿々物等、一殿収置、十日以来将参上、以解	宝字6・12・15申時		下道主	
181	石山院奉写大般若所解　申進返仕丁等事	以前仕丁等、依事畢、進返如件、以解	宝字6・12・24	別当造東大寺司主典正八位上安都宿祢		
ル−88裏	石山院奉写大般若経所解　申進返仕丁等事	以前仕丁等、依事畢、進返如件、以解	(宝字)6・12・24	造東大寺司主典正八位上安都宿祢		
182	石山院奉写大般若経所解　申進返残雑物事	以前、奉写大般若経一部、理趣経二巻、観世音経百巻畢、更余紙六百九十八張料雑物等、応追返員如件、謹解	宝字6・12・?			
189	造石山院所解　申進返残物等事	以前残物等、返上幷□員勘注、申送如件、以解	宝字7・5・6	主典安都宿祢	領下	
190	経所解　申進入釜事	右、奉写石山院大般若経料、自奈良役官司坂上子老所、請用如件、此被大師去四月廿九日偁宣、件釜安置造寺司、使用者、今依宣旨、進入如件、以解	宝字7・5・6	主典安都宿祢		領上
194	造石山院所解　申愛智郡祖米乞用幷残事	右、天平宝字四年封料乞用幷未進等如件、以解	宝字7・6・16	主典安都宿祢	下	
ル−12裏	造東大寺司解　申請仕丁等国養物事	以前仕丁等欵云、請己等国養物、欲省家向申者、今依申状、可令向之、然依　勅旨（尾欠）				

表12　上申文書①　仕丁関係文書

番号	書出	書止	日付	署名①（安都雄足）	署名②（下道主）	署名③（上馬養）
1	造石山寺所解　申請仕丁逃替并国養物事	以前條事、附安比等、申送如件、以解	宝字6・正・15	主典安都宿祢		
25	奉写大般若所解　申請替逃仕丁等	右、以今月九（十三?）日逃走、仍具所請如件、以解	宝字6・2・14	別当主典正八位上安都宿祢		
30	造石山寺院所解　申買給米事	右、以今月十一日、附猪名部枚虫、買給已訖、仍具状申如件、以解	宝字6・2・19	造東大寺司主典正八位上安都宿祢		
50	造石山院所解　申請仕丁等月養事	右仕丁等欵云、欲請己等月養物者、今依申状、鉄工附物部根万呂、所請如件、以解	宝字6・3・10	主典安都宿祢	下	
52	造石山院所解　申請仕丁逃替事	右仕丁等、以（十二）昨日充給、即逃走、仍彼替所請如件、今具状、以解	宝字6・3・13	主典正八位上安都宿祢		
65	奉写石山大般若所解　申請仕丁等国養物事	以前、仕丁等欵云、請己等国養物、欲向省家者、即依申状、可令向之、然依作物忙、附右大舎人従八位下物部塩並、所請如件、今具状、以解	宝字6・3・19	造東大寺司主典安都宿祢	案主散位従八位上下村主	
82	石山寺写経所解　申請仕丁等去二月并三月養物事	右件仕丁等、二箇月々養物所請如件、以解	宝字6・4・6	別当造東大寺司主典正八位上安都宿祢	案主散位従八位下上村主	
124	石山院奉写大般若所解　申請仕丁等月養物事	以前、仕丁等欵云、請己等月養物、欲向省家者、即依申状、可令向之、然依有作物、差左大舎人少初位上三嶋豊羽従七位上能登臣忍人充使、所請如件、今具状、以解	宝字6・5・16	別当造東大寺司主典正八位上安都	案主散位従八位上下	
125	造石山院所解　申逃走仕丁事	右仕丁、以四月廿九日逃走、但充文依無此所、不得立丁廝別申上、仍附阿刀乙万呂、申送如件、以解	宝字6・5・17	主典安都宿祢	案主下	
137	石山院奉写大般若所解　申請仕丁等月養物事	以前仕丁等欵云、請己等月養物、欲向省家者、即依申状、可令向之、然依有作物、不得令向、具状所請如件、以解	宝字6・6・21	別当造東大寺司主典正八位上安都宿祢		案主散位従八位下上村主

138	石山院奉写大般若所解　申請逃仕丁替事	右仕丁、以去五月七日逃走、仍所請彼替如件、今具状、以解	宝字6・6・21	別当造東大寺司主典従八位上安都宿祢		案主散位従八位下上村主
163	造石山院所解　申進返仕丁等事	右二人散材等採収幷為使材守今間請留如件				
166	石山院奉写大般若経所	以前、従去正月迄八月、仕丁廝等月養物、所請如件、謹解	宝字6・9・1	主典正八位上安都宿□		
177	石山務所解　申応月養仕丁事	以前、従去正月、迄十一月、仕丁等月々養物、所請如件、以解	宝字6・11・30	主典正八位上安都宿祢		
181	石山院奉写大般若所解　申進返仕丁等事	以前仕丁等、依事畢、進返如件、以解	宝字6・12・24	別当造東大寺司主典正八位上安都宿祢		
ルー88裏	石山院奉写大般若経所解　申進返仕丁等事	以前仕丁等、依事畢、進返如件、以解	宝字6・12・24	造東大寺司主典正八位上安都宿祢		
ルー12裏	造東大寺司解　申請仕丁等国養物事	以前仕丁等欵云、請己等国養物、欲省家向申者、今依申状、可令向之、然依　勅旨（尾欠）				

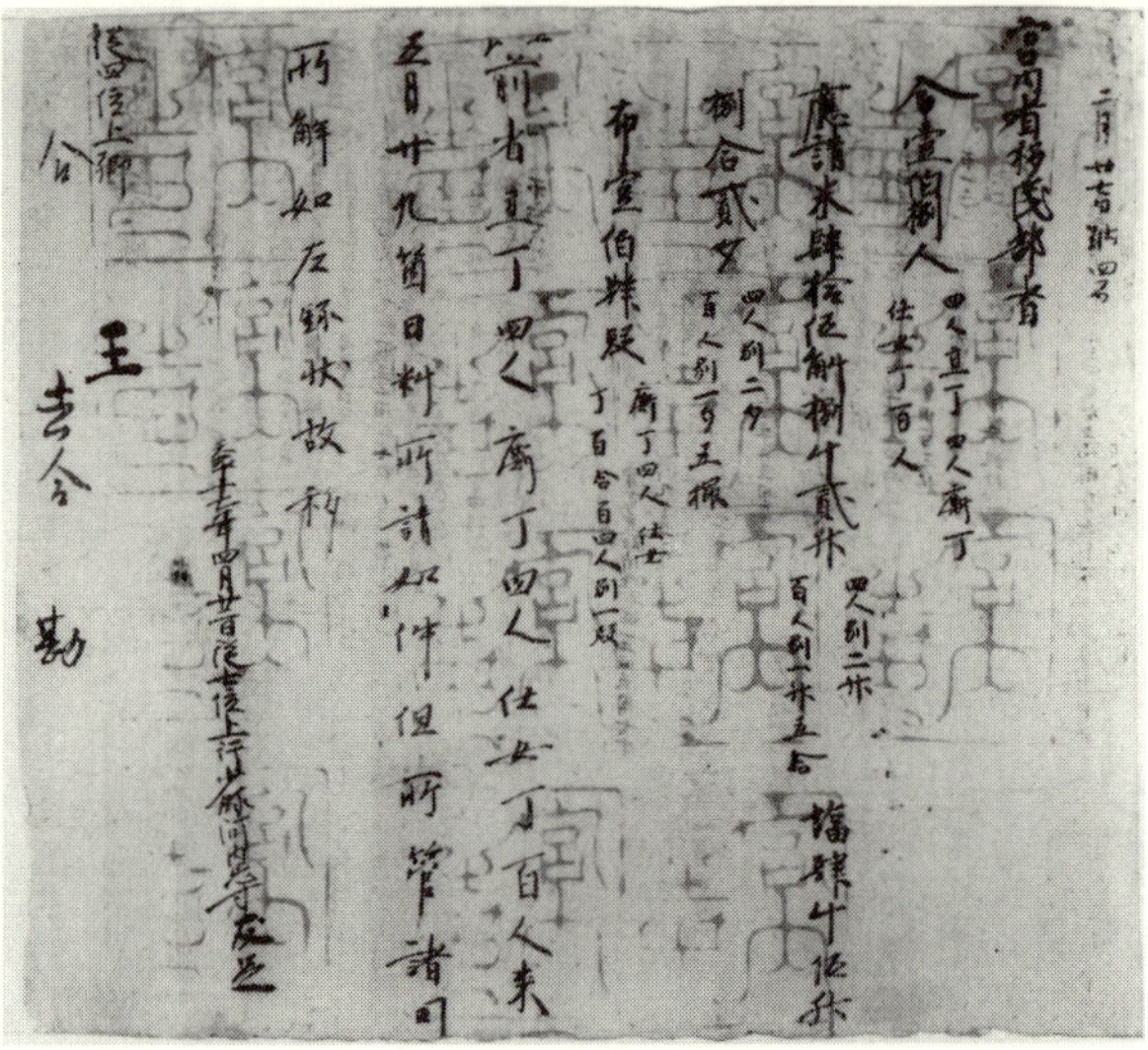

写真2　大粮申請継文　宮内省部分
（『正倉院文書』正集3①・②、正倉院宝物）

る。これをどう解釈すべきであろうか。

　この考察の一助になるのが、天平十七年の大粮申請継文であろう。これは各官司から民部省に宛てて毎月提出された大粮申請文書を民部省で貼り継いだもので、天平十九年から二十年にかけて写経所で紙背を再利用された結果今日に現存している。この継文に関しては、土田直鎮氏[51]、山田英雄氏[52]、櫛木謙周氏[53]の研究があるが、これらの先論では、被管の下級官司から八省などの上級官司に集められた後に民部省に送られていること、各官司の文書の配列は職員令の順に従っていること、また民部省の分には官印（省印）が押されていないことより民部省自身が大粮を管理していたことなどが指摘されている。大粮申請継文は天平十七年の二月分・四月分・八月分・十月分が現存しているが、四月分を図1として掲げた。

　ここでは宮内省部分を対象に見ていこう（写真2）。宮内省管下には、職員令によると大膳職、木工寮、大炊寮、主殿寮、典薬寮、正親司、内膳司、造酒司、鍛冶司、官奴司、園池司、土工司、采女司、主水司、主油司、内掃部司、筥陶司、内染司の計十八官司があるが、四月分には鍛冶司・土工司～主油司を

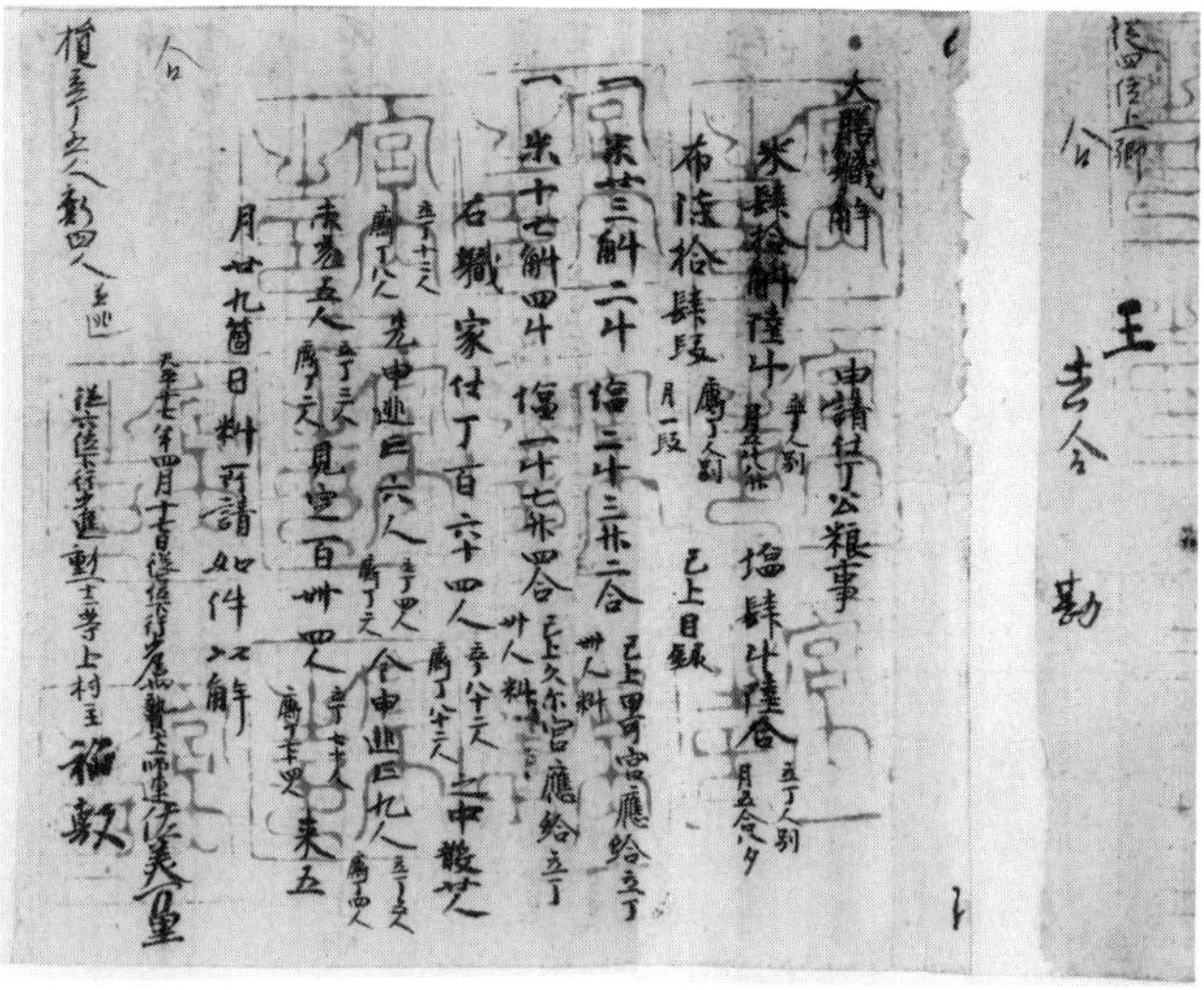
大膳職解　申請仕丁公粮事
米肆拾斛陸斗　塩肆升陸合
布陸拾肆段　已上目録
右職家仕丁百六十四人
月卅九箇日料所請如件以解

除く十三官司の分の文書が現存しており、それらが宮内省の後に職員令での配列順に貼り継がれている。また、紙面には「宮内之印」が捺されており、貼り継ぎは宮内省で行われたことが分かる。さて、ここで注目したいのが文書の書式である。下級の寮・司から宮内省に提出される文書は全て解式によって作成されており、それらを貼り継いだ継文の冒頭に宮内省より民部省に宛てた移式の文書が貼られ、その中で下級官司の解を「但所管諸司所解如左」と記すのである。つまり、文書に表現された書式というのは一次的な移動を表しているのであり、最終的な文書の移動は表現していないのである。また、これら大粮申請継文は毎月作成されるものであるため、各文書の作成者は大粮が民部省から支給されるということを承知しているはずであり、これら申請文書が最終的に民部省に至るということも当然理解し、その上で解式の文書を作成しているのである。

　話を石山の仕丁関係文書に戻すと、石山寺造営中の天平宝字六年にも仕丁関係の雑務は仁部省（民部省）が担当していたことは先述の通りである。とすれば、仕丁関係で物品などが必要な場合には、天平十七年と同様に最終的には仁部省に申請した

図1　大粮申請継文（天平十七年四月分）

<table>
<tr><th></th><th>大粮申請文書</th><th>印</th><th>編成</th><th>大日本古文書</th></tr>
<tr><td colspan="5">（前欠）</td></tr>
<tr><td>1</td><td>中宮職解（4／14）……以解</td><td>「中務之印」13</td><td>S1②</td><td>二398</td></tr>
<tr><td>2</td><td>皇后宮職解（4／　）……以解</td><td>「中務之印」7</td><td>S1④</td><td>二469</td></tr>
<tr><td colspan="5">（中間欠）</td></tr>
<tr><td>3</td><td>（前欠）（4／18）……以解</td><td>「中務之印」3</td><td>S1⑤</td><td>二399</td></tr>
<tr><td colspan="5">（中間僅欠）</td></tr>
<tr><td>4</td><td>左大舎人寮解（4／18）……以解</td><td>「中務之印」13</td><td>S1⑥ (1)・(2)</td><td>二410</td></tr>
<tr><td colspan="5">（中間欠）</td></tr>
<tr><td>5</td><td>内蔵寮解（4／18）……以解</td><td>「中務之印」11</td><td>S1⑩</td><td>二411～412</td></tr>
<tr><td colspan="5">（中間欠）</td></tr>
<tr><td>6</td><td>民部省請（4／21）以前、仕丁等五月大粮、所請如件</td><td></td><td>ZZ6―5〈3〉裏</td><td>二429～430（八543～544）</td></tr>
<tr><td>7</td><td>主計寮解（4／21）……以解</td><td></td><td>ZZ6―5〈2〉裏</td><td>二431</td></tr>
<tr><td>8</td><td>主税寮解（4／21）……以解</td><td></td><td>ZZ6―5〈1〉裏</td><td>二430～431</td></tr>
<tr><td>9</td><td>兵部省移（4／[illegible]1）</td><td>「兵部之印」10</td><td>S2⑦</td><td>二417～418</td></tr>
</table>

<table>
<tr><th></th><th>大粮申請文書</th><th>印</th><th>編成</th><th>大日本古文書</th></tr>
<tr><td>21</td><td>造酒司解（4／17）……以解</td><td>「宮内之印」7</td><td>S3⑨</td><td>二407</td></tr>
<tr><td colspan="5">（中間欠）</td></tr>
<tr><td>22</td><td>宮奴司解（4／18）……以解</td><td>「宮内之印」6</td><td>S3⑩</td><td>二413～414</td></tr>
<tr><td>23</td><td>園池司解（4／16）……以解</td><td>「宮内之印」7</td><td>S3⑪</td><td>二399～400</td></tr>
<tr><td colspan="5">（中間欠）</td></tr>
<tr><td>24</td><td>内掃部司解（4／17）……以解</td><td rowspan="3">「宮内之印」36</td><td>S3⑫(1)</td><td>二407～408</td></tr>
<tr><td>25</td><td>筥陶司解（4／17）……以解</td><td rowspan="2">S3⑫(2)</td><td>二409</td></tr>
<tr><td>26</td><td>内染司解（4／17）……以解</td><td>二409～410</td></tr>
<tr><td colspan="5">（中間欠）</td></tr>
<tr><td>27</td><td>右衛士府移（4／21）（中間二行分欠）……故移</td><td></td><td>Z15③(2) 裏→(1)裏</td><td>二426～428</td></tr>
<tr><td colspan="5">（中間僅欠）</td></tr>
<tr><td>28</td><td>左兵衛府移（4／21）……故移</td><td></td><td>Z15⑤裏</td><td>二424～425</td></tr>
<tr><td>29</td><td>右兵衛府（4／21）……故移</td><td></td><td>Z15④裏</td><td>二425～426</td></tr>
<tr><td>30</td><td>左馬寮移（4／21）</td><td></td><td>Z15⑦裏</td><td>二422～423</td></tr>
</table>

	……故移			
11	大蔵省移（4／21）……故移	「大蔵之印」12	S2⑩	二420～421
	（中間欠）			
12	掃部司解（4／20）……以解	「大蔵之印」8	S2⑫	二414～415
	（中間欠）			
13	宮内省移（4／22）以前、省直丁四人、廝丁四人、仕女丁百人、来五月廿九箇日料、所請如件、但所管諸司所解如左、録状故移	「宮内之印」15	S3①	二432～433
14	大膳職解（4／17）……以解	「宮内之印」11	S3②	二400～401
15	木工寮解（4／17）……以解	「宮内之印」15	S3③	二401～402
16	大炊寮解（4／17）……以解	「宮内之印」10	S3⑤ (1)～(3)	二402～403
17	主殿寮解（4／17）……以解	「宮内之印」19	S3⑥ (1)・(2)	二404～405
18	典薬寮解（4／17）……以解	「宮内之印」8	S3⑦	二405
19	正親司解（4／18）……以解	「宮内之印」19	S3⑧(1)	二412～413
20	内膳職解（4／17）……以解		S3⑧(2)	二406

	……以移			4…4
32	□兵庫移（4／21）……以移		S4②	二432
	（中間欠）			
33	左京職移（4／21）……以移	「左京之印」11	S4③	二415～416
	（中間欠）			
34	右京職移（4／　）……以移	「右京之印」6	S4⑤	二479
	（中間僅欠）			
	（中間欠）			
35	（東宮坊移ヵ）（4／21）……故移		ZZ28—9(1)裏	二422
36	造寺所解（4／21）……以解		ZZ6—10〈32〉裏	二十四324
			ZZ23—5〈33〉裏	八544
37	造宮省移（4／21）……故移		ZZ23—5〈32〉～〈31〉裏	二十四293～295
	（後欠）			

と考えられる。つまりこれら仕丁関係文書は、表面上は解式を採っているため造東大寺司宛ての文書のように見えるが、造東大寺司から仁部省に移式の文書が出されることを前提として、あるいは移式の文書は出されないものの出されるべきであることを念頭において、解式の文書を作成しているのである。ただし、この時期の民部省が保良京と平城京のどちらに所在したかは『続日本紀』の記事からは不明であるが、後述する27では、

　　進上新配仕丁肆人並備後国副充文壹張
　　　右、依㆓仁部省㆒奉㆑充員。進上如㆑件。

とし、石山から新配の仕丁を充文と共に造東大寺司に送っている。また、三月一日付の造東大寺司の二月告朔[54]の中には、

　　（前略）
造瓦所別當 判官正六位上葛井連根道 散位従八位下坂本朝臣上麿
単口柒伯玖拾参人 五十七人将領 二百廿五人瓦工 五百十一人仕丁
作物
　　（中略）
請仕丁等養物参向大津宮　　　　功八人
（後略）

と、仕丁を使役していた造瓦所の作物に仕丁の養物を大津宮（保良宮）に受け取りに行った功が計上されている。とすれば、仁部省、あるいは仕丁の養物を受領しに行くべき場所は奈良よりも石山に近かったと考えられ、造石山寺所が発信する仕丁関係文書は奈良の造東大寺司を経ていない可能性もあろう。また、3③で扱った39造東大寺司移案のように石山で造東大寺司名義の文書を作成することもあり得る。以上の検討により、これら仕丁関係文書は造石山寺所（→造東大寺司）→仁部省、と移動したとしておく。

②賻物請求文書

賻物請求文書は表13としてまとめたヌ―19裏・ル―61裏の二通であるが、いずれも同一文書の案である。この二通は、

表13　上申文書②　賻物請求文書

番号	書出	書止	日付	署名①（安都雄足）	署名②（下道主）	署名③（上馬養）
ヌ―19裏	解　申請賻物事	右、左兵衛少属従七位上出雲臣大嶋□物如件、仍差散位寮散位従八位上□道主、右大舎人小初位上猪名部枚虫、東大寺領阿刀乙万呂等充受使、所請如件、今具状、以解	宝字6・7・23	造東大寺司主典正八位上安都宿祢「雄足」		
ル―61裏	解　申請賻物事	右、左兵衛少属従七位上出雲臣大嶋之賻物如件、仍差散位寮散位従八位上下道主、右大舎人小初位上猪部枚虫、東大寺領阿刀乙万呂等充受使、所請如件、今具状、以解	宝字6・7・23	造東大寺主典正位上安都雄足		

解　申請賻物事

合絁参匹　調布拾貳端

右、左兵庫少属従七位上出雲臣大嶋之賻物如レ件。仍差二散位寮散位従八位上下道主、右大舎人少初位上猪名部枚虫、東大寺領阿刀乙万呂等一充二受使一所レ請如レ件。今具レ状以解。

（以下省略）

と左兵衛少属従七位上出雲臣大嶋の賻物を請求し、その受け取りのために下道主・猪名部枚虫・阿刀乙万呂を派遣する内容となっている。賻物とは有位の官人が死亡した際に支給される禄物であり、喪葬令5職事官条に、

凡職事官薨卒、賻物、正従一位、絁卅疋、布一百廿端、鉄十連。正従二位、絁廿五疋、布一百端、鉄八連。正従三位、絁廿二疋、布八十八端、鉄六連。正四位、絁十六疋、布六十四端、鉄三連。従四位、絁十四疋、布五十六端、鉄三連。正五位、絁十一疋、布四十四端、鉄二連。従五位、絁十疋、布四十端、鉄二連。六位、絁四疋、布十六端。七位、絁三疋、布十二端。八位、絁二疋、布八端。初位、絁一疋、布四端。皆依二本位一給。其散位三位以上、三分給レ二。五位以上給レ半。太政大臣、絁五十疋、布二百端、鉄十五連。親王及左右大臣、准二一位一。大納言准二二位一。若身死二王事一、皆依二職事例一。其別勅賜物者、不レ拘二此令一。其無位皇親、准二従五位一、三分給レ二。（女亦准レ此。）減数不等、従レ多給。

と位階と官職に従った給付額が規定されているが、令本文には賻物の請求手続きなどの規定は見えない。しかし時

代はやや下るものの、職員令16治部省条の『令義解』および『令集解』諸説に賻物請求手続きが見えるという相曽貴志氏の指摘があり、[55]ここではそれに従い、各説を考察していくこととする。まず、職員令16治部省条の義解は、

謂。官位曰レ贈、財貨曰レ賻。凡贈レ位者、中務作二位記一。此省受取付二死人家一也。賻レ貨者、死人本司、申二太政官一、々下二此省一、々更勘申、自二大蔵省一下給也。

とし、賻物請求は「死人本司」が太政官に申請し、太政官が治部省にその内容を下し、治部省で審査した上で大蔵省より給うことになっている。また、令釈は、

釈云。所三以助二凶礼一也。玩好曰レ贈、財貨曰レ賻。音符遇反。凡贈レ位者、式部作二位記一、治部掌二位記一、付二死人之家一。賻者、死人本司申レ官、官下二治部一令レ勘、了更申レ官、々下二大蔵一。

とし、賻物支給の際には「死人本司」が太政官に申し、太政官が治部省に下し、治部省で内容を審議した上で再度太政官に申し、太政官が大蔵省に下すこととなっており、治部省での審議後に再度太政官を経ているところが義解とは相違している。しかし、「死人本司」からの報告が太政官宛てである点、賻物の給出が大蔵省からである点は同様である。

さて、ここで出雲臣大嶋に話を戻すと、出雲臣大嶋は左兵衛少属とあるように本司は左兵衛府であるものの、造石山寺所が賻物請求文書を作成していることから、造石山寺所あるいは石山院奉写大般若経所で作業に従事してい

たと考えられる。しかし造石山寺所は「死人本司」ではないため、賻物請求の一段階として本司である左兵衛府を経由することも想定される。この文書の具体的な移動経路は不明と言わざるを得ないが、以上より推測される賻物請求文書の伝達経路を示すと、造石山寺所（→造東大寺司）→左兵衛府→太政官→治部省（→太政官）→大蔵省、となる。また、賻物の請求をすると同時に受け取りの使者を派遣していることから、この文書に先行する文書があったとも考えられ、受領の際に持参する確認のための文書だとすると、造石山寺所（→造東大寺司）→大蔵省、となろうか。

以上、上中文書を簡単に見てきたが、上中文書は基本的には造東大寺司宛ての文書である。しかし、仕丁に関連する事項や賻物の請求など、寺院の造営や写経といった日常業務とは種類が異なる事柄について外部の官司に宛てて文書を伝達する必要がある場合には、一度造東大寺司を経た上で他の官司へと文書が渡されていた。そのような場合には、書式は他の文書と同様に解式を用いるものの、署名は位階を伴う造東大寺司外宛てのものが用いられていると考えられる。

5　様式不詳の文書

下達文書・平行文書・上申文書を検討してきたが、署名に位階を伴う文書は造東大寺司外宛ての文書であり、また発信機関名や署名の肩書きに「造東大寺司」や「東大寺」を伴う文書は比較的関係の薄い機関宛てであることが判明した。しかし、造石山寺所の作成した文書の中には、書出や書止の文言からは宛先はおろか、下達文書・平行文書・上申文書の区別も付かない文書がある。それらの文書の一覧が表14である。ここではそれら様式不詳の文書を取り上げる。

署名に位階を伴う文書は、33・107の要劇銭の申請（宛先不詳[56]）、人員派遣に関する文書である42（散位寮宛[57]）・43・53・ヲ（大舎人寮宛[58]）、仕丁関係文書（民部省宛ヵ）である174の七通であり、これらはいずれも造東大寺司外に発信されるものと考えられる。また、これらの文書には使人の記載にも「右大舎人少初位上品治石弓」（33）、「散位少初位下工廣道」（107）のように必ず位階が記されている。

署名に位階の見えない文書のうち、内容より石山寺宛てということが判明する178以外の15・26・27・49・ワ・93・139・161・タ・172・179・180はいずれも人員の配置転換、禄物の支給、上日・行事報告、奈良への引き揚げなどに関するものであり、造東大寺司宛てと考えられる。

また、80・83・ル―94～96裏・86の四通は天平宝字六年三月末の孝謙上皇発願の鋳鏡関係文書である[59]。この鋳鏡は当初は石山で作業をするべく画師の召喚・原料の入手・予算案の作成などの準備が進められたが、結局四月十日前後に作業は造東大寺司の鋳物所に移管された。80は鋳工召喚のための文書、83・ル―94～96裏は予算案、86は原材料の入手のための文書である。80には先行して造東大寺司政所および造東大寺司に対して鋳工派遣の要請をする内容の文書（74石山院牒）が存在するため、80の宛先は造東大寺司であろう。署名も位階を伴わない形のものである。83・ル―94～96裏は予算案である以上、発注者である孝謙上皇に宛てて出されたものと考えられ、83は「主典安都宿祢」と造東大寺司内部宛ての署名であるものの、ル―94～96裏の署名を見ると「主典正八位上安都宿祢「雄足」」となっており、造東大寺司外に提出される可能性がある[60]。86（写真3）は、予算案提出の結果として内裏に無い物品が明らかになり、その不足分を造東大寺司に平章するよう伝える文書である。この文書への返信（ラ―35、写真3）が残存しているため、造東大寺司政所宛ての文書であることは明白である。署名も「主典安都宿祢」と造東大寺司内部宛てのものである。またこの返信の中に、「依二今月八日牒一施行如レ件」とあり、造東大寺司政所で

表14　様式不詳の文書

番号	書出	書止	日付	署名①（安都雄足）	署名②（下道主）	署名③（上馬養）	署名④（その他）
ルー7裏	石山寺奉写大般若所　合応請雑物捌種	右、自内裏可給雑物如件	宝字6・1・16				
15	造石山寺所	以前條事、具件、便附返上木工縣石敷、申送如件	宝字6・2・1	主典安都宿祢			
26	造石山寺所	右、便充進上、新配仕丁等部領、即副今月上日、進上如件	（宝字6）2・14	主典安都宿祢			
27	造石山寺所	右、役夫料所請如件／右、依仁部省奉充員、進上如件	宝字6・2・14	主典安都宿祢			
33	造東大寺司	右、差右大舎人少初位上品治石弓、充使、所請如件	宝字6・2・30	主典正八位上			
42	造石山院所	右、為奉写勅　旨大般若（経師）、所請如件	宝字6・3・6	造東大寺司主主典安都宿祢	案主散位従八位上下村主		
43	造石山院所	右、為使奉写勅　旨大般若校生所請如件	宝字6・3・6	造東大寺司主典安都宿祢	案主散位従八位上下村主		
49	造石山院所	右、被竪子別廣虫今月十日宣云、奉　勅、依少都申状、弥努為用、奉請仏装束、許給已畢、宜司察趣、早速施行者、今依宣旨、申送如件	宝字6・3・11	主典安都宿祢			
53	奉写石山院大盤若所	右、為奉写　勅旨大般若、所請如件	宝字6・3・13	造東大寺主典安都宿祢	案主散位従八位上下村主		
ヲ	奉写石山院大般若所	右、為奉写　勅旨大般若、所請如件	宝字6・3・13	造東大寺司主典正八位上安都宿祢「雄足」	案主散位従八位上下村主「道主」		
ワ	石山院	以前、所賜禄物等、班給如件	宝字6・3・21	主典安都宿祢	案主下		
80	東大寺	右、依去三月廿五日因八麻中村宣、召上鋳工如件、		主典安都宿祢			

83	東大寺	以前、依去三月廿五日因八麻中村宣、応奉仕御鏡用度如件	宝字6・4・2	主典安都宿祢			
ル—94〜96裏	東大寺	以前、依去三月廿五日因八麻中村宣、応奉仕御鏡用度如件	(宝字)6・4・2	主典正八位上安都宿祢「雄足」			
86	石山院	右、被女孺別廣虫七日宣云、奉 勅偁、坤宮官七七日御斎会奉造浄土、不論日夜、奉請於内裏者、謹依宣旨、申送如件、乞察状、早速応奉請／右、被笠命婦宣云、為鋳 御鏡、上件物都无於内裏、宜早速令買用者、今不得其価平章、乞察状、中国等勘問、早速進上／右、為用雇工并雇夫功等、所請如件	宝字6・4・7				
93	造石山院所		宝字6・4・13				
102	造石山院所	右人、今月上日如件	宝字6・4・27	主典安都宿祢	案主下		
107	造東大寺司	右、附散位少初位下工廣道、所請如件	宝字6・5・2	主典正八位上安都宿祢			
139	石山院	右、副今月上日、進上如件	(宝字)6・6・26		下	上	
161	造石山院所	以前行事、具状、即附大友石船、進上如件	宝字6・7・25	主典安都宿祢	領下		
タ	造石山院所	以前人等、造東大寺并石山院所奉仕労劇如件	宝字6・8・27	主典			大僧都法師
172	石山院奉造阿弥陀仏像并法華経一部用物事		宝字6・9・16			上「馬養」	
174	石山院奉写大般若経所	以前、従去正月、迄九月、仕丁廝等月々養物、所請如件	宝字6・10・3	主典正八位上安都宿祢			
178	造寺所	右、依先日借請黒米、奉報如件	宝字6・11・30		下	上	
179	石山院	右、附尾張月足、令請奉如件	(宝字)6・12・5		下		
180	石山院	右、随担夫員、且附弓削伯万呂進上如件	(宝字)6・12・8 辰時				

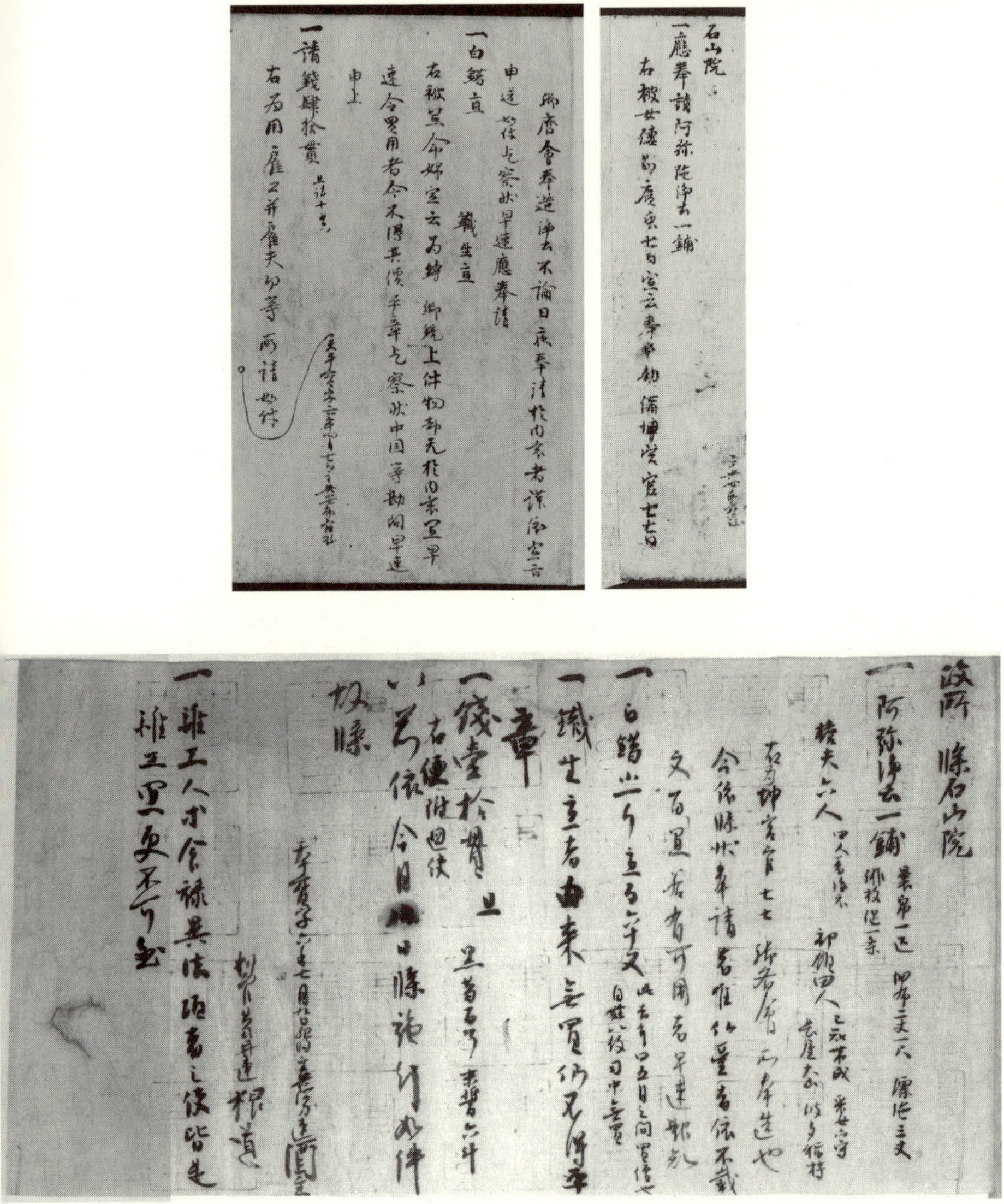

写真３　文書 86 と返信（ラ－35）
（『正倉院文書』続々修 18-3〈18〉＋続修後集 33⑵裏、正集 5①⑻、正倉院宝物）

はこの解式を用いない文書を「牒」として理解していたことが分かる。つまり、奉勅宣などを受けて造石山寺所で作成した文書は、宛先は上級官司の造東大寺司であるため本来解式を用いるべきであるが、内容の重要性によっては敢えて書出・書止に「解」を使わない文書を作成し、それは「牒」として認識されていたのである。

本節では、2～4での結論を基に、5で様式不詳の文書を検討してきたが、山下氏の指摘するように宛先と署名の関連性は一貫して認められる結果となった。また、一見上申文書として全て造東大寺司宛てに作成されているように見える解式の文書の中にも、署名の位階の有無を目安に検討した結果、造東大寺司を介して更に外部の機関に宛てて提出される文書が存在したことが明らかとなった。

なお、本来上申文書を送るべき造東大寺司に宛てて、奉勅宣などを受けて重要事項を含む文書を作成する場合には、敢えて公式令に反する書式の文書を作成する場合があったことが判明した。また、同様に、造石山寺所以外を本司とする人物の上日報告など造石山寺所の管轄事項以外の内容を造東大寺司に報告する際も、解式を採らずに書式不詳の「牒」のまま送付していた様子が窺える。「牒」式のまま文書を作成した理由については今のところ明確にし得ないが、最終的には造東大寺司外に宛てて更なる報告がなされることを想定して敢えて解式を避けたとも考えられ、宛先と文書形式の一致という点からは興味深い。

三　造石山寺所の受領した文書

前節では造石山寺所の発信した文書について検討したが、本節では造石山寺所の受領した文書、およびそれらを貼り継いだ継文について扱うこととする。

1　文書の署名と様式

造石山寺所の受領した文書を対象に署名を検討するため、造石山寺所に到来した文書のうち位階の付随する署名を有するものを表15としてまとめた。位階のある署名を伴うのは、筥陶司から到来した文書一通（ラ―22）、封租米進上に際して愛智郡司から到来した文書十八通（195〜212）のみであり、これらは全て造東大寺司外から到来した文書である。これに対し、表16として一覧にした位階のない署名を有する文書を見ると、全て造東大寺司や司内の各所および個人から到来した文書である。つまり、前節で確認した造石山寺所から造東大寺司内に対して発信される文書には位階を伴わない署名をするという特徴は、造東大寺司の他の所が作成した文書にも共通して窺われるのである。造東大寺司内の所では一定のルールに従って文書が作成されていることを意味するのであろう。

また、造東大寺司内の各所から到来した文書の様式と造石山寺所がその機関に宛てて発信した文書の様式を比較すると、一部にズレがあることが判明する。既に古瀬氏によって指摘されているように[61]、造石山寺所が造東大寺司に宛てて作成する文書の様式は原則として解式であるのに対し、造東大寺司が造石山寺所に宛てて発信する文書（ラ―1・ラ―5・ラ―8・ラ―9・ラ―18・ラ―19・ラ―23・ラ―26・ラ―32・ラ―33・ラ―34）は牒式である。また政所と交わす文書（ラ―35）、上院と交わす文書（ル―4裏、ラ―13、ル―5裏、ル―3裏、ラ―27、オ、ク）はお互いに牒式やそれに準じる様式であるのに対し、造物所との間では、造石山寺所からは牒式を作成しているものの、造物所から到来した文書七通（ラ―17・ラ―24・ラ―28・ル―38裏・ラ―25・ラ―36・ラ―37）は様式の特定できないものばかりである。また、造石山寺所が牒式の文書を作成していた信楽殿壊運所から到来した文書（ネ―1、ム[62]、ル―90裏）および焼炭所から到来した文書（ラ―30・ヰ）は解式である。なお、造石山寺所が符式文書を作成する相

表15　位階のある署名を有する文書

番号	書出	書止	日付	署名①	署名②	署名③
ラ—22	筥陶司石山院充雑器事		宝字6・2・9	正六位上行正林連黒人		
204	愛智郡司解　申進上東太寺封祖米事	右、被国三月廿三日符偁、得造東大寺司牒云、為造石山寺件米尤要、早速欲領者、宜知此状、依数早進者、謹依符旨、且進上如前、仍付祝浄足申上、以解	宝字6・4・20	大領従七位上依智秦公門守		
207	愛智郡司解　申進上東太寺封祖米事	右、天平宝字四年料米、且進上如前、仍付依知秦公公万呂万呂申上、以解	宝字6・4・20	大領従七位上依智秦公門守		
206	愛智郡司解　申進上東太寺封祖米事	右、天平宝字四年料米、且進上如前、仍付勝毗登豊成申上、以解	宝字6・4・21	大領従七位上依智秦公門守		
209	愛智郡司解　申進上東太寺封祖米事	右、天平宝字四年料米、且進上如前、仍付丹波多比止申上、以解	宝字6・4・21	大領従七位上依智秦公門守		
205	愛智郡司解　申進上東太寺封祖米事	右、天平宝字四年料米、且進上如前、仍付山公美奴久万呂申上、以解	宝字6・4・25	大領従七位上依智秦公門守		
208	愛智郡司解　申進上東太寺封祖米事	右、天平宝字四年料米、且進上如前、仍付石作咋万呂申上、以解	宝字6・4・29	大領従七位上依智秦公門守		
210	愛智郡司解　申進上東太寺封祖米事	右、天平宝字四年料米、且進上如前、仍付秦小桑申上、以解	宝字6・6・4	大領従七位上依智秦公門守	国使少毅外従八位上吉身臣三田次	子弟依智秦公長万呂、使秦足人
211	愛智郡司解　申進上東太寺封祖米事	右、天平宝字四年料米、且進上如前、仍注状、付依智勝廣公申上、以解	宝字6・7・6	大領従七位上依智秦公門守	子弟依智秦公長万呂	

番号	書出	書止	日付	署名①	署名②	署名③
212	愛智郡司解　申進上東太寺封祖米事	右、天平宝字四年料祖米、且進上如前、仍注状、付穴太千依申上、以解	宝字6・7・9	大領従七位上依智秦公門守	少領外従八位下秦大蔵忌寸廣男	国使慈賀団少毅外従八位上吉身臣三田次、主帳外少初位下服部直綱公、使秦忌寸足人、子弟依智秦公長万呂
203	愛智郡司解　申進上東太寺封祖米事	右、天平宝字四年料米、且進上如前、仍注状、付大友夜須万呂申上、以解	宝字6・9・28	大領従七位上依智秦公門守	国使慈賀団少毅外従八位上吉身臣三田次	造寺司使少初位上勝屋主
202	愛智郡司解　申進上東太寺封祖米事	右、天平宝字四年料米、且進上如前、仍注状、付祝赫万呂申上、以解	宝字6・10・15	大領従七位上依智秦公門守	少領外従八位下秦大蔵忌寸廣男	国使少毅外従八位上吉身臣三田次、造寺司使少初位上勝屋主
200	愛智郡司解　申進上東太寺封祖米事	右、天平宝字四年料米、且進上如前、仍注状、付粟田久除麻呂申上、以解	宝字6・10・16	大領従七位上依智秦公門守	少領外従八位下秦大蔵忌寸廣男	国使少毅外従八位上吉身臣三田次、造寺司使勝屋主
201	愛智郡司解　申進上東太寺封祖米事	右、天平宝字四年料米、且進上如前、仍注状、付秦佐加志申上、以解	宝字6・10・17	大領従七位上依智秦公門守	国使慈賀団少毅外従八位上吉身臣□□□	造寺司使勝屋主
199	愛智郡司解　申進上東太寺封祖米事	右、天平宝字四年料米、且進上如前、仍注状、付丹波常人申上、以解	宝字6・10・23	大領従七位上依智秦公門守	少領外従八位下秦大蔵忌寸廣男	使外少初位下山公友綱
198	愛智郡司解　申進上東太寺封祖米事	右、天平宝字四年料米、且進上如前、仍注状、付依知勝廣公申上、以解	宝字6・閏12・24	大領従七位上依智秦公門守		
197	愛智郡司解　申進上東太寺封祖米事	右、天平宝字四年料米、且進上如前、仍注状、依智秦公田公申上、以解	宝字7・2・20	大領従七位上依智秦公門守	少領外従八位下秦大蔵忌寸廣男	子弟依智秦公浄成、依智秦公長麻呂
196	愛智郡司解　申進上東太寺封祖米事	右、天平宝字四年料米、且進上如前、仍注状、付依智秦公今主申上、以解	宝字7・4・8	大領従七位上依智秦公門守	子弟依智秦公浄成	依智秦公長麻呂
195	愛智郡司解　申進上東太寺封祖米事	右、天平宝字四年料米、且進上如前、仍注状、付宇遅部石立申上、以解	宝字7・6・12	大領従七位上依智秦公門守		

表16　位階のない署名を有する文書

番号	書出	書止	年月日	文書の動き	署名1	署名2	署名3
ラ−1	造寺司牒　造近江石山寺司	右件雑物等、依彼牒状下充如件／右人、預木工所雑役、毎物別当、是以不得令向、乞察此趣、可用彼人、箇定可請、仍附波多稲持、牒送如件、以牒	宝字5・12・23	造東大寺司↓造石山寺所	主典志斐連麻呂	判官葛井連根道	
ラ−2		奉送銭捌貫	(宝字)5・12・24	六人部荒角↓勝屋主〈↓造石山寺所〉	六人部荒角		
ラ−3	甲可山作所　且充遣雑物等事	右件雑物等、付使長上船木宿奈万呂等、充遣如件、以解	(宝字)5・12・26	(勢多庄)領勝屋主(↓造石山寺所)	領勝屋主		
ラ−4	丹波廣成解　請銭柒伯貳拾捌文		(宝字)5・12・27	丹波廣成(↓造石山寺所)			
ネ−2		以前、屋丈尺勘注如前、仍注状申送、以解	宝字5・12・28	近江国分寺？(↓造石山寺所)	勘注書生矢口吉人	上座僧最貞	寺主僧最善、可信僧最淋、鎮僧最信
ラ−5	造寺司牒　造石山寺所	牒、上件雑工等歴名如件、但以今月四日請鉄工者、條々一人有、仍不得令向、然被大僧都宣云、莫充條々木工便彼所可雇役者、宜察此趣、更木工等不可所請、故牒／右、奉充越前長官殿如件	宝字6・正・7	造東大寺司↓造石山院所	主典弥努連奥麻呂	判官葛井連根道	
ラ−6	謹解　申進上物事	右、依牒旨進上如件　(他注文3條省略)	宝字6・正・7	六人部荒角(↓造石山寺所)	六人部荒角		
ラ−7	謹解　申進上物事	右、依不得雇人、如数不堪進上、但依葛井判官宣、去月美作国作官司借充鉄廿廷重六十九斤八両、若是令進者、彼此可无相運功、仍具状、謹解／(注文2條省略)／以前三條事、具注附廻使止利帯万呂申送、謹解	宝字・正・14	六人部荒角(↓造石山寺所)	六人部荒角		
ラ−8	造寺司牒　造石山寺所	右三人、令向如件／右人、以去年十二月廿七日、自山作所令向已訖／右様工等、依無今間、不得令向／右物、見送如件／以前五條事、附廻使止利帯万呂、牒送如件、故牒	宝字・正・14	造東大寺司↓造石山寺所	主典阿刀連酒主	判官上毛野	
ラ−11	謹　榲榑運限日幷請功食事	以前物、顕録申送、以解	宝字6・正・18	右兵衛物部東人(↓造石山寺所)	右兵物部東人		
ラ−12	甲加山所解　申請銭用事	以前物用、申送如件	宝字6・正・19	甲賀山作所(↓造石山寺所)	橘守金弓		

番号	書出	書止	年月日	文書の動き	署名1	署名2	署名3
ルー4裏	請借斧一柄	右、為用、蹔之間、所請如件	(宝字)6・正・19	上院(↓造石山寺所)	僧正美		
ラー13		右、依所請数、付使舎人下道主、充遣如件	宝字6・正・20	上院(↓造石山寺所)	僧神勇		
ルー2裏	牒 石山務所		(宝字)6・正・22	安都雄足↓石山務所	雄足		
ルー5裏	上院 請借斧貳柄	右、蹔之間、請借如件	(宝字)6・正・22	上院(↓造石山寺所)	僧正美		
ルー3裏	上院牒 造寺司政所	右、為用寺内、件物早速令写造欲請、仍注事状、以牒	(宝字)6・正・22	上院↓造石山寺所政所	僧正美	史生僧圓栄	僧神勇
ラー9	司牒 造石山寺所	右、依彼所解、且充遣如件、但先所充漏者、即彼所徴塡耳、部領使/右人、其名雖預司考、不知彼身所在、仍不得判充/右、敢石部浄万呂之逃替、充遣如件/右人、令打公文紙未了、仍今追令向/以前物等、充工廣道、部領送達如件、故牒〈釜瓺等者、依无担夫、不得遣運〉	宝字6・正・23	造東大寺司↓造石山寺所	主典阿刀連酒主	判官葛井連根道	
ラー14	高嶋使解 申且応進上榑幷板椋等事	右件二種物、以今月廿六日、附仕丁壬生石代、必可進上、仍注状、附廻使宇治部乙麻呂申上、以解	宝字6・正・24	高嶋使(↓造石山寺所)	勝屋主		
ラー20	高嶋山作所解 申且進上榑事	右件榑、附仕丁生部石代、且進上如件、以解	宝字6・正・27	高嶋山作所(↓造石山寺所)	勝屋主		
ラー15	牒 石山務所	右、附便寺大徳送送、到宜早速検納、以告	(宝字6)正・28	安都雄足↓造石山寺所	安都雄足		
ネー1	謹解 申壊運屋事	以前、所用物等数、注顕申送如件、仍具以状解	宝字6・正・28	信楽壊運漕所(↓造石山寺所)	使僧慶寶	僧正順	僧法宣
ラー17	造物所	右、依来員之、検納如件	宝字6・正・29	造物所〈↓造石山寺所〉	六人部荒角		
ラー18	造寺司牒 造石山寺所	右、依彼所申状、縣主石敷之替充遣、其丈部真犬替者、今造食堂所申云、以件真犬等、常作此司物、更除真犬、無可相替人者、又領秦足人替、依無可充人、今間不得行/右、暫充相模国司、而今聞便留彼寺、其自彼所請人物、随請皆充、而留件人等、理不可然、今依合、別当必有可充任、宜察此状、早速令向/右、在彼仕丁、尾張人守マ古万呂、播磨人額田マ廣濱、備前宇治マ乙万呂、幷三人国養、人別六百文充/右、依十九日解文、充如件/以前四條事、付廻使秦足人、以牒	宝字6・正・29	造東大寺司↓造石山院所	主典弥努連奥麻呂	判官葛井連根道	

ラ―16	奉売	右、充件銭一千九百五十文価、奉売已訖、仍具状、以解	宝字6・正・30	（高嶋山→造石山寺所）	？		
ラ―19	司牒　造石山寺所	以前三條事、具状前件、今以状、故牒	宝字6・2・2	造東大寺司→造石山寺所	主典志斐連麻呂	判官葛井連根道	
ラ―23	司牒　造石山寺所	右、因請員、便附弓削伯万呂奉送「経所」／右、司中無砥、僅随在奉、自今以後、如此雑物、便申官用、夫此砥替、請官報之、故牒「造寺所」	宝字6・2・9	造東大寺司→造石山寺所・写経所	判官上野公真人		
ラ―29	送下銭貳拾壹貫伯捌拾伍文	右附廣道送如件	（宝字6）2・9	造石山寺所？→写経所？			
ル―11裏	大尼公所牒　阿刀主典所	以牒	（宝字）6・2・10	大尼公所→阿刀主典所〈→造石山院所〉	善光		
ラ―24	造物所	右物等、付使三嶋船長奉送如件	宝字6・2・17	造物所（→造石山寺所）	六人部荒角		
ラ―28	東大寺作物所返抄	右、近江国愛智郡庸米、依所進員、検納如件	宝字6・2・24	東大寺作物所（→造石山寺所）	六人部荒角		
ル―15裏	公奴猪名部マ枚虫謹啓　申進上日不参啓	吾仏公可子細告状申給佐官大夫、仍注状、付佐美万呂申送、以解	（宝字）6・2・28	（勢多庄領）猪名部枚虫→吉成尊〈→造石山院所〉	（公奴猪名部マ枚虫）		
ル―14裏	勢多庄領解　申進上上日事	右、進上日如前、仍注状、以解	（宝字）6・2・30	勢多庄領（→造石山院所）			
ル―38裏	造物所	右、依来牒旨、進上如件〈付物マ根万呂〉	（宝字）6・3・1	造物所（→造石山寺所）	史生川原「人成」		
ラ―26	司充石山寺作所	右、為堂幷僧房葺、依彼請員、附秦足人充送／右、為堂塗幷経所雑使用、依彼申又充領	宝字6・3・2	造東大寺司→造石山寺所	主典志斐連麻呂	判官上野公真人	
ラ―27	上院務所牒　石山院務所	右件物、附舎人秦足人送如前、以牒／右、被大僧都宣偁、不入座前、火急可造作畢者、依宣旨牒	宝字6・3・2	上院務所→造石山寺所務所	僧実忠		
ラ―25	造物所　進上物事	以前物、依来牒旨、附秦足人、進上如件	宝字6・3・3	造物所（→造石山寺所）	史生川原人成		
ナ―1	謹解　申請檜皮葺様事	右、應葺三間僧房一宇功食料、所請如件、以解	宝字6・3・3	様工（→造石山寺所）	様工力部廣万呂		
ハ―3裏	山作所解　申進上樋事	右、付仕丁私マ廣国等、進上如件／仍注状申送／預状申送	（宝字）6・3・7	山作所（→造石山寺所）	三嶋豊羽		

番号	書出	書止	年月日	文書の動き	署名1	署名2	署名3
ホ-4裏	謹啓　■	謹啓	（宝字）6・3・9	六人部荒角（↓造石山寺所）	六人マ荒角		
ラ-31	貢香水使解	右、依雨落防、今日不儲仕丁五人領二人食、乞照趣、付使垂処分、彼報今追進上、不怠退、謹白	（宝字6）3・10	貢香水使（↓造石山寺所？）	史生麻柄全万呂	使仕丁佐伯真上	
ナ-2	謹解　申東大寺様檜皮取進上事	右件参人、生死同心、取成将進上、若過期逃亡、残人依員進上申、仍具注状、謹解	宝字6・3・10	様工（↓造石山寺所）	長羽栗臣大山	猪使廣成	相知秦足人
ナ-1裏	牒　案主等所	右事條、委状如件、乞察状施行	（宝字）6・3・10	安都雄足↓案主等所（造石山寺所）	雄足		
ラ-30	焼炭所解　申可進上炭事	右、炭依無擔夫、且所進如件、以解	宝字6・3・14	焼炭所（↓造石山寺所）	散位尋来津船守	乾政官史生上毛野薩麻	
ラ-32	造東大寺司　牒造石山寺所	右、依彼所解状、以件米充、仍牒送国司、宜知此状、便自国請用、今依状故牒	宝字6・3・16	造東大寺司↓造石山寺所	主典弥努連奥麻呂	判官葛井連根道	
ラ-33	司牒　造石山寺所	右六種物者、見奉送如件、但米便充愛智郡宝字四年祖米、又海藻滑海藻用盡、今間無有、又鉄麻者、自正倉出、追将奉送、今具事状、附秦足人、故牒／右、自所々奉請経使甚太有、重不得施行、宜承知状、早速参向	宝字6・3・17	造東大寺司↓造石山寺所	主典志斐連麻呂	判官上毛野公真人	
ム	運堂所啓　請食米幷功銭事	右件米幷銭等、所請如前、仍具注状、以解	宝字6・3・24	運堂所（↓造石山寺所）	使僧法宣	慶寶	
ラ-34	司牒　造石山寺所	右、依彼所状、送達如件／右、司裏今間無米、仍不得充行、宜察此状、彼所買用、稍可徴納未進米等／右人、絵仏幷御座金物等未了、彼行事了、即早還向／右人、有可勘事、宜察此趣、早速令向、若可請人、請他人耳／以前四條事、具件如前、仍附廻使鉄工物部祢万呂、故牒	宝字6・6・24（3・24）	造東大寺司↓造石山寺所	主典阿刀連酒主	判官葛井連根道	
ナ-4	謹解　申請仏殿檜皮葺料様功食事	右、羽栗大山等、衆五人同心将奉葺、若有一人闕者、残人等必作成、仍具状、以解	宝字6・3・26	様工（↓造石山寺所）	長羽栗大山	丸部万呂	物部万呂、額田万呂
ロ-16裏	（前欠？）	所注此書、員折請欲給、恐々以解	（宝字）6・3・27	鳥取国万呂↓吉成尊〈↓造石山寺所〉	鳥取国万呂状		
ナ-5	謹解　申請仏殿檜皮様事	右、仏殿半墨中将檜皮葺功食、所請如件、以解	宝字6・4・2	様工（↓造石山寺所）	様工力部廣万呂		
ニ-15裏	山作所解　申可材進上事	仍今注事状申上	（宝字）6・4・3	山作所↓造石山寺所	三嶋豊羽		

ホ—3裏	(前欠?)	乞照此状、早申給大徳前、可在事急速報下／此又申給、可不報下	(宝字)6・4・9	上毛野真人↓造石山寺所	上野真人謹啓		
ラ—35	政所　牒石山院	以前、依今月八日牒、施行如件、故牒	宝字6・7・9(4・9)兎時	造東大寺司政所↓造石山院所	主典阿刀連酒主	判官葛井連根道	
ナ—5	謹解　申請葺僧房檜皮様事	右、僧房一宇将葺檜皮功食、所請如件、以解	宝字6・4・13	様工(↓造石山寺所)	様工力部廣万呂		
ラ—36	造物所	右、随人功堪、進送如件、仍具状、謹啓	宝字6・4・14	造物所(↓造石山寺所)	六人部荒角		
へ—14裏	下任外従五位下益田縄■頓首啓　小黒尊御前　進上経所左大舎■秦男公	仍録事状、謹頓首啓	(宝字)6・4・16	益田縄手↓小黒尊〈↓造石山寺所〉	縄手謹状／益田縄手		
ナ—6		右件僧房、将塗功并食料、所請如件、以解	宝字6・4・18	様工(↓造石山寺所)	葺工力部廣万呂	塗工秦廣万呂	証者長上船木宿奈麻呂、領品治
ナ—8~9	謹解　申請葺僧房檜皮様事	右、僧房一宇将葺檜皮功并食料、所請如件、以解	宝字6・4・18	様工(↓造石山寺所)	葺工力部廣万呂	塗工秦廣万呂	証者長上船木宿奈麻呂、領品治
ナ—11~12	謹解　申請葺檜皮様事	右、件僧房将葺檜皮功并食物、所請如件	宝字6・4・24	様工(↓造石山寺所)	力部廣万呂	證者丸部小公	
ラ—37	造物所	右物、附仕丁占部男足、奉□如件	宝字6・4・27	造物所(↓造石山寺所)	史生川原人成		
ウ	山作所解　申進上檜皮事	右、付仕丁私部廣国、進上如□	宝字6・4	田上山作所(↓造石山寺所)			
ハ—13~14裏	牒　石山務所	今具状、附弓伯万呂、以牒	(宝字)6・6・1	安都雄足↓石山務所	安都雄足		
キ	焼炭所申	右、依阿都主典宣、件炭石村、□而依焼炭事止、今□鋳銭司、乞照此状、件炭等□給、謹状	(宝字6・)6・2	焼炭所(↓造石山寺所)	上毛野薩□	散位□□□□□	
ノ	謹啓　定炭事	右、大殿御畠倉宿置旨如件、以解	(宝字6・)6・3	草原嶋守(↓造石山寺所)	草原嶋守		
オ	上院牒　造寺司	——	(宝字6・)6・5	上院(↓造石山寺所)	僧□□		

番号	書出	書止	年月日	文書の動き	署名1	署名2	署名3
ナ—13	謹解　申檜皮葺工等食功請事	右、二人同心給申	宝字6・6・21	様工（→造石山寺所）	村刀祢大伴虫万呂		
ル—63裏	主奴麻柄全万呂恐々謹啓	以十日参上、可拝奉諸下足、謹白	（宝字）6・7・5	麻柄全万呂（→造石山寺所？）	（主奴麻柄全万呂）		
ル—82裏	己智帯成謹解　申請假日事	右、為計帳奉、暇日請所如件、以解	（宝字）6・7・9	己智帯成→造石山寺所	（己智帯成）		
ル—83裏	息長常人解　申請假事	右、為母病見治、所請假如件、以解	（宝字）6・7・12	息長常人→造石山寺所	（息長常人）		
ル—60裏	主奴麻柄麻多万呂謹白　先日通申米事	今注事状、謹白	（宝字）6・7・17	麻柄全万呂→吉成尊〈→造石山寺所〉	主奴麻柄全万呂状		
ル—58裏	謹解／後啓	誠恐謹啓	（宝字）6・7・19	阿刀宇治麻呂（→造石山寺所）	宇治麻呂解		
ナ—14	日佐真月土師石国等解　申請様漕雑材事	右、以八月十二日、依雑材員、必於使勘将進、若材一枝已失、真月石国等作成将進上、仍注事状、以解	宝字6・8・9	桴工（→造石山寺所）	日佐真月	土師石国	民鎰万呂、丹波清成
ナ—15〜16		以前材木、桴師日佐真月、土師石国、丹波廣成、民鎰万呂等、以月九日令採、漕下如件	宝字6・8・9	高嶋山使（→造石山寺所）	領勝屋主	三嶋豊羽	案主下道主
ト—43裏	「謹通　石山務所」、謹通　両案主幷諸尊者〈侍者〉、進下雑物	今具状、附家人白堤諸人、謹白	（宝字）6・8・11	安都雄足→石山務所	下任安都雄足		
ル—75裏	鼻乙麻呂謹解　申請不参事	仍注状、謹解／返上如前、仍注状、謹解	（宝字）6・8・11	鼻乙麻呂→造石山院所	（鼻乙麻呂）		
ク	上院牒　造寺司		（宝字6）8・19	上院→造石山寺所	僧神勇		
ル—74裏	阿刀乙万呂解　申買進上物事	右、買進上物等如件、以解	（宝字）6・8・20	阿刀乙万呂→造石山院所	阿刀乙万呂		
ラ—38	造寺司　牒近江石山院	右、依彼解状、漕功等料下充如件、仍付還使勝屋主、故牒	宝字6・8・20	造東大寺司→造石山寺所	主典阿刀連	判官葛井連根道	
ラ—39	土師石国等解　申應進上材事	右件材等、以限来九月十日、必進上宇治津、若不期日、過罪重給、加利進納、石国日佐真月鎰万呂四人等同心、仍注状謹解	（宝字）6・8・26	土師石国等（→造石山寺所）	土師石国	民鎰麻呂	日佐真月、丹波浄成

ラ—43	自高嶋山漕運榑事		宝字6・9・9	高嶋山使？（↓「別当所」）〈↓造石山寺所〉			
ラ—41	高嶋山使解　申自勢多津泉於漕上材事		（宝字）6・9・10	高嶋山使（↓「別当所」）〈↓「石山院」〉	領勝屋主		
ラ—42	宇治使解　申漕上歩廊柱榑幷用功銭事	右、自勢多津迄泉津、漕上材木如件、以解	宝字6・9・10	宇治使（↓「別当所」）〈↓造石山寺所〉	領勝屋主		
ラ—40	高嶋山使解　申請銭用幷進上雑材等事	以前、自宇治津迄泉津於、漕上材木幷所請銭用等如前、以解	宝字6・9・17	高嶋山使（↓造石山寺所）	領勝屋主		
ラ—44	謹啓　申請銭事	右、件銭者、為於此處米買用、件銭所請如前、仍注状、以謹啓	宝字6・10・5	僧正美（↓造石山寺所）	僧正美		
ル—80裏	高嶋使　進上銭事	右件銭、付使舎人弓削佰万呂、且進上如件	（宝字）6・10・11	高嶋使（↓造石山院所）	勝屋主		
ラ—45	石山院牒　造寺所	右、依先日請借員、報納已畢、仍注状、以返抄	宝字6・11・30	石山院↓造石山寺所	寺主僧神勇		
ヤ—6裏	謹　通下案主御所	奉別以来、経数日、恋念堪多、但然当此節、摂玉体耶可、但下民僧正美者、蒙恩光迄日如常、但願云可日、玉面参向奉仕耶	宝字6・閏12・1	僧正美↓東大寺写経所（下案主御所）	下僧正美謹状		
マ—14裏	石山院牒　写経司政所	右、以閏十二月二日申酉之間、見開件屋、即驚衆、集彼裏納物、検校未察、宜早速至使、彼納物等失不之状可検定、仍注事状、付山守黒万呂、以解	宝字6・閏12・2酉時	石山院↓東大寺写経所政所	少鎮兼寺主僧神勇		
マ—16裏	岡田入米検使解　申合可勘米十石事	右、見定可進米、幷不知申由等顕注、以解	宝字6・閏12・7	岡田入米検使（↓東大寺写経所・造石山寺所）	使阿刀乙万呂	丸部足人	米進人王廣嶋
ル—90裏		仍注状申送	（宝字）7・3・2	慶寶（壊運漕所僧）（↓東大寺写経所・造石山寺所）	慶寶		
ル—76裏	乙万呂啓下　西殿消息事			阿刀乙万呂（↓造石山院所？）	（乙万呂）		

手である山作所（甲賀山作所：ラ―3・ラ―12、田上山作所：ハ―3裏・ニ―15裏・ウ、高嶋山作所：ラ―20）・庄領（ル―14裏）からは解式や解式に準じる形の文書が到来している。

これら遣り取りする文書形式とその相手についてまとめると、

解―牒の関係にある造東大寺司

牒―牒の関係にある政所・上院

牒―様式不詳の文書の関係にある造物所

牒―解の関係にある信楽殿壊運所・焼炭所

符―解の関係にある勢多庄領・甲賀山作所・田上山作所

となる。解―牒の関係にある造東大寺司は言うまでもなく造石山寺所の上級官司であり、牒―牒の関係にあるのは造東大寺司内に恒常的に存在し、かつその責任者として四等官もしくは史生が派遣されている所および上院である（造物所はこれに準ずる）。また、牒―解の関係にあるのはいずれも造東大寺司内に臨時に設けられたと思しき所のうちでその領が僧侶および史生である所であり、符―解の関係にある相手は臨時に開設された所のうち領を史生以下の身分の者が勤めている所である。つまり、同じ上級官司に所属する官司の中にも仕事内容やその責任者の身分などによりある程度の格付けがなされており、それが遣り取りする文書の様式として現れているのである。

2　継文の処理

石山に到来した文書については、一において現存する史料について整理したが、その結果より考えると到来した文書は送信元・用件に応じていくつかの継文に継がれ、その残りを貯蓄継文に貼り継いだり、あるいは紙背を二次利用していた。

造石山寺所で作成した継文のうち現存史料から復原することができるものは、ソ 甲賀山作所告朔解・ツ 田上山作所告朔解・ネ 屋壊運に関する文書・ナ 雑様手実・ラ「造石山寺所貯蓄継文」の五通である。しかし、一次史料自体は現存していないものの、造石山寺所で継文の状態で保存されていた様子が分かる史料がある。それは愛智郡司解である。

愛智郡封租米の徴収に関しては先に述べたが、その際に受領した文書は、正文は残存していないものの、案文が解移牒符案末尾に書き継がれている。既に表15（一〇九頁）の一部としてまとめたが、195～212の十八通が、愛智郡司から到来した文書であり、文書様式は全て解式である。これら十八通の文書は造石山寺所に封租米を納入する際に米と共に届けられた文書であり、納入量と共に運送者の名が記されている。そして、212の文書の奥に、

以前、一百廿五石五斗自郡進上、解文副政所進送已
訖、仍具状、案取置如件

と、右記の米一百二十五石五斗は愛智郡より進上されてきたものであり、解文は造東大寺司政所に既に提出し終わっているので、案をここに記しておく、という旨の注文が書かれている。写真帳で見ると195～212の十八通と末尾の注文は全て同筆であると思われ、またこの十八通に記されている米の進上量を合計すると百二十五石五斗になるため、「以前」がこの十八通を指すことは明白である。また、この直前の194は、造石山寺所における愛智郡封租米の最終的な収支を造東大寺司に報告する文書であるが、

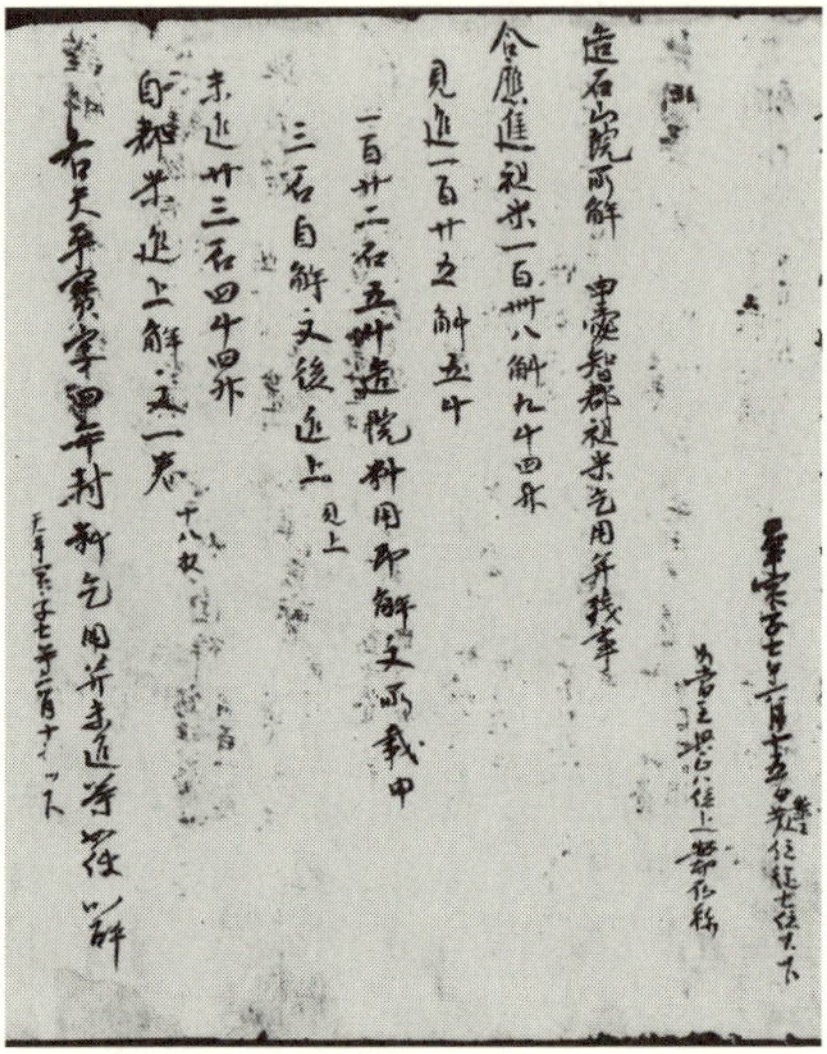

写真4　文書194と愛智郡司解継文（冒頭部分）（『正倉院文書』続々修18―4〈4〉＋続修40裏、正倉院宝物）

造石山院所解　申愛智郡祖米乞用幷残事
合應進祖米一百卌八斛九斗四升
見進一百廿五斛五斗
一百廿二石五斗造院料用即解文所載申
三石自解文後進上見上
未進廿三石四斗四升
自郡米進上解文一巻十八枚
右、天平寶字四年封料乞用幷未進等如件、以解
天平寶字七年六月十六日下
主典安都宿祢

と、実際の進上量（使用量・残量）および未進量と共に、「解文一巻十八枚」が記載されている。愛智郡司解および解移牒符案に関しては既に西洋子氏[63]の研究があるが、西氏は194の内容について「正文を造東大寺司政所に提出する際、巻子仕立てにした愛智郡司からの進上解の正文も一緒に提出した。この時、控えとして、造石山寺所解移牒符案に六

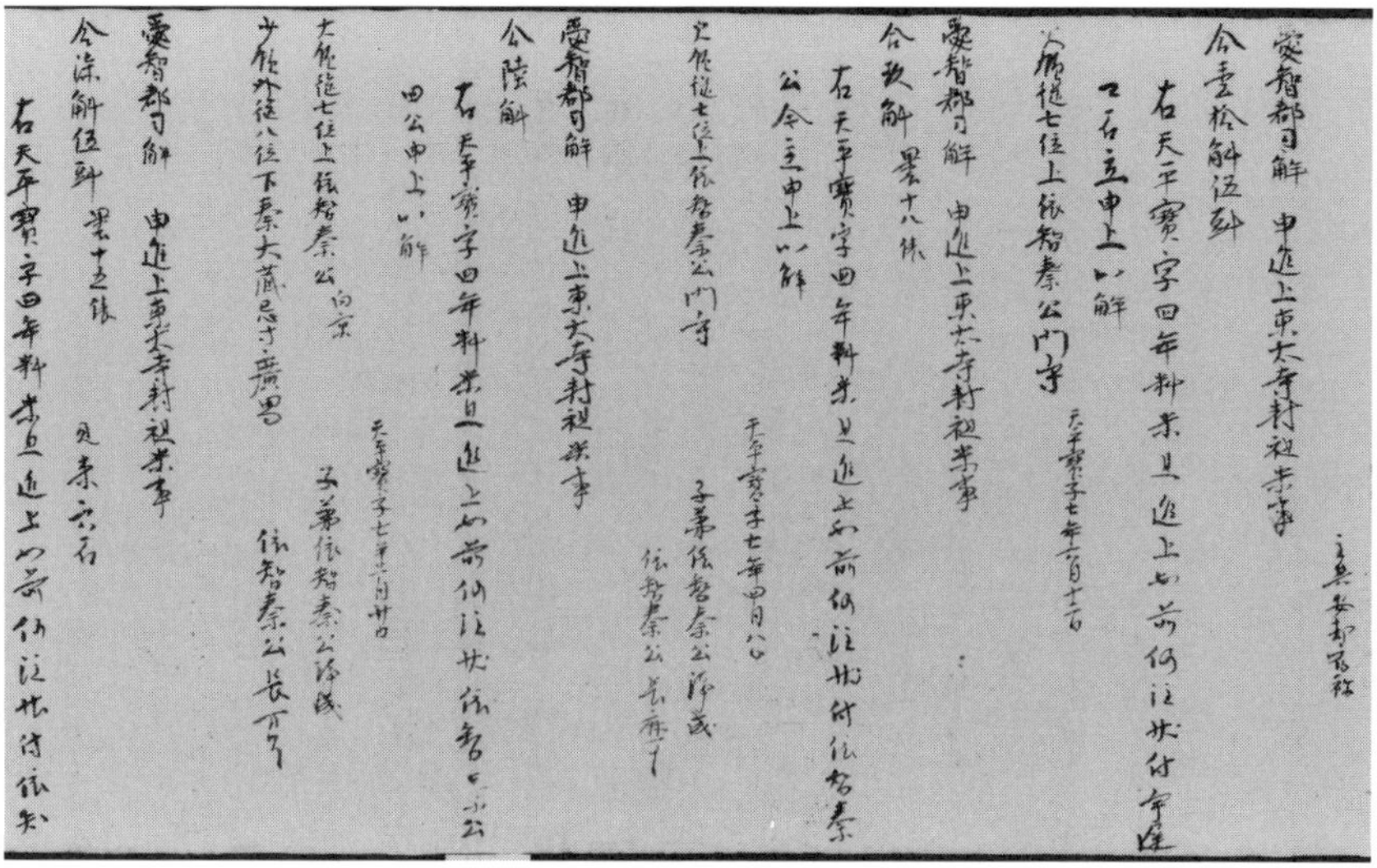
愛智郡司解　申進上東大寺封租米事
右天平宝字四年料米且進上如前
大領従七位上依智秦公門守
愛智郡司解　申進上東大寺封租米事
右天平宝字四年料米且進上如前
愛智郡司解　申進上東大寺封租米事
右天平宝字四年料米且進上如前

月十六日解と郡司からの進上解十八通を書き連ねた」としている。「十八枚」という枚数と案文として書き置かれた十八通の文書、また百二十五石五斗という数量の一致など、現存史料の様子やその内容から考えてこの見解は妥当だと思われる。

以上より、愛智郡司解も、他の継文と同様に、造石山寺所で受領する毎に順次貼り継がれて継文状態で保管されていたと言える。しかし、他の継文との相違は造東大寺司に提出されたため正文が残存しない点にある。とすれば、造石山寺所で受領した文書が貼り継がれた他のソ～ラの継文は全て正文であり、またそれらは造東大寺司に提出する必要が無かったため石山寺造営関係史料の一部として現存しているのである。

四　告朔解の検討

正倉院文書として今日に残る告朔解は、写経所関係文書と石山寺造営関係史料に二分される。第一章で扱ったように写経所の告朔解は、天平年間（七二四〜七四九）・天平勝宝年間（七四九〜七五七）・宝亀年間（七七〇〜七八一）のものが現存するが、造東大寺司の組織が大きく転換する天平宝字年間（七五七〜七六五）のものは現存していない。一方、本章で検討の対象としている石山寺造営関係史料の中には、造金堂所・造東大寺司・造石山寺所・甲賀山作所・田上山作所の告朔解が現存している。告朔は国家的な文書行政システムの象徴とも言い得る儀式であり、現存する各告朔解を検討することは造石山寺所を含めた律令国家の文書行政を考える上でも意義があると考える。そこで前節までの結論を基に天平宝字年間の告朔解の動きを考察することとする。

1　儀式としての告朔と「告朔解」

朝廷で行われる儀式としての告朔は儀制令5文武官条に、

凡文武官初位以上、毎㆓朔日㆒朝。各注㆓当司前月公文㆒。五位以上、送㆓着朝庭案上㆒。即大納言進奏。若逢㆑雨失㆑容、及泥潦、並停止。弁官取㆓公文㆒、惣納㆓中務省㆒。

と規定されているように、毎月朔日に初位以上の全官人が朝堂院に参集し、各官司を代表して五位以上の官人が

「前月公文」を朝庭の机の上に置き、それを大納言が天皇に進奏する。この儀式の中には朝参と文書の奏上という二つの要素が含まれているが、これまでの研究は主に朝参に焦点を絞ったものが多く、[64]文書の奏上について詳細に言及しているのは古瀬奈津子氏[65]のみである。古瀬氏は、文武官条「各注当司前月公文」の部分に付された『令集解』の、

穴云。注二当司前月公文一、謂前月所レ行符移解牒等、或施行或不二施行一、加レ之皆悉注。即其告朔書謂二之公文一故。注云。公文惣納二中務一也。但前月行事有二一合レ注不慢注。仮、考文禄文等之類為二例所行一。而又与二余公文一少殊者、不レ在二此例一。臨時取捨耳。或云。師云。尚入二告朔之書一也。少不レ安耳。在レ穴。自余行事、縦昨日奏裁、今日更告朔耳。

という穴記の注釈については、「たぶんこれは「前月公文」から推測した字句的解釈であろう」とし、実際の儀式の際に提出された公文としては正倉院文書中の造東大寺司の「告朔解」が相応しいとしている。現在穴記に関しては、延暦期（七八二〜八〇六）の原穴記に対し三段階に注釈が加えられ、それを『令集解』の編者である惟宗直本が適宜引用しているとされるが、[66]この条に付されている穴記は、内容からはどの段階の穴記かは判然とせず、告朔の儀式が廃れてしまった時代の記述であるかもしれない。また、穴記の史料的性格から鑑みても、必ずしもこの注釈が「前月公文」の説明として的を射ているとは言えない。しかし、「自余行事、縦昨日奏裁、今日更告朔耳」と記す点に、告朔の儀式の場においては定例の行政文書以外の文書について悉く奏上しなければならない、という意識がまだ存していることが窺える。つまり、平安時代前期においても、告朔の儀場で公文を奏上するという行為は、

国家的な文書行政システムの在り方を象徴していた、と言えるのではなかろうか。

2　天平宝字六年の告朔解

前項で見たように国家的な文書行政を考える上で重要な意味を持つ「告朔解」であるが、史料的な制約もあり、正倉院文書中に五十点余りしか残存していない。また、実際に儀式に提出されたと想定し得る文書は、造東大寺司の天平宝字六年の四点のみである。しかし、天平宝字六年に限って見ると、造東大寺司・造石山寺所（月別・季別）・甲賀山作所・田上山作所と、造東大寺司内の四官司のものが残存している。

これらの文書については先論があるため、ここでまとめておく。古瀬氏[67]は「月別の〝告朔解〟は、作物・散役を記し、造寺司、造石山寺所、各々同じ書式で別々に作られ、造寺司を通して太政官へ提出された。季別の〝告朔解〟は、作物・散役・雑物出納について造寺司で造石山寺所の分を合計したものを作り、太政官へ提出した。月別と季別で方式が違うのは（中略）、造寺司と造石山寺所の関係が、所管—被管関係よりやや疎遠なためである」とし、また「中央官司では毎月、行政報告の告朔文が三通作成される。一通は諸司で控えとして保存し、二通が太政官へ送られる。そのうち一通は即告朔儀に回され、儀式後、中務省に天皇御覧のため、送られる。他の一通は、関係官司の間を回される[68]」と文書の動きを推定する。中村順昭氏[69]は、造東大寺司の告朔解に造石山寺所の内容が含まれないことに関して、造石山寺所が造東大寺司のみではなく東大寺にも属する官司であったことを指摘している。また、風間亜紀子氏[70]は、正倉院文書中に残存する「告朔解」を告朔儀とは無関係であるとしつつも、山作所と造石山寺所の間に存在した告朔解に対する認識の違いを指摘し、また官司内で告朔解を提出させることにより官僚制機構の一端を担っているということを再認識させていたのではないかとする。

では各文書を見ていくこととしよう。各文書を、書出・書止・日付・署名といった点についてまとめたのが表17である。

まず、造東大寺司の告朔解であるが、二月・三月・四月・閏十二月の四通が残存している。閏十二月分以外は石山寺造営関係文書の紙背文書として、それぞれ食物用帳・解移牒符案・銭用帳の裏に残存している。また、閏十二月分は東大寺写経所で紙背を利用されている。これらの文書は、丁寧な筆跡で記され、奥に四等官の位階を伴う署名を持ってはいるものの正文とは考え難く、正文に近い状態の案文であろう。しかし、石山に持ち込まれた経緯は不明であり、紙背を利用するため、あるいは書式の参考にするためではないかと考えられている。

次に造石山寺所の告朔解であるが、月別のものと季別のものが存在している。月別のものは二月分の案のみが残っており、銭用帳に紙背が利用されている。月別の告朔解は書式や書止の文言が造東大寺司の告朔解と類似しており、また同様に位階を伴う署名をしている。他方、季別のものは春季と秋季の案が残存しているが、書式は造東大寺司や月別の告朔解に比べて詳細であり、物品の受領数・使用数の欄が設けられ、また署名は位階を伴わないものである。なお、秋季告朔を作成する上で春季の紙背が利用されている。

甲賀山作所の告朔解は、十二月・正月告朔、三月・四月告朔の二通が残っており、これが貼り継がれ継文になっている。書式は造石山寺所の季別告朔と類似しており、署名は位階を伴わないものである。また、この二通は前節の結論より正文であると判断される。

田上山作所の告朔解は、正月告朔、二月告朔、三月告朔、四月告朔の四通が、甲賀山作所のものと同様に継文状態で残存している。書式も造石山寺所の月別告朔と類似している。署名は正月告朔の玉作子綿のみ「右大舎人少初位上玉「作造子綿」」と本官と位階を伴う署名になっているが、それ以外のものは全て位階を伴わず、山作所の告

表17　天平宝字六年の「告朔解」

作成機関	種類	期間	事書	書止	年月日	署名	所在
造東大寺司	二月告朔	宝字6・2月中	（欠）	以前、二月中作物并雑工等散役、及官人上日、具件如前、謹解	宝字6・3・1	主典正六位上志斐連麻呂 長官正四位上兼行左勇士督坂上忌寸犬養 判官外従五位下上毛野公真人 主典正六位上弥努連〈暇〉 判官正六位上葛井連根道 主典従六位上阿刀連酒主 次官正五位下国中連〈暇〉 主典正八位上安都宿祢雄足	ト―15〜19裏
	三月告朔	宝字6・3月中	（欠）	以前、三月中作物、并雑工等散役、及官人上日、具件如前、謹解	宝字6・4・1	主典従六位上阿刀連酒主 長官正四位上兼左勇士督坂上忌寸犬養 判官外従五位下上毛野公真人 主典正六位上弥努連〈暇〉 判官正六位上葛井連根道 主典従六位上志斐連麻呂 次官正五位下国中連〈暇〉 主典正八位上安都宿祢雄足	ル―30〜35裏
	四月告朔	（宝字6・4月中カ）	造東大寺司解　申四月中作物并散役事	（欠）	（欠）	（欠） （欠） （欠） （欠）	ニ―17〜19裏
	閏十二月告朔	（宝字6・閏12月中）	（欠）	以前、潤十二月中作物并雑工等散役、及官人上日如前、謹解	宝字7・正・3	主典正六位上弥努連奥麻呂 長官正四位上兼左勇士督坂上忌寸〈病〉 判官外従五位下上毛野公真人 主典正六位上志斐連麻呂 判官正六位上葛井連 主典従六位上阿刀連〈暇〉 次官正五位下国中連〈未進解由〉 主典正八位上安都宿祢雄足	ZB33、五357〜383
造石山寺所	二月告朔	宝字6・2月中	（欠）	以前、二月中作物并散役如件	宝字6・3・7	案主散位従八位上下村主「道主」 主典正八位上安都宿祢「雄足」 大僧都法師〈向奈良〉	ニ―4〜5裏
	春季告朔	宝字5・12〜6・3・30	（欠）	以前、起去年十二月、盡今年三月卅日、請用雑物并散役等如件、以解	宝字6・3・30	領下「道主」 主典安都宿祢「雄足」	レ―36〜46裏

	秋季告朔	宝字5・12・14～6・8・5	（欠）等事	以前、起天平寶字五年十二月十四日、盡六年八月五日、請用雑物幷作物及散役等如件、以解	宝字6・閏12・29	案主下	別当主典安都宿祢			レ
甲賀山作所	十二月・正月告朔	宝字5・12・22～6・正・14	造甲賀山所解　申請用雑物幷作材木及人散等事	以前、起去十二月廿二日盡正月十四日、請用雑物幷作物人散等如件、以解	宝字6・2・5	橘守金弓	長上船木宿奈麻呂			ソ—1
	三月・四月告朔	宝字6・3・13～4・25	造甲賀山作所解　申請用雑物幷運材木及人散事	以前、起去三月十三日、迄盡四月廿五日、請用雑物幷作物人散等如件、以解	宝字6・4・28	橘守金弓	道「豊足」			ソ—2
田上山作所	正月告朔	宝字6・正・16～30	山作所解　申正月告朔事	以前、起正月十六日迄卅日、請雑物幷所用、及作材等、顕注如件、以解	宝字6・正・30	領阿刀「乙万呂」	右大舎人少初位上玉「作造子綿」			ツ—1
	二月告朔	宝字6・2・1～30	山作所解　申二月告朔事	以前、起二月一日迄卅日、所請用雑物、顕注具件如前、以解	宝字6・2・30	「道豊足」	「玉作造子綿」			ツ—2
	三月告朔	宝字6・3・1～25	山作所解　申三月告朔事	以前、起三月一日迄二十五日所請所用雑物、以顕注具件如前、以解	宝字6・3・25	三嶋「豊羽」	「玉作子綿」			ツ—3
	四月告朔	宝字6・3・25～5・18	山作所解　申四月告朔事	以前、起三月二十五日、迄五月十八日、所請所用雑物等、顕□具□、以解	宝字6・5・18	三嶋「豊羽」	玉作「子綿」			ツ—4

朔解に記す署名は位階を伴わない署名で構わなかったものと思われる。この四通も正文と考えられる。

右の五種の告朔解の正文の動きを考えてみよう。まず末端に位置する山作所の告朔解であるが、現存している文書の署名は位階を伴っておらず、造東大寺司内に留まることを前提に文書を作成している。また、正文が継文の形で現存していることより、山作所の告朔解は、山作所→造石山寺所、と動き造石山寺所で保管されたと考えられる。次に造石山寺所の告朔解であるが、月別のものは署名に位階を伴っている。このことより正文は造東大寺司外に提出されたと見られるが、告朔解の宛先として考えられる造東大寺司以外の機関と言えば太政官のほかにはなく、月別の告朔解は、造石山寺所→造東大寺司→太政官、と移動したと考えられる。季別の告朔解は、署名に位階を伴っていないため、造東大寺司内に留まる文書であると見られ、造石山寺所→造東大寺司、と移動し、造東大寺司で保管されたと考えられる。最後に造東大寺司の告朔解であるが、書止が「謹解」となっていることより公式令11解式条の規定に鑑みて太政官宛てであり、造東大寺司→太政官、と移動したのであろう。以上の文書の動きをまとめると、Ⅰ詳細な内容を持つ告朔解は、甲賀・田上山作所→造石山寺所、造石山寺所→造東大寺司、との動きが想定され、Ⅱ簡略な内容の告朔解は、造石山寺所→造東大寺司→太政官、造東大寺司→太政官、と移動したと考えられる。

次に内容面から検討してみよう。まず書式の類似性から見ると、Ⅰ甲賀山作所・田上山作所・造石山寺所の季別の告朔解と、Ⅱ造石山寺所の月別の告朔解・造東大寺司の告朔解に二分できる。前者の詳細な内容の告朔解であるが、造石山寺所の季別告朔は内容に山作所の内容を含んでいる。これに対し後者の簡略な内容の告朔解は、造石山寺所の月別告朔は二月分の末尾の一紙しか残存していないものの、記載内容より山作所の内容を含んでいることが判明する。しかし造東大寺司の告朔解は、前述のように造石山寺所の内容を含んでいないと思われるが、造石山寺所以外の管下の所（造物所・鋳物所・木工所・造瓦所・造香山薬師寺所）の内容は含まれている。

文書の動きと内容を併せて考えると、Ⅰ詳細な内容の告朔解の場合、下級官司から上級官司に対して告朔解を提出すると、上級官司はその下級官司から提出された告朔解を検校しつつ自身の分と下級官司の分を合わせた内容の告朔解を作成し、それを更に上の機関に宛てて提出する、また、下級官司の告朔解は直属の上級官司で保存する、という流れを想定できる。これに対し、後者のⅡ簡略な内容の告朔解の場合は、山作所の内容を含んだ造石山寺所の月別の告朔解は造東大寺司に提出され、また造東大寺司では造石山寺所以外の配下の各所の内容を含んだ告朔解が作成され、造石山寺所の分と共に太政官に提出されている。造石山寺所の置かれていた特殊な状況を考慮に入れるのであれば、Ⅰの方がより一般的な告朔解のあり方であると考えられるが、臨時に設置された官司においては、その官司の重要性等に応じて二種の告朔解が併用されたのであろう。

最後に造東大寺司の告朔解が石山に持ち込まれた経緯について検討する。右に見た告朔解の動きの中では、造東大寺司の告朔解が正規の流れとして造石山寺所に持ち込まれることはない。そこで先に述べたように、紙背利用か書式の参考資料として石山に持ち込まれたと考えられているのである。

ここで参考になるのが、造金堂所の告朔解である。造金堂所関係の文書は、安都雄足と下道主が法華寺内の金堂の造営に関与していたことより、不要になった文書が持ち込まれたと考えられている[71]。この造金堂所関係の文書の中に天平宝字四年の秋季・冬季の告朔解と見られる文書が二通あり、それぞれ造石山寺所の食物用帳・秋季告朔の紙背文書として残存している。この造金堂所関係文書が石山に持ち込まれた過程については、既に岡藤氏によって指摘されている[72]。岡藤氏は田上山作所宛ての六年正月二十四日付の造石山寺所符案（10）に、

一　遣西院公文一巻　打紙卌枚　間々可写

という条があり、火急な施行を命令しているが、この命令を田上山作所の作業開始時期にあたる正月末に告朔解などを書くための見本としての造金堂所関係の文書群（「西院公文」）を、打紙四十枚と共に領に渡して写させたらしい、と解している。なお、田上山作所の告朔解は正月三十日付になっているが、実際には正月末日の時点では完成しておらず、造石山寺所が二月一日付の符（16）で「正月告朔速早進上」と重ねて命令していることより、一日以降に作成が終了したと思われる。見本の書式を渡したものの、なかなか実際の文書は完成しなかったのであろう。このことは、普段書き慣れていない書式の文書を作成するためには見本が必要であると、安都雄足あるいは下道主が考えていたことの傍証にもなる。実際にこの造金堂所解案の書式は山作所の告朔解の書式と類似している。

話を造東大寺司の告朔解に戻すと、造東大寺司の告朔解の書式と類似していたのは造石山寺所の月別告朔解であった。とすると、月別告朔解の参考資料とするために安都雄足あるいは下道主が造東大寺司告朔解を持ち込んだと考えるのが妥当ではないだろうか。つまり、造石山寺所の告朔解のうち、季別のものは造金堂所解とほぼ同じ書式であり、造金堂所に領として勤務していた下道主は比較的簡単に文書を作成できたことだろう。また、過去に自身が作成した文書も参考にし得る。しかし、月別の告朔は今まで作成してきた告朔解とは書式が異なり、それゆえに見本として造東大寺司の告朔解を持ち込まなければならなかったのであろう。また、別当制導入後の写経所では写経所以外の政所などの公文の作成も担当するようになったとの指摘もあり[73]、本来政所で保管されているはずの造東大寺司告朔解の案文が写経所に保管されていた可能性も考えられる。もしくは写経所に存在していなかったとしても、普段から政所公文作成に関与しているのであれば案文を借り出すことも容易であったに違いない。その結果、本来石山寺造営関係文書として残存するはずのない造東大寺司告朔解が今日に伝来したのである。

おわりに

本章では石山寺造営関係史料のうち文書を中心に検討し、造石山寺所および造東大寺司における文書行政の意義を探ってきた。ここで再度内容をまとめておくこととする。

第一節では石山寺造営関係史料の整理を行った。

第二節では、造石山寺所の作成した文書を対象とし、下達文書・平行文書・上申文書・分類不詳の文書と、文書様式および署名による分類を通して検討を行った。その結果、山下有美氏が指摘する署名への位階の記入・無記入により文書の宛先が造東大寺司の外か内かが判明するという事実が、造石山寺所の発信した文書全てについても同様にほぼ認められた。また、この位階の有無を目安として、宛先が文面に明記されないため一見全てが造東大寺司宛てのように見える解式の文書の中に、造東大寺司外宛ての文書が存在することが判明した。なお、これとは別に、署名に付される肩書きに「造東大寺司」や「東大寺」という言葉が付されると造石山寺所との関係がより希薄になっていた。

第三節では、造石山寺所に到来した文書を検討の対象とした。造石山寺所に文書が到来するとまず受領先や案件によっていくつかの継文に継がれ、その残りを「造石山院所貯蓄継文」に継ぐか紙背を二次利用されるかが選別されていた。また、各継文は必要に応じて上級官司である造東大寺司に提出されていた。なお、位階を伴う署名を有する文書は造東大寺司外から到来したものに限られ、造東大寺司内の部署や官人から到来した文書にはいずれも位階が記されないという特徴が見られた。

第四節では、第二節・第三節における署名の位階の有無が文書の動きを類推する手掛かりになるという結論を踏まえ、天平宝字六年の告朔解を検討した。その結果、造石山寺所の季別告朔解は直属の上級官司である造東大寺司に宛てて出されているものの、月別の告朔解は造東大寺司を通して太政官に提出されていたのではないかという結論に達した。

以上、本章の概要を述べたが、ここでは署名に位階を付加することの意義について考えてみたい。前述のように他の官司との間で文書を授受する際には律令の規定通り署名に位階を付け加えるのに対して、造東大寺司内で文書の授受を行う際には位階の付随しない署名が通用していた。このような二つの署名方式の背景にはどのような事情が存在するのだろうか。

一般に、日本の律令官人制においては位階が身分の序列を示す指標であると言われている。しかし官司内においては位階とは別の官人の序列が存在しており、その最大の区分が四等官とそれ以外の職員との区別である。四等官は、官司を統括する長官・次官、長官と次官の下で実務に当たる判官・主典から成っており[74]、各官職を拝しているという点で見れば判官同士・主典同士はみな等しい身分にあると言える。しかし、実際に同じ官職の人員の位階が全員同じであるということは稀であり、天平宝字六年段階の造東大寺司の四等官も、

長官…正四位上坂上忌寸犬養
次官…正五位下国中連公麻呂
判官…外従五位下上毛野公真人、正六位上葛井連根道
主典…正六位上弥努連奥麻呂、正六位上志斐連麻呂
　　　従六位上阿刀連酒主、正八位上安都宿祢雄足

といったように特に主典の四名においては位階のバラつきが大きい。また四等官だけではなく、その下に置かれていた様々な下級職員に関してもこれは当て嵌まることであろう。特に造東大寺司は令外官であり、東大寺造営に際して臨時に設けられた官司である。規模は八省並みとも言われるが、その開設に当たっては職員を他の官司からの出向という形で多数集めており、写経関係史料の中にも経師や校生などの作業従事者として他官司に籍を置く人物が散見される。このように複数の集団から人員を募った場合に、同じ作業に従事する人員を位階という一元的な尺度のみで把握することは必ずしも円滑な官司の運営をもたらしはしないであろう。

また、四等官の中でも主典の帯びている位階は官司内において絶対的に高いとも言えず、場合によっては下級職員に位階の上で越されてしまうような事態も起こり得る。実例としては、天平宝字六年の段階では、安都雄足は正八位上で造東大寺司主典・造石山寺所別当・写経所別当を勤めているが、これに対して、下道主は従八位上で造石山寺所の領および案主を勤め、さらに天平宝字七年の正月から二月にかけて従七位下に昇叙されている。ところが、位階の上では上位に立ったにもかかわらず、引き続き写経所の案主として安都雄足の下で勤務しているのである。このような例は、昇叙までの秩限が長い下級官人の間では稀な出来事かもしれないが、位階の上昇と官職の昇進が必ずしも同時に実施されないことを考慮に入れると、往々にして発生する事態だったとも考えられる。

このように官司内における官職による序列と位階による序列は必ずしも一致しておらず、その結果、拝している官職という観点から官司内での身分の序列を明示するためにも、同一官司内において文書を授受する際には位階を記さず官職＋姓名という署名を敢えて用いていたのではあるまいか。写経所文書の中には「安都主典」（十五229）や「下案主」（五328）のように姓＋官職で人名を記す事例が見られ、口頭での呼称を反映するとも考えられるものの、これらの記載および呼称が造東大寺司内で行われていた署名方式と関連する可能性もあろう。さらに、このような署名方式は既に奈良時代の諸国の下達文書の中に確認されるため、[75]「管隷」関係にある部局内では位階による序列よりも官職による序列が優先され、[76]それが署名という形に端的に表われている可能性もあろう。

それではなぜ異なる署名方式を採用してまで、宛先が官司の内外であるかを明示する必要があるのであろうか。これを読み解く鍵は唐公式令に規定された文書様式にある。別稿で述べたように、[77]唐の公式令断簡（フランス国立図書館所蔵ペリオ将来二八一九号文書）では少なくとも平行文書・上申文書が二種類規定されており、尚書省を事例に宛先が尚書省外に及ぶ場合と尚書省内に収まる場合とで、それぞれ牒式と符式、移式と関式を使い分けていたことが知られる。また『令集解』公式令解式条の令釈は、唐の尚書省内でやり取りされている文書様式について、尚書省内の諸司が尚書都省に上申する場合には刺式を、尚書省内の六部同士が報答する平行文書として関式を、尚書省が省内の諸司に下達する場合に牒式を用いていると述べている。このように唐では下達文書・平行文書・上申文書という官制上の伝達方向に加えて、文書の移動が官司の内外いずれに及ぶかという区別を文書様式の中に含めて規定していたのである。このうち官司の内外という伝達範囲にかかる規定を日本令では削除して継受したものの、文書を用いた実際の行政の場ではやはり書面の中に明示しないと不便だったのであろう。

先に見たように、造石山寺所が作成した解式文書の中には造東大寺司宛てのものと造東大寺司外宛てのものが存在していたが、これら解式文書はいったん造東大寺司に送られ、さらに外部に宛てて送られる場合には政所から発信されていたと考えられる。では、その際に発信される文書は造石山寺所で作成された文書そのものであったのだろうか、もしくは外部への発信に当たっては政所で新たに発信文書が作成されたのであろうか。造東大寺司が形成した文書群が今日に残存しない以上は明確にし得ないが、所管―被管の関係や上級官司の政所が果たしていた文書行政上の役割を考える上では重要な事柄と言える。仮にもし造石山寺所の作成した正文がそのまま外部に宛てて発信されるのだとしたら、造東大寺司においてはどのような形で案が保管されていたのかが問題になるであろう。そこで、次章では案の保管との関係から、主に受信文書の処理について正倉院文書における継文と敦煌・吐魯番文書中の案巻との比較を試みることとする。

注

（1）石山寺の造営機関は史料により「造石山院所」「作石山寺所」などと記されることもあり、造石山寺所が造石山院所に変化したとする見解も示されているが（山下有美「石山寺造営機構の性格と展開」〔『正倉院文書研究』一六、二〇一九年〕）、本章では史料の引用を除き「造石山寺所」で表記を統一することとする。同様に石山に設けられた写経機関の名称は「石山院奉写大般若経所」、奈良の写経機関の名称は「東大寺写経所」で統一する。

（2）天平宝字六年頃の造東大寺司の機構については、田中嗣人「造東大寺司の沿革」（角田文衞編『新修 国分寺の研究』一、吉川弘文館、一九八六年）に詳しい。また、造東大寺司を特徴付ける別当制や所に関しては、松原弘宣「越前国東大寺領荘園における「所」」（『日本史研究』一六六、一九七六年）、同「「所」と「領」」（亀田隆之先生還暦記念会編『律令制社会の成立と展開』吉川弘文館、一九八九年）、梅村喬「「所」の基礎的研究」（笹山晴生先生還暦記念会編『日本律令制論集』上、吉川弘文館、一九九三年）、山下有美「写経機構の内部構造と運営」（『正倉院文書と写経所の研究』吉川弘文館、一九九九年）などの論考がある。

（3）安都雄足は造石山寺所の別当、下道主は造石山寺所の案主、上馬養は奉写大般若経所の案主である。本書でこの三人の性格について各々論ずることはできないが、安都雄足については、岸俊男「越前国東大寺領庄園の経営」、同「越前国東大寺領庄園をめぐる政治的動向」、同「東大寺をめぐる政治的情勢―藤原仲麻呂と造東大寺司を中心に―」（『日本古代政治史研究』塙書房、一九六六年、初発表は各々一九五二・一九五二・一九五六年）。同『藤原仲麻呂』（吉川弘文館、一九六九年）、鬼頭清明「安都雄足の活躍」（『日本古代都市論序説』法政大学出版局、一九七七年）、岡藤良敬『日本古代造営史料の復原研究』（法政大学出版局、一九八五年）、木本好信「仲麻呂と孝謙上皇、淳仁天皇―政治権力の推移と皇統・皇権―」（『藤原仲麻呂政権の基礎的考察』高科書店、初発表一九八七年）、山本幸男「造東大寺司主典安都雄足の「私経済」」（『史林』六八―二、一九八五年）、関根淳「藤原仲麻呂と安都雄足―岡寺をめぐる考察―」（『続日本紀研究』三〇四、一九九六年）、小口雅史「安都雄足の私田経営―八世紀における農業経営の一形態―」（『史学雑誌』九六―六、一九八七年）、同「律令制下寺院経済の管理統制機構―東大寺領北陸初期庄園分析の一視覚として―」（『史学論叢』九、一九八〇年）などで触れているので参照されたい。また、上馬養については、黒田洋子氏はこの後宝亀七年の写経所の閉鎖まで一貫して案主を務める上馬養こそが正倉院文書を真の意味で形成した人物であるとする（「正倉院文書の一研究―天平宝字年間の表裏関係から見た伝来の契機―」〔『お茶の水史学』三六、一九九二年〕）。

（4）福山敏男「奈良時代に於ける石山寺の造営」（『日本建築史の研究』桑名文星堂、一九四三年、のちに綜芸舎から一九八〇年に復刻）。

（5）岡藤良敬注（3）書、および同「造石山寺所関係文書・史料篇」（『福岡大学総合研究所報』一〇〇、一九八七年）。

（6）石山寺造営関係史料を利用した研究は膨大な数に上るため、ここで全てに触れることはできない。本論と直接関係する論文については後の頁で適宜触れることとするが、その他のものについては栄原永遠男「正倉院文書関係文献目録」（一）～（四）（『正倉院文書研究』一～三・一〇、吉川弘文館、一九九三～一九九五・二〇〇五年）のうち「C 北倉文書・石山寺関係文書・流出文書など」を参照されたい。

（7）山本幸男「造石山寺所の帳簿」（『正倉院文書と造寺司官人』法藏館、二〇一八年、初発表一九九七～一九九八年）、「造石山寺所の帳簿に使用された反故文書」（同書所収、初発表一九九八年）。

（8）古瀬奈津子「告朔についての一試論」（『日本古代王権と儀式』吉川弘文館、一九八〇年、初発表一九八〇年）。

（9）中村順昭「造東大寺司の「所」と別当―天平宝字六年造東大寺司告朔解の考察―」（皆川完一編『古代中世史料学研究』上、吉川弘文館、一九九八年）。

（10）この石山寺造営への良弁の関与に関しては、鷺森浩幸氏は、東大寺三綱が東大寺造営に関与した事実はなく、また吉川真司氏の指摘する「天皇・上皇―女官・良弁―造石山寺所―造東大寺司」という命令系統の存在などにより、良弁は「三綱を超えて、ひとり東大寺寺家を代表する存在」であり、「勅により寺院全般を監督する地位に付けられた僧の、その地位に基づく関与であった」と指摘している（鷺森浩幸「天平宝字六年石山寺造営における人事システム」〔『日本史研究』三五四、一九九二年〕、吉川真司「奈良時代の宣」〔『律令官僚制の研究』塙書房、一九九八年、初発表一九八八年〕）。

(11) 田中史生「「東大寺印」と「造東寺印」―正倉院文書の分析から―」（『国立歴史民俗博物館研究報告』七九、一九九九年）。

(12) 山下有美注（2）書。

(13) 福山敏男注（4）論文。

(14) 岡藤良敬注（3）書・注（5）論文。

(15) 山本幸男注（7）論文。

(16) 本章で扱う史料の大部分については、矢越葉子「正倉院文書写経機関関係文書編年目録―天平宝字六年―」（『東京大学日本史学研究室紀要』一一、二〇〇七年）において整理結果を発表している。接続や表裏関係、付箋の情報はこちらを参照されたい。

(17) ルの復原に関しては、岡藤氏は注（3）書の段階では、福山氏・岸俊男氏・東京大学史料編纂所の原本調査の結果を基に、現在の第一紙～第五紙、第七紙～第六一紙（ただし、第一五紙・第一六紙の順序が逆）、第六三紙～第八八紙の計八十六紙を復原する。その後、熊谷公男氏が第九四紙～第一〇〇紙の接続を示し（「年次報告（古文書の調査）」『正倉院年報』五、一九八三年）、杉本一樹氏が第八六紙～第九一紙（第八九紙と第九〇紙の間にヤ奉写二部大般若経解移牒案に入るべき二紙を挿入しているため、実際の復原案は計六紙分）の接続試案を示した（「年次報告（古文書の調査）」『正倉院年報』九、一九八七年）。これを受ける形で、西洋子氏は第九二紙～第一〇〇紙の接続を推定した上で、第八八紙～第一〇〇紙（計十五紙分）の推定復原をした（「造石山寺所解移牒符案の復原について―近江国愛智郡東大寺封租米進上解案をめぐって―」〔関晃先生古稀記念会編『律令国家の構造』吉川弘文館、一九八九年〕）。しかし、翌年に、杉本氏が前年に示した接続試案を撤回し、奉写二部大般若経解移牒案に入れるべき二紙を復原案から抜き、四紙のみが接続するとした（「断簡の接続・復原（8）」『日本古代文書の研究』吉川弘文館、二〇〇一年、初発表一九八九年）。その後、岡藤氏は第六二紙の補充を行い（「造石山寺所公文案帳の復原案・補遺」『日本歴史』五二八、一九九二年）、『正倉院文書目録』は第六紙の補充、および第一五紙と第一六紙の順序の変更を指摘する。結果、現在では計百紙の復原案となる。

(18)　レの文面上の日付は天平宝字六年閏十二月二十九日であるが、吉田孝氏により実際には愛智郡封租米の収納の完了した天平宝字七年六月中旬以降に作成されたものであろうと推定されている（「律令時代の交易」『律令国家と古代の社会』岩波書店、一九八三年、初発表一九六五年）。なお愛智郡封租米については第三章で触れることとする。

(19)　レ—36〜46裏（造石山寺所解案、天平宝字六年三月三十日）を、岡藤氏は「春季告朔」として独立した章を設けて扱われているが、本書では文書を作成当時の在り方に復原することを目的としているため、紙背文書として扱うこととする。

(20)　ラが継文として復原され得ると初めて言及されたのは皆川完一氏である。皆川氏は写本調査による接続復原の一例としてラに触れ、Ｓ5①として現状で貼り継がれている八通の文書が「東大寺印」の押捺ゆえに本来の継文から抜き取られたものであり、ＺＺ43—22〈2〉・Ｚ27①・Ｚ41⑤・Ｚ27②がその残闕として散在し、またＺ27④〜Ｚ30⑭とＺ26⑦〜ＺＢ8④は各々継文の原状が維持されたまま残存する残欠の一部であるとする（「正倉院文書とその写本—穂井田忠友と正集—」『正倉院文書と古代中世史料の研究』吉川弘文館、二〇一二年、初発表一九七二年）。岡藤氏は注（3）書においてこの皆川氏の復原案を継承して四六通・四九紙より成る接続案を示したが、『正倉院文書目録』一により岡藤氏の復原案の文書38はナ中に復原すべきであると指摘している。よって、残りの四五通のうち、『正倉院文書目録』が「接続ス」とするＺ29⑦・Ｚ27②、「接続カ」とするＺＢ6⑦・ＺＢ7⑪、Ｚ27④〜Ｚ30⑭、Ｚ26⑦〜ＺＢ8④、また未修古文書目録により古代からの貼り継ぎであると判断されるＺＺ44—10〈12〉〜〈14〉の接続はそれに従い、それ以外は年月日の順として復原した。

(21)　石山寺の増改築に際しては、旧来の堂舎の他に、信楽宮から法備国師奉入三丈殿一宇・買藤原五丈殿二宇が壊運漕され、また東大寺勢多庄内からも数棟の建物が移築され再利用されている。これら、建物の壊運漕に関しては、松原弘宣「奈良時代における材木運漕—宇治司所と信楽殿壊運所を中心にして—」（『続日本紀研究』一八四、一九七六年）、松平年一「石山院用材運漕に活躍する桴師」（『日本歴史』三四二、一九七六年）、岡藤良敬「信楽板殿壊運漕の経過と経費」（『福岡大学人文論叢』二五—三、一九九三年）、同「信楽板殿関係史料の検討—壊運漕費の「残務整理」—」（皆川完一編『古代中世史料学研究』上、吉川弘文館、一九九八年）、大橋信彌「信楽殿壊運所について—天平末年の石山寺造営の背景—」（佐伯有清先生古稀記念会編『日本古代の祭祀と仏教』吉川弘文館、一九九五年）などの専論がある。

(22) 復原案は山本幸男「天平宝字六年~八年の御願経書写」（『写経所文書の基礎的研究』吉川弘文館、二〇〇二年）に従う。また復原の経緯については注（17）も参照されたい。

(23) 『正倉院文書目録』二、四。

(24) 復原案は山本注（22）書に従う。

(25) 早川庄八「公式様文書と文書木簡」（『日本古代の文書と典籍』吉川弘文館、一九九七年、初発表一九八五年）。なお、「下達文書」「平行文書」「上申文書」の名称も同氏の分類に従ったものである。

(26) ツ、田上山作所告朔解による。

(27) 二月四日付の19により判充が判明する。

(28) 三月九日付の48により判充が判明する。

(29) ソ、甲賀山作所告朔解による。

(30) 竹内理三『奈良朝時代に於ける寺院経済の研究』（大岡山書店、一九三二年、のちに角川書店より『竹内理三著作集』一として一九九八年に復刊）、西岡虎之助「荘園における倉庫の経営と港湾の発達との関係」（『荘園史の研究』上、岩波書店、一九五三年）など。

(31) 吉田注（18）論文。

(32) 松原弘宣「勢多庄と材木運漕」（『日本古代水上交通史の研究』吉川弘文館、一九八五年、初発表は「東大寺領勢

多庄をめぐって」一九七七年)、および同注(2)論文。

(33) 41・68・70。

(34) 9。解移牒符案を含めた造石山寺所の帳簿の記載は、その帳簿を担当する案主に委ねられていたと考えられているが(山本注(7)論文)、時折安都雄足の自署が見え、その時々に安都雄足が帳簿を確認していたことが判明する。解移牒符案の署名も案主が文書より転写したものであり、基本的に姓名のうち名は記していない。しかし他の帳簿同様所々に安都雄足の自署が見え、「雄足」と名の部分のみ安都雄足が記している。9もそのような文書案の中の一通である。

(35) 鷺森注(10)論文。

(36) 十五466〜467。

(37) ラ―30。

(38) 吉田注(18)論文。

(39) 松原注(32)論文。

(40) 栄原永遠男「鋳銭司の変遷」(『日本古代銭貨流通史の研究』塙書房、一九九三年、初発表は「鋳銭司の変遷とその立地―「河内鋳銭司」にふれて―」一九七七年)。

(41) 鷺森浩幸「奈良時代における寺院造営と僧―東大寺・石山寺造営を中心に―」(『ヒストリア』一二一、一九八八年)。なお、松原弘宣氏は「実忠和尚小論」(『続日本紀研究』一七七、一九七五年)で上院を東大寺三綱の出先機関とするが、東大寺三綱が東大寺造営においても造営に関与した事実は見出せないため鷺森氏の説を採ることとする。

(42) 『平安遺文』一に二五七として掲載されている天暦四年十一月二十日の日付を持つ「東大寺封戸荘園幷寺用帳」には、当時東大寺が有していた封戸とその戸数、庄園とその面積、およびそれらからの年間徴収予定物品が列記されているが、そのうち近江国の庄園として、

近江国水田二百五十町二百十二歩

神埼郡印旛庄田百廿一町二百十二歩　愛智郡大国庄田七町一段三百廿歩　犬上郡覇流庄田百十二町七段卅六歩
坂田郡息長庄田四町三段六十歩　同郡私市庄田四町八段百卅歩

と記されている。

(43)『東大寺要録』二縁起章第二に収める「大仏殿碑文」に大仏造立に功のあった大仏師・大鋳師・大工の一人として「大工」「従五位下益田縄手」と見える。また、『続日本紀』天平勝宝九歳五月丁卯（二十日）条に外従五位下への叙位が見える。

(44) 注（21）参照。

(45) 従来、この五丈殿二宇は藤原豊成の信楽宮における邸宅だと理解されてきた。しかし、岡藤良敬氏はこの邸宅を藤原八束（真楯）に関連する官衙的建物ではないかと指摘している（岡藤良敬「藤原「豊成」板殿・考―信楽買筑紫師藤原殿板屋をめぐって―」（『正倉院文書研究』一〇、吉川弘文館、二〇〇五年））。

(46)『正倉院文書目録』四、一四～一六頁。

(47)『続日本紀』天平宝字元年八月己丑（十三日）条の天平宝字への改元の勅の中に、「又今年晩稲稍逢二亢旱一。宜免二天下諸国田租之半一。寺神之封、不在二此例一」とある。

(48) 愛智郡封租米徴収に関する先行研究としては、福山注（4）論文・吉田注（18）論文・岡藤注（3）書の他に、以下のものがある。平岡定海「近江国愛智郡司依智秦公氏について」（小葉田淳教授退官記念事業会編『小葉田淳教授退官記念国史論集』一九七〇年）、北條秀樹「愛智郡封租米輸納をめぐる社会構造」（『日本古代国家の地方支配』吉川弘文館、二〇〇〇年、初発表一九七五年）、西注（17）論文など。

(49)『正倉院文書目録』は「(右) ハガシトリ痕アリ、(左) 裏ニハガシトリ痕不明」とし、古代において貼り継がれていたことを指摘している。天平宝字五年・六年の日付を持つ正倉院文書のうち、造東大寺司・写経所以外の律令公文はこの一点のみであり、仕丁と共に石山に到来した文書と考えられる。ただし、この文書は正集に収録されてしまっているため、「貯蓄継文」に入るかどうかは不明である。

(50) 櫛木謙周「律令制人民支配と労働力編成」（『日本古代労働力編成の研究』塙書房、一九九六年、初発表は「律令

官司の労働力編成と人民支配」一九七五年）。

(51) 土田直鎮「正倉院文書正集第三巻について」（『奈良平安時代史研究』吉川弘文館、一九九二年、初発表一九六九年）。

(52) 山田英雄「天平十七年の文書をめぐって」（『日本古代史攷』吉川弘文館、一九八七年、初発表一九七六年）。

(53) 櫛木注(50)書「上京役丁の給養システム―仕丁・衛士を中心に―」（初発表は「第一節　天平一七年大粮申請文書の基礎的考察」が「天平十七年大粮申請文書についての覚書」、一九八〇年、「第二節　律令制下における役丁資養制度」が一九八四年）。

(54) 五127～128。

(55) 相曾貴志「賻物について」（『日本歴史』五〇九、一九九〇年）。

(56) 要劇銭は、『類聚三代格』巻十五、元慶五年十一月二十五日付の太政官符にあるように養老三年に創始された制度とされているが、奈良時代の実態を示す史料は『続日本紀』など他には見えない。『延喜太政官式』月料要劇大粮条には整備された平安時代の供給方法が見えるが、この規定によると各官司は毎月四日に支給対象者と支給額を太政官に申送し、太政官は即日自身の分を加えた総目録を作成し、五日に宮内省に下し、十三日宮内省より各官司に支給することになっている。しかし、平安時代の要劇料は銭ではなく米で支給されているため宮内省の大炊寮が支給の主体になっているが、奈良時代の要劇料は銭で支給されているため必ずしも宮内省が支給していたとは限らない。また、これら二通の日付は、正月料は二月三十日に、二月料は五月二日に請求しており、請求方法も平安時代とは異なっていた可能性が高いか。ただし、太政官を経由して八省のいずれかに達することは十分想定できよう。

(57) 派遣対象として、文面に「請散位従七位下張敷治麻呂」と見える。

(58) 派遣対象として、文面に「請大舎人従八位下物部毘登塩浪左」(43)・「請大舎人貳人」(53・ヲ)と見える。

(59) この時の鋳鏡に関しては、以下の先行研究がある。香取秀真「「東大寺鋳鏡用度注文」私解」（『金工史談』正編、国書刊行会、一九四一年〔一九七六年に覆刻再版〕、初発表一九二九年）、斉藤孝「孝謙太上天皇勅願鏡について」（『史泉』一六・一七合併号、一九五九年）、小林行雄「Ⅳ鋳銅　四東大寺鋳鏡」（『古代の技術』塙書房、一九六二

年）、同「九鏡の製作　東大寺鋳鏡」（『古鏡』学生社、一九六五年）、中野政樹「正倉院文書「東大寺鋳鏡用度文案」について」（一）・（二）（『MUSEUM』一九〇・一九二、一九六七年）、福山敏男「石山寺・保良宮と良弁」（『南都仏教』三一、一九七三年）、岡藤良敬「天平宝字六年、鋳鏡関係史料の検討」（『正倉院文書研究』五、吉川弘文館、一九九七年）。

（60）注（10）でも述べた、吉川氏の指摘する「天皇・上皇―女官・良弁―造石山寺所―造東大寺司」という命令系統が存在するのであれば、署名に位階を有するル―94～96裏は良弁を通じて上皇に提出されたとも考えられる。

（61）古瀬注（8）論文。

（62）前述のように、ムは、書出は「運堂所啓」、書止は「以解」となっており、一文書中で様式が統一されていない。

（63）西注（17）論文。

（64）武光誠「告朔について」（『風俗』一六―一、一九七七年）、新川登亀男「文書と机と告朔儀礼―その序説―」・「日本古代の告朔儀礼と対外的契機」（『日本古代の儀礼と表現―アジアの中の政治史―』吉川弘文館、一九九九年、初発表一九八四・一九八五年）、川北靖之「告朔をめぐって」（谷省吾先生退職記念『神道学論文集』国書刊行会、一九九五年）など。

（65）古瀬注（8）論文。

（66）北條秀樹「令集解「穴記」の成立」（『日本古代国家の地方支配』吉川弘文館、二〇〇〇年、初発表一九七八年）。

（67）古瀬注（8）書二七九頁。

（68）古瀬注（8）書二八二頁。

（69）中村注（9）論文。

（70）風間亜紀子「正倉院文書における告朔儀の意義」（『正倉院文書研究』一〇、吉川弘文館、二〇〇五年）。

（71）造金堂所文書に関しては、福山敏男氏が法華寺阿弥陀浄土院金堂造営関係文書と解釈して以来その見解が踏襲されてきたが、近年黒田洋子氏が法華寺金堂であるとの見解を提示している。ここでは黒田氏の見解に従い、法華寺金堂としておく。なお、造金堂所関係の主要な研究は以下の通りである。

福山敏男「奈良時代に於ける法華寺の造営」（『日本建築史の研究』桑名文星堂、一九四三年、のちに一九八〇年に綜芸舎より復刻。初出は「奈良朝末期に於ける某寺金堂の造営―法華寺阿弥陀浄土院か―」一九三二年）、岡藤良敬「法華寺阿弥陀浄土院金堂関係文書の一例―史料6・造金堂所解（案）―」（九州大学国史学研究室編『古代中世史論集』吉川弘文館、一九九〇年）、黒田注（3）論文、風間亜紀子「天平宝字年間における法華寺金堂の造営―作金堂所解の検討を中心に―」（『正倉院文書研究』九、吉川弘文館、二〇〇三年）。

（72）岡藤注（71）論文。

（73）山下注（2）書所収「造東大寺司の別当制と所」。

（74）四等官制については、中田薫「養老令官制の研究」（『法政史論集』三上、岩波書店、一九四三年、初発表一九三七年）、利光三津夫「奈良時代における官司制について―その庁務決裁方法を中心として―」（『続律令制とその周辺』慶應通信、一九七三年）、山田注（52）論文、時野谷滋「日唐の四等官」（『飛鳥奈良時代の基礎的研究』国書刊行会、一九九〇年、初発表一九八四年）、吉川注（10）論文、中村順昭「律令官司の四等官」（『律令官人制と地域社会』吉川弘文館、二〇〇八年、初発表一九九八年）、古尾谷知浩「食料支給事務と四等官・雑任」（『律令国家と天皇家産機構』塙書房、二〇〇六年、初発表二〇〇五年）、佐藤全敏「正倉院文書からみた令制官司の四等官」（『平安時代の天皇と官僚制』東京大学出版会、二〇〇八年）などを参照した。

（75）「近江国司符」（天平宝字六年四月八日、ＺＫ33(1)、五208～209）、「近江国符」（天平宝字六年五月一日、ＺＺ18―3〈20〉～〈21〉、十五197～198）、「大和国符」（宝亀八年七月二日、東寺文書礼、六597）。

（76）「管隷」「因事管隷」については、青木和夫「律令国家の権力構造」（『日本律令国家論攷』岩波書店、一九九二年、初発表一九七六年）、吉川真司「律令官司制論」（『日本歴史』五七七、一九九六年）など。

（77）矢越葉子「文書行政と官僚制」（古瀬奈津子編『律令国家の思想と現実』（古代文学と隣接諸学№5）、竹林舎、二〇一八年）。併せて、鐘江宏之「解・移・牒」（平川南他編『文字と古代日本1　支配と文字』吉川弘文館、二〇〇四年）も参照されたい。

第三章　日本古代文書行政の特質
—正倉院文書と敦煌・吐魯番文書の比較を通じて—

はじめに

日本古代の文書行政システムは、中国の律令制下のそれを継受するものであるため、日本の独自性を明らかにすることを目的に、これまでも多くの比較研究が行われてきた。しかし、それらの研究は文書の様式や伝達過程に重点を置いたものが多くを占め、伝達された後の文書の処理過程に関する比較研究は少ない[1]。日本の正倉院文書の中には写経所文書を中心に継文が多く残存し、また唐の敦煌・吐魯番文書のうち官文書にも断片的ながら案巻が残る。敦煌・吐魯番文書は唐の史料でありつつも、日本古代史においてはテキストとして令文や書儀が用いられ、また社会経済史料として田制や財政等の研究で活用されている[2]。そこで本章では、これら日唐の継文・案巻において個別の文書がいかに処理され、また保管されたかの比較検討を通じて、文書行政システム全般を通じての日本の特質を明らかとする。

一　唐代の文書行政 ―敦煌・吐魯番文書―

中国の官司における文書の処理過程は、既に内藤乾吉氏により「案巻」の作成という形で明らかにされている。[3]内藤氏に拠れば、官司に到来した文書は検勾官による受付（「受事」）ののち、まず長官に渡されそこで案件を担当する司（部局）への回付の指示（「判語」）が記され、検勾官によって司に回される（「付事」）。司では担当の判官による指示（「判語」）が記入され、その指示に従って主典が調査および報告を行い、この報告に基づいて判官が判（決裁）を記載する（「判辞」）。この判官の判に対して、通判官による判、さらに長官による判が奥に自筆で記載される（判官・通判官・長官の三者による判を「三判」といい、通判官の判は省略されることもある）。長官の判により官司内での決裁は終了するが、この判に基づいて文書を作成する場合にはこの奥に文書案の一部が記入される。最後に検勾官により受事日・行判日が記載され、稽（遅滞）・失（失錯）が確認されると、末尾に標題が付けられ一つの案件に対する処理が完了する。こののち同類の文書は貼りつなげられ巻子として保存されるという。また、処理過程で紙を貼り継いだ場合に、紙縫（紙の継目）には押署（「押縫」）が施されることも指摘する。

この内藤氏の研究に対し、盧向前氏は押縫を施す人物は長官と判官に限られる点を明らかにしてこれを各自の職掌に基づく責任範囲の明示であるとし、[4]また吉川真司氏は長官・通判官・判官による三判に基づいて作成された文書の署名者が判官・主典である点に注目し「文書内容の責任分担は案巻に明示され、施行文書の署名はかかる役割を果たさなかった」ことを指摘する。[5]

この案巻の作成過程を、判の記載者が明らかとなっている総章二年（六六九）の年紀を有する伝馬坊牒案巻（フランス国立図書館所蔵ペリオ将来三七一四号敦煌文書裏、Pel. chin. 3714v）を題材に具体的に見ていこう。この案巻は伝馬坊等から提出された文書を敦煌県で貼り継いで作成したもので、その中に伝馬坊牒の到来から標題が付されるまでの案件の処理過程が窺われる箇所がある。ここではその部分を取り上げる。やや長くなるが、その箇所の録文を示すと左の通りである。なお、天に示した数字は盧向前氏[6]・荒川正晴氏[7]の録文に付された行番号である。

（紙継目）「恭」（半存）

□□□〔伝馬坊〕
1　□〔合〕伝驢卅六頭、去七月廿一日、給送帛練使司馬杜雄、充使往伊州。
2　□〔卌〕三頭、在伊州坊、程未満。
3　□□〔一十〕六、移州満、給送蒲桃酒来。
4　孔行感　驢烏「次」　丁醜奴　驢青「次」
5　趙孝積　驢烏「次」　曹徳文　驢青「次」

（中略）

10　張行満　驢烏「次」　宋善生　驢青「次下」
11　張君政　驢烏「次」　氾玄度　驢青「次」
12　牒、前件驢、被差送帛練往伊州、今還至県。請
13　定膚第。謹牒。
14　惣章二年八月廿一日、前校尉楊迪牒。

（紙継目）「遷」

15　「付司。遷示。」

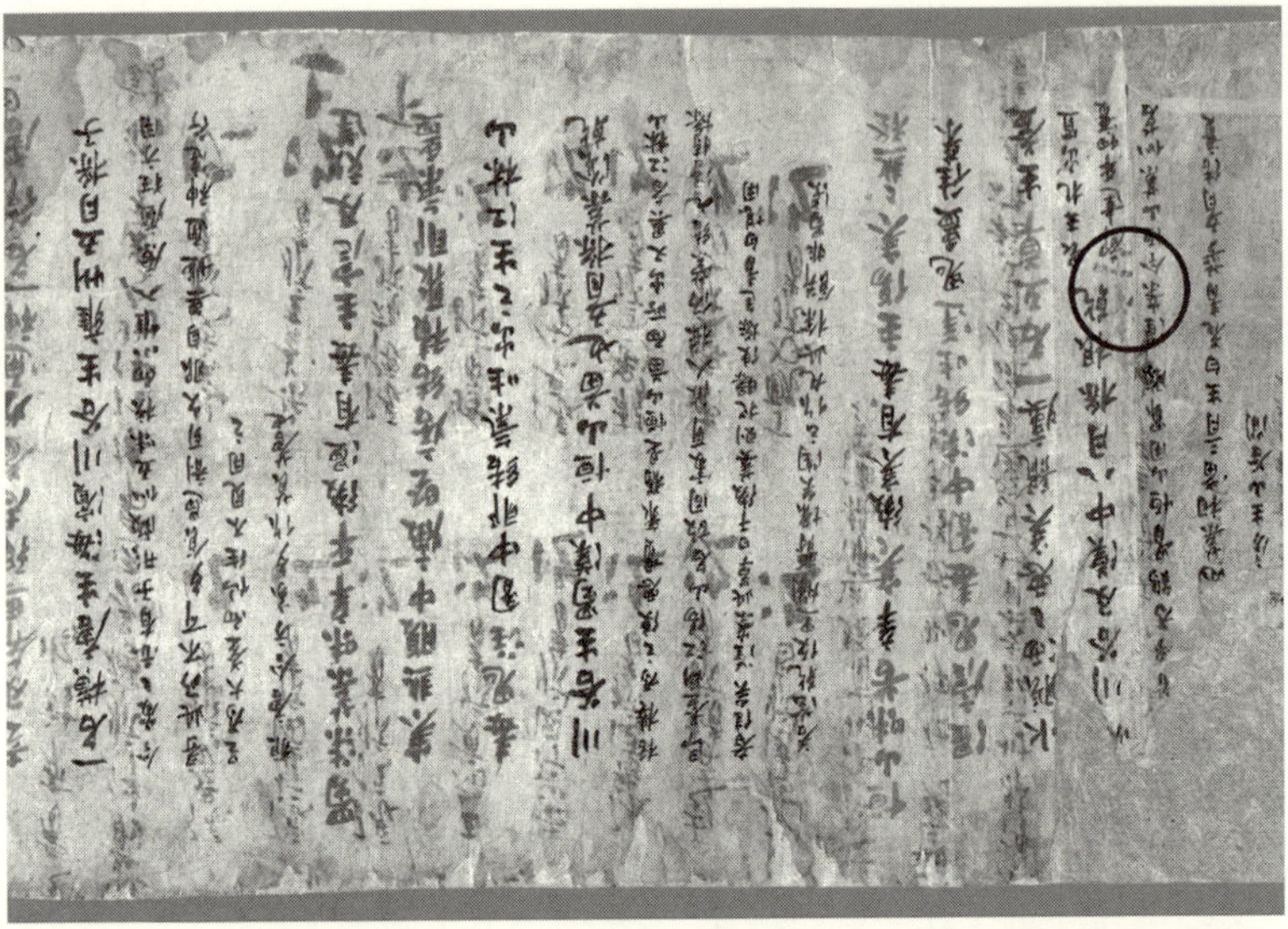

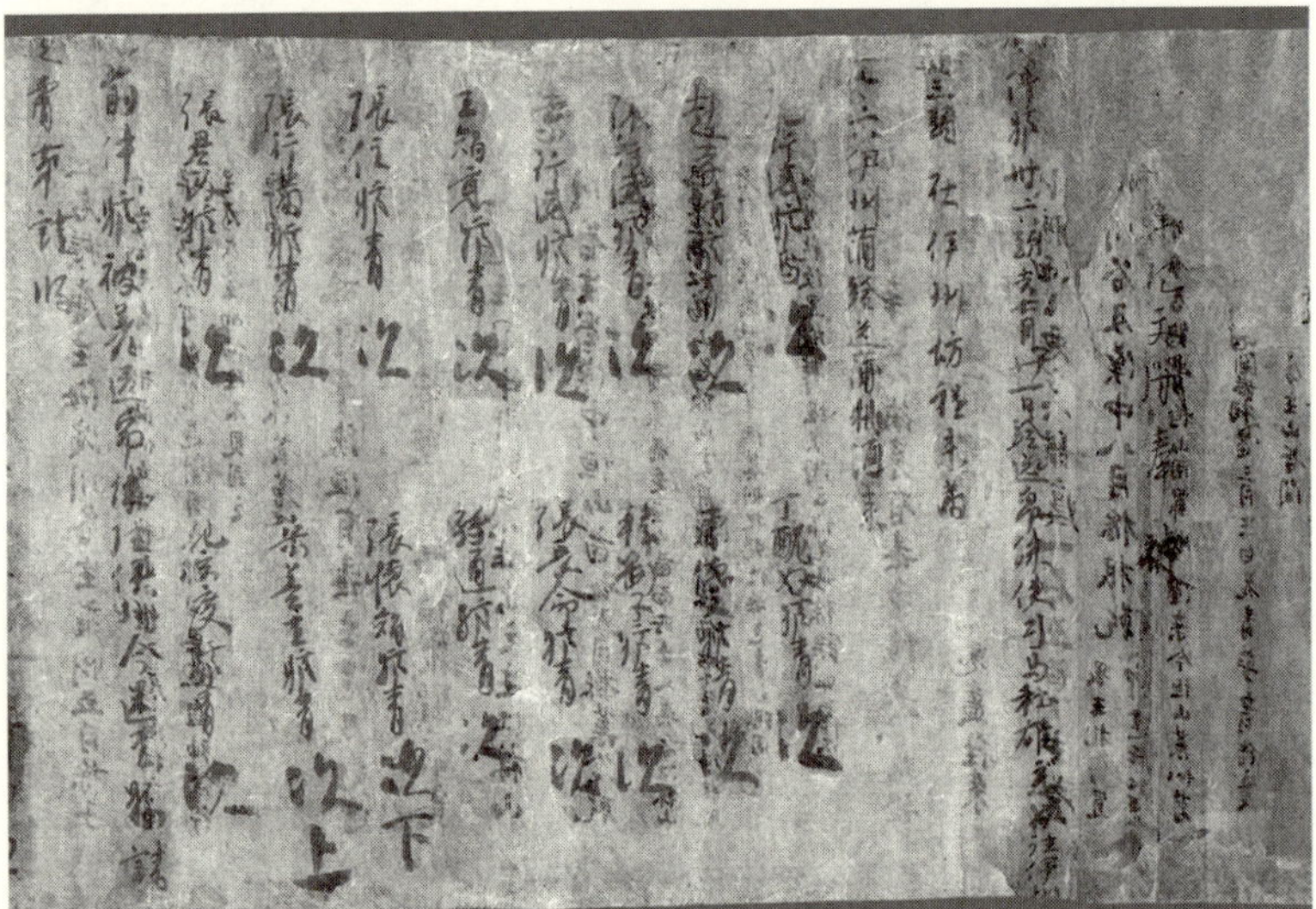

写真５　伝馬坊牒案巻（冒頭部分）
（「敦煌文書」Pel.chin.3714v、フランス国立図書館 Bibliothèque nationale de France）

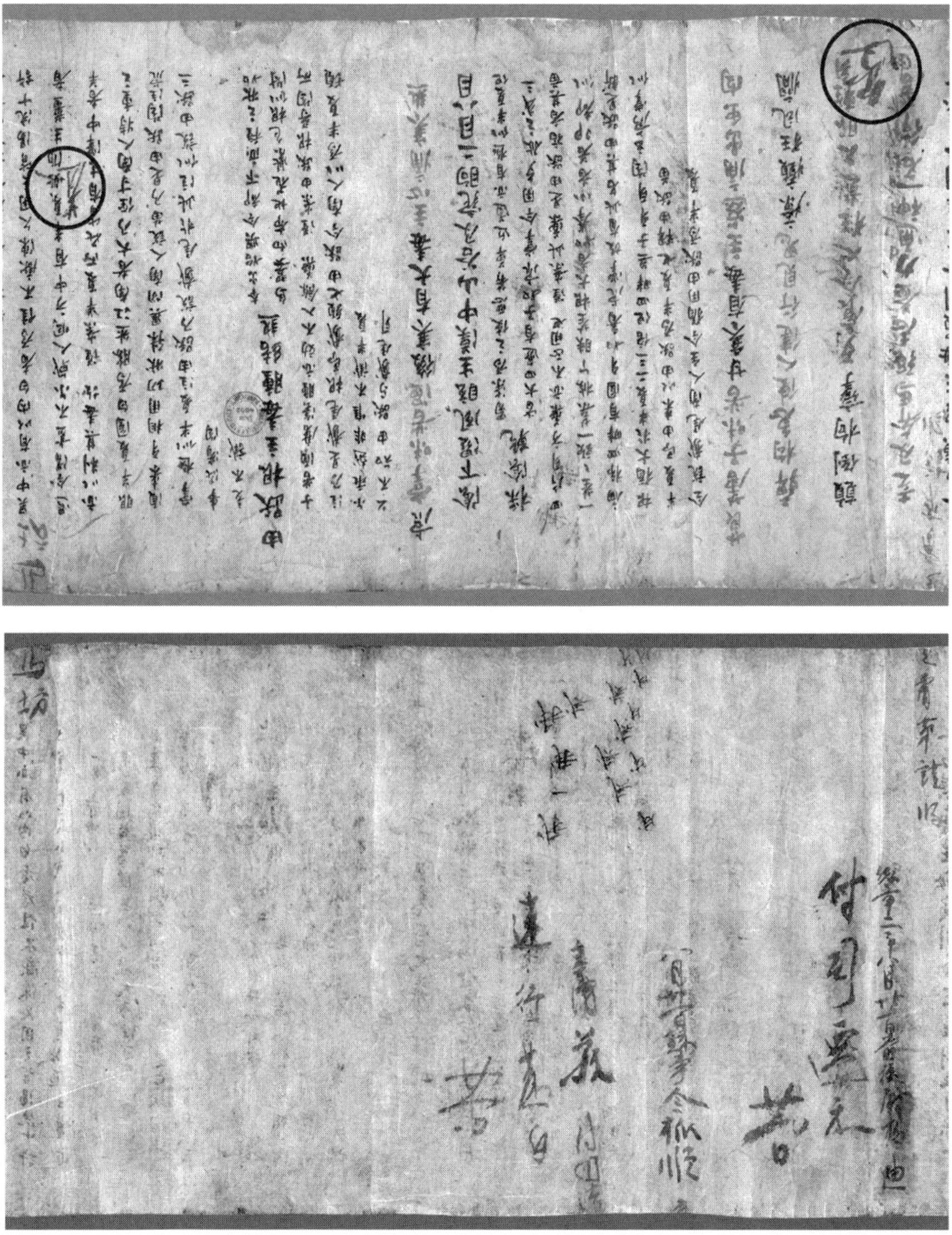

（同右）

16 廿一日。」
17 八月廿一日　録事「令狐順」受
18 主簿「敬」　付司法
19 「連。行恭白。
20 廿一日。」

（紙継目）「恭」

21 □〔伝〕馬坊
22 合伝馬参疋、去七月廿一日、給使帛練使馬杜雄使。
23 盧孝順　馬瓜「次」　郭義順　馬瓜「次」
24 薫善住　馬忩「次」
25 牒、上件馬、去七月廿一日、被差送帛練、往伊
26 州。呈論□満、覆乗給使人蘇□□沙州、八
27 月廿一日到県、請定膚第。謹牒。
28 惣章二年八月廿一日、前効尉楊迪牒。
29 「付司。遷示。
30 廿一日。」
31 八月廿一日　録事「令狐順」受

32 主簿「敬」　付司法

33 「連。行恭白。

34 　廿一日。」

（紙継目）「恭」

（伝馬坊牒二通・三紙省略）

（紙継目）「恭」

69 張慈皎　馬悤　曹汲佳　馬赤　王景仁　驢青

70 趙懐道　驢青　令狐君才　馬瓜　宋君意　馬烏

（中略）

81 左孝積　馬悤　唐満生　馬留　張武通　馬留

82 夏恵　馬赤駮

83 右件人、並不違程。

（紙継目）「恭」

84 程師徳　馬瓜

85 　右件人馬、去六月卅日差送使往伊州、八月三日

86 　到県。計違二日。

87 趙君素　馬瓜　曹汐政　馬瓜　索万成　驢青

88 叱干糞塠　驢青

右県人馬驢、去七月四日差送鉄器往伊州八月
七日到県。計違二日。
張才智　驢青
　右件人驢、頻追不到。
牒、件勘如前。謹牒。
　　　　　八月廿　　日、佐趙信牒。
程師徳等伍人、使往伊
州。計程右違貳日、論
情無不得責。拠職制律
（紙継目）「恭」
諸公使応行而稽留者、
壹日笞参拾、参日加壹
等、計師徳等所犯、合
笞参拾、並将身諮決。
其不違程者記。其張
才智、頻追不到。牒坊、
到日将追其弁備驢。
及今月弐拾一日所閲馬驢

106 並長官検閲訖。記諮。
107 行恭白。
108 廿五日
109 「依判。遷示。
110 廿五日。」
111 馬坊件状如前。牒至准状。故牒。

（紙継目）「恭」

112 惣章二年八月廿五日
113 佐　趙信
114 尉「行恭」
115 史
116 八月廿一日、廿五日行判。無稽。

（紙継目）「恭」

117 前官楊迪牒、為夏恵等馬送使還、請定膚事。

敦煌県内に所在する伝馬坊から提出された伝馬および驢に関する報告書である四通の牒に対し（三・四通目はここでは省略）、敦煌県では検勾官である録事が「受事」し（第17行目・第31行目）、担当官司に回付するようとの

「遷」の指示（第15～16行目・第29～30行目）を受けて、検勾官の主簿が司法曹に「付事」を行っている（第18行目・第32行目）。この司法曹に回付された文書四通に対して、司法曹担当である「恭」により貼り継ぎの指示が出され連貼されると、その奥に司法佐（主典）趙信による伝馬坊牒の内容に基づく報告書としての牒が記載される（第69～94行目）。その司法佐の牒に対する「行恭」の判が付され（第95～108行）、この「行恭」判に対して「遷」がその通りにすべしとの判を記入する（第109～110行）。この決裁に従って作成された文書の一部が第111～115行であり、この文書の発信により案件の処理が終了したため、第116行目の検勾官による受事日・行判日の確認、第117行目の標題が記入され手続きが終了する。

　伝馬坊牒案巻において判語・判辞を記している人物には「遷」と「恭」が見えるが、盧向前氏により「恭」は県尉であると特定され、「遷」は県令であると推定されている[8]。すなわち、「恭」については判辞の最後を「行恭白」と結んでいるため姓が行であることが分かり、敦煌県牒案中の第114行目に「尉行恭」とあることから県尉すなわち判官であることが判明する。また「遷」については『唐六典』巻三十に見える京畿及天下諸県令の職掌[9]および第106行目に見える長官の行為からの解釈である。

　この「遷」および「恭」による押縫としては、県の庁堂での貼り継ぎであることが明らかな第14・15行の間には県令と推定される「遷」の押縫が、その他の司法曹での貼り継ぎでは県尉「恭」の押縫が施されている。ここで興味深いのは、司法曹での貼り継ぎのうち司法佐趙信による文案の途中で紙を貼り継いだ場合（第83・84行の間、第111・112行の間）にも県尉「恭」の押縫が施されている点である。主典である佐には押縫を施す権限が与えられておらず、司法曹内における紙の貼り継ぎに際して押縫できるのは司法曹を担当している県尉「恭」のみであったのである。この県尉の権限こそ盧氏の指摘するように『唐六典』巻三十に見える職掌「分判衆曹」に基づくものであり、さらに言えば職掌により曹を判する権限を有する人物のみが押縫を施すことができたと言えよう。つまり、案巻の表面における判語・判辞が長官・次官・判官の責任分担の明示であるのと同じく、裏面では押縫が同様の役割を果たしていたのである。[10]

以上、主に内藤氏の研究に導かれつつ伝馬坊牒を対象に案巻の構造を見てきたが、この案巻に貼り継がれた文書はいずれも一紙から成る文書であった。それでは、何紙もの料紙が貼り継がれた文書が到来した場合はどうであろうか。これを検討するのに最適と思われるのが吐魯番のアスターナ五〇六号墓出土の天宝十三（七五四）～十四載の年紀を有する交河郡長行坊に関する案巻である。[11]この案巻が作成された交河郡とは天宝元年の赦文により西州都督府から改称された交河郡都督府であり、[12]同都督府は交河・天山・柳中・蒲昌・高昌の五県を治めていた。[13]しかし、この地における長距離輸送を担った長行坊は貞観十四年（六四〇）に唐に併合された高昌国の制度を受け継ぐものであることから、交河郡の支配域を超えて、旧高昌国の範囲である北庭都護府の支配域にも郡の館や倉が配置されていた。このような運用形態を反映して、天宝年間（七四二～七五六）の長行坊は交河郡府と共に北庭都護府所管の輪台県下にも置かれ、北庭都護府の管轄範囲の事項については後者から前者に報告が送られていたこと、また府内の各県から送られた官人たちが専当官として運営を担っていたことが荒川正晴氏により明らかにされている。[14]ここではこの荒川氏の論考に拠りつつ、当該の案巻を見ていくこととする。

アスターナ五〇六号墓出土の長行坊関係の文書を案巻の配列順に一覧にしたのが表18である。前後や中間に欠損を挟みつつ現在二十六の部分が残存しているが、[15]紙縫裏下方に付された数字から一連として貼り継がれた案巻であったことが判明する。これら文書は大きく分けて、①交河郡府所在の長行坊に直に到来したもの（2～8、17～20、26）、②輪台県下の長行坊から到来したもの（1、9～16）、③交河郡府所在の長行坊で作成されたもの（21～

表18　アスターナ五〇六号墓文書一覧

	文書名	署名者	年月日（発信／受信）	官印（発信／受信）	紙縫への押署・踏印 表上	裏下①	裏下②	文書番号	備考
1	交河郡長行坊牒	典王仙鷹	天宝14載正月日					73TAM506:4/32-1	前欠
							廿二		
2	交河郡柳谷館状	捉館官摂鎮副張□□	天宝14載正月日／天宝14載正月12日	／「交河郡都督府之印」	覃	彦	廿三～卅四	73TAM506:4/32-1	
						?	卅五?		下端破損
3	柳中県牒	令劉懐琛、丞業庭玉、丞員外置同正員何〈在郡〉、尉尹〈使〉、史孫令彦	天宝14載正月8日／天宝14載正月13日	「柳中」県之印／「交河郡都督府之印」	×	庭＋県印	卅六～卌	73TAM506:4/32-2	
						彦	卌一		
4	柳中県牒	令劉懐琛、丞業庭玉、丞員外置同正員何〈在郡〉、尉尹〈使〉、史焦如璿	天宝14載正月9日／天宝14載正月14日	「柳中」県之印／「交河郡都督府之印」	×	庭＋県印	卌二～卌三	73TAM506:4/32-3	
						彦	卌四		
5	礌石館状	捉館官鎮将張令献、捉館官許献芝、踏子希俊	天宝13載12月日／天宝13載12月23日	／「交河郡都督府之印」	覃	彦	卌五～五十二	73TAM506:4/32-4	
						（破損）	五十三		
6	礌石館状	捉館官鎮将張令献、捉館官許献芝、子希俊	天宝13載12月25日／天宝14載正月5日	／「交河郡都督府之印」			五十四	73TAM506:4/32-5	
						（破損）	五十五		
7	天山県牒	——	／天宝14載正月6日	「天山」県之印			五十六	73TAM506:4/32-6	後欠
						—	—		
8	高昌県牒	令〈在郡〉、摂録・尉員外置同正員李向住	／天宝14載正月12日	／「交河郡都督府之印」			七十一	73TAM506:4/32-7	前欠
						（破損）	七十二		

9	交河郡長行坊牒	—	天宝13載□□月□日				—	73TAM506:4/32-8	後欠
							七十三		
10	交河郡長行坊牒ヵ	—	—	「輪台」県之印	県印	仙	七十四～八十三	73TAM506:4/32-9	
							—		
11	某牒	—	天宝14載正月				—	73TAM506:4/32-10	前欠
					県印	—	八十七		下端破損
12	交河郡長行坊牒	典王仙鷹	天宝13載12月日	「輪台」県之印	県印	仙	八十八～九十三	73TAM506:4/32-10	
					県印		九十四		
13	某牒	—	—	—				73TAM506:4/32-11	前後欠
					県印	仙	九十五		
14	交河郡長行坊牒	知踖官前戍主竹仁□、踖子楊希□	天宝14載正月日	「輪台」県之印	県印	仙	九十六	73TAM506:4/32-12	
					県印		九十七		
15	郡倉牒	参軍摂倉督鞏宏、倉督厳孝忠・陰守賀、史尉□	天宝14載□月□日	「輪台」県之印	—	—	—	73TAM506:4/32-13	
					県印＋覃		（九十八）		
16	雑事司牒	雑事官前別将厳仙泰、典麹承訓	天宝14載正月16日／天宝14載正月16日	「輪台」県之印	県印＋覃	仙	九十九～一百	73TAM506:4/32-14	奥に1紙追加し交河郡都督府判を記載
16'	（交河郡都督府判）		天宝14載正月16日		—	—	一百一	73TAM506:4/32-14	上端・左端破損
					—	—	一百二		上端破損
17	交河館状	踖□	天宝14載正月日／天宝14載正月18日		覃		一百三～一百十四	73TAM506:4/32-15	奥下端破損
					—	—	—		
18	某館牒	捉館官闞紹業、踖子□□志	天宝14載正月日／天宝14載正月18日	／「交河郡都督府之印」	覃	—	一百十六～一百二十五	73TAM506:4/32-16	前欠

	文書名	署名者	年月日（発信／受信）	官印（発信／受信）	紙縫への押署・踏印 表上	紙縫への押署・踏印 裏下①	紙縫への押署・踏印 裏下②	文書番号	備考
					｜	彦	一百二十六		上端破損
19	某館状	―	天宝14載正月日／天宝14載正月18日	／「交河郡都督府之印」	覃		一百二十七～一百卅一	73TAM506:4/32-17	奥に1紙追加し判語を記載、左端破損
					｜	｜	｜		
20	某館歴	―	―		覃	｜	｜	73TAM506:5/1	前後欠、下部破損
					｜	｜	｜		
21	交河郡長行坊判辞	―	―		｜	｜	｜	73TAM506:4/32-18	前欠
						彦	一百卅七		
22	交河郡長行坊牒	典竹奉琳	（天宝14載）3月日		｜	彦	一百卅八	73TAM506:4/32-18	中間欠、後欠
					｜	｜	｜		
23	交河郡長行坊牒	典竹奉□（琳）	天宝14載9月日		｜	｜	｜	73TAM506:4/32-19	前欠
						[彦]	二百□（一）		
24	交河郡長行坊牒	□高昌県丞焦彦庄、典竹奉琳	天宝14載9月日／天宝14載9月6日	／「交河郡都督府之印」	｜	｜	｜	73TAM506:4/32-19	
						彦	二百二		
25	交河郡長行坊帳	―	―			彦	二百三～二百四	73TAM506:4/32-20	後欠
					｜	｜	｜		
26	某牒	典康□□	某年正月日			*	二百五十二～二百五十三	73TAM506:4/32-20	前欠*判読不能

25）の三種に分類される。①の文書末尾には検勾官による「受事」の記載に対して「交河郡都督府之印」が捺されることが多く、またその箇所の判語に「付判覃示」と記されることから、到来した文書はまず交河郡都督府の録事司で「受事」され、同都督府の長官[16]である「覃」の指示により長行坊に回付されたと判断される。またいずれも「彦庄」による連貼の指示が記入され、それに対応して紙縫裏の下方に「彦」と押縫されること、またこの「彦庄」が文書24に見える「高昌県丞焦彦庄」と同一人物と見られることから、荒川氏はこの焦彦庄を長行坊の専当官であると指摘する。

①の交河郡府所在の長行坊に到来した文書であるが、交河郡下の県のものと輸送に関わる館のものに二分される。まず県から提出された文書から見ていくと、案巻中には柳中県（3・4）、天山県（7）、高昌県（8）の牒が見える。このうち天山県牒は後欠、高昌県牒は前欠であるため、首尾の揃った柳中県牒を例にとると、二通共に紙縫裏の下方に「庭」の押署と「柳中県之印」の捺印が認められる。この「庭」の押署は文書の署名者である柳中県丞業庭玉のものと考えられ、通常の県から郡（州）への上申文書における紙縫への処理の様子を窺わせる事例と言える。これら県牒の奥に都督府長官の判語および連貼の指示が記入されている点は先述の通りである。次に各館からの状に移ると、複数枚の料紙に渡って作成された文書の場合でも紙縫裏下方の押縫は長行坊専当官による「彦」のみであり、これに伴うかのように紙縫の表上方に交河郡都督府長官「覃」の押縫がなされている。具体的に示すと、

----（表）「覃」--------------------（裏）「廿四」「彦」----

のごとくであるが、紙面に捺された「交河郡都督府之印」から見て、これらの状が各館→交河郡都督府→長行坊と

移動したことは明らかであり、これらの状には発信に当たっては押縫が施されておらず、都督府に到来した段階で長官により「覃」が、さらに長行坊に回付された段階で専当官により「彦」が記されたと考えられる。すなわち、長官「覃」は到来した文書に押縫が施されていないのを見て紙縫の表上方に押縫し[17]、その後文書が回付された長行坊でも専当官焦彦庄は紙縫裏に押縫が施されていないのを見てそこに「彦」と押縫したのである。ここに案巻における押縫の役割や紙縫への強い意識が見て取れるであろう[18]。これら押縫を施した後の処理は県牒の場合と同様である。

次に②輪台県下の長行坊から到来した文書9～16について見ていく。これらの文書は紙縫の裏下方に「仙」の押縫が、表上方に「輪台県之印」が捺印されている点で共通している。この押縫「仙」は文書1および12に典と見える王仙鷹のものと思われ、荒川氏はこの典王仙鷹を輪台県下の長行坊の専当官と解する。つまり輪台県下の長行坊・郡倉・雑事司等で作成された文書は一旦長行坊に集められ、そこで専当官である典王仙鷹の指示に従って貼り継がれた後、輪台県府で紙縫に捺印が施され交河郡都督府に宛てて発信されたのである。ここで注目すべきは王仙鷹が典である点であろう。文書9～16に対しては連貼の指示を示す語を伴わない点より見て、文書の送付に当たっての整理として貼り継がれたものであるが、専当官であればこそ押縫を施すことができたのである[19]。先の敦煌県の事例では県の庁堂では県令が、司法曹では司法曹担当の県丞が押縫を施していたのと同様に、交河郡においては都督府の庁堂では長官が、長行坊では専当官が押縫を行っており、押縫とは案件の処理を行う場における責任者が実施するものであると考えられる。盧氏の言うように長官と判官に限定されるものではないのである。

さて、これら到来した①・②と作成した文書・帳③を長行坊で貼り継いで案巻は作成されるが、いくつかの案件を処理し終わり案巻が完成した後に付されたのが紙縫裏下方への数字である。この長行坊関係の案巻は途中に脱落を挟みつつ「廿二」から「二百五十三」までの数字が確認されるが、案巻が時系列に沿って袖から奥に向かって貼り継がれていることから見て、実に約一年分の処理案件に関する二百五十紙以上の書類が一軸にまとめられていたことになる。このような紙縫に数字が記された案巻は他にも存在するが、いずれも数百に及ぶものばかりであり、[20]取り扱いや保管の過程における紙縫の分離に備えた措置と言えよう。案巻には作成の過程においては必ず押縫が施され、また保管に向けても処置が施されることがあったのであり、いずれの時点でも紙縫の貼り継ぎが強く意識されていたのである。

それでは、このようにして完成後のことまで見据えて作成された案巻は、どのように保管されていたのであろうか。内藤氏は案巻の作成について論じる中で、後述する日本の養老公式令82案成条の『令集解』および同条に相当する『唐六典』[21]の記載より、保管の対象が作成した文書の控えとその目録、および到来した文書とその目録であるとし、またこの目録作成は『唐六典』巻三十に見える職掌では「省署抄目」に基づくものであると指摘する。[22]さらに、鐘江宏之氏は、日本の養老公式令82案成条・83文案条に見える「司」の語から、唐では官司内の複数の部局からの案が集められて一箇所に保管されたと解釈し、また養老倉庫令の逸文第8条より文書保管庫のカギは長官が管理していたとする。[23]

右のうち、内藤氏の指摘する『唐六典』巻三十において「省署抄目」は都督府・州の録事参軍事、県の主簿、鎮の倉曹（倉曹参軍事カ）、関の丞の職掌として見え、これらの諸官司ではその内部で目録を作成し保管していたことが判明する。また鐘江氏の指摘する倉庫令については、近年発見された天聖倉庫令にも宋令第24条に倉庫のカギは長官が管理すると見えることから、[24]少なくとも唐令にも同様の規定が存在していたと考えられる。これらを踏まえると、都督府・州・県・鎮・関においては、各部局で作成された案巻は検勾官によって作成された目録と共に都督府等の保管庫に集められ、その庫のカギはその長官によって管理されていたと理解される。このように、案巻はその案件を処理した部局を離れて長官が管理する庫で保管されるからこそ、処理過程における長官以下の各人の責任分担が判語・判辞や押縫という形で表裏に渡って明示され、また場合によっては完成後に紙縫に番号を付し分離に備えていたのである。

二　日本古代の文書行政 ―正倉院文書―

前節で検討した唐代の文書処理では、紙継目（紙縫）への意識の高さと保管への備えが強く窺われた。これらは日本ではどのように意識されていたのであろうか。本節ではそれぞれについて、令の規定と正倉院文書に見える実例から探る。

1　紙継目への意識

(1) 令の規定

令に見える紙の継目に関する規定は、養老戸令19造戸籍条および公式令41行公文皆印条に見られる。まず戸令であるが、養老戸令19造戸籍条は戸籍作成に関する条文である。

凡戸籍、六年一造。起㆓十一月上旬㆒、依㆑式勘造。里別為㆑巻。惣写㆓三通㆒。其縫皆注㆓其国其郡其里其年籍㆒。五月卅日内訖。二通申㆓送太政官㆒。一通留㆑国。其雑戸陵戸籍。則更写㆓一通㆒、各送㆓本司㆒。所㆑須紙筆等調度、皆出㆓当戸㆒。

国司勘二量所レ須多少一、臨時斟酌。不レ得レ侵二損百姓一。其籍至レ官、並即先納後勘。若有二増減隠没不同一、随レ状下推。国承二錯失一、即於二省籍一。具注二事由一。国亦注二籍帳一。

とその継目には「其国其郡其里其年籍」と記載せよと規定されている。この部分に該当する大宝令の字句は現存する史料からは復原できないが、本条に相当する唐令ではこの部分に「其縫皆注二某州某県某郷某年籍一。州名用二州印一、県名用二県印一。」とあったことが指摘されている。[25] 唐の戸籍に施されていた継目裏への名称の記載と州印および県印の踏印のうち、踏印の規定が養老令では削除されているのである。

この継目裏への踏印規定の削除が大宝令段階で行われたと推測する手がかりが、公式令の事例である。養老公式令41行公文皆印条は前条の40天子神璽条と共に大宝令では一条をなしていたことが弥永貞三氏により指摘されている。[26] 本条の大宝令は『令集解』職員令1神祇官条所引古記[27]および同公式令40天子神璽条所引古記[28]に基づき、次のように復原される。[29]

養老公式令40天子神璽条

天子神璽。謂、践祚之日寿璽。宝而不レ用。内印、方三寸。五位以上位記、及下二諸国一公文、則印。外印、方二寸半。六位以下位記、及太政官文案、則印。諸司印、方二寸二分。上レ官公文、及案移牒、則印。諸国印、方二寸。上レ京公文、及案調物、則印。

養老公式令41行公文皆印条

凡行公文、皆印㆓事状、物数、及年月日、并署、縫処、鈴、伝符、剋数㆒。

大宝令（復原）

天子神璽謂、践祚之日寿璽。宝而不㆑用。内印方三寸、下㆓諸国㆒公文、則印㆓事状物数及年月日㆒。亦印㆓鈴尅伝符署処㆒。

外印方二寸半、太政官及諸司案文、則印㆑之。太政官判用。諸国印方二寸、上㆑京公文、及案調物、則印。自外勿㆑用。過所符者、随㆑便用㆓竹木㆒。

本条に見える大宝令と養老令との差異については内印の機能の変更や諸司印に関する規定の創出を中心に様々に論じられているが、[30]ここでは「縫処」すなわち紙継目への踏印が養老令で初めて規定されたことに着目したい。先ほど掲げた戸令の規定と考え合わせると、大宝令制定段階では唐令に見られる紙継目への踏印規定を全て削除したものの、養老令に至って公式令41の規定のみを再継受しているのである。このような条文の変更はどのような背景の下で行われたのであろうか。弥永氏の言うように「此の条に見られる新古両令の相違は格によって修正され或は事実の上で一致する為め奈良朝の極く初期から問題とするに足りなかったもの丶ようである」と言い切ることができるのであろうか。以下、正倉院文書中に見える実例から探ることとする。

（2）諸国の公文（戸籍・正税帳）

正倉院文書の中には京進された諸国の公文が多く残る。その紙面には前掲の公式令の規定に基づき国印が捺されているが、中には写真6のように継目裏印が施されているものも存在する。その様子をまとめたのが表19である。

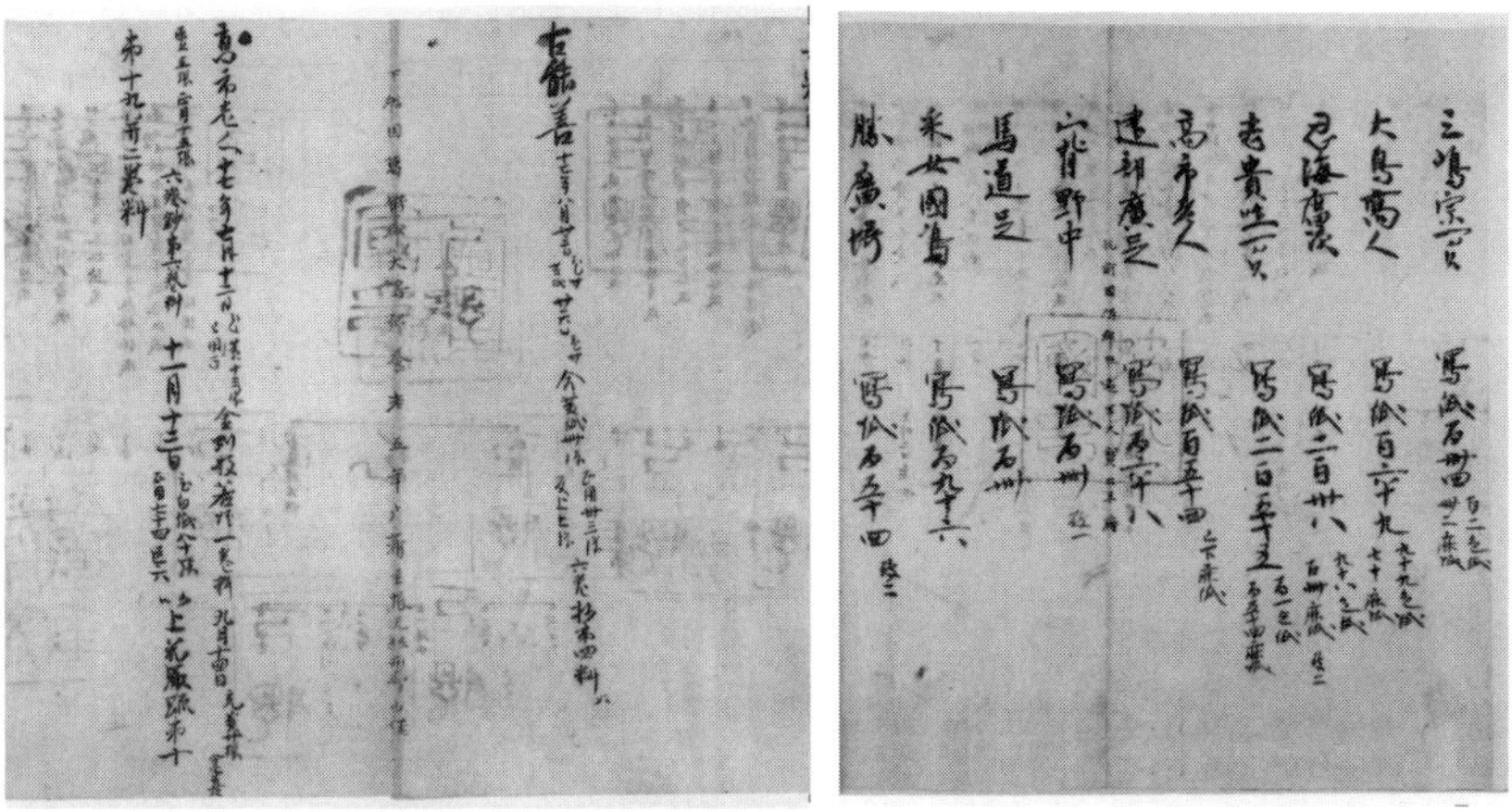

写真6　戸籍の継目裏書と踏印（右：筑前国嶋郡川辺里、左：下総国葛飾郡大嶋郷）
（『正倉院文書』正集38②⑵裏〔〈7〉〈8〉継目）、正集20②裏〔〈3〉〈4〉継目〕、正倉院宝物）

継目への関心の高さの順に、継目裏書・継目裏印・表面への踏印のあるものをⅠ、継目裏書・表面への踏印のあるものをⅡ、継目表印のみのものをⅢ、表面への踏印のみのものをⅣ、何も施されていないものをⅤとした。

この表よりまず分かることは、諸国の公文の大半がⅠおよびⅡに分類されることである。つまり、諸国より京進される公文には表面に国印が捺され、継目には裏書が施されているのである。表面への踏印は前項で見た大宝公式令の「諸国印方二寸、上レ京公文、及案調物、則印」との規定が遵守されていることを、継目への裏書は戸令の戸籍に関する規定が計帳や正税帳といった他の公文をも対象として広く適用されていることを意味する。(31)また、ⅠとⅡの比較より、継目裏印は継目裏書に伴うが、継目裏書は必ずしも継目裏印を伴わないことも判明する。すなわち、諸国公文に見える継目裏印は継目ではなく、継目裏書に捺されているのである。

それでは、継目裏書に対して捺された国印は、どの字句を対象として踏印されているのであろうか。Ⅰを対象として踏印された箇所を一覧とした表20―1を作成し、その集計を表20―2にまとめた。この表20―1・2より判明する継目裏印が踏印された字句

表19　諸国公文に見える継目裏書と踏印

Ⅰ　継目裏書＋継目裏印＋表面への踏印

戸　籍	下総国戸籍（養老5年）、筑前国戸籍（大宝2年）、豊前国戸籍（大宝2年）、豊後国戸籍（大宝2年）
正税帳	和泉監正税帳（天平9年）、摂津国正税帳（天平8年）、伊豆国正税帳（天平11年）、佐渡国正税帳（天平4年）、但馬国正税帳（天平9年）、隠岐国正税帳（天平4年）、淡路国正税帳（天平10年）、豊後国正税帳（天平9年）、筑後国正税帳（天平10年）、薩麻国正税帳（天平8年）

Ⅱ　継目裏書＋表面への踏印

戸　籍	御野国戸籍（大宝2年）
計　帳	山背国計帳（神亀3年）
正税帳	大倭国正税帳（天平2年）、尾張国正税帳（天平6年）、駿河国正税帳（天平9年、天平10年）、越前国正税帳（天平2年）、周防国正税帳（天平6年、天平10年）、長門国正税帳（天平9年）、紀伊国正税帳（天平2年）
計会帳	出雲国計会帳（天平5年）
その他	遠江国浜名郡輸租帳（天平12年）、相模国封戸租交易帳（天平7年）、安房国義倉帳（天平2年）、越前国郡稲帳（天平4年）、出雲国大税賑給歴名帳（天平11年）、備中国大税負死亡人帳（天平11年）

Ⅲ　継目表印（表面への踏印なし）

その他	陸奥国戸口損益帳（年未詳）

Ⅳ　表面への踏印

戸　籍	因幡国戸籍（年未詳）
計　帳	右京計帳（天平5年）、阿波国大帳（年未詳）*
正税帳	伊賀国正税帳（天平2年）
その他	志摩国輸庸帳（神亀6年）、播磨国郡稲帳（天平4年以前）*

Ⅴ　なし

計　帳	山背国計帳（天平4年、天平7年）

*本来の継目箇所は残存しないもの

表20-1　継目裏書への踏印箇所（一覧）

戸籍　　（表中の**ゴシック体**部分が踏印箇所

大宝2年	筑前国嶋郡川辺里	正集38①（〈2〉〈3〉継目）	「筑前国印」	「筑前国嶋**郡川辺里大宝二年籍**」
		奈良博所蔵断簡（拾遺1、〈1〉〈2〉継目）	「筑前国印」	「筑前国嶋**郡川辺里大宝**二年籍」
		続修6①（〈1〉〈2〉継目）	「筑前国印」	「筑前国嶋**郡川辺里大宝二年**籍」
		続修6①（〈2〉奥）・正集38④（〈10〉袖）継目	「筑前国印」	「筑前国**嶋郡川辺里大宝二年**籍」
		正集38②（1）（〈4〉〈5〉継目）	「筑前国印」	「筑前国嶋**郡川辺里大宝二年**籍」
		正集38②（1）（〈5〉〈6〉）・正集38②（2）（〈7〉袖）継目	「筑前国印」	「筑前国嶋**郡川辺里大宝二年**籍」
		正集38②（2）（〈7〉〈8〉継目）	「筑前国印」	「筑前国**嶋郡川辺里大宝**二年籍」
		正集38③（〈9〉奥）	「筑前国印」	「筑前国**嶋郡川辺里大宝**二年籍」
		正集38⑤（〈11〉〈12〉継目）	「筑前国印」	「筑前国嶋**郡川辺里大宝**二年籍」
		正集39①（〈1〉袖）	「筑前国印」	「筑前国嶋**郡川辺里大宝**二年籍」
		正集39②（〈2〉袖）	「筑前国印」	「筑前国嶋**郡川辺里大宝**二年籍」
		正集39③（1）（〈3〉〈4〉継目）	「筑前国印」	「筑前国嶋**郡川辺里大宝**二年籍」
		正集39④（〈6〉〈7〉継目）	「筑前国印」	「筑前国嶋**郡川辺里大宝**二年籍」
		正集39④（〈7〉〈8〉継目）	「筑前国印」	「筑前国嶋**郡川辺里大宝**二年籍」
		正集39④（〈8〉〈9〉継目）	「筑前国印」	「筑前国嶋**郡川辺里大宝**二年籍」
	豊前国仲津郡丁里	正集40①（〈1〉袖）	「豊前国印」	「豊前国仲**津郡丁里太宝二年籍**」
		正集40①（〈1〉〈2〉継目）	「豊前国印」	「豊前国仲**津郡丁里太宝二年籍**」
		正集40①（〈2〉〈3〉継目）	「豊前国印」	「豊前国仲**津郡丁里太宝二年籍**」
		正集40①（〈3〉〈4〉継目）	「豊前国印」	「豊前国仲津**郡丁里太宝二年籍**」
		正集40②（〈5〉〈6〉継目）	「豊前国印」	「豊前国仲**津郡丁里太宝二年籍**」
		正集40②（〈6〉〈7〉継目）	「豊前国印」	「豊前国**仲津郡丁里太宝二年籍**」
		正集40②（〈7〉〈8〉継目）	「豊前国印」	「豊前国仲**津郡丁里太宝二年籍**」
		続修7②（〈3〉〈4〉）・続修8⑨（〈10〉袖）継目	「豊前国印」	「豊前国**仲津郡丁里太宝二年**籍」
		続修7③（〈5〉袖～〈5〉〈6〉継目）	「豊前国印」	「豊前国仲**津郡丁里太宝二年籍**」
		続修7④（〈7〉〈8〉）・続修8⑧（〈9〉袖）継目	「豊前国印」	「豊前国仲**津郡丁里太宝二年籍**」
		続修7①（〈1〉〈2〉継目）	「豊前国印」	「豊前国仲**津郡丁里太宝二年籍**」
		村口伸一氏所蔵断簡（拾遺2、〈1〉〈2〉継目）	「豊前国印」	「豊前国仲津**郡丁里太宝二年籍**」
	豊前国上三毛郡塔里	正集41①（〈1〉〈2〉継目）	「豊前国印」	「豊**前国上三毛郡塔里太宝二年**籍
		正集41②（〈3〉〈4〉継目）	「豊前国印」	「豊**前国上三毛郡塔里太宝二年籍**
		正集41④（〈6〉奥）	「豊前国印」	「豊**前国上三毛郡塔里太宝二年籍**
	豊前国上三毛郡加自久也里	正集41⑤（〈7〉奥）	「豊前国印」	「豊**前国上三毛郡加自久也里太** **二年**籍」
		正集41⑥（〈8〉〈9〉継目）	「豊前国印」	「豊前**国上三毛郡加自久也里太** **二年**籍」

籍（つづき）

		正集20③（〈5〉〈6〉継目）	「下総国印」	「下総国葛飾**郡大嶋郷養老**五年戸籍主帳无位刑部少倭」
		正集20②（〈2〉〈3〉継目）	「下総国印」	「下総国葛**飾郡大嶋郷養老**五年戸籍主帳无位刑部少倭」
		正集20②（〈3〉〈4〉継目）	「下総国印」	「下総国葛**飾郡大嶋郷養**老五年戸籍主帳无位刑部少倭」
		正集20④（〈7〉袖）	「下総国印」	「下総国葛飾郡大嶋郷**養老五年戸籍**主帳无位刑部少倭」
		正集21④（〈7〉奥）	「下総国印」	「下総国葛**飾郡大嶋郷養**老五年戸籍主帳无位刑部少倭」
		続々修35-5（12）裏（〈26〉〈25〉継目）	「下総国印」	「下総国葛飾郡**大嶋郷養老**五年戸籍主帳无位刑部少倭」
		続々修35-5（7）裏（〈19〉〈18〉継目）	「下総国印」	「下総国葛**飾郡大嶋郷養**老五年戸籍主帳无位刑部少倭」
		続々修35-5（7）裏（〈18〉〈17〉継目）	「下総国印」	「下総国葛**飾郡大嶋郷養**老五年戸籍主帳无位刑部少倭」
		続々修35-5（7）裏（〈17〉〈16〉継目）	「下総国印」	「下総国葛**飾郡大嶋郷養**老五年戸籍主帳无位刑部少倭」
	下総国葛飾郡大嶋郷	続々修35-5(7)裏(〈16〉奥)・続々修35-5（18）裏（〈32〉袖）継目	「下総国印」	「下総国葛**飾郡大嶋郷養**老五年戸籍主帳无位刑部少倭」
		続々修35-5（4）裏（〈13〉〈12〉継目）	「下総国印」	「下総国葛飾**郡大嶋郷養老**五年戸籍主帳无位刑部少倭」
老5年		続々修35-5（3）裏（〈11〉〈10〉継目）	「下総国印」	「下総国葛飾郡**大嶋郷養老**五年戸籍主帳无位刑部少倭」
		続々修35-5(3)裏(〈10〉〈9〉継目)	「下総国印」	「下総国葛飾**郡大嶋郷養老**五年戸籍主帳无位刑部少倭」
		続々修35-5(3)裏(〈9〉〈8〉継目)	「下総国印」	「下総国葛飾**郡大嶋郷養老**五年戸籍主帳无位刑部少倭」
		続々修35-5(3)裏(〈8〉〈7〉継目)	「下総国印」	「下総国葛**飾郡大嶋郷養老**五年戸籍主帳无位刑部少倭」
		続々修35-5(2)裏(〈6〉〈5〉継目)	「下総国印」	「下総国葛飾**郡大嶋郷養老五**年戸籍主帳无位刑部少倭」
		続々修35-5(2)裏(〈5〉〈4〉継目)	「下総国印」	「下総国葛飾**郡大嶋郷養老**五年戸籍主帳无位刑部少倭」
		続々修35-5(2)裏(〈4〉〈3〉継目)	「下総国印」	「下総国葛飾郡大**嶋郷養老**五年戸籍主帳无位刑部少倭」
		続々修35-5(2)裏(〈3〉〈2〉継目)	「下総国印」	「下総国葛飾郡**大嶋郷養老五**年戸籍主帳无位刑部少倭」
	下総国倉麻郡意布郷	正集21②（〈2〉袖）	「下総国印」	「下総国倉**麻郡意布郷**養老五年戸籍」
		正集21①（〈1〉袖）	「下総国印」	「下総国**倉麻郡意布**郷養老五年戸籍」
	下総国釬托郡山幡郷	正集21③（〈3〉〈4〉継目）	「下総国印」	「下総国釬托**郡山幡郷養**老五年戸籍」

正税帳

天平4年	隠岐国	正集34⑤（〈5〉〈6〉継目）	「隠岐国印」	「隠岐国正税収**納帳大初位下行** **県犬養**宿禰大万侶天平五年二 十九日」
天平8年	摂津国	正集14④（2）（〈10〉〈11〉継目）	「摂津国印」	「**摂津国天平八年正**税目録帳従 位下大**属田部宿禰家主**」
	薩麻国	正集43⑦（〈13〉〈14〉継目）	「薩麻国印」	「薩麻国天平八**年正税目録帳従** **位上行目呉原**忌寸百足」
		正集43④（1）（〈5〉〈6〉継目）	「薩麻国印」	「薩麻国天平八**年正税目録帳従** **位上行目呉原忌**寸百足」
		正集43④（2）（〈7〉〈8〉継目）	「薩麻国印」	「薩麻国天平**八年正税目録帳従** **位上行目呉原**忌寸百足」
		正集43⑤（1）（〈9〉〈10〉継目）	「薩麻国印」	「薩麻国**天平八年正税目録帳従** **位上行目**呉原忌寸百足」
天平9年	和泉監	正集13①（〈1〉〈2〉継目）	「和泉監印」	「和泉監収納正**税帳天**平九年」
		正集13②（〈3〉〈4〉継目）	「和泉監印」	「和泉監収納正**税帳天**平九年」
		正集13③（2）（〈6〉〈7〉継目）	「和泉監印」	「和泉監収納**正税帳天**平九年」
		正集13③（3）（〈8〉〈9〉継目）	「和泉監印」	「和泉監収納**正税帳天**平九年」
		正集13⑤（1）（〈11〉奥）・正集 13⑤（2）（〈12〉袖）継目	「和泉監印」	「和泉監収納**正税帳**天平九年」
		正集14①（〈1〉〈2〉継目）	「和泉監印」	「和泉監収納**正税帳天**平九年」
		正集14②（〈3〉〈4〉継目）	「和泉監印」	「和泉監収納正**税帳天**平九年」
		正集14③（〈5〉〈6〉継目）	「和泉監印」	「和泉監収納正**税帳天**平九年」
		正集14③（〈6〉〈7〉継目）	「和泉監印」	「和泉監収**納正税**帳天平九年」
		正集14③（〈7〉〈8〉継目）	「和泉監印」	「和泉監収納正**税帳天**平九年」
	但馬国	正集29①（1）（〈1〉〈2〉継目）	「但馬国印」	「従七位下**行目坂上**忌寸人麻呂」
		正集29②（1）（〈4〉奥）・正集 29②（2）（〈5〉袖）継目	「但馬国印」	「従七位下**行目坂上忌**寸人麻呂」
		正集29③（〈6〉〈7〉継目）	「但馬国印」	「従七位下行**目坂上忌寸**人麻呂」
		正集29③（〈7〉〈8〉継目）	「但馬国印」	「従七位下行**目坂上忌寸**人麻呂」
		正集29③（〈8〉〈9〉継目）	「但馬国印」	「従七位下**行目坂上忌**寸人麻呂」
		正集29④（〈10〉奥）-正集29 ⑤（〈11〉袖）	「但馬国印」	「従七位下行**目坂上忌寸**人麻呂」
		正集29⑥（〈12〉〈13〉継目）	「但馬国印」	「従七位下行**目坂上忌寸**人麻呂」
	豊後国	正集42①（3）（〈3〉〈4〉継目）	「豊後国印」	「豊後国**天平九年正税帳守従五位** **下楊胡史**真身」
		正集42①（3）（〈4〉〈5〉継目）	「豊後国印」	「豊後国天**平九年正税帳守従五位** **下楊胡**史真身」
		正集42①（3）（〈5〉〈6〉継目）	「豊後国印」	「豊後国天平**九年正税帳守従五位** **下楊胡**史真身」
		正集42①（3）（〈6〉奥）・正集 42①（4）（〈7〉袖）継目	「豊後国印」	「豊後国天平**九年正税帳守従五位** **下楊**胡史真身」
		正集42④（2）（〈11〉〈12〉継目）	「豊後国印」	「豊後国天平**九年正税帳守従五位** **下楊**胡史真身」
天平10年	淡路国	正集37④（2）（〈9〉〈10〉継目）	「淡路国印」	「淡路国天平十年十二**月廿七日史** **生正八位**下榎本直虫麻呂」
		正集37④（3）（〈11〉〈12〉継目）	「淡路国印」	「淡路国天平十年十**二月廿七日史** **生正八位**下榎本直虫麻呂」
	筑後国	正集43①（1）（〈1〉奥）・正集 43（2）（〈2〉袖）継目	「筑後国印」	「筑後**国天平十年正税目録帳従七** **位下行目津**史真麻」

正税帳（つづき）

平 11 年	伊豆国	正集 19 ①（〈1〉〈2〉継目）	「伊豆国印」	「伊豆国天平十一年正税幷**神税帳** **目従八位下**林連佐比物」
		正集 19 ②（〈3〉袖）	「伊豆国印」	「伊豆国天平十一年正**税幷神税帳** **目従**八位下林連佐比物」
		正集 19 ②（〈3〉〈4〉継目）	「伊豆国印」	「伊豆国天平十一年正税**幷神税帳** **目従八**位下林連佐比物」
		正集 19 ②（〈4〉〈5〉継目）	「伊豆国印」	「伊豆国天平十一年正税**幷神税帳** **目従八位**下林連佐比物」

表 20-2　継目裏書への踏印箇所（集計）

	文書名		行政組織						年（年月日）		署名	
			国		郡		里（郷）					
	踏印 / 記載	%	踏印 / 記載	%	踏印 / 記載	%	踏印 / 記載	%	踏印 / 記載	%	踏印 / 記載	%
籍合計	14 54	25.93	5 54	9.26	49 54	90.74	53 54	98.15	52 54	96.30	0 19	-
宝 2 年筑前国戸籍	1 15	6.67	0 15	—	15 15	100.00	15 15	100.00	15 15	100.00	— —	—
豊前国戸籍	12 17	70.59	5 17	29.41	17 17	100.00	17 17	100.00	17 17	100.00	— —	—
老 5 年下総国戸籍	1 22	4.55	0 22	—	17 22	77.27	21 22	95.45	20 22	90.91	0 19	—
税帳合計	26 28	92.86	2 28	7.14	— —	—	— —	—	21 28	75.00	25 25	100.00
平 4 年隠岐国正税帳	1 1	100.00	0 1	—	— —	—	— —	—	0 1	—	1 1	100.00
平 8 年摂津国正税帳	1 1	100.00	1 1	100.00	— —	—	— —	—	1 1	100.00	1 1	100.00
薩麻国正税帳	4 4	100.00	0 4	—	— —	—	— —	—	4 4	100.00	4 4	100.00
平 9 年和泉監正税帳	10 10	100.00	0 10	—	— —	—	— —	—	8 10	80.00	— —	—
但馬国正税帳	— —	—	— —	—	— —	—	— —	—	— —	—	7 7	100.00
豊後国正税帳	5 5	100.00	0 5	—	— —	—	— —	—	5 5	100.00	5 5	100.00
天平 10 年淡路国正税帳	0 2	—	0 2	—	— —	—	— —	—	2 2	100.00	2 2	100.00
筑後国正税帳	1 1	100.00	1 1	100.00	— —	—	— —	—	1 1	100.00	1 1	100.00
天平 11 年伊豆国正税帳	4 4	100.00	0 4	—	— —	—	— —	—	0 4	—	4 4	100.00
総計	40 82	48.78	7 82	8.54	49 54	90.74	53 54	98.15	73 82	89.02	25 44	56.82

は、文書名、行政組織（国名、郡名、里〔郷〕名）、年（年月日）、担当官人の署名である。表にまとめた事例がいずれも大宝令制下のものである点を考慮すると、大宝公式令のうち諸国に下す公文への内印の踏印規定「則印㆓事状物数及年月日㆒。亦印㆓鈴剋伝符署処㆒」に準じて踏印されていると解するべきであろう。文書表面の記載に関して踏印すべき「事状物数及年月日」および「署処」について、裏面にも記載を行ったため、その箇所にも国印を捺しているのである。

また、特に行政組織のみを取り上げると、頻度の高いものから順に里（郷）名、郡名、国名の順となり、前二者の踏印される頻度が九割以上であるのに対して、国名は一割にも満たない。継目裏に捺される印は国印であるにもかかわらず、国名に注意を払って捺している訳ではないのである。これは唐において設けられた文書作成段階での州県の責任分担を明示するための「其縫皆注㆓某州某県某郷某年籍㆒。州名用㆓州印㆒、県名用㆓県印㆒」という踏印規定に明らかに反しており、印に対する認識が日唐で根本的に異なっていると言わざるを得ない。この点からも、日本の継目裏書および裏印は、令文上においても、また実態においても、唐制を直接に継受していないことは明らかであろう。

(3) 大粮申請継文

前項では諸国から京進される公文を見たが、本項では中央官司で実施されていた文書と文書を貼り継ぐ事例として天平十七年（七四五）の大粮申請継文を取り上げたい。

大粮申請継文は、中央諸官司より提出された仕丁や衛士、采女といった下級職員の食糧（大粮）を請求する文書をその支給を担当する民部省において貼り継いだ継文で、正倉院文書中に天平十七年の二月、四月、八月、十月に

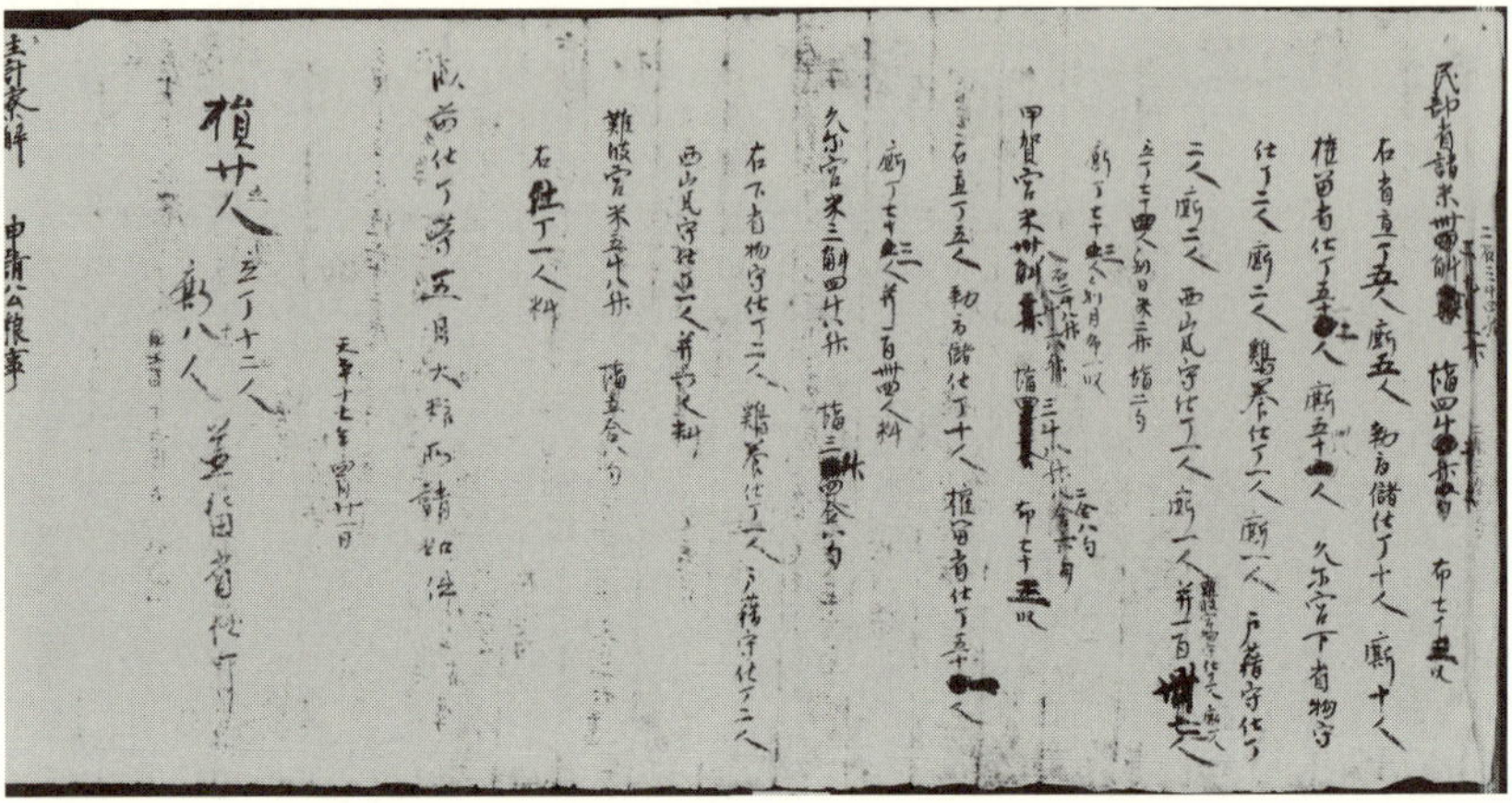

写真7　大粮申請継文　民部省部分（『正倉院文書』続々修6-5裏、正倉院宝物）

作成されたものが残る。これまでの研究により、被管の下級官司から八省などの上級官司に集められた後に民部省に送られていること、各官司の文書の配列は職員令の順に従っていること、また写真7に示したように民部省の分には印が捺されていないことより民部省自身が大粮を管理していたことなどが指摘されている(32)。

ここで注目したいのは、文書を八省などで貼り継いだ際に捺された印である。大粮申請継文に見える印は「中務之印」「式部之印」「治部之印」「兵部之印」「刑部之印」「大蔵之印」「宮内之印」「左京之印」「右京之印」の九種であり、八省および京職である（九四〜九五頁の写真2参照）。これに対し、官制上で八省と統属関係にない左右衛士府、左右兵衛府、左右馬寮、兵庫、東宮坊、造宮省については、文面に記載された文書の宛先より見て当該官司から民部省に移が送られたことが明らかであるものの(33)、踏印がなされていない点より見て、この時点で印が頒下されていなかったものと考えられる。八省印は養老三年（七一九）十二月に揃ったものの(34)、八省と統属関係にない府や寮の印は天平十七年段階でも存在しておらず、八省管下の諸司は当然印を所持していないであろう。このような状況下において、各省で貼り継がれたのが大粮申請継文であり、そこに省印

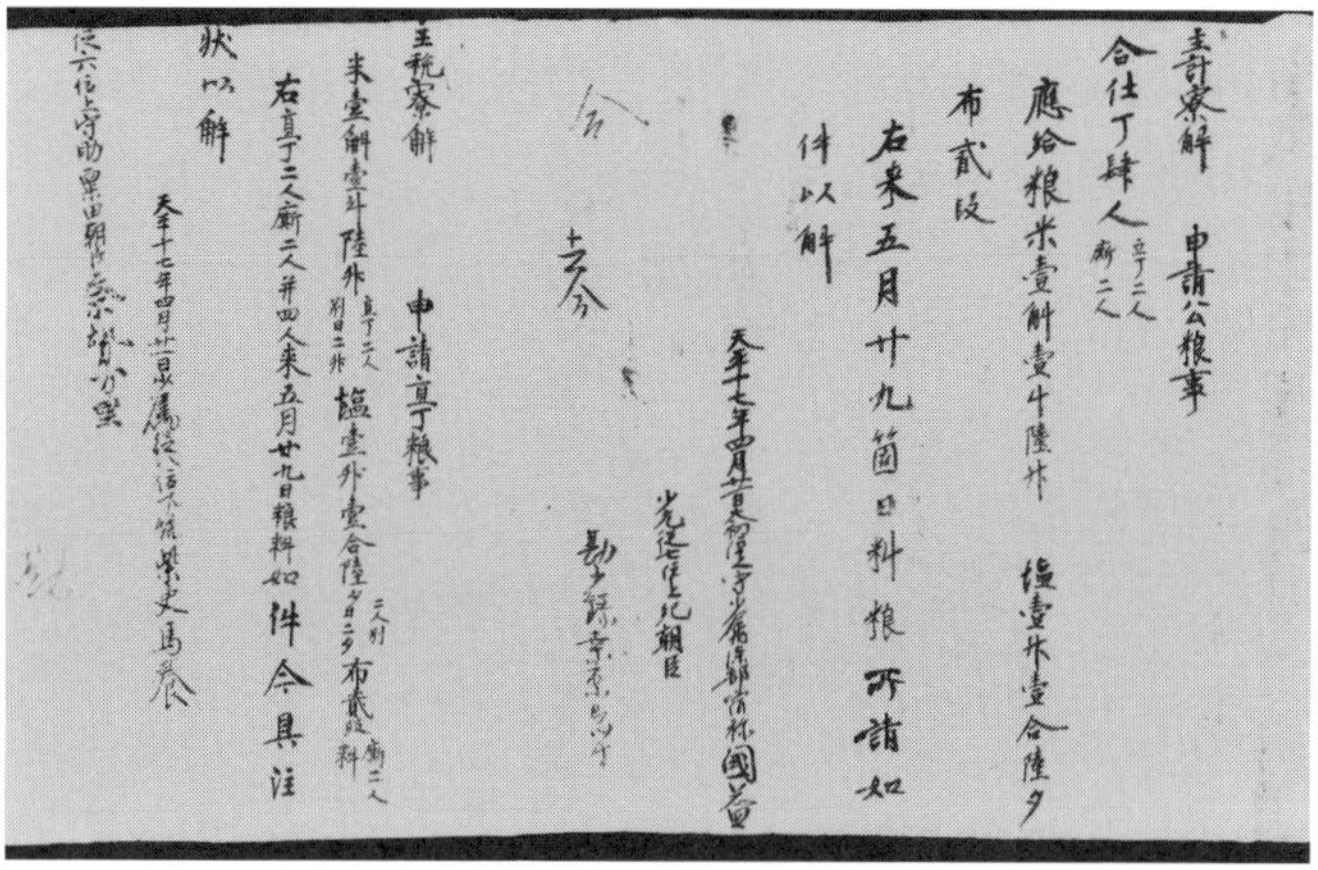
主計寮解　申請公粮事
合仕丁肆人　立丁二人　廝二人
應給粮米壹斛壹斗陸升　塩壹升壹合陸夕
布貳段
右、来五月廿九箇日料粮所請如
件以解
主税寮解　申請直丁粮事
米壹斛壹斗陸升　直丁二人別日二升　塩壹升壹合陸夕　二人別日二夕　布貳段　廝二人料
右直丁二人廝二人并四人来五月廿九日粮料如件今具注
状以解

（同右）

が捺され、民部省に宛てて発信された。

それでは、この踏印は文書の貼り継ぎと発信のどちらに付随するものなのであろうか。これを解明する手がかりが、民部省分の継文である。民部省分の継文は二月と四月で確認できるが[35]、四月分より民部省は自身の注文を袖に置き、その奥に配下の主計寮と主税寮から提出された解を貼り継いでいることが分かる。そしてこの民部省分の継文には踏印がなされていない。民部省は既に養老三年段階で「民部之印」を保有しているはずであるが、文書の貼り継ぎに際しては自らの省印を捺していないのである。翻って考えると、民部省と他省とは文書の貼り継ぎという点では共通していることより、民部省以外の継文では文書同士を貼り継ぐ際ではなく、民部省への発信に当たって踏印されていたと見なすべきであろう。つまり中央諸官司では文書の貼り継ぎに際しては意識的に継目に踏印はせず[36]、また裏書きがなされる事例もないことより見て、継目には関心が払われていないと判断される。

（4）相模国調邸にかかる文書の継文

前項と同様に中央官司で実施されていた文書同士の貼り継ぎの事

例として、造東大寺司で作成された相模国調邸にかかる文書の継文を取り上げる。この継文は早稲田大学図書館所蔵の薬師院文書中に残るもので（写真8）、天平勝宝七歳（七五五）～八歳の相模国調邸の売買にかかる文書四通は恐らく古代からの貼り継ぎを保っているものと考えられる。[37] 同じく薬師院文書中に見える延暦十五年（七九六）八月二日付けの東大寺三綱牒の冒頭「三綱牒　造東務所／請東市庄券参枚」の文言から造東大寺司の後継機関である造東大寺所に保管されていたとされるが、[38] 三綱牒の奥に追記された造東大寺所判「依請放充四枚白紙二枚印捺二枚」から判断して、この延暦十五年に東大寺三綱に渡されたものと考えられる。[39]

これら四通の継目の裏には裏書と「東大寺印」の踏印が見られるが、現在公開されている写真に基づき整理すると次のようになる。[40]

《文書名》	《継目裏書》	《継目裏印》
		二顆半存（斜位）
①東西市庄解（天平勝宝八歳正月十二日）	封　大判官　万□〔呂カ〕	二顆（斜位）
②相模国朝集使解（天平勝宝八歳二月六日）	封　少判官　万□〔呂カ〕	二顆（斜位）
③相模国司牒（天平勝宝七歳十一月十三日）	□〔封カ〕　少判官　□□	二顆（斜位）
④相模国司牒（天平勝宝七歳五月七日）		

④　③

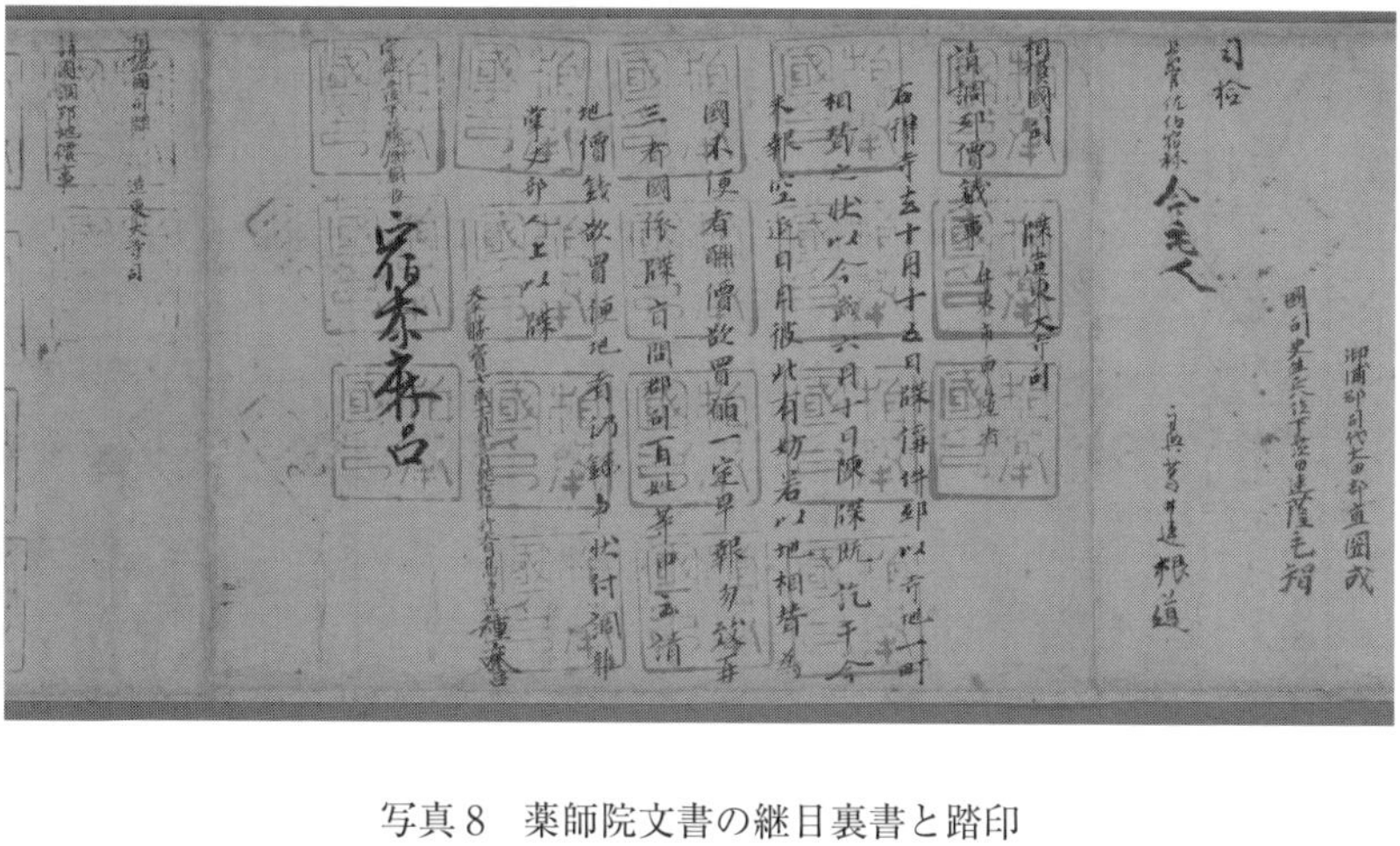

写真８　薬師院文書の継目裏書と踏印
（『薬師院文書』早稲田大学図書館所蔵　請求記号：リ 05_03740_0002_0004）

この継目裏書に見える「大判官」「少判官」について高柳光壽氏は所見がないとするが、継文が東大寺塔頭の薬師院に伝来したことを踏まえると、造東大寺司の大判官・少判官であると判断すべきであろう。造東大寺司は八省並みの規模を誇り、長官・次官・判官・主典の四等官制を採っていたが、神護景雲二年（七六八）以降、廃絶する延暦八年（七九〇）までの時期はこの判官が大少に分かれるのである。(41) したがって、この継文に継目裏書が施された時期もこの期間内に限定されることになる。

次に、継目裏への踏印であるが、正倉院文書に残る印影から「東大寺印」を検討した田中史生氏によると、この印は宝亀二年以降に使われたもので、先の東大寺三綱牒に踏印されたものと同じであるという。(42) さらに、この踏印の年代を検討する上で参考になるのが東南院文書第三櫃第四十一巻に残る継文である。現在、この継文は宇治華厳院関係文書十二通と五百井女王が主催した般若院仏供養にかかる文書四通の計十六通の文書から構成されているが、(43) 宇治華厳院関係文書十二通の継目裏に裏書と斜位の「東大寺印」が確認できる。ただし、継目裏書「珍封」は第一通「山背国宇治郡加美郷長解案」（天平十二年（七四〇）正月十日付）から第十二通「尼證摂家地幷雑物寄進状」（仁寿二年（八五二）四月七日付）まで全てに施されているのに対し、「東大寺印」は冒頭から第四通と第五通の継目までしか捺されていない。第五通が延暦六年三月二十日付け、次の文書の年次が延暦十年正月二十一日であることから、延暦六年以降十年までの期間に踏印されたと考えられる。この年次を直接に薬師院文書に当てはめることはできないが、踏印された時期のおおよその目安と見ることは可能であろう。

薬師院文書中の相模国調邸にかかる文書は天平勝宝七～八歳の年記を持ち、造東大寺司に保管されている際にも継文とされていたであろう。しかし、継目裏に裏書が施されたのは神護景雲二年から延暦八年までの間、踏印されたのは恐らく延暦年間であり、造東大寺司の廃絶に伴うものと推測される。恐らく組織の廃絶に当たって、造東大寺司では保管文書の整理を行いその継目裏に四等官と事務担当者が裏書を施し、この継文を引き継いだ東大寺の側で「東大寺印」を捺した。[44] つまり、継文の継目には移管される段階になって初めて処置が施されたのであり、継目裏書は文書や紙を貼り継ぐという行為に対してではなく、整理を行う過程においてその貼り継ぎ結果に対してそれを確認・保障するために機能したと言える。

（5）写経所文書

前項までは中央官司における文書の貼り継ぎの事例を見たが、本項では正倉院文書の大部分を占める写経所文書を対象として見ていく。

先に見たように、大宝公式令の段階では諸司印の規定が存在せず、その後、八省以下の印が順次作製され、養老公式令において40天子神璽条とし令文に盛り込まれた。東大寺写経所を管轄する造東大寺司でも天平勝宝四年（七五二）以降「造東寺印」が使用され、また天平宝字五年（七六一）以降は「東大寺印」が併用されるようになったことが指摘されている。[45] しかし、印を有しない写経所においては紙継目に踏印できるはずもなく、[46] 継目に対する意識は継目への書き込みとして出現する。

継目裏書の事例については、北條朝彦氏により四名の案主による事例が報告されているが、[47] この他に杉本一樹氏[48]および石上英一氏[49]による継目裏書の事例の紹介があり、それらを整理すると次の通りとなる。

志斐麻呂―「志」「斐」「志斐」（天平十七年〜二十年）

伊福部男依―「男」（天平十八年）

姓名不詳―「封卅五」など（天平十八年）

阿刀足嶋―「合　天平十九年○月○○日勘阿刀足嶋」（天平十九年）

上馬養―「養」（宝亀二年〔七七一〕）

韓国形見―「封印　形見」（宝亀三年）

これらの事例はいずれも案主による継文（帳簿）の整理段階で記された裏書であるが、ここでは奥に判を伴う文書を整理した上馬養の事例を取り上げてみたい。

その継文は内裏系統写経機関と造東大寺司との間で往還された奉請文（経巻の貸し出しに関する文書）の継文である。この時期、内裏では孝謙上皇（のち称徳天皇）によるいわゆる景雲一切経の勘経が行われており、その作業に使用する経巻を造東大寺司より借用し、また貸出に東大寺写経所が関与したことから、事業を担当した内裏の写経機関である奉写御執経所（のちに司へ昇格し奉写一切経司と改称）と造東大寺司の間で交わされた経巻の借貸に関する奉請文が正倉院文書中に残っているのである。奉請文継文は天平宝字六年から天平神護三年（七六七）のもの（以下、「継文A」とする）と神護景雲元年（七六七）から三年もの（以下、「継文B」とする）との二通に復原されることが指摘されており、継文Aは奉写御執経所との間で、継文Bは奉写一切経司との間で取り交わされた奉請文を貼り継いだものである。また継文Bには各文書の継目に「養」の裏書が見え、袖の端裏に「閏三月□日封馬」と記されていることより、宝亀二年閏三月の時点で東大寺写経所の案主であった上馬養の手により整理されたことが判明する。[50]

まず、継目裏に「養」が記された継文Bから見ていく。継文Bは八箇所の欠損を挟みつつ、現在のところ神護景雲元年九月二十六日から三年七月二十日までの三七通の文書の貼り継ぎが復原されている（表21）。これらの文書

表21　奉写一切経司奉請文継文（「継文B」）復原案

No.	文書名	編成	料紙番号	大日古	日付	他の奉請文との
1	造東大寺司移案	続々修17-8	1	十七117～118	神護景雲3.7.20	「依去六月廿八日
2	奉写一切経司移	続々修17-8	2～3	十七119～120	神護景雲3.6.28	
3	造東大寺司移案	続々修17-8	4	十七121	神護景雲3.7.1	「依去六月廿八日
4	造東大寺司移案	続々修17-8	5～6	十七122～123	神護景雲3.4.3	「依去三月卅日移
5	奉写一切経司移	続々修17-8	7	十七124～125	神護景雲3.3.30	
6	造東大寺司牒案	続々修17-8	8～9	十七125～128	神護景雲2.12.20	「依今月二日牒旨」
7	造東大寺司牒案	続々修17-8	10	十七129～130	神護景雲2.12.4	「依今月二日牒旨」
8	奉写一切経司牒	続々修17-8	11～13	十七130～135	神護景雲2.12.2	
9	造東大寺司牒案	続々修17-8	14～17	十七135～138	神護景雲2.11.12	「依今月十日牒旨」
10	造東大寺司牒案	続々修17-8		十七138	神護景雲2.11.25	「依今月十日牒旨」
11	奉写一切経所（司）牒	続々修17-8	18～19	十七139～142	神護景雲2.11.10	

12	造東大寺司移案	続々修17-7①	1～2	十七78～80	神護景雲2.9.26	

13	造東大寺司移案	続々修17-7②	3	十七80～81	神護景雲2.9.21	

14	奉写一切経司移	続々修17-7④	5～6	十七82～86	神護景雲2.9.18	

15	造東大寺司移案	続々修17-7③	4	十七81～82	神護景雲2.9.19	「依今月十八日移文
16	奉写一切経司移	続修別集2⑧	9	五698～699	神護景雲2.9.2	
17	奉写一切経司移	続修別集2⑥	7	五697～698	神護景雲2.8.20	
18	造東大寺司移案	続々修17-7⑤	7～8	十七86～88	神護景雲2.8.21	「依今月廿日移文」
19	奉写一切経司移	続修別集2⑦	8	五697	神護景雲2.閏6.2	
20	造東大寺司移案	続々修17-7⑥	9	十七88～90	神護景雲2.閏6.3	「依今月二日移文」
21	奉写一切経司牒	続修別集2⑤	6	五696～697	神護景雲2.6.9	
22	造東大寺司牒案	続々修17-7⑦	10	十七90～91	神護景雲2.6.4	「依去五月廿九日牒

23	奉写一切経司移	続修別集2④	5	五695～696	神護景雲2.6.4	

24	奉写一切経司牒	続々修17-7⑧	11	十七92～94	神護景雲2.5.29	
25	奉写一切経司移	続修別集2③	3～4	五694～695	神護景雲2.4.29	
26	造東大寺司移案	続々修17-7⑨	12～13	十七94～96	神護景雲2.3.30	「依今月廿六日牒旨
27	奉写一切経司移	続修別集2②	2	五694	神護景雲2.3.28	
28	造東大寺司移案	続々修17-7⑩	14～15	十七96～97	神護景雲2.3.28	「依今日牒」

29	奉写一切経司移	続々修17-7⑪(2)	18	十七100～102	神護景雲2.3.26	

30	造東大寺司移案	続々修17-7⑪(1)	16～17	十七98～100	神護景雲2.3.27	「依今月廿六日牒」
31	奉写一切経司牒	続修別集2①	1	五693～694	神護景雲2.2.19	
32	造東大寺司牒案	続々修43-22⑪裏 続修別集1①裏 続々修17-7⑫(1)	 3～1 19	十七110 十七143-144 十七102	神護景雲2.2.20	「依今月十九日牒」
33	奉写一切経司牒	続々修17-7⑫(2)	20	十七102～103	神護景雲2.2.12	
34	東大寺写経所奉請文案	続々修17-7⑫(3)	21	十七103～104	神護景雲2.2.12	「依今日牒」
35	奉写一切経司移	続々修17-7⑫(4)	22	十七104～105	神護景雲2.正.30	「依内宣」
36	東大寺写経所奉請文案	続々修17-7⑫(5)～(9)	23～27	十七105～109	神護景雲2.2.3	「依正月卅日牒」
37	東大寺写経所奉請文案	続々修17-7⑫(10)	28	十七109～110	神護景雲元.9.26	「依今日牒旨」
往来軸		続々修17-7		十六435		

は石上氏の指摘するように貸借一件毎にまとまりを保ちつつ奥から袖に向かって貼られており、当時の案件の処理の様子を窺うことができる。継文B冒頭の事例からその処理の様子を見てみよう。

(ア)(端裏書)「閏三月□日封馬」

造東大寺司　移奉写一切経司

合論疏章貳拾陸巻並審詳師

文殊師利井問菩提論二巻

无量寿経論優婆提願主偈一巻

三具足経優婆提舎一巻　花厳経料蕳一巻

明大乗理一巻　花厳入法男《(界)》品抄一巻

遺教経論疏二巻　雑集論疏十巻玄範師 欠第三

摂大乗論抄記四巻　随願経論記一巻

四品玄帝義一□　三蔵義一巻

大乗三蔵□□□□巻　葉波国達磨菩提縁《因》一巻

以前、依去六月廿八日移文、附廻使舎人田邊

廣吉、且令請如件、故移

神護景雲三年七月廿日主典正六位上□

少判官正六位□

（紙継目）「養」

案主上馬養

（イ）奉写一切経司移　造東大寺司
合請経論疏章参拾部陸拾伍巻
如来興顕経四巻寺家随在　摂大乗論世親釈十巻玄奘訳
无量寿経義疏二巻法位師　観弥勒𦬇上生兜率天経賛二巻
大乗成業論抄一巻　金剛般若波羅蜜経□
部執異論記四巻真諦師　劫婆羅義一巻
成実論義林二巻　摩訶摩邪経義疏一巻
毗曇法数文一巻　戒本私記一巻
八識義一巻
右十三部、水主内親王
文殊師利𦬇問菩提論二巻　无量寿経論優波提願生偈一巻
三具足経優波提舎一巻　花厳経料蕳一巻
明大乗理一巻　花厳入法界品抄一巻
遺教経論疏二巻　雑集論疏十巻玄範師
摂大乗論抄記四巻　仏性義一巻

順正理論私記一巻　　随願経論記一巻
四品玄帝義一巻　　三蔵義一巻
大乗三蔵義九門一巻　　龍樹井和香法一巻
葉波用《国》達磨菩提恩《縁》一巻
　右十七部、審詳師、
以前件疏章等、為用勘経所証本、差舎人田邊廣
吉、所請如件、故移
　　神護景雲三年六月廿八日主典従七位下因播国造「田作」
次官下従五位下（自署）「王」
（異筆）「司判行」
　　　　大判官上毛野公（自署）「真清」
　　　　主典葛井連（自署）「荒海」

（紙継目）「養」

（紙継目）「養」

（ウ）造東大寺司移奉写一切経司
*「可」合　疏九《章等》部十五巻　*「並小《水》主内親王経之内」
　無量寿経義疏二巻 法位師　　観弥勒井上生兜率天経賛二巻
　部執異論記四巻 真諦師　　劫婆羅義一巻
　成実論義林二巻　　摩訶摩邪経義疏一巻

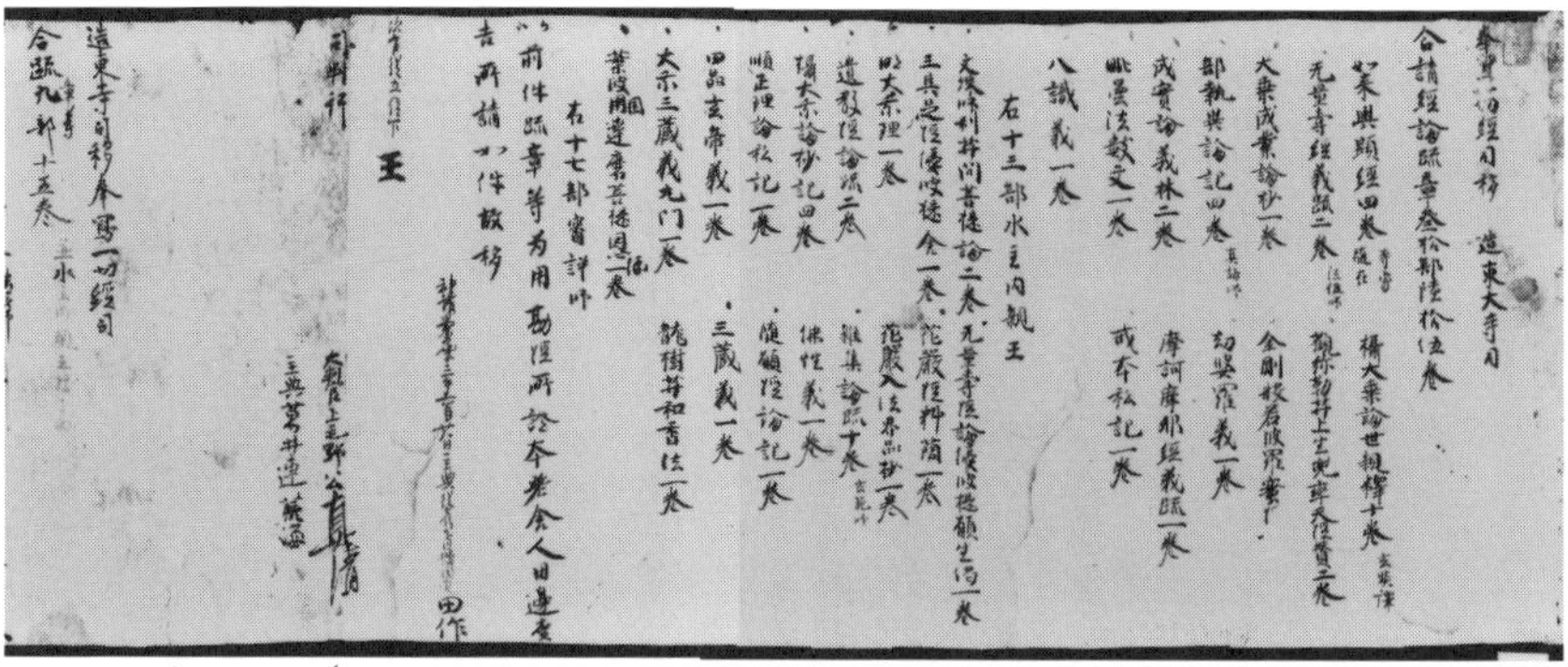

紙継目

写真9　造東大寺司判記入時の料紙追加の事例
（『正倉院文書』続々修17-8〈2〉-〈3〉、正倉院宝物）

毘曇法数文一巻　　　戒本私記一巻
八識義一巻
以前、依去六月廿八日移文、附廻使舎人田邊廣
吉、且令請如件、故移
　　神護景雲三年七月一日主典正六位上葛井連
　　　　大判官外従五位下上毛野公
　　　　　(自筆)「充案主上馬養」

右のように継文Bの冒頭には袖より（ア）・（イ）・（ウ）と三通の文書が貼り継がれているが、（ア）および（ウ）の事実書に「依去六月廿八日移文」と見えることより、六月二十八日に到来した（イ）の借用依頼に従って、まず七月一日に（ウ）の水主内親王経からの貸し出しが、また続いて七月二十日に（ア）の審詳師経からの貸し出しが実施されていることが判明する。ここで案件の処理過程を考えると、（イ）の借用依頼は文面より判断して造東大寺司に届き、その奥に「司判」すなわち造東大寺司の判が追記されていることより造東大寺司政所での決裁を経た。その後、案件が写経に関することであるため、担当部局である写経所に

回されたのであろう。そこで貸し出しの可否の判断を行い、貸し出しが可能な経典をリストアップして貸し出す旨を記した奉請文案（ア）・（ウ）が作成され、造東大寺司政所に上げられたのち、そこで奉請文の正文が作成され、経典と共に奉写一切経司に送られたと考えられる。その貸し出しや後日の返却の際の点検記録が文書に施された点や圏点、勾である。こうして一件の貸し出しが完了すると文書は写経所で保管され、そこで案件毎に貼り継がれ、(51)最終的に宝亀二年閏三月の時点で奉写一切経司奉請文の継文として整理が行われ、その際に継目裏に「養」が記されたのである。

ここで注目したいのが（イ）の奉写一切経司移の奥に記載された造東大寺司判である。写真9に示したようにこの奉写一切経司移は借用を希望する経典の一覧を記すため二十四行に渡って記載がなされており、奥にほとんど余白が残っていない。そこで造東大寺司政所で判語を記すに当たって白紙を貼り継いでいるが、その際に紙を貼り継ぐ旨の指示を記入したり、継目に裏書きを施したりするようなことは行われていない。つまり、官司の規模では八省クラスとされる造東大寺司でも、案件の処理に際しての紙の貼り継ぎに当たっては何の関心も払われていないのである。またその姿勢は、造東大寺司で判語を記入した借用依頼書の正文である（イ）を配下の写経所に引き渡し、その後の奉請文案との貼り継ぎに関しては現場の案主である上馬養に一任して政所からは一切の指示を与えていない点からも窺うことができる。

右のごとく継文Bでは造東大寺司において新たに白紙を貼り継いで判語を記入した事例が確認されたが、継文Aのうちの天平宝字八年十二月一日付けの奉写御執経所奉請文では配下の写経所で新たに白紙を貼り継いで記載を設けた事例が見られる。(52)

奉写　御執経所
奉請雑経卌二巻
三千仏名経三巻*「寮一切」　五千五百仏名経八巻*「主」　仏名経十二巻*「主」
賢劫経十三巻六宮一在帙占八仏名号経一巻*「寮二」十二仏名神咒経*「宮」一巻*「卌八五」
百仏名経一巻*「卌一宮一五」　諸仏要集経二巻*「寮一切一主」　施灯功徳経一巻*「内七巻三」
右、被証演尼師宣云、件経等、以此暮時、応転読
内裏者、今依宣旨、令奉請如件
天平宝字八年十二月一日図書少属大隅公足
(異筆)「件経、急令奉請、
次官国中連(自署)「公万呂」　主典他田水主」

(異筆)「百仏名経一巻　賢劫経十三巻　十二仏名神咒経一巻
右、三部十五巻、坤宮一切経内黄紙及表綺帯紫檀軸在帙占(追筆)「以景雲二年八月十二日返了」
三千仏名経三巻　八仏名号経一巻「以景雲二年八月十二日返了」
右、二部四巻、寮一切経内黄紙及表綺帯朱軸有印(追筆)「以景雲二年八月十二日返了」
(紙継目)
五千五百仏名経八巻　仏名経十二巻(追筆)「同日返了」

諸仏要集経二巻（追筆）「以景雲二年八月十二日返了」
右、三部廿二部、水主内親王経内黄紙及表綺帯有印
施灯功徳経一巻黄紙及表綺帯朱軸有印（追筆）「返了」
右、一部一巻、内堂経内之

行上馬養
使内豎葛木黒山」

右のうち、最初の八行が奉写御執経所奉請文、その直後の二行が造東大寺司の判語、それ以降が東大寺写経所における記載である。奉写御執経所は当日の暮れに内裏で行われる転読で使用する経典四十二巻の借用を依頼し、それを受け取った造東大寺司政所では至急貸し出しを行うようにとの判語を記入して配下の写経所に奉請文を回した。それを受け取った写経所では即座に管理している経典から選び出し、奉写御執経所からの使者である内豎葛木黒山に付して貸し出しを行っている。[53]

この貸し出しに際しては、写経所が管理している坤宮官一切経、図書寮一切経、水主内親王経、内堂経という四つの経典群から該当する経典を選び出したが、他の経典との区別のためにその特徴を記したことから奉請文の奥の余白に書ききれず、そのため新たに白紙を貼り足して記載を設けている。この料紙追加の判断を下したのは、もちろん記載をしている当人上馬養であろう。またこの貸し出しの記載には返却の記録が追筆でなされており、内堂経以外には「以景雲二年八月十二日返了」と記されていることから、この奉請文はその時点においても写経所で管理されていたことが判明する。つまりこの奉請文は、奉写御執経所から造東大寺司へ到来した正文であるにもかかわ

らず、[54]造東大寺司政所での決裁を経た後は一貫して配下の写経所に置かれ、そこで案主の手により料紙の追加や他の文書との貼り継ぎが行われ、経巻管理の台帳という新たな役割までもが与えられているのである。

以上、本項では主に正倉院文書を対象として日本古代における紙継目に対する意識を検討してきたが、料紙が複数枚に渡る諸国公文の例では継目裏への踏印は継目ではなく継目裏書に対してなされている可能性が高く、大宝公式令における「縫処」への踏印規定の削除と大いに関係するものと考えられる。また複数の文書を貼り継いだ（3）・（5）の例からは、いずれも文書同士を貼り継いだ際の継目への関心も極めて薄いと判断される。特に（5）の写経所文書では継目裏書の見られる事例に限って取り上げたが、大部分の継文にはそもそも継目裏書自体が施されておらず、[55]継文作成時に責任の所在を明示するという意識は全く共有されていないと言わざるを得ない。

2　案の保管

前項で見たように、官司内において文書は他の文書と貼り継がれて継文が作成された。それでは、これら継文はどのように保管されていたのであろうか。前項と同様にまずは令文における規定を確認し、その後、正倉院文書に見える実例から奈良時代の文書保管の実態を探っていくこととする。

（1）令の規定

官司における文書の保管は、養老公式令では、

養老公式令82案成条

凡案成者、具条㆓納目㆒。目皆案㆑軸。書㆓其上端㆒云、其年其月其司納案目。毎㆓十五日㆒納㆑庫使㆑訖。其詔勅目、別所案置。

養老公式令83文案条

凡文案、詔勅奏案、及考案、補官解官案、祥瑞財物婚田良賤市估案、如㆑此之類、常留。以外、年別検簡、三年一除㆑之。具録㆓事目㆒為㆑記。其須㆑為㆓年限㆒者、量㆑事留納。限満准除。

と、82案成条および83文案条に規定されている。82案成条は案が完成した後には必ず目録を作成した上で、その案および目録に付けた往来軸の題籤には作成した年月と官司を記載し、十五日毎に庫に収めることを規定する。この「案成」について、集解諸説のうち古記・令釈・義解はいずれも本司の作成した公文および他司から到来した公文の双方を意味すると解釈しており、[56] 奈良時代から平安初期を通じての共通の理解であった。この解釈に従うのであれば前項で見た継文は本条の対象となる。この82案成条は大宝令においてもほぼ同文であったようであるが、末尾に「内外諸司皆准㆑此」とあった点で大きく異なる。すなわち該当部分に付された古記には「古記云。（中略）問。内外諸司皆准㆑此。未㆑知。此條為㆓誰司㆒立㆑文也。答。為㆓太政官㆒立㆑例」とあり、本条が太政官を対象として立文されたこと、またそれに準じて他の官司も案を保管すべきであったことが判明する。このような内容は他の注釈書には見えないため、養老令での文言の削除に伴って全ての官司が遵守すべき規定となったと捉えることもできるが、実態はどうであろうか。また、次条の83文案条は、前条で入庫された案の保管期限について定める。その期限は案件毎に異なり、詔・勅・奏の案や考課・任官・叙位などといった重要な内容を含む文書の案については永久保管とすること、それ以外については三年毎に要不要の判断を行い、不要であれば目録を作成して廃棄すべきことが定められている。

これら両条に関して日唐の比較を行った鐘江氏は、これらの条文は基本的に唐令をほぼそのままの趣旨で継受したものであるが、83文案条が定める保存すべき「案」については日本独自の考え方が存在し、「少なくとも案の保管規定の取り扱いについては、唐で形成された公式令規定の通りには運営していないようである」と指摘する。[57]公式令の規定の通りではない案の保管とはどのようなものなのであろうか。

(2) 正倉院文書に見える案保管の実態

①石山寺造営関係史料

正倉院文書に見える案保管の実例として、まず石山寺造営関係史料を取り上げる。この史料は天平宝字五年末～六年にかけて行われた石山寺の増改築の際に形成されたものであり、造営に当たって新置された造石山寺所および石山寺に供える経典を書写するために設けられた石山院奉写大般若経所の別当に東大寺写経所の別当であった安都雄足が任命されたこと、また石山院奉写大般若経所には案主上馬養をはじめ多くの人員が東大寺写経所より動員されたことより、事業終了後の石山から平城への引き揚げに伴ってそこで形成された文書群もそのまま東大寺写経所に持ち込まれたと解釈されている。[58]

第一部第二章で見たようにこの石山寺造営に際しては、建材や食糧、銭貨等の出納に当たって複数の帳簿が作成されたが、造石山寺所および石山院奉写大般若経所の発信した文書についても日を追って追い込みで書き継がれた帳簿「解移牒符案」が作成され、また多くの料紙に渡る文書の場合にはそれのみが単独で保管されたことが判明している。これが82案成条の集解諸説が言う「本司公文」に相当する。これに対して「来二他司一公文」に当たる造石山寺所および石山院奉写大般若経所の受信文書は、案件別に貼り継いで継文として保管されていた。現在に残る継文としては、配下の各山作所から提出された告朔を貼り継いだ「田上山作所告朔解」「甲賀山作所告朔解」、様工から提出された手実を貼り継いだ「雑様手実」、移築部材の運漕に関する文書を貼り継いだ継文、案件によって振り分けることができない文書を貼り継いだ「造石山院所貯蓄継文」が挙げられる。このような現存する継文とは異なり、上級官司である造東大寺司に提出されたことが判明する継文として愛智郡司解の継文がある。[59] この継文は先述の「解移牒符案」の末尾に「以前、一百廿五石五斗自レ郡進上、解文副政所進送已訖、仍具レ状、案取置如レ件」の語と共に十八通の解が書き写されていることより、これらの愛智郡司解が貼り継がれた状態で保管されていたこと、またその継文ごと造東大寺司政所に送られたことが判明する。愛智郡司解はいずれも造営事業の財源として造東大寺司より割り当てられた郡内所在の封戸の租米の納入記録であり、東大寺封戸という特殊な案件を含む文書の継文であったため造東大寺司に送られたと考えられる。言い換えれば、このような特殊な内容を含まない継文は例え正文であろうとも造東大寺司に送る必要はなく、結果として正倉院文書の一部として今日に残存しているのである。つまり、今日に残る石山寺造営関係史料は、「本司公文」も「来二他司一公文」も上級官司である造東大寺司に送る必要はなく、その官司の中で保管されるものだったと結論付けられよう。このような末端の官司に案の保管を委ねる方法は、上級官司の庫に全ての案を送る唐のそれとは明らかに異なる。

②法華寺（阿弥陀浄土院）金堂造営関係史料

石山寺造営事業に先立つ天平宝字三年から翌四年にかけて実施されたのが、造金堂所（もしくは作金堂所）による造営事業である。この事業の造営対象である金堂が法華寺金堂なのか法華寺阿弥陀浄土院金堂なのかという点で議論が分かれるが、この造金堂所の別当を安都雄足が、案主を下道主が勤めたことより、金堂造営事業の際に形成された史料群は造石山寺所に持ち込まれた。この史料群は福山敏男氏によってその整理に先鞭が付けられ、その後表裏関係をも含めた復原が岡藤良敬氏によって行われた[60]。また岡藤氏により、現存する金堂造営関係史料が全て石山寺造営関係史料の紙背に入っていること、また山作所で作成する文書（恐らく告朔解）のひな形とするために造金堂所の公文（「遺西院公文一巻」）を田上山作所で書写させていることが指摘されている。

この金堂造営関係史料からは案の管理および廃棄の実態を垣間見ることができる。①で見たように、日本では作成された案は上級官司の庫には収められずに末端の官司に保管が委ねられていたが、安都雄足という官人個人に伴って案が移動し、その配下にある他の部局に持ち込まれ、そこで複写がなされ、さらに廃棄した上で二次利用がなされるという状況からは、案の保管や管理は末端の官司ではなくその官司の職務を掌る官人個人に委ねられているとさえ言えるのではなかろうか。また、この造金堂所による造営事業は天平宝字四年末頃に終了したと見られているが、その約一年後には石山に持ち込まれ、それから三ヶ月後には破棄されて二次利用が行われており[61]、最低でも三年間の案保管を定める養老公式令83文案条の規定は全く遵守されていない。このような本来は令文に定める保管期間に関しても実際には官人個人に裁量が任されていたのである。

③内裏系統写経機関奉請文の継文

①・②では造営関係史料を見てきたが、③では写経所文書のうち前項でも取り上げた内裏系統写経機関と造東大寺司で取り交わされた奉請文の継文を再び検討してみよう。

先述のように、これら奉請文は全て造東大寺司が受信し、政所において決裁がなされ奥には判語が書き込まれた。その造東大寺司判が書き込まれた奉請文が経巻の貸し出しという案件の担当部局である写経所に送られると、そこで実際に貸し出す経典が用意され、その際に渡される貸出票となる造東大寺司移の案が作成された。その案は造東大寺司政所に送られ、四等官の確認を経た上で正文が作成され、実際の貸し出しが行われる。その後、造東大寺司移の案文は写経所へと戻され、写経所案主の手で借用申請一件毎にまとまった形で貼り継がれ、最終的に何十紙にも及ぶ継文に整理されたのである。他司から到来した文書と自司の作成した文書を貼り継いで保管している点、到来した文書の奥に判語が書き込まれている点からは、正倉院文書中では唐の案巻に最も近い継文と言える。

ところが、唐の案巻と決定的に異なるのは、案が完成した後にも上級官司の庫に収められない点である。個別の文書が到来し、またそれへの返信が作成され続けている間はまだ案が完成していないと見なし得るかもしれないが、奉請文継文のうち継文Bは宝亀二年閏三月の段階で最終整理を行い、継目裏書および末尾の料紙に整理を行った旨の記載を設けた時点で、養老公式令82案成条が対象とする案が成った状態と判断されるであろう。ところが、これら二通の継文は正倉院文書として今日に伝来しており、上級官司である造東大寺司の庫には遂に収納されなかったことが明らかである。ここで想起されるのが82案成条に付された古記の「問。内外諸司皆准㆑此。未㆑知。此條為㆓誰司㆒立㆑文也。答。為㆓太政官㆒立㆑例」という問答であろう。古記は天平十年前後の実態を反映しているとされることより、天平十年前後の時点では案成条に相当する大宝令条文を遵守し得るのは太政官に限られていたと解し得る。しかし、この奉請文継文の事例からは、宝亀年間に至ってもなお案成条に規定された保管規定を全ての官司が遵守している訳ではない当時の実態が窺われるのである。

以上、本項では案の保管について、令文の規定と正倉院文書での実例を見てきた。正倉院文書の実例から判断する限りにおいては、封租米のような特別な事例を除いて、基本的に案は上級官司である造東大寺司には送られず、各部局においてその責任者の裁量の下で保管・移動・廃棄がなされ、さらに現場の事務担当者（案主）の判断により再整理までもが行われていた。その結果、人事異動や部局（所）の廃置に伴い、文書の案が作成された所を越えて他の所で保管されるような事態も発生しており、唐の集約的な文案の管理方法と比べると案が分散しやすい状況にあったと言えよう。

おわりに

本章では日本の正倉院文書中の継文と唐の敦煌・吐魯番文書中の案巻を用いて、文書の処理や案の保管という観点から日唐の文書行政の実態を比較してきたが、日本は唐から文書の書式やその伝達方法は継受したものの、吉川氏が指摘するように案巻という概念を導入しなかったこと、[62]また本司による集約的な案の保管体制を確立しなかったことより、文書およびその継文の処理は案件を担当する下級の部局（所）および事務担当者（案主）に任されることになった。その結果、事務処理を行う案主毎に多様な処理方法が編み出され、様々な書式の帳簿が現在に残されるに至ったと考えられる。[63]

このうち特に案巻の概念を継受し得なかった背景には紙の文書やその継目処理に対する理解の不足があると見られるが、それが如実に表われているのが養老公式令40・41条に相当する大宝令条文での「縫処」への踏印規定の削除である。この「縫処」への踏印は養老令に至って継受され、宝亀年間の神祇官においては受信文書の継目裏に踏印している事例もあるが[64]、平安期以降の儀式書が踏印に関して「若勅符二枚已上者、踏二印繕背一」（『儀式』巻十「飛駅事」）、「有二二枚以上一者、踏二印縫背一」（『北山抄』巻四「飛駅事」）、「両可レ印二継目一由見二旧記一」（『江家次第』巻十八「陣覧内印次位記請印事」）等とわざわざ記載する点からは、この時期に至っても養老令に規定された文書の「縫処」には必ず踏印するという認識が必ずしも広く共有されていない状況が垣間見えるのではなかろうか。

また、案の保管についても令条としては継受したものの、唐令が想定する本司における一括での文案の保管は実施しなかった。もちろん十世紀成立の『延喜式』太政官式には少納言および外記局の太政官文殿と弁官の左右文殿が見え、諸国から進上された四度公文が収められたこと（公文進官条）、収められた雑書は殿舎の外への持ち出しが禁じられたこと（文殿雑書条）、また左右文殿の管理は史一人が専属で担当し、左右の史生各二人が毎年交替で補佐したこと（文殿公文条）が規定されている。しかしこの外に太政官の文殿に収められたことが判明する文書は「年中所レ給宣旨官符本書草案、及臨時所所行事記文等」（『類聚符宣抄』巻六、長和四年〔一〇一五〕八月一日宣旨）程度であり[65]、保管対象は宣旨や官符の本文および草案といった発給された文書のみであった。つまり太政官に文殿の整備された『延喜式』段階でも到来した文書や帳簿類は基本的に文殿には収められていないのである。またこれらの条文の内容は貞観式段階までしか遡り得ず、太政官以外でこのような文殿を整備したことは見えない。したがって、奈良時代においては、もし本司での一括での文案の保管が行われていたとしてもやはり太政官のみであり、それ以外の官司では下級の部局（所）毎に行われていたと考えるべきであろう。その結果、下級の部局の責任者に案の保管・移動・廃棄が委ねられ、案の言わば私有化が可能となったのである。近年、実体面から平安中後期における官文書の私有化や家文書の発生等が議論され[66]、その萌芽を平安前期と見る見解もあるが、言うなれば令の制定段階から規定はあれども遵守されず、奈良時代から官司の文書に対しては官人個人が裁量権を有していたのである。

以上のような唐制の選択的な継受は、日本への継受がほぼ令文のみに止まることとも関わるが、様々な要素が組み合わさり全体としての一つのシステムを構築していることへの理解の不足が大きく影響しているのではなかろうか。唐における案巻とそれに基づく文書作成の関連性については既に指摘されているが、さらには作成した案巻および文案は保管されて初めて意味を持つのである。そうでなければ、各過程における官人の判断の是非を問うことができない。つまり案巻には事務処理の過程を、文案には事務処理の結果として作成した文面をそれぞれ記録し、それらを官司の中で集約的に保管することにより、文書行政システムは完結すると言える。これに対して、日本は案巻を継受せず、文書作成は改変して継受し、集約的な文書保管制度は中央では太政官においてのみ対象を発給文書に限って導入したのである。このような選択的な継受は当時の日本の実情を表わしているが、このような不十分なシステムであるがゆえに、例えば継目への踏印や文書様式の頒下といった形で改変が加えられ、また様々な文書の機能も編み出されていった[67]。また、そうであるからこそ、今日のような形で正倉院文書が伝来し得たのである。

注

（1）数少ない日唐の文書処理の比較研究としては、吉川真司「奈良時代の宣」（『律令官僚制の研究』塙書房、一九九八年、初発表一九八八年）、近藤毅大「日本古代官司における文書処理」（『古代文化』五〇―六、一九九八年）が挙げられる。

（2）敦煌・吐魯番文書を活用した近年の研究成果である土肥義和編『敦煌・吐魯番出土漢文文書の新研究』（東洋文庫、二〇〇九年）には、古瀬奈津子「敦煌書儀と「上表」文―日唐の表の比較をまじえて―」、丸山裕美子「敦煌写本「月儀」「朋友書儀」と日本伝来の『杜家立成雑書要略』―東アジアの月儀・書儀―」、大津透「吐魯番文書と律令制―唐代均田制を中心に―」の日唐の制度比較の論考が収められている。また、右の大津論文および同「唐日律令地方財政管見」（『日唐律令制の財政構造』岩波書店、二〇〇六年、初発表一九九三年）は、吐魯番と内地との差違を在地の実情や慣行にしたがった柔軟な律令制の運用と捉え、そのような柔軟性を日本の実態にも認めることで、日唐の比較研究における吐魯番文書の有効性を説く。

（3）内藤乾吉「西域発見唐代官文書の研究」（『中国法制史考證』有斐閣、一九六三年、初発表一九六〇年）。なお、池田温「中国における吐魯番文書整理研究の進展」（『史学雑誌』九一―三、一九八二年）に拠れば、「案巻」という語は唐長儒等の命名という。

（4）盧向前「牒式及其処理程式的探討―唐公式文研究―」（北京大学中国中古史研究中心編『敦煌吐魯番研究論文集』三、北京大学出版社、一九八六年）。

（5）吉川注（1）論文。

（6）盧向前「伯希和三七一四号背面伝馬坊文書研究」（北京大学中国中古史研究中心編『敦煌吐魯番研究論集』中華書局出版、一九八二年）。盧氏の録文は押縫を省く。

（7）荒川正晴「唐朝の交通システム」（『大阪大学大学院文学研究科紀要』四〇、二〇〇〇年）。荒川氏の録文は押縫を記載するものの、97行目と98行目の間の紙縫を落とす。なお、本案巻に関する荒川氏の論考として他に「唐河西以西の伝馬坊と長行坊」（『東洋学報』七〇―三・四、一九八九年）があり、いずれも『ユーラシアの交通・交易と唐帝国』（名古屋大学出版会、二〇一〇年）に収録されている。

（8）盧注（6）論文。

（9）「京畿及天下諸県令之職（中略）若籍帳・伝駅・倉庫・盗賊・河隄・道路、雖有二専当官一、皆県令兼綜焉。県丞為二之貳一」。

（10）盧注（4）論文は押縫を施すのは長官・判官のみである点を指摘するも、通判官が見えない理由については触れないが、長官が判語および判辞、および後述するように既に連貼された状態で到来した文書に押縫がない場合に、また判官が判語・諸曹内における処理・判辞を行う場合に押縫するのに対して、次官が案巻に接するのは判官の判辞に対して判辞を付する際のみであり、案巻に触れる場面が圧倒的に少ないことが一因であろうか。

（11）中国文物研究所・新疆維吾爾自治区博物館・武漢大学歴史系編・唐長孺主編『吐魯番出土文書』肆（文物出版社、

一九九六年、四二一～五四八頁)。

(12)『旧唐書』巻九玄宗紀、『資治通鑑』巻二百十五。

(13)『唐会要』巻七十三、『元和郡県図志』巻四十。

(14)ここで扱うアスターナ五〇六号墓出土の案巻については基本的に荒川正晴「北庭都護府の輪台県と長行坊―アスターナ五〇六号墓出土、長行坊関係文書の検討を中心として―」(小田義久先生還暦記念事業会編『小田義久博士還暦記念　東洋史論集』龍谷大学東洋史学研究会、一九九五年)に拠るが、同「長行馬文書攷―大英図書館所蔵文書を中心として―」(池田温編『日中律令制の諸相』東方書店、二〇〇二年)は開元年間の「北庭文書」を対象として長行坊関係文書が州府に置かれた長行坊もしくは州府の兵曹司で処理され、その後録事司で検勾を受けていたことを明らかにする。なお、この二つの論考に基づきつつ、同荒川注(7)書第Ⅱ部第5章「唐代河西以西の交通制度(1)」において長行坊制度について総括しているため併せて参照されたい。

(15)荒川注(14)論文は表1の21と22を一つとして扱い、当該案巻を整理して二十五の部分から成るとする。しかし、注(11)の写真版を見る限り21の末尾には余白があり、22の冒頭の字句と牒文の文言から判断する限り22はこれで完結していると見なせることから、番号を分けることとした。

(16)荒川氏は「覃」を太守とするが(天宝元年の赦文により刺史は太守と改称された)、この前後の西州(交河郡)都督府には都督も置かれているため、長官が必ずしも太守とは限らない。よってここではさしあたり長官とした。なお、西州(交河郡)管内の官人については李方『唐西州官吏編年交証』(中国人文大学出版社、二〇一〇年)に詳しい。

(17)紙縫の表面に見える押縫の事例としては、敦煌文書ではフランス国家図書館所蔵のペリオ将来二八〇三号文書二「天宝九載八月廿七日敦煌県史楊元暉牒」、同三「天宝九載八月廿八日至九月十八日敦煌郡倉納穀牒」に「謹」が、三三四八号文書「天宝六載十二月河西豆盧軍軍倉収納糴粟麦牒十件」に「元」が、三六一三号文書「申年正月令狐子餘索地状并判憑」に「旺」が見える。吐魯番文書ではアスターナ五〇九号墓文書二四「唐開元二十年瓜州都督府給西州百姓游撃将軍石染典過所」(73TAM509:8/13(a))に「琛」が、同五二「唐宝応元年六月康失芬行車傷人案巻」（73TAM509:8/1(a)）に「錚」が見える。これらは受事直後に施された判語の記入者と一致しており、いずれも長官もしくはそれに準じる人物と考えられる。なお、判語が記載されていないが大谷文書の二三八〇・二八八一号文書「西州高昌県退田文書」、三二五〇号文書「西州高昌県給田関係文書」にもそれぞれ「元」と見える。

(18) 盧向前氏は紙縫の表に見える押署も含めて長官の押縫を到来した文書を接受した後に行われるものとする（注（4）論文）。しかし、県牒のように到来した文書の紙縫に押署がなされている場合にはその紙縫には何も施さず、各館からの状のように紙縫に押署がない場合にのみ表面の紙縫上方に押署が施されるため、表面への押縫は接受の段階でその紙縫が既に貼り継がれていたことを証明する役割を果たすと考えられる。

(19) ただし、16の奥の余白に紙を継ぎ足して（継目「一百一」）交河郡都督府長官「覃」が判辞を記入するに当たって、継目「九十八」まで遡って紙縫の表上方に押縫を施している点からは「仙」の押縫の有効性に若干の疑問は残る。

(20) 紙縫裏に数字が見える事例としては以下のものがある。

《大英図書館蔵スタイン将来敦煌文書》

八八七七号文書Ｅ「開元九年長行坊為馬料馬價事牒及判」—「一百八十二」

一一四五三号文書Ａ「経帙注記（莫）」—「一百六□□」

一一四五三号文書Ｈ・Ｉ「唐瀚海軍典抄牒状文事目歴」—「一百六十五」「一百六十六」

一一四五八号文書「開元十年沙州長行坊馬料案」—「三百卅四」～「三百四十一」

一一四五九号文書Ａ「人名（古若）」—「二百卅四」

一一四五九号文書Ｃ～Ｈ「唐瀚海軍典抄牒状文事目歴」—「二百卅四」～「二百卌二」

《吐魯番出土文書》

アスターナ二二六号墓文書

五「唐伊吾軍典張瓊牒為申報斸田斛斗数事（一）」（72TAM226:66(b)—「三百一十九」（注釈には「三□廿」とあり）

六「唐開元某年伊吾軍典王元琮牒為申報当軍諸烽鋪斸田畝数事」（72TAM226: 64(b),69(b)—三百□□」「三百卅□」

二四「唐典杜金残牒」（72TAM226:48(b)）―「二百二」「二百三」

(21)『唐六典』巻一左右司郎中員外郎条「凡文案既成、勾司行レ朱訖、皆書二其上端一、記二年月日一、納二諸庫一。凡施行文応レ印者、監レ印之官、考二其事目一、無二或差謬一、然後印レ之、必書二於暦一、毎月終納二諸庫一。」

(22) 内藤注（3）論文。

(23) 鐘江宏之「公式令における「案」の保管について」（池田温編『日中律令制の諸相』東方書店、二〇〇二年）。

(24)「諸倉庫門、皆令レ監二当官司開閉一、知二封鎖署記一。其左右蔵庫、記仍印。其鎖鑰、監門守当之処、監門掌、非二監門一守当者、当処長官掌」。ただし、李錦繡「唐倉庫令復原研究」（『天一閣蔵明鈔本天聖令校證』下、中華書局、二〇〇六年）が指摘するように、『慶元条法事類』巻三十六庫務門一倉庫約束・巻三十七庫務門二給納所引の倉庫令には「諸倉庫、監専二同開閉一、並押記鎖封。掌レ鑰以二長官一、門鑰以二監門一。無二監門一処、長官兼掌。」とあり、天聖倉庫令は趣意文であると考えられる。

(25) 仁井田陞『唐宋法律文書の研究』（東方文化學院東京研究所、一九三七年、のち東京大学出版会より一九八三年に復刻）、六五四～六五五頁、池田温『中国古代籍帳研究』（東京大学出版会、一九七九年、六一頁）。

(26) 弥永貞三「大宝令逸文一条」（『史学雑誌』六〇―七、一九五一年）。

(27)「古記云。問。判官勘二校稽失一。監印若為。答。勘二校長官一以下稽失、往来公文印レ之。監印知耳。但无二印所レ掌也。或説。当司之内政事稽失勘問。無レ所二廃闕一施行耳。問。若為司別无レ印。答。案二公式令一、内印方三寸、下二諸国一公文、則印二事状物数及年月日一、亦印二鈴剋伝符署処一。外印方二寸半、太政官及諸司案文則印レ之、太政官判用。諸国印方二寸、上レ京公文及案調物則印レ之。自外勿レ用。唯師説随後造将給宣也。」（国史大系34／7～9）。

(28)「古記云。内印、下二諸国一公文則印二事状物数及年月日一。亦印二鈴剋伝符署処一。」（国史大系852／1～2、C部分）。
「古記云。問。外印、太政官及諸司案文則印レ之。未レ知。施行文者用レ之不。答。於レ案印二、故施行文皆可レ用レ之。又問。於二案文一印レ之、未レ知二其限一。答。在二諸司案一一无レ不レ印也。」（国史大系852／8～9、D部分）。

「古記云。注。過所符者。随レ便用二竹木一。謂和銅八年五月一日格云。自今以後、諸国過所、宜レ用二国印一也。」（国史大系853／4～5、G部分）。

(29) 基本的に注(26)弥永論文に従うが、この復原のうち末尾の本注「過所符者、随レ使用二竹木一」を、過所式条の本注と見なす見解もある(鎌田元一「日本古代の官印―八世紀の諸国印を中心として―」〔『律令公民制の研究』塙書房、二〇〇一年、初発表一九九四年〕)。

(30) 瀧川政次郎『律令の研究』(刀江書院、一九三一年)、注(26)弥永論文、日本思想大系『律令』六五七~六五八頁補注(岩波書店、一九七六年)、注(29)鎌田論文など。

(31) 諸国から京進される公文の様式に関しては、令文に見えるものの他は、『続日本紀』養老元年五月辛酉(二十二日)条に「以二大計帳・四季帳・六年見丁帳・青苗簿・輸租帳等式一、頒二下於七道諸国一」と見え、様式の統一が図られている。また、正税帳については、その起源は和銅元年閏八月十日付けの太政官符(『延暦交替式』)で国郡司に作成が命じられた「税文及倉案」であるとされており(林陸朗・鈴木靖民編『復元天平諸国正税帳』現代思潮社、一九八五年)、これ以降のいずれかの時点で様式が定められ諸国に頒下されたものと思われる。

(32) 土田直鎮「正倉院文書正集第三巻について」(『奈良平安時代史研究』吉川弘文館、一九九二年、初発表一九六九年)、山田英雄「天平十七年の文書をめぐって」(『日本古代史攷』吉川弘文館、一九八七年、初発表一九七六年)、櫛木謙周「上京役丁の給養システム―仕丁・衛士を中心に―」(『日本古代労働力編成の研究』塙書房、一九九六年、初発表一九八〇・一九八四年)など。

(33) いずれも四月分の継文の中に、右衛士府移(「右衛士府　移民部省」、続修十五③⑵裏―⑴裏、二426~428)、左兵衛府移(「左兵衛府移　民部省」、続修十五⑤裏、二424~425)、右兵衛府移(「右兵衛府移　民部省」、続修十五④裏、二425~426)、左馬寮移(「左馬寮移　民部省」、続修十五⑦裏、二422~423)、右馬寮移(「右馬寮移　民部省」、続修十五⑥裏、二423~424)、□兵庫移(「□兵庫移　民部省」、正集四②、二432)、造宮省移(「造宮省移民部省」、続々修二十三―五、二十四293~295)が見える。また文面より宛先は分からないものの、踏印のないものとして東宮坊移(前欠、続々修二十八―九⑴裏、二422)がある。

(34) 『続日本紀』養老三年十二月乙酉(二日)条には「充二式部・治部・民部・兵部・刑部・大蔵・宮内・春宮印各一面一」とあり中務省印が見えない。しかし八省の筆頭である中務省印が遅れて作製されるとは思えず、これ以前に既に使用されていたと考えられている（たとえば『新日本古典文学大系　続日本紀』二、六四頁脚注五など）。

（35）二月分は民部省注文（続修四十二①、二396～397）＋主計寮解（続々修二十八―九⑵裏、二394）、四月分は民部省注文（続々修六―五裏、八543～544）＋主計寮解（続々修六―五裏、二431）＋主税寮解（続々修六―五裏、二430～431）が残る。

（36）写真版で確認した限りでは、大粮申請継文の中で意図的に継目に踏印するのは正集三⑧⑵の正親司解（二412～413）と内膳司解（二406）の間の継目のみである。ただし、この箇所は正親司解の記載が左端付近に及んでおり、踏印回数を省こうとの意図から二通の継目に印が捺されたように見える。また、正集一②（中宮職解、二398）と正集一④（皇后宮職解、二469）の間、正集三⑫⑵の内掃部司解（二408）と筥陶司解（二409）の間で印影の端が継目にかかる。

（37）早稲田大学図書館所蔵の薬師院文書の書誌や伝来にかかる論考としては、高柳光壽「東大寺薬師院文書の研究―平城京相模国調邸・東西市荘・東西堀川のこと―」（『高柳光壽史学論文集（上）』吉川弘文館、一九七〇年、初発表一九五三年）、小松崎勇「東大寺薬師院と「薬院庄印」―早稲田大学図書館所蔵「薬師院文書」を中心に―」（『日本古代・中世史研究と資料』二、一九八七年）がある。なお、現状ではこの四通の右に普光寺牒（神護景雲四年五月八日、六1～2）が貼り継がれているが、東西市庄解の右端裏に見える東大寺印（半存）が普光寺牒の左端裏に見えないため、この部分は本来の貼り継ぎではないと判断される。

（38）大川直躬「造東大寺所と修理所―平安時代の東大寺造営組織について―」（『建築史研究』三五号、一九六四年）、浅香年木『日本古代手工業史の研究』「平安期における寺院工房の展開―東大寺修理所の場合―」（法政大学出版会、一九七一年）ほか。

（39）①・②の表面には踏印がないが、③・④の表面には「相模国印」が捺されており、造東大寺所判の「四枚白紙二枚 印捺二枚」と一致する。

（40）継目裏書については高柳注（37）論文のみが言及する。「早稲田大学古典籍データベース」で公開されている写真に基づいて修正した。（http://www.wul.waseda.ac.jp/kotenseki/index.html」、請求記号：リ05 03740 0002 0002

〜0005)。

(41) 造東大寺司四等官の補任については、山本榮吾「奈良時代造東大寺司官人の補任—造東大寺司の基礎研究—」（『大和文化研究』二—六・三—一、一九五四・一九五五年）に詳しい。なお、造東大寺司の変遷については、田中嗣人「造東大寺司の沿革」（角田文衞編『新修国分寺の研究』一　東大寺と法華寺、吉川弘文館、一九八六年）を参照されたい。

(42) 田中史生「「東大寺印」と「造東寺印」—正倉院文書の分析から—」（『国立歴史民俗博物館研究報告』七九、一九九九年）。

(43) 東南院文書第三櫃第四一巻の構成については、石田実洋「五百井「内親王」小考」（西洋子・石上英一編『正倉院文書論集』青史出版、二〇〇五年）を参照されたい。

(44) 延暦十五年八月二日付け東大寺三綱牒の奥に追記された造東大寺所判に「知事僧「道應」／僧「長中」／僧「安陟」／僧「漸智」」と見え、造東大寺所は東大寺僧によって運営される東大寺の一部局であることが明らかである。

(45) 田中註（42）論文。

(46) 写経所文書にも「経所之印」などが捺される事例が見えるが、皆川完一氏により偽印であると指摘されている。（皆川完一「正倉院流出文書の偽印」（『正倉院文書と古代中世史料の研究』吉川弘文館、二〇一二年、初発表一九九八年））。

(47) 北條朝彦「正倉院文書にみる継目裏書—志斐麻呂の場合—」（『奈良史学』二七、二〇一〇年）。なお、北條氏に先立って、渡辺晃宏「金光明寺写経所の研究—写経機構の変遷を中心に—」（『史学雑誌』九六—八、一九八七年）は志斐麻呂による継目裏書の事例を集成し、それに基づいて接続の復原を試みている。

(48) 杉本一樹「塵芥文書の復原」（『日本古代文書の研究』吉川弘文館、二〇〇一年）。

(49) 石上英一『日本古代史料学』（東京大学出版会、一九九七年、一一五〜一一八頁）、同「正倉院文書における多様な様態と機能—裏面利用と継文—」（『正倉院文書研究』九、二〇〇三年）。

(50) 内裏系統写経機関と交わされた奉請文継文については、栄原永遠男「内裏における勘経事業—景雲経と奉写御執経所・奉写一切経司—」（『奈良時代の写経と内裏』塙書房、二〇〇〇年、初発表一九九五年）に概要が述べられ、その復原案および作成過程については石上英一氏により、奉写御執経所奉請文継文は「正倉院文書調査」（『東京大学史料編纂所報』三〇、一九九六年）に、奉写一切経司奉請文継文は注（49）論文に示されている。また、山本幸男「奉写御執経所・奉写一切経司関係文書の検討—伝来の経緯をめぐって—」（『正倉院文書と造寺司官人』法藏館、二〇一八年、初発表二〇〇四年）は、奉請文全体の検討を通じて、継文の作成および伝来の契機を考察する。

(51)　神護景雲三年三月三十日付け奉写一切経司移（表21—No.5）の奥には、

「以四月三日令請廿八巻　「移案即継別紙」「但所欠三箇巻在僧等所」
行　　少判官志斐連「麻呂」
主典葛井連」「荒海」

との造東大寺司判が記されており、『大日本古文書』は「移案即継別紙」を主典葛井荒海の筆か、「但所欠三箇巻在僧等所」を少判官志斐麻呂の筆かとする（十七125）。このNo.5の借用申請に対する造東大寺司移案は現状ではNo.4として袖に貼り継がれているが（文面に「依去三月卅日移文、附便使舎人田邊廣吉、且令請如件」と見える）、「移案即継別紙」が主典葛井荒海の筆であるとすれば造東大寺司政所で何らかの貼り継ぎが行われている可能性はある。ただし、他の造東大寺司判にはこのような記載は見えず、No.5で借用依頼のあった経典の一部に既に貸し出しを行っている経典が混入していることによる（No.4に「以景雲二年二月十九日、附六人部嶋継、令請已訖」「以天平十八年六月八日、奉請内裏、使鴨道長」などと見える）、特別な措置であったと考えるべきであろう。

(52)　奉写御執経所奉請文継文の復原に関しては、石上注（49）論文を参照されたい。なお、ここで扱う天平宝字八年十二月一日付けの奉写御執経所奉請文は続々修十七—四第二十三〜二十四紙、十六453〜454である。

(53)　葛木黒山は天平宝字八年四月十八日付けの奉写御執経所奉請文（十六470）に「差内竪葛木黒山充使、令奉請如件」、同年十月十七日付けの奉写御執経所奉請文（十六455）に「差内竪葛木黒山、令奉請如件」と見えており、内竪である点からも内裏系写経機関である奉写御執経所に勤務していたことは明らかである（内竪に関しては、山本信

吉「内豎省の研究」(『摂関政治史論考』吉川弘文館、二〇〇三年、初発表一九五九年)を参照)。

(54) ここで掲げた天平宝字八年十二月一日付け奉写御執経所奉請文は至急の経典借用を要請しているためか日下の図書少属大隅公足の署名しか設けられておらず、結果として一筆での記載となっている。そのため、この一通のみからは造東大寺司での決裁に当たって写された案文と見なすことも可能であるが、前後の奉写御執経所奉請文と同筆であるため造東大寺司に到来した正文と判断できる。

(55) 正倉院文書に見える継文の種類や残存状況については山口英男「正倉院文書の継文について」(『日本古代の地域社会と行政機構』吉川弘文館、二〇一九年、初発表一九九九年)を参照されたい。

(56)「古記云。案成。謂他司来公文幷本司本案。皆名二案成一也。(以下略)」(国史大系903/6〜7)、「釈云。案成者。従二他司一来公文幷本司本案。皆名二案成一也。(以下略)」(国史大系903/5)、「謂。案成者。文案始成レ巻。此皆以二十五日一為レ断也。即本司文書幷従二他司一来者皆是也。」(国史大系903/4)。

(57) 鐘江宏之「計会帳作成の背景―国府における文書保管との関係性から―」(『正倉院文書研究』五、吉川弘文館、一九九七年)、同注(23)論文。

(58) 石山寺造営関係史料の概要については、福山敏男「奈良時代に於ける石山寺の造営」(『日本建築史の研究』桑名文星堂、一九四三年、のちに綜芸舎から一九八〇年に復刻)、吉田孝「律令時代の交易」(『律令国家と古代社会』岩波書店、一九八三年)、岡藤良敬『日本古代造営史料の復原研究』(法政大学出版会、一九八五年)のほか、本書第一部第二章を参照されたい。なお、吉田・岡藤は文書の伝来に大きく関与したのは別当である安都雄足であるとするが、黒田洋子氏は写経所保管の文書群である正倉院文書の一部として今日に伝来することより、写経所案主であった上馬養による最終的な保管を想定する(黒田洋子「正倉院文書の一研究―天平宝字年間の表裏関係から見た伝来の契機―」(『お茶の水史学』三六、一九九二年))。

(59) 愛智郡司解の継文については、西洋子「造石山寺所解移牒符案の復原について―近江国愛智郡司東大寺封租米進上解案をめぐって―」(関晃先生古稀記念会編『律令国家の構造』吉川弘文館、一九八九年)、および本書第一部第二章を参照されたい。

(60) 福山敏男「奈良時代に於ける法華寺の造営」（『日本建築史の研究』桑名文星堂、一九四三年、のちに一九八〇年に綜芸舎より復刻。初発表は「奈良朝末期に於ける某寺金堂の造営—法華寺阿弥陀浄土院か」一九三二年）、岡藤良敬「法華寺阿弥陀浄土院金堂関係文書の一例—史料6・造金堂所解（案）—」（九州大学国史学研究室編『古代中世史論集』吉川弘文館、一九九〇年）。

(61) 金堂造営関係史料の田上山作所への持ち込みは天平宝字六年正月二十四日付の造石山寺所符案（続修後集二十八⑤裏、十五143~145）で指示されており、また金堂造営関係史料の二次利用が現存史料から確認される一番早い例は天平宝字六年四月末である。

(62) 吉川注（1）論文。

(63) 正倉院文書に見える多様な帳簿や事務処理の形態については多くの研究があるが、大平聡「写経事業と帳簿」（石上英一・加藤友康・山口英男編『古代文書論—正倉院文書と木簡・漆紙文書—』東京大学出版会、一九九九年）にまとめられている。

(64) 弥永貞三「大伴家持の自署せる太政官符について」（『日本古代の政治と史料』高階書店、一九八八年、初発表一九五五年）、注（1）近藤論文。ただし、この継文への踏印が当時のものかという点には疑問も残る。

(65) 文殿については小野則秋『日本文庫史研究』上、臨川書店、一九八四年（大雅堂、一九四四年初版）に詳しい。

(66) 黒滝哲哉「一〇～一一世紀前半における朝廷文書の管理について」（『古代文化』四八―一〇、一九九六年）、井上幸治『古代中世の文書管理と官人』（八木書店、二〇一八年）等。

(67) 石上英一氏により「発信者に回帰して機能する文書」の存在が明らかにされている（「歴史情報伝達行動論」『日本古代史料学』東京大学出版会、一九九七年、初発表一九九五年）。また、正集四⑧⑶左京職符（一634~635）は天平七年閏十一月五日付けで提出された安拝常麻呂解に対し、奥の余白に職符を記入し全面に「左京之印」一四顆を押捺して東市司に宛てて発信したものであり、到来した文書を発信文書に転用した例と見なすことができよう。また、第二章で見た造石山寺所の作成した上申文書中に、署名から判断して造東大寺司外宛てと思われるものが存在していたが、これらの文書にも造東大寺司で書き込みや踏印がなされた上で発信される可能性があろう。

〔コラム〕古代の史料群とデータベース

前章では日唐の史料群の比較を交えて文書行政システムの検討を行ったが、ここでは日本の正倉院文書と中国の敦煌文書を研究する上で欠かすことのできないデータベースを紹介する。

　正倉院文書はこれまで述べてきた通り、正倉院中倉に伝わった奈良時代の史料群であり、幕末から明治時代初期の「整理」を経て現在の姿が形作られた。その過程で若干の外部への流出はあったものの、大部分はまとまって管理され、現在は宮内庁正倉院事務所の宝庫で保管されている。一九〇一～一九四〇年に刊行された『大日本古文書』編年文書全二十五巻に翻刻が収められ、研究が開始された。現在もこの『大日本古文書』が基礎的なテキストとなっている。また、昭和三十～四十年代に正倉院事務所撮影のマイクロフィルムを通じて史料群全体の画像が公開された。その後、『正倉院古文書影印集成』や各種図録でより解像度の高い画像が公刊されているが、続々修の大半には及んでいない。したがって、正倉院文書を画像で確認するためには、正集・続修・続修後集・続修別集・塵芥は『影印集成』を、続々修はマイクロフィルムもしくは紙焼き写真を観察するのが基本である。

　したがって、正倉院文書のデータベースは、①テキスト、②画像、③研究情報にかかるものの三種に分類される。①としては東京大学史料編纂所によって公開されている「奈良時代古文書フルテキストデータベース」（http://wwwap.hi.u-tokyo.ac.jp/ships/db.html）が挙げられる。テキストの全文検索を目的としたものであるが、『大日本古文書』の刊本のイメージ閲覧ができる。②の代表は、正倉院事務所が公開するウェブサイト「正倉院宝物検索」に昨年十二月に加わった「文書検索」である（https://shosoin.kunaicho.go.jp/search）。先述のマイクロフィルムの画像をそのまま公開するものであるが、これまで研究機関や大学図書館でしか閲覧できなかったマイクロフィルムの画像を自宅にいながらにして観察できるのは非常に有益である。正倉院文書に加えて、献納帳や東南院文書も公開の対象となっている。

　これに対して、中国の敦煌文書は敦煌莫高窟の第十七窟に封入されていた四〜十一世紀の仏教経典を主体とした史料群である。一九〇〇年の発見直後から列強の探検隊による蒐集の対象となり、イギリス、フランス、中国、ロシアの四大コレクションを中心に、世界各地に散り散りの状態で所蔵されている。そのため、目録もコレクション毎に作成されているに過ぎず、史料群の大半が仏教経典ということも関係してか、釈文（録文）も史料群全体に渡るものは存在していない。一方、一九九〇年代以降、中国を中心に目録を具えた影印が続々と刊行されている。

　このような状況を反映して、敦煌文書のデータベースは①目録を検索するもの、②画像を閲覧するものの二種に大別される。ここでは所蔵機関の垣根を越えて画像を閲覧することができる「ＩＤＰ（The International Dunhuang Project: The Silk Road Online、国際敦煌プロジェクト）」（http://idp.bl.uk/）を紹介したい。このデータベースは各所蔵機関が史料画像を提供し合う形で運営するもので、機関によっては刊行された影印よりも高解像度の画像を提供している。百冊を優に超える影印を個人で所蔵することは現実的でなく、海外で刊行された影印を網羅的に所蔵している図書館は稀であろう。また敦煌文書も正倉院文書と同様に復原研究が必要であり、高解像度の画像の公開は大きな意味を持つ。

　以上のように、正倉院文書と敦煌文書は古代の写経関係の史料を主体とする史料群であるという点で共通しているものの、その置かれている状況は異なる。しかし、それぞれの研究状況に規制されつつもデータベースは日々整備されており、これらを活用することでさらなる研究の進展が期待されている。

【参考文献】栄原永遠男『正倉院文書入門』（角川叢書五五）角川学術出版、二〇一一年、池田温『敦煌文書の世界』名著刊行会、二〇〇三年

第二部　古代史料とその復原

第一章　「未修古文書目録」に見る明治十年代の正倉院文書整理

はじめに

奈良時代の一次史料である正倉院文書は、江戸末期の天保四年（一八三三）の「発見」を機に整理が進められ（正集）[1]、明治に入ってからは八年（一八七五）～十五年の浅草文庫での続修・続修別集・続修後集の成巻、十～十五年の内務省図書局による塵芥文書の成巻、二十七年の御物整理係による続々修の成巻を経て、ほぼ現在の形が整えられた文書群である。このうち、続々修は浅草文庫で成巻した「修整古文書」の残りである「未修古文書」を整理したものであり、この過程において作成された各種の目録および現状の続々修を対照することで、成巻の際に貼り継がれた最小単位を特定することができる[2]。この最小単位こそ、すなわち正集～続修後集を成巻する際の抜き取りの結果として発生した断簡であり、正倉院文書研究において復原が避けて通れない以上、断簡の特定は重要な意味を持つ。

この対照作業に使用できる未修古文書および続々修の目録は、

①『正倉院古文書目録』三冊（国立公文書館〔内閣文庫〕所蔵、架蔵番号一五九―二九六）　三に「未修古文書目録」
明治十五年に内務省図書局が作成。

②『正倉院御物目録古文書』三冊（東京大学史料編纂所所蔵、ＲＳ四一七一―六七―一）　二に「正倉院御物目録古文書十二　未修古文書目録」　明治十八年に宮内省図書寮が作成した『正倉院御物目録』の古文書の部（図書寮本、所在不明）を、二十二年四月に帝国大学臨時編年史編纂掛が借用謄写。

③『正倉院御物目録』一五冊（宮内庁正倉院事務所所蔵）　一二に「正倉院御物目録十二　未修古文書目録」（参考図書四四　共一二冊）　前述の図書寮本を、大正十二年（一九二三）六～十二月に奈良帝室博物館正倉院掛が借用謄写。[3]

④『続々修正倉院古文書目録』二冊（東京大学史料編纂所所蔵、ＲＳ二〇七一―六七―二）　四冊本のうち三・四の二冊のみが現存。明治三十五年六月に東京帝国大学文科大学史料編纂掛が宮内省内事課より目録（所在不明）を借用謄写。続々修成巻作業中に作成された目録と見られ、未修古文書時点での所属が書き込まれる。

⑤『正倉院古文書目録』三冊　中に「続々修正倉院古文書目録」　昭和四年に奈良帝室博物館正倉院掛が刊行。
（のち、一九八四年に文献出版より複製版が刊行される。）

の五種である。西洋子氏および筆者で対照研究をおこなったが[4]、そこで使用したのは目録②～目録⑤であり、目録①は使っていない。これは目録①と目録②・③の間に大きな改変が見られるためである。しかし、この改変こそ明治十五～十八年に行われた整理作業の結果であり、目録②・③と続々修の対照からでは分からない断簡を特定することも可能である。そこで、本章では目録①と目録②・③を対照し、明治十年代の正倉院文書整理について考えてみたい。

一　目録①と目録②・③の共通点

先に目録①と目録②・③の間に大きな改変が見られると述べたが、同じ未修古文書の目録である以上、両者の記載は大部分において一致している。

まず、両者とも文書を四十五号に分類しているという点で共通している。この四十五という数字は、明治二十六年に正倉院文書の大半が東京に回送された際の目録「東京回送御物目録」（東京国立博物館史資料一〇五二）に、

一　未修古文書卌五帙　「続々集（マヽ）四十六『七』帖」
　　『右一件続々修古文書収之、明治廿八年十月十八日□』
一　塵芥古文書三十九巻　第一編　『右一件明治廿八年十月十八日還納』
一　同廿巻　第三編　『右一件続々修古文書収之、明治廿八年十月十八日還納』
一　薬裹故紙廿張　『右一件同上』
一　麁紙五張　『右一件同上』
一　装潢充造物帳断簡一巻　往来付　『右一件同上』

と見える。(5)　この東京回送期間中の明治二十七年に続々修が成巻されたのであり、未修古文書は明治十五年の成立以

降、最後まで四十五号の編成であったことが判明する。追記の墨書（「　」）・朱墨（『　』）は続々修成巻の事情を端的に示しており、この未修古文書一～四十五号と塵芥古文書二十巻、薬裹故紙二十張、麁紙五張、装潢充造物帳断簡一巻を合せて、当初四十六帙に、さらに明治二十八年十月の還納段階では四十七帙に成巻されるのである。

次に、記載についてであるが、目録①および目録②・③共に、号の中にいくつかのまとまりがあり、その下に各文書が列記される点で共通している。このまとまりは、目録①では全て「巻」とされ、目録②・③では「巻」および「括」に変更されているものの、基本的には同じものを指すと思われる。目録②・③では往来軸を有する、あるいはある程度の数の文書が貼り継がれた状態の独立した形態を指して「巻」と呼称しているようである。この目録②・③で「巻」とされた状態は外見上ではっきりと識別できるようで、ほぼ「巻」のみで構成されている号は目録①と同じ順番での記載となっている。具体的に挙げると、一号(6)～十号、十二号、十四～十八号、二十二号、四十一号では目録①と目録②・③の記載順がほぼ同一である。これに対して、「括」での記載の多い十一号、十三号、十九号～二十一号、二十六号～四十号、四十二号～四十五号は「括」内での記載順が入れ替わっていることが多い。なお、これらの号においては、目録①および目録②・③で各断簡の名称が共通している。具体例として一号の冒頭を挙げる。

【目録①】

一　紙充帳七百巻　宝字七年四月六日　壹巻　九枚
一　瑜伽論帳　同　十二枚
一　後一切経雑案　同　七枚

一　屋壊運　　同　三枚

【目録③】

往来付

一　紙充帳七百巻　宝字七年四月六日　壹巻　九枚

『甲』『最勝王経外三部併七百三十二巻奉写料』

同

一　瑜伽論帳自天平勝宝元年九月八日至三年七月十一日　同　拾壱枚

『甲』

同

一　後一切経雑案自天平十八年正月十六日至四月三日　同　七枚

『甲』

同

一　屋壊運謹解申屋壊運事　天平宝字六年正月廿八日　同　参枚

『甲』

目録③でより詳細な記載がなされ、数字として大字が使用されるなど多少異なる点もあるものの、基本的には目録①ないしこれに準じる目録に則って図書寮本（②・③の親本）が作成されたことは明らかである。次節ではこれらの記載の相違について、単純な項内の順序の変更では解決できない点に焦点を合わせて、見ていくこととする。

なお、二十三号〜二十五号は、目録①と目録②・③で各断簡の名称や断簡を構成する料紙の枚数の記載が大きく異なる点に特徴がある。この箇所については目録①に基づいて目録②・③を作成したとはとても考えられず、別の目録に基づくか、もしくは新たに目録を作成したかのようですらある。またこの部分は対照作業も難航しているため、ここでは保留し、後考を期することとする。

二　目録①と目録②・③の相違点

1　項の統合

まず挙げられるのは、項の統合である。この点については既に石上英一氏が神護景雲元年〜三年の間に造東大寺司と奉写一切経司とで遣り取りされた文書の継文（「奉写一切経司継文」）を復原する中で触れている[7]。すなわち、目録③で二十九号四「造東大寺司移奉写一切経司　神護景雲二年　一巻　十四枚」（№653[8]）として十四枚で一巻を成しているのに対して、目録①二十九号四では最低でも七項[9]（1「造東大寺司移奉写一切経司　景雲二年閏六月三日　一枚」、2「造東大寺司移奉写一切経司　神護景雲二年三月廿日　二枚」、3「同上　神護景雲三月廿八日　二枚」、4「奉写一切経司移造東大寺司　神護景雲二年五月廿九日　一枚」、5「造東大寺司移奉写一切経司　神護景雲二年三月廿七日　二枚」、6「同上　神護景雲二年八月廿日　二枚」、12「造東大寺司移奉写一切経司　景雲二年九月廿一日　一枚」）に分けて記載が設けられていることを指摘する。またこの記載の変更は、目録①の「作成段階では継目が剝がれ、あるいは剥がされて八通[10]の文書が分離している状態にあったことを示して」おり、目録③で「一巻一四枚としてあたかも連接された継ぎ文のように記述しているのは、おそらく、九通の文書を重ねて括った状態にしてあったことを示すのであろう」と推測する。つまり、目録①作成から目録②・③作成の間に、号内で整理を行い、関連する文書同士を組み分け、恐らく紙縒のようなもので括る作業を実施したことが想定されるのである。

　このような項を統合する事例は他にも散見される。管見の限りで号内での統合が判明するものは、[11]次の通りである。

(a)
二十八号十　2「薗部広公謹解　申宮一切経造事　一枚」
　　　十七　4「薗部廣君謹解　申造一切経事　片紙」
←
二十八号十No.597「薗部広公謹解　申宮一切経造事「一」[12]　二枚
　　「申造一切経事　一」　」

(b)
二十八号十　3「子部多夜須解　天平十八年九月廿一日　一枚」
　　　十七　7「子部多夜須解　申進用紙事　二枚」
←
二十八号十No.598「子部多夜須「解　申用紙事　一」　二枚
　　「請写疏合二巻　一」　天平十八年九月廿一日　」

(c)二十九号十　「安刀息人　合受百卅四枚　同〔壱巻〕　三十六枚」
　十二　「石歌六百受六十八枚　十五年十月八日　同〔壱巻〕　十六枚」
←
二十九号十No.672「充紙帳　「安部日人　一／石坂　一」　二巻　五十二枚」

(d)三十二号一　「充筆墨紙帳　四月二十四日　壱巻　六枚」
　八　1「写後経所解　申請筆墨事　四枚」
←
三十二号一No.796「充筆墨紙帳　表題　僧正弥勒経料充『紙』并筆墨紙出納帳
　『天平十六年三月十四日始』　壱巻　十九枚」

(e)三十四号三十一　2「嶋院牒　天平勝宝七歳八月廿五日　」
　3「造東大寺司牒嶋院　同年八月八日　」
←
三十四号十四No.890「奉請内裏経目録　中論疏六巻以下　十枚」

以上の五例がこの事例に該当する（矢印は目録①から目録③の変化を示す）。(a)～(c)の三例では目録③への追記内容と統合が一致する。[13] (d)・(e)の事例は目録③の記載からは項が統合されたことは分からないものの、[14] 続々修の目録である目録⑤の記載を見ると、(d)はそれぞれ別項として、[15] また(e)も二項として扱われており、[16] 目録②・③での項の統合は明らかである。これら五例においても、石上氏の指摘と同様に、何らかの括りがなされていたことであろう。

2　号を越えた移動

1では同じ号の中で項を統合する事例について述べたが、次に号を越えた項の移動が行われた事例を扱う。管見の限りで、号を越えて項を移動したことが明らかなものは左記の通りである。

(ア)二十一号三　5「仏器帳　弘仁五年七月　一枚」→一号No.15の一部
(イ)二十一号十一　2「秦吉麿解　申不参向事　一枚」→三十号No.698
(ウ)二十七号一　3「牙占一枚　皇后宮一切経遺者　片紙」→一号No.15の一部
(エ)二十七号三　9「九月十三日酒主　片紙」→二十八号No.628
(オ)二十七号三　23「帛帳一條　片紙」→二十八号No.628
(カ)二十七号三　25「酔胡褸未返　片紙」→二十八号No.628
(キ)二十七号九　1「弘仁五年七月廿九日出胡麻云々　一枚」→一号No.15の一部
(ク)二十七号九　2「犀角三箇　弘仁二年九月廿四日　一枚」→一号No.15の一部
(ケ)二十八号六　「一切経々生手実案　天平十四年三月廿九日　壱巻　二十四枚」→四十三号No.1066
(コ)二十八号十一　「曽根万呂解　申作紙事　壱巻　四枚」→四十三号No.1129の一部

(サ)二十八号十二1「、、有儀解　写疏用紙事　二枚」↓四十三号No.1129の一部
(シ)二十八号十二2「一切経音義　天平廿年九月廿一日　片紙」↓四十三号No.1131
(ス)二十八号十二4「香山久須万呂解　申請筆事　片紙」↓四十三号No.1132
(セ)二十八号十二5「乙櫃　天平十三年三月十一日　一枚」↓四十三号No.1127
(ソ)二十八号十二6「戊櫃　天平十三年三月十一日　一枚」↓四十三号No.1128
(タ)二十八号十三2「借用官紙　一枚」↓四十三号No.1126
(チ)二十九号九「爪工五百足解　申作物事　同〔壱巻〕　八枚」↓三十号No.704
(ツ)三十号　十　3「浄清所解　申幸行雑用事　一枚」↓一号No.15の一部
(テ)三十一号四　11「滓醤二斛七斗二升　片紙」↓四十三号No.1133
(ト)三十六号十四「同上〔上帙帳〕　宝亀五年六年　同〔壱巻〕　百五枚」↓三十七号No.966
(ナ)三十六号十七「同上〔上帙帳〕　同年〔宝亀三年〕　同〔壱巻〕　四十三枚」↓四十三号No.1065
(ニ)三十九号十六1「筆納用帳　宝亀四年三月廿五日　同〔壱巻〕　七枚」↓四十五号No.1139
(ヌ)三十九号十八「経師等手実　神護景雲四年　同〔壱巻〕　四拾枚」↓四十五号No.1137
(ネ)四十三号三　7「廿四制噶信縁　嘗具云々　一枚」↓一号No.15の一部
(ノ)四十三号三　9「異絵辛櫃　一枚」↓一号No.15の一部
(ハ)四十三号四　4「勅封倉蔵物云々　一枚」↓一号No.15の一部

まず、項の統合とは関係しない(イ)・(ケ)・(シ)・(ス)・(セ)・(ソ)・(タ)・(チ)・(テ)・(ト)・(ナ)・(ニ)・(ヌ)の十三例を見ていこう。

これらは項の中身を変えるでもなく、単純に号を変えて移動を実施している。特に(ケ)〜(タ)・(テ)・(ナ)は四十三号第九括への集中的な移動であり、項の統合を実施した(コ)・(サ)を含めると、目録③の番号で見ると第九括No.1125〜1133九点のうちの七点としてここに現れている。未修古文書の段階においても記載内容などに基づいた号毎の分類が実施されていたことを想起させる。むろん続々修に見られるような完全に内容や形態、機能に即した大規模な編成はなされてはいないが、[17]西洋子氏の言うように「あくまでも仮の分類であって、内容にはあまりこだわら」ない訳ではないように感じられる。[18]

次に項の統合をしつつ号を変更している事例に移る。まず直前に触れた(コ)・(サ)であるが、この二項は目録②・③ではNo.1129「解　中作紙事以下　曽祢麿云々一　有磯云々一　四枚」として一括されてしまう。ただし該当する続々修第二十三帙四巻第四十五〜五十紙の部分を写真帳で見ると、第四十五〜四十八紙（十484〜486・十259〜260）と第四十九〜五十紙（十260〜261）で各々まとまりをなしており、間に新補の白紙が入っていることからも、二つの部分から成り立っていることは明らかである。次に(エ)・(オ)・(カ)の三点に移るが、これらは号を越えて目録②・③の段階ではNo.628として「片紙　十九枚」の中にまとめられてしまう。このような目録②・③段階での大規模な集約は、他に二十五号の「片紙　七十枚」（No.508）、二十九号の「片紙　廿枚」（No.687）、三十一号の「片紙　三十五枚」（No.795）があるが、[19]これらは目録①段階では各文書を個別に扱いつつも、目録②・③の段階に至ってある意味で分類を放棄したものとも言えよう。最後に、目録②・③段階で一号No.15にまとめられた(ア)・(ウ)・(キ)・(ク)・(ツ)・(ネ)・(ノ)・(ハ)の八通について。No.15「御物目録　拾枚」に関する記載は目録①の一号には見えないことから、目録②・③段階で他の号から集めた文書のみで項を新規に作成したことが明らかである。ただし、No.15にまとめられることが明白でありつつも、目録①に該当する項目が見えない文書も存在し、また西氏と筆者で作成した対照表に一部訂正を要する箇所があるため、ここで№15に対応する文書の編成と『大日本古文書』の収載巻・頁、原本に貼られた付箋や書込みの情報、目録①との対応を以下に掲げることとする。

続々修四十四帙三巻第二紙…十一348　右下に「一ノ十五」の付箋　＝(ツ)裏
続々修四十四帙三巻第五紙…十一349～350　右下に「一ノ十五」の付箋
続々修四十四帙十巻第一紙…二十五附141～142　目録④に「(旧第一帙第十五巻)」　＝(ネ)
続々修四十四帙十巻第二紙…二十五附143～144　目録④に「(旧第一帙第十五巻)」　＝(ノ)
続々修四十四帙十巻第十六紙…三335　右下に「一ノ十五」の付箋　＝(ウ)
続々修四十四帙十一巻第三紙…二十五附99～100　右下に「一ノ□」の付箋、目録④に「(一ノ十五)」　＝(ア)
御物納目散帳⑤…二十五附90～91　＝(ク)
御物納目散帳⑥…二十五附91～92　＝(キ)
御物納目散帳⑦…二十五附93～94　「以上三通旧収在第一帙第十五巻」の書込み
御物納目散帳⑪…二十五附96～97　「右旧収在第一帙第拾五巻」の書込み　＝(ハ)

これら十点が№15に該当するが、注目されるのは現在「御物納目散帳」に抜かれている四通であろう。[20] 写真帳で見るとそれぞれ「以上三通旧収在第一帙第十五巻」・「右旧収在第一帙第拾五巻」という旧所在に関する書込みがあることから元々は未修古文書に収められていたことが分かるが、明治十五年段階の目録①に項が設けられていることでより確実性が増す。また、続々修四十四帙十巻第一紙・第二紙および続々修四十四帙十一巻第三紙の三通は『大日本古文書』編年文書二十五の附録に掲載されていることに鑑みても宝物の出納帳であるが、未修古文書からの抜き取りを行わなかった結果、続々修に成巻されてしまったものと思われる。[21]

以上、号を越えた移動について見てきたが、(一)で取り上げた号内での項の統合以上に、内容による分類を実施しようとの意図が窺えるであろう。特に№15のように「御物目録」と思われる文書十通を各号から集めて新たに項を立てるなど、整理の先にある成巻作業をも視野に入れたかのような動きは注目される。続々修成巻以前の未修古文書の段階から早くも「整理」は始まっているのであり、このような動きは未修古文書の目録同士を照合することでしか分からないのである。また、この段階の「整理」は全て類似した内容の文書を集めるという方法で行われており、続々修成巻の際に採用された分類方法との差異も興味深い。[22]

3　項の消滅

ここでは二十七号一を例にとって説明したい。二十七号一は、目録①段階では、

1「以天平十九年五月六日云々　　六枚」
2「天平勝宝元年九月十日校始　　九枚」
3「牙占一枚　皇后宮一切経遺者　　片紙」
4「摂大乗論第一巻云々　　一枚」
5「法華子注三占用八十六張　　片紙」
6「治田石万呂進上紙廿八巻　　片紙」

7「紙歩作事　一枚」
8「作紙事　片紙」
9「丈部曽祢万呂解　片紙」
10「大友廣國写正用紙事　片紙」
11「写仁王経疏同公文　片紙」
「右十一通壱巻」

と十一通から成り立っているが、目録②・③段階では、

523「以天平十九年五月六日云々　六枚」
524「作紙事　天平宝字四年　一枚」
525「天平勝宝元年九月十日校始　九「十一」枚」
526「法華子注三印用八十六張　一枚」
527「丈卿「部」曽祢万呂解　片紙」
「二」　「右五通壱括」

と五通に減少する。一見して分かるように、目録①の第1項は目録②・③のNo.523、第2項はNo.525、第5項はNo.526、第8項はNo.524、第9項はNo.527にそれぞれ対応している。また第3項は先ほどの一号No.15に抜き出されている。よっ

て、第1・2・5・8・9項が残り、目録②・③のNo.523～527として二十七号第一括を構成するのである。それでは残りの4・6・7・10・11項は他の括や号に移されたのであろうか。

　ところが、対応する続々修から検討する限り、必ずしもそうとは言えないのである。右の4・6・7・10・11項のうち、対応する続々修が判明するものは、

4　続々修二十六帙十巻第十八～十九紙（二十四482）左下に「廿七ノ一」の付箋

6　続々修二十七帙三巻第二紙（八352）左下に「廿七ノ一」の付箋

7　続々修二十七帙三巻第二十六紙（十四311）左下に「廿七ノ一」の付箋

10　続々修二十三帙四巻第六十三紙（十二437）目録④に「（旧第廿七帙第一巻）」

の計四項である。第4・6・7項に該当する文書にはいずれも「廿七ノ一」の付箋が貼られている点、また4・6・7・10項の該当する目録④にはいずれも「旧第廿七帙第一巻」とある点より、これらの文書は続々修成巻の直前まで、すなわち目録②・③の親本の段階では二十七号一に収められていたと考えられるのである。しかし、目録②・③の二十七号一括には該当する項が見当たらず、また他の括や号に目を移しても皆目当たらない。とすれば、目録②・③の親本である図書寮本（明治十八年作成）の段階で二十七号一括に置かれつつも、何らかの要因からこれら四項が脱落してしまったと考えるよりほかはないであろう。人の手で書き写された以上、目録②・③も完全ではないのである。

　このように項が消滅した事例として、続々修との対応までが判明するものは他にない。ただし、目録②・③と

続々修の対照表のうち、「対応不確定」としたものが一点ある。[23] それは続々修四十二帙四巻第八紙（二十五209）で、目録④では「旧廿五ノ八」とあることより、未修古文書の段階では二十五号八括に収められていると考えられるものの、目録②・③には対応する項が見当たらない。これに対して、目録①の二十五号には続々修四十二帙四巻第八紙の内容（写経料物の送付）と関連すると思われる「写経所用度帳　一枚」（二十五号一22）、「写経用度帳」（二十五号二7）、「写経用度帳　一枚」（二十五号十一1）、「写経用度帳　一枚」（二十五号十四2）などが見えるのである。目録①の記載が簡易なため、続々修四十二帙四巻第八紙がこれらのいずれに該当するのか（あるいは該当しないのか）は断定できないが、対応の可能性は推定できるであろう。

おわりに

本章では、明治十五年図書局作成の未修古文書目録（目録①）と明治十八年図書寮作成の未修古文書目録（目録②・③の親本）の対照を行い、主に相違点について述べてきた。最後にこれらの結果から窺うことのできる明治十年代の正倉院文書の整理状況についてまとめておきたい。

まず、号内で項を統合している事例があることより、目録①の号内には内容の類似した文書がある程度まとまった状態で存在していた可能性があることが判明する。未修古文書は続修・続修別集・続修後集の成巻ののち、まだ整理を実施していない文書を差し当たってまとめたものであるが、続修から続修後集での抜き取りののち、時間をかけて残りの文書を分別していないのであれば、抜き取った箇所の前後が揃って同じ号に所在していたとしても不思議ではない。

このような状態の未修古文書であるが、目録①で各まとまりを「巻」と表現していることより巻子状にして保管していたことが判明する。ただし、明治十八年時点で巻内の配列が簡単に変更されたり、また号・巻（括）を越えての移動や統合がなされたりしている点より見て、断簡と断簡を固定するような処置は全く施されていなかったと考えられる。施されていたとしても、簡単に除去できる紐や紙縒のようなものを使用する程度であり、このような「巻」をいくつかまとめて帙に入れ、保管していたのであろう。

右のように容易に差し替えが可能な状態で保管されていたため、断簡の順番や所属は必要に応じて変更された。目録②・③の親本である図書寮本は明治十八年に作成されたものであるが、宮内省に図書寮が設置されたのは十七年七月であり、また正倉院宝物が宮内省専管になったのはこれに先立つ五月のことであった。この所管の変更に伴って図書寮で作成されたのが図書寮本であるが、恐らくこの目録作成の際に、既成の目録を参照しつつ、適宜配列を変更して記載をしていったものと考えられる。「御物納目散帳」に見られる成巻を視野に入れたような整理の動きも、所管変更に伴う新たな気運によるものであろうか。ただし、人の手で記録を作成する以上、この図書寮本にも記載漏れがあったであろうことは先に述べた通りである。

以上、整理状況については推測による部分も多いが、容易に配列を改変することが可能な状態にあった未修古文書に基づいて断簡分けを推定する場合、目録②・③のみでなく、続修後集成巻後の状況を少しでも多く反映すると考えられる目録①をも参照する必要があることは論を俟たないであろう。今後の復原研究における目録①の活用が望まれる。

なお、最後に本章の内容と関連して、続々修と未修古文書目録②・③の対照表を付す。(24)

注

（1）近世の正倉院文書整理については、皆川完一「正倉院文書の整理とその写本―穂井田忠友と正集―」（『日本古文書学論集』3古代Ⅰ、吉川弘文館、一九八八年、初発表一九七二年）に詳しい。

（2）明治以降の整理については、西洋子『正倉院文書整理過程の研究』（吉川弘文館、二〇〇二年）、東野治之「正倉院宝物の明治整理―正倉院御物整理掛の活動を中心に―」（大阪大学文学部日本史研究室編『古代中世の社会と国家』清文堂出版、一九九八年）を参照した。

（3）飯田剛彦「正倉院事務所所蔵『正倉院御物目録　十二（未修古文書目録）』」（『正倉院紀要』二三～二五、二〇〇一～二〇〇三年）にて翻刻公開されている。

（4）西洋子「「未修古文書目録」と「続々修正倉院古文書目録」の対照表（一）」（『正倉院文書研究』一一、吉川弘文館、二〇〇九年）、西洋子・矢越葉子「「未修古文書目録」と「続々修正倉院古文書目録」の対照表（二）」（同一二、二〇一一年）「同（三）」（同一三、二〇一三年）。具体的な対照作業については（一）冒頭文を参照されたい。また、石上英一「正倉院文書における多様な様態と機能―裏面利用と継文―」（『正倉院文書研究』九、吉川弘文館、二〇〇三年）も各種目録を解説し、具体例を挙げて目録と続々修を対照し、接続の復原との関わりについて言及する。

（5）東野注（2）論文二三六～二三七頁、西注（2）書一九一～一九二頁に翻刻あり。

（6）ただし、目録②・③の一号の末尾には、二節2で触れるNo.15が追加されている。

（7）石上注（4）論文。

（8）飯田注（3）翻刻で付された通し番号。以下目録③の番号については同様とする。

（9）号の下の巻内の配列順で、ここでは便宜的に通し番号を振った。以下同様とする。

（10）石上氏は目録①二九号五「、、大寺司移奉写一切経司　景雲二年九月廿六日　二枚」が目録③No.653に含まれていた可能性を想定し「八通」とするが、「、、大寺司移　奉字一切経司　景雲二年九月廿六日　二枚」に該当する項が目録③No.656に見えるため、ここでは七通として考えたい。

（11）ここでは目録と対応する続々修が判明しており、項の統合が確実なもののみを取り上げた。なお、対応する続々修に関しては西・矢越注（4）対照表および付表を参照されたい。

（12）引用符内の「　」は史料中での鉛筆書きでの追記を、『　』は朱書での追記を示す。飯田注（3）翻刻参照。

（13）ただし、目録③への追記がどの段階でなされたものかは明らかでない。

（14）(d)のNo.796への追記は全て三十二号一「充筆墨紙帳　四月二十四日　壱巻　六枚」に関するものである。

（15）現在のところ、No.796に対応する続々修は（ア）十一帙三巻第一紙～六紙（『大日本古文書』八451～457）、（イ）三十三帙二巻第一紙～十紙（二十一241～245）、（ウ）三十四帙二巻第十四紙～十七紙（九183～185）の三通と考えているが、目録①の三十二号一「充筆墨紙帳四月二十四日　壹巻　六枚」は（ア）に、三十二号八1「写後経所解申請筆墨事四枚」は（ウ）に該当するものの、（イ）に相当する記載は管見の限りでは目録①には見当たらない。

（16）三十四号三十一2および3には枚数の記載はないが、続々修十五帙四巻の第三紙～八紙・九紙～十二紙（十三192～201）にそれぞれ相当し、枚数も計十紙となる。また、目録⑤でも第二項・第三項と二項に分かれて記載が設けられている。

（17）続々修は、一類「写経類集」（一～十一帙）、二類「経巻歴名」（十二～十六帙）、三類「諸司文書」（十七・十八帙）、四類「経師等手実行事上日」（十九～二十八帙）、五類「筆墨紙」（二十九～三十七帙）、六類「食口」（三十八～四十帙）、七類「布施用度雑器雑物」（四十一～四十四帙）、八類「雑文書」（四十五～四十七帙）という、内容に即した分類を採用している。

（18）西注（2）書二〇一頁。

（19）No.508、628、687、795は項を統合している事例とも見なし得るため、（一）で扱うべきかも知れないが、（一）では目録と対応する続々修が全て判明しているものを扱うとしたため言及を避けた。ただし、これら大規模な集約を行った事例では基本的に号内の文書を対象としているようであり、No.628を除いて号外からの移入は見られない。No.508、628、687、795に該当する続々修については、西・矢越注（4）対照表を参照されたい。

（20）御物納目散帳は『大日本古文書』では四239および二十五附86～98に収められているが、様々な編目から抜き取られてきた文書より構成されている。抜き取り先に関する記載は以下の通りである（本文中で触れたものは除く）。

②二十五附86〜88「右旧収在後集第四拾八巻」「現在三十九」
③二十五附88〜89「右旧収在後集第五拾巻」「現在四十一」
④二十五附89「右旧収在後集第三巻」
⑤二十五附90「右旧収在塵芥文書第廿三巻」
⑨二十五附95、⑩二十五附96「以上二通旧収在撰出文書第八巻」

なお、この御物納目散帳の成巻については、西注（2）書第四章二「正倉院御物整理掛での正倉院文書の整理」で触れられているが、続々修と平行して作業が実施され、明治二十七年には完成しているようである（一九一〜一九四頁）。

(21) 続々修に収められているものの本来除外すべきものは以下の通りである（本文中で触れたものは除く）。

続々修四十四帙十一巻①（往来軸〜第二紙）　二十五附55〜58
続々修四十四帙十一巻③（第四紙）　二十五附116〜117
続々修四十四帙十一巻④（第五紙）　二十五附118〜119
続々修四十四帙十一巻⑥（第八紙）　二十五附8〜9
続々修四十四帙十一巻⑦（第九紙）　二十五附9
続々修四十四帙十一巻⑧（第十紙）　二十五附54〜55
続々修四十六帙九巻⑮（第十五紙）　二十五附34

(22) 続々修の分類方法は注（17）を参照されたい。

(23) 西・矢越注（4）対照表（二）一三二頁。

(24) 西・矢越注（4）対照表を続々修の順に従って配列し直し、そこに貼られた付箋の情報を全て明記するものである。ただし、（4）対照表発表後に刊行された『正倉院文書目録』七および八により改めた箇所がある。

付　続々修と未修古文書目録の対照表

本節の冒頭で述べたように、天保四年（一八三三）の「発見」以降、正倉院文書は数次に渡る抜き取りをともなう整理が行われ、その結果、史料群としての原形は大きく破壊されている。そのため、研究での利用に当たっては復原が必須である。復原の際に鍵となるのがその最小単位となる断簡の特定である。

正集・続修・続修別集・続修後集の整理による抜き取りを経たのちの「未修古文書」については各種の目録が残るが、続々修自体に「未修古文書」段階での所属を示す付箋が貼られ、また續々修の目録である先述の目録④には所属を記載する欄が設けられている。続々修の原本に貼られている付箋の事例として写真10に第二十四帙第七巻の冒頭部分を掲載したが、第一紙の「廿九ノ十二」、第二紙の「廿七ノ八」、第三紙の「卅五ノ一」は未修古文書での所属を表している。これに対して第二紙の「二」、第三紙の「三」は続々修成巻段階での貼り継ぎ順の指示である。また写真11は同じ箇所の目録④であるが、最下段の記載は未修古文書での所属、最上段は続々修成巻段階での貼り継ぎ順である。このように原本に貼られた付箋の内容と目録④を併せて検討することで、断簡の特定が可能になるのである。ただし、この目録④は第十九帙以降しか残らず、第十八帙までは原本に貼られた付箋の内容に拠る部分が大きい。

　この二種の史料および文書の記載内容に基づいた未修古文書と続々修の対照結果は既に注（4）に掲載した文献として発表済みであるが、ここでは現状の正倉院文書の形態に基づいて研究をするにあたって便利なよう、続々修の側から未修古文書との対応を引けるようにした対照表を掲載することとした。本対照表には、現状の続々修の基本情報である帙・巻・料紙番号のほか、『大日本古文書』の収載巻・頁、原本に貼られている付箋の内容、想定される断簡記号を盛り込み、またその断簡に対応する未修古文書の情報として目録③を翻刻した注（3）文献での番号と所属を併記した。

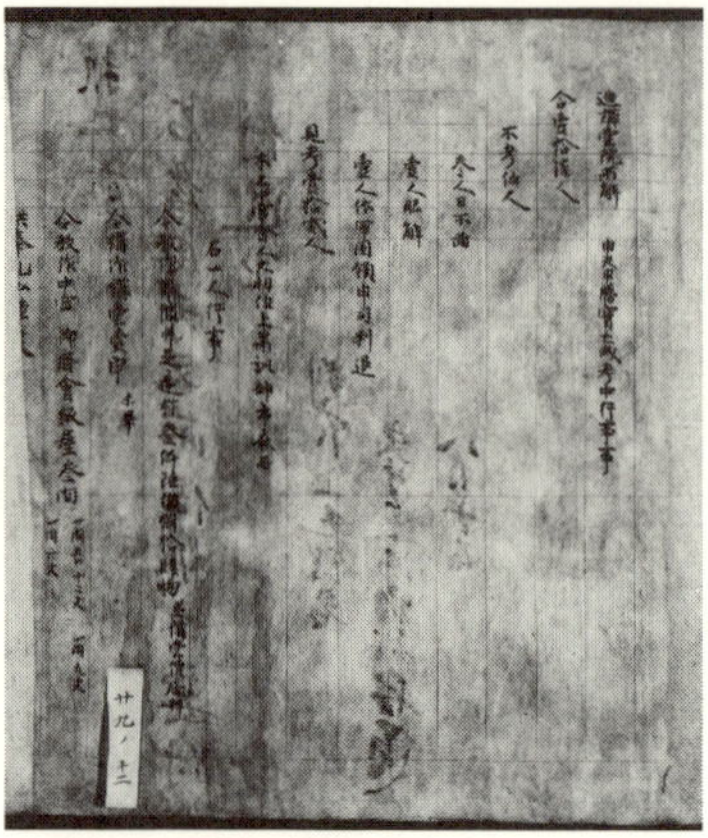

写真10　続々修に貼られた付箋
（『正倉院文書』続々修24-7〈1〉-〈2〉、正倉院宝物）

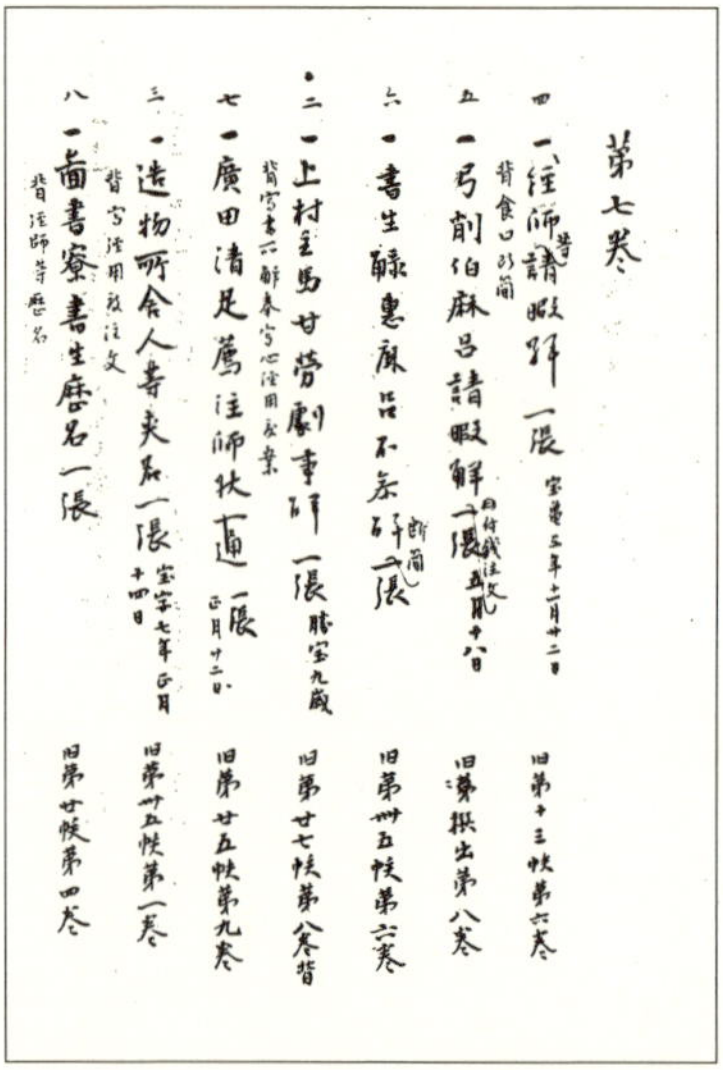

第七巻

写真11　目録④に見える未修古文書段階での所属（続々修24-7部分）
（RS2071-67-2、『続々修　正倉院古文書目録』3　第4・5類「東京大学史料編纂所所蔵謄写本」）

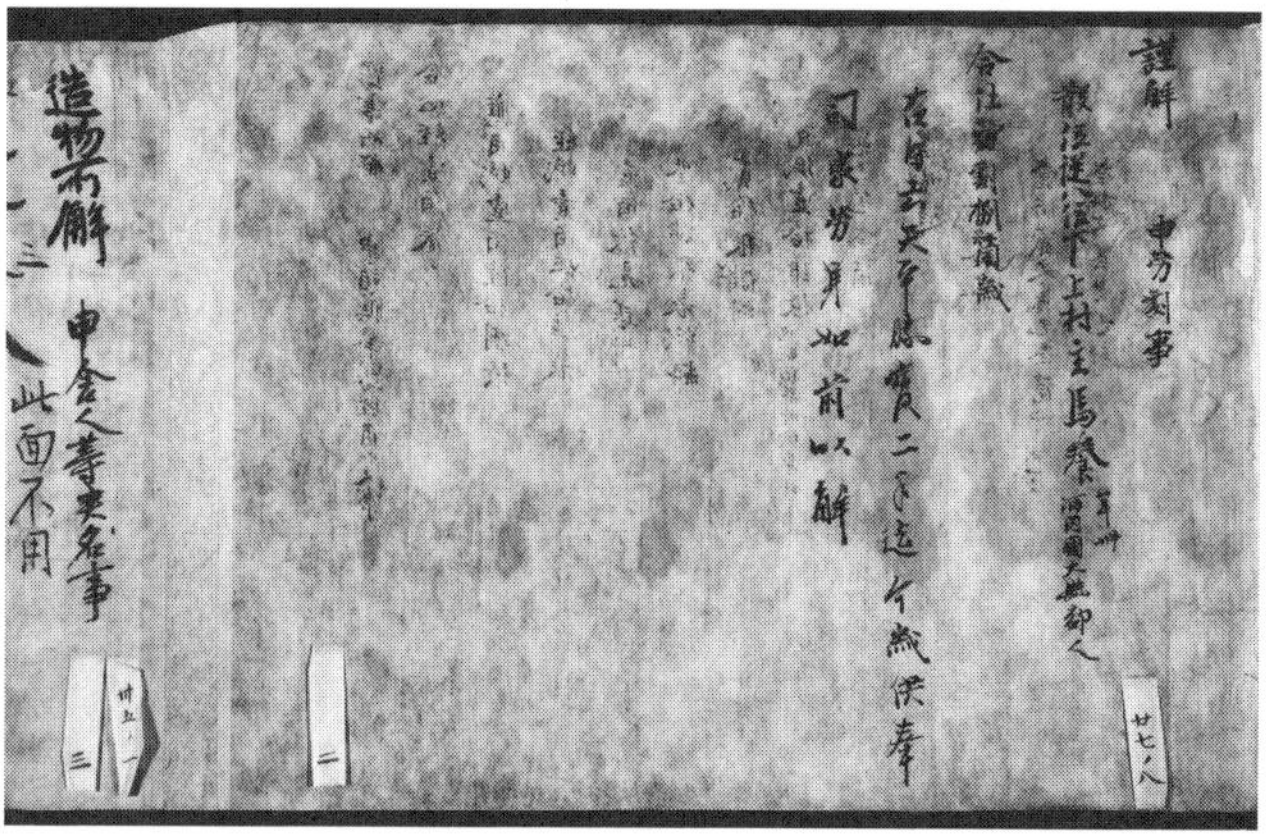

（同右）

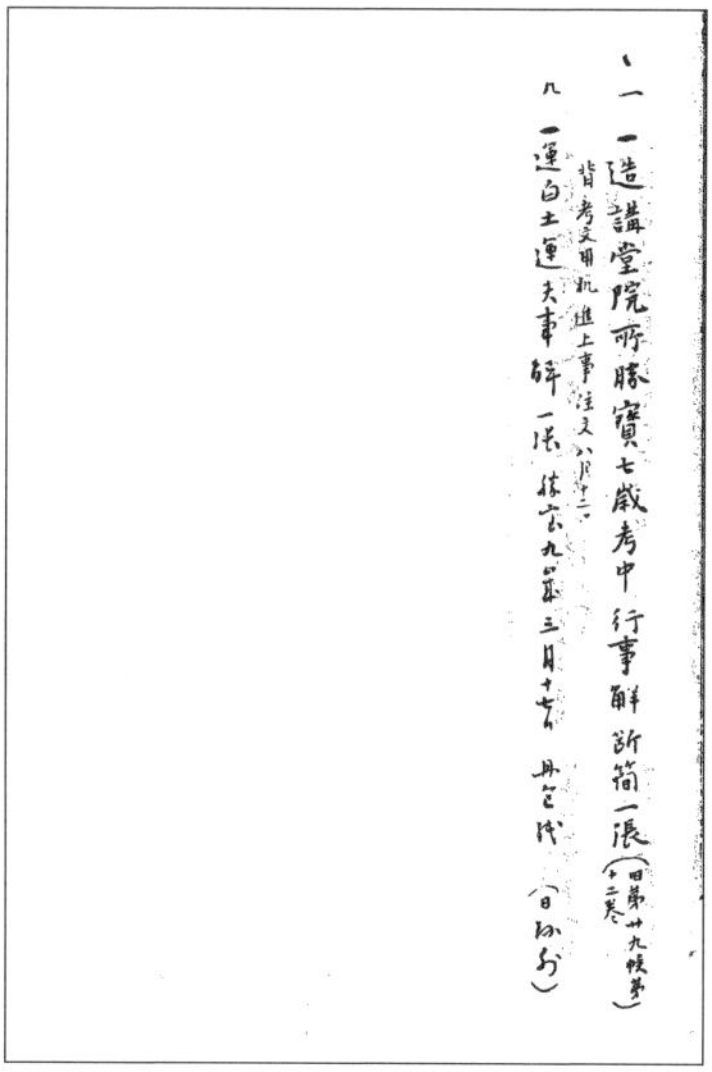
一　造講堂院所勝宝七歳考中行事解　断簡一張（旧第卅九帙第十二巻）
背　考文用紙進上事
九
一　運白土運夫事　解　一張

（同右）

付　続々修と未修古文書目録の対照表

・この表は現在までに判明している続々修と未修古文書目録の対照結果を示すものである。
・続々修については、所在のほかに、大日本古文書の収載巻・頁および成巻の際に原本に貼られた付箋の情報を付加した。
・当該部分に文字がない場合は（空）と記したが、裏面については省略した。
・大日本古文書の欄に網掛けをしたものは、その箇所が未修古文書目録の記載と対応することを示す。
・未修古文書目録の欄に＊と記したものは未修古文書ではなく、他のまとまり（塵芥、撰出等）から続々修に入ったことを示す。

続々修 帙	巻	料紙	記号	目録⑤（項）	大日本古文書 表	裏	付箋 所属	順	未修目録 No.	所属
1	1	1—24	①(1)—(5)	1	八1～12				1066	43—3
		25—31	②	2	八12～15		「十三ノ二」		178	13—2
		32—38	③(1)—(2)	3	八15～18		「十三ノ二」		179	13—2
		39—52	④(1)—(2)	4	八55～60〈50〉空				589	28—5
1	2	1—73	(1)—(11)	1	八74～107	未収			950	37—2
1	3	1—6	(1)	1	八196～199				556	27—5
		7	(2)	2	八375～376				597の一部	28—10
		8—47	(3)—(19)	3	八256～272〈11〉〈13〉空	〈46〉八350～351、〈45〉～〈44〉八162、〈41〉八268、〈32〉八164、〈29〉八154、〈27〉八263			588	28—4
1	4	1—3	①(1)	1	十133～134				380	20—7
		4—37	①(2)—(4)	2	十134～153〈9〉空					
		38—58	②(1)	3	十153～162〈44〉〈53〉〈55〉空				164	12—3
		59—74	②(2)	4	十162～168〈62〉空				175	13—1
		75—81	②(3)—(4)	5	十168～172				989	39—9
		往来軸	左軸	往来	十133					
1	5	1—16		1	十八94～102		「卅八ノ二」		968	38—2
1	6	1	①(1)	1	八154～155				597の一部	28—10

	2	①(2)	2	九167〜168	九175〜176			383	20—7
	3	①(3)	3	九169〜170				650	29—2
	4	②	4	十215					
	5	③	5	十215〜216				1090	43—6
	6	④	6	十四308				615	28—12
	7	⑤(1)	7	十七51〜52				587	28—3
	8	⑤(2)	8	十七53				621	28—12
21	1—11		1	十五103〜119					
22	1—8	①(1)—(2)	1	八171〜178＊	十一96〜101	「芥ノ一」	「一」	塵芥第1巻＊	
	9	②	2	十120〜122		「十九帙二巻」	「二」	308	19—2
23	往来軸	未詳	往来	十552					
	1		1	十552〜553		「廿一帙三巻」		416	21—3
24	往来軸	右軸	往来	九1					
	1—4	(1)	1	九1〜7				3	1—3
	5	(2)			九5				
	6	(3)							
	7	(4)			九75	「一ノ三」			
25	1	(1)	1	十一83〜84		「十一ノ五」	「一」	146	11—5
	2—3	(2)	2	十一84〜85	十一85〜86	「廿八ノ十二」	「二」	612	28—11
	4			(空)					
	5	(3)	3	十一86〜89		「卌一ノ廿」	「三」	1038	41—20
	6—7		4	(〈7〉空)					
	往来軸？	左軸	往来	(頭欠カ)					
26	往来軸	右軸	往来	十四422				922の一部	35—20
	1	①(1)	1	十四422〜427		「卅五ノ廿」			
	2					「卅五ノ廿」	「一」		
	3					「卅五ノ二十」	「二」	922の一部	35—20
	4	①(2)	2	十四427〜431		「廿九ノ五」	「三」	665	29—5
	5	①(3)				「廿九ノ五」	「四」	664	29—5

続々修 帙	巻	料紙	記号	目録(項)⑤	大日本古文書 表	大日本古文書 裏	付箋 所属	付箋 順	未修目録 No.	未修目録 所属
2	6	6	①(4)	3	十四431～433		「廿四帙九巻」	「五」	455の一部	24-9
		7	①(5)	4	十四433～435	廿五193～194	「廿四帙九巻」	「六」	455の一部	24-9
		8	①(6)	5	十四435～436	十四447～448	「卅一ノ四」:表	「七」:表	746	31-4
		9	②	6	十四438	十四448～449	「廿五ノ九」	「八」	508の一部	25-9
		10-11	③	7	十四440～442	十五134～136	「廿五帙三巻」	「九」	475の一部	25-8 (25-3)
2	7	1	(1)	1	十八112～113		「卅六ノ一」		930	36-1
		2-6	(2)		十七154～160					
		往来軸	左軸?	往来	十七154					
2	8	往来軸	右軸	往来	十七237*				塵芥第8巻*	
		1-13	(1)	1	十七237～328*					
		14-18	(2)			十八25～32				
		19-52	(3)				「芥ノ八」			
2	9	往来軸	右軸	往来	十九112				9	1-9
		1-4		1	十九112～119		「一ノ九」			
2	10	1-6	(1)	1-2	十三122～132、十三112		「卅四ノ十三」	「一」	887	34-13
		7-8	(2)	3	十三152～153		「卅四ノ十三」	「二」	888	34-13
2	11	1-4	①	1	十二258～263		「卅四ノ九」	「丶一」	878	34-9
		5-7	②	2	十一355～359	十二419～420	「廿八ノ二」	「丶二」	585	28-2
		8-9	③	3	十327～330		「卅四ノ十二」	「三」	884	34-12
		10	④	4	十331～332		「廿九ノ二二」	「四」	637	29-2
		11	⑤	5	十333～334		「廿五帙七巻」	「五」	491	25-7 (25-2)
3	1	1-3	(1)	1	七263～270	十三87～91	「五ノ十四」		64	5-14
		4-8	(2)			七240～247				
		9-12			(未収、〈11〉空)					

		13―18	③(3)	2	七270〜274					
		19―20	(4)		（空）					
		往来軸	左軸	往来	七263					
3	2	1―2	(1)	1	八60〜63				428	21―7
		3―4	(2)	2	八64〜66、未収	七511〜513（天地逆）	「廿四帙六巻」：裏	「一ノ二」：表	452の一部	24―6
		5―6	(3)	3	八155〜159		「廿ノ一」	「二」	333	20―1
		7	(4)	4	八163〜164		「五帙六巻」	「三」	56の一部	5―6
3	3	1	①(1)	1	廿二195〜196	十二164〜165		「一」	819	32―7
		2	①(2)		廿二196〜197	十二163〜164	「卅二ノ七」	「二」		
		3	①(3)		廿二200	十二42			823	32―7
		4	①(4)		廿二200〜201	十二41				
		5	①(5)		廿二201〜202	十二41	「卅二ノ七」	「二」		
		6―7	②	2	十五11〜14	十五91〜93	「廿九ノ二」	「三」	639	29―2
3	4	往来軸	右軸	往来	十五1				948の一部	36―19
		1	①(1)	1―6	十五1					
		2	①(2)		十五1〜3	十四443	「卅六ノ十九」	「一」		
		3	②(1)		十五6〜8	十四444	「卅六ノ十九」	「二」	948の一部	36―19
		4	②(2)			十四449				
		5	②(3)				「卅六ノ十九」	「二」		
		6	③(1)	7―8	十五9	未収	「卅五ノ十」	「三」	912	35―10
		7		9	十五10〜11					
		8		10	十五14〜15					
		9―10	③(2)	11	十五19〜23	十五15〜18				
		11	③(3)					「三」		
		12	③(4)	12―15	十五23〜26	未収				
		13―14	③(5)―(6)			〈14〉十五88、〈13〉十五89	「廿六ノ四」：表		512の一部	26―4
		15	③(7)	16	十五26〜27					

続々修				目録⑤	大日本古文書		付箋		未修目録	
帙	巻	料紙	記号	（項）	表	裏	所属	順	No.	所属
3	4	16–31	③(8)–(20)	17–28	十五27〜39	〈31〉四494、〈30〉〜〈28〉十五100〜101、〈27〉〜〈26〉十五101、〈25〉十五100、〈24〉四488、〈23〉四489、〈22〉四488〜489、〈21〉十五91、〈20〉十五90、〈19〉四487〜488、〈18〉四487、〈17〉十五90、〈16〉四486	「廿六ノ四」：表	「五」：表	512の一部	26–4
		32	③(21)	29–30		十四444〜445	「十二帙二巻」：表	「六」：表	162	12–2
		33	③(22)		十五39〜40	十五99				
		34	④(1)	31	十五40	十五40〜41			764	31–6
		35	④(2)	32	十五41〜42	十四347	「廿五帙八巻」	「八」	500	25–8 (25–3)
		36–38	④(3)	33	十五42〜46	四490〜493		「九」：表	82	7–8
		39	⑤(1)	34–35	十五46〜47	十三336	「廿六ノ八」	「十」	521	26–8
		40	⑤(2)	36	十五47〜49	十四360				
		41				十四359				
		42–43				十四359〜360				
		44	⑤(3)	37	十五49〜53					
		45		38						
		46		39						
		47–48	⑤(4)	40–47	十五53〜58	十五61〜62				
		49	⑤(5)			十五60〜61				
		50	⑤(6)			十五59〜60				
		51	⑤(7)			十五58〜59				
3	5	1	(1)	1	十七160〜161		「卅六ノ十」		939	36–10
		2–15	(2)	2	十七161〜172		「卅五ノ十四」		916	35–14

3									3		3												3		3		
10									9		8												7		6		
12	11	10	9	8	7	4-6	2-3	1	3-4	1-2	13	12	10-11	9	8	7	6	5	4	3	2	1	往来軸	1-14	往来軸	1	往来軸
②(3)	②(2)	②(1)	①(6)	①(5)	①(4)	①(3)	①(2)	①(1)			②(11)	②(10)	②(9)	②(8)	②(7)	②(6)	②(5)	②(4)	②(3)	②(2)	②(1)	①	左軸		左軸		左軸
3			2		1				2	1	2											1	往来	1	往来	1	往来
廿一501〜503			廿一497〜499		廿一484〜497				六281〜284	十九321〜325	十八575〜580						十664	十八573〜575				十八572〜573	六86	六86〜107	十七487	十七487〜488	十七160
十二298〜299	十二311	十二332	十二264	十二219〜220	十六373〜375	十六400〜405	十六415〜419	十六405〜407				十八323		十八542	十九37〜38	十三476	十四329〜330	十三476〜477（四278）	十三477	十三485	十三486	十八211〜212					
		「廿三ノ三」	（「廿九ノ二」）	表「廿九ノ二」：	「卅四ノ十二」					「廿六ノ壹」	「卅七ノ七」										「卅七ノ七」			「二ノ十一」			
		「二」	「一」：表	「一」：表																	「二」	「一」：表					
444の一部			641		883				509		955											577	26		911		
23-3			29-2		34-12				26-1		37-7											27-9	2-11		35-9		

帙	巻	続々修 料紙	続々修 記号	目録⑤（項）	大日本古文書 表	大日本古文書 裏	付箋 所属	付箋 順	未修目録 No.	未修目録 所属
3	10	13	②(4)	4	廿一503~510	三576~577			444の一部	23-6
		14	②(5)			十二202				
		15	②(6)			十二178~179				
		16	②(7)			十二177~178				
4	1	往来軸	右軸	往来	八578				1009	40-9
		1		1	八578		「四十ノ九」			
4	2	往来軸	右軸	往来	十一94				914	35-12
		1		1	十一94~95					
4	3	1-4		1	十一145~150（〈1〉空）				14	1-14
		往来軸	左軸	往来	十一145					
4	4	1-4		1	十一151~156（〈1〉空）				96の一部	8-3
		往来軸	左軸	往来	十一150					
4	5	1		1	十一144				95	8-2
		往来軸	左軸	往来	十一144					
4	6	往来軸	右軸	往来	十六139				1021	41-3
		1-14		1	十六140~164					
4	7	往来軸	右軸	往来	十六59				5	1-5
		1-6		1	十六59~68					
4	8	1		1	五300~302		「卅五ノ廿一」		923	35-21
		往来軸	左軸	往来	五300					
4	9	往来軸	右軸	往来	十六164				1032	41-14
		1-4		1	十六164~170		「四十一ノ十四」			
4	10	1-5		1	十六95~104		「一ノ七」		7	1-7
		往来軸	左軸	往来	十六91					
4	11	往来軸	右軸	往来	十六137				100	8-7
		1-2		1	十六137~139		「八ノ七」			
4	12	1-4	①	1	十六376~382＊		「芥ノ十七」	「一」	塵芥第17巻＊	

		5—9	②	2	十六505〜514		「廿八ノ九」		596	28—9
4	13	往来軸	右軸	往来	十六549				36	3—8
		1—2		1	十六549〜552					
		3		2	十六560〜561					
4	14	往来軸	右軸	往来	五488					
		1—2		1	五488〜492			「一」	924の一部	35—22
		3						「二」	924の一部	35—22
4	15	往来軸	右軸	往来	十六515				101の一部	8—8
		1—2		1	十六515〜517		「八ノ八」			
4	16	往来軸	右軸	往来	十六525					
		1—2	(1)	1	十六526〜536		「卌ノ五」	「一」	1005	40—5
		3—4					「四十ノ五」			
		5—7	(2)				「廿五帙六巻」		487の一部	25—6
4	17	往来軸	右軸	往来	十六521				1048	42—10
		1—4		1	十六521〜525					
4	18	往来軸	右軸	往来	十六517〜518				921	35—19
		1—2		1	十六518〜520		「卅五ノ十九」（〈1〉左下）			
4	19	往来軸	右軸	往来	十六537〜538				1040の一部	42—2
		1—23		1	十六538〜548					
4	20	1	①(1)	1	七254〜255				1148	45—6
		2	①(2)		七255		「四十五ノ六」	「一」		
		3	②	2	十六514		「卅四ノ十五」	「二」	892	34—15
		4	③	3	八458〜459		「四十五ノ六」	「三」	1147	45—6
		5	④	4	十四171＊		「出八巻」	「四」	撰出第8巻＊	
		6	⑤	5	十六420〜421		「卅一ノ七」	「五」	778	31—7
		7—8	⑥	6	十六564〜566		「卅七ノ八」	「六」	956	37—8
		9	⑦	7	十一460〜462		「第八帙八巻」	「七」	101の一部	8—8
		10—11	⑧	8	十一458〜460			「八」	805	32—3

帙	巻	続々修 料紙	続々修 記号	目録⑤（項）	大日本古文書 表	大日本古文書 裏	付箋 所属	付箋 順	未修目録 No.	未修目録 所属
4	20	12	⑨	9	十一253	廿五11（天地逆）	「廿七ノ第一」	「九」	527	27–1
		13	⑩	10	十一464		「卌五ノ六」	「十」	1163	45–6
		14	⑪	11	五488		「第七帙ノ十五巻」	「十一」	89	7–15
		15–16	⑫	12	一381～383		「第七帙ノ十五巻」	「十二」	91	7–15
4	21	往来軸	右軸	往来	十六105～106				23	2–8
		1	(1)	1–11	十六106～113					
		2	(2)			五289～290				
		3	(3)			五306～308				
		4	(4)			十六89～90		「二」		
		5	(5)	12–14		十六88～89			141	11–4
5	1	1–25	①	1	十三83～84（〈10〉～〈25〉空）	〈6〉～〈3〉十三85（天地逆）、未収	「廿八ノ十一」	「一」	607	28–11
		26	②	2	十一137～139			「二」	454の一部	24–8
		27				十334～335	「廿四帙八巻」	「二」		
		28	③	3	十二377		「十二帙四巻」	「三」	166	12–4
		29	④	4	七194～195		「十三帙七巻」	「四」	211	13–7
		30	⑤	5	十四333		「廿四帙十二巻」	「五」	460	24–12
		31	⑥	6	十六340		「卌五ノ六」	「六」	1156	45–6
5	2	1–10	①	1	八18～22		「卅一ノ七」	「一」	777	31–7
		11	②	2	八364		「四十三ノ五」	「二」	1070	43–5
		12	③		八364		「四十三ノ五」	「三」	1071	43–5
		13–23	④	3	十216～220		「廿八ノ七」「四」	「四」「四」	594	28–7
		24	⑤	4	十220～221		「六ノ二」	「五」	69の一部	6–2
		25				十221				

		26		5	十221～222					
		27		6	十222～223					
		28		7	十223～224		「第六帙第二巻」	「五」		
		29	⑥	8	十224		「廿帙八巻」	「六」	389	20-8
		30-35	⑦	9	十224～229	〈35〉未収	「廿ノ九」	「七」	395	20-9
		36-42	⑧	10	十229～232	未収	「卅二ノ十」	「八」	835	32-10
		43-45				十625～626		「八」		
		46	⑨	11	十232～233		「第十八帙第七巻」	「九」	303	18-7
		47	⑩	12	十233～234				627	28-12
		48	⑪	13	十234		「十一ノ五」	「十一」	148	11-5
		49	⑫	14	十235		「廿帙五巻」	「十二」	363	20-5
		50	⑬	15	十235		「卌三ノ六」	「十三」	1099	43-6
		51	⑭		十236		「卌三ノ六」	「十四」	1091	43-6
5	3	往来軸	右軸	往来	十三78				933	36-4
		1		1	十三78～82					
		2				十三82～83				
		3				十三83				
5	4	1-6	①	1	十一324～330		「卅五ノ十八」	「一」	920	35-18
		7-13	②	2	十二22～29		「二ノ十三」	「二」	28	2-13
		14	③	3	十二29～31	十658～659	「廿九ノ十二」	「三」	678	29-12
		15	④	4	十二31～33		「廿九ノ二」	「四」	647	29-2
		16	⑤	5	十四330～331		「卅二ノ七」	「五」	822	32-7
5	5	往来軸	右軸	往来	十10				913	35-11
		1-31		1	十10～51		「卅五ノ十一」			
5	6	往来軸	右軸	往来	（破損）				8	1-8
		1-3	①	1	三216～220、十649～650		「一ノ八」			
		4-5	②	2	十6～10		「廿四帙十巻」	「二」	456の一部	24-10

帙	巻	続々修 料紙	続々修 記号	目録⑤（項）	大日本古文書 表	大日本古文書 裏	付箋 所属	付箋 順	未修目録 No.	未修目録 所属
5	7	往来軸	右軸	往来	十52				51	5―1
		1―2		1	十52～54					
		3―8		2	十55～64	〈5〉十58、〈4〉十58（天地逆）	「五ノ一」			
5	8	往来軸	右軸	往来	十123				1007	40―7
		1―4	①	1	十123～130		「卌ノ七」	「一」		
		5	②	2	十130～132		「卅二ノ十四」	「二」	846	32―14
5	9	往来軸	右軸	往来	十487				53	5―3
		1―14	(1)	1	十487～539	〈6〉〈5〉〈4〉〈3〉未収（端裏）				
		15	(2)			十664				
		16―22	(3)			〈19〉十514（端裏）				
		23	(4)			廿五12（天地逆）				
		24―35	(5)			〈28〉十526（端裏）				
5	10	往来軸	右軸	往来	十75				1034	41―16
		1		1	十75～76					
5	11	往来軸	右軸	往来	三539				11	1―11
		1―2		1	三539～542					
5	12	往来軸	右軸	往来	十六336				10	1―10
		1―2		1	十六336～339					
5	13	往来軸	右軸	往来	十四319				38の一部	3―10
		1		1	十四319～321		「三ノ十」			
5	14	往来軸	未詳	往来	十四288				94の一部	8―1
		1―3		1	十四288～292					
6	1	往来軸	右軸	往来	十82				45	3―17

<table>
<tr><td colspan="8">6</td><td colspan="2">6</td><td colspan="5">6</td><td colspan="2">6</td><td colspan="2">6</td><td colspan="2"></td></tr>
<tr><td colspan="8">6</td><td colspan="2">5</td><td colspan="5">4</td><td colspan="2">3</td><td colspan="2">2</td><td colspan="2"></td></tr>
<tr><td>27—34</td><td>26</td><td>25</td><td>23—24</td><td>20—22</td><td>19</td><td>15—18</td><td>1—14</td><td>往来軸</td><td>1—3</td><td>5</td><td>4</td><td>3</td><td>1—2</td><td>往来軸</td><td>往来軸</td><td>1</td><td>往来軸</td><td>1</td><td>91</td><td>1—90</td></tr>
<tr><td>⑧</td><td>⑦</td><td>⑥</td><td>⑤</td><td>④</td><td>③</td><td>②</td><td>①</td><td>左軸</td><td></td><td></td><td></td><td></td><td></td><td>右軸</td><td>左軸</td><td></td><td>左軸</td><td></td><td></td><td></td></tr>
<tr><td>7</td><td>6</td><td>5</td><td colspan="2">4</td><td>3</td><td>2</td><td>1</td><td>往来</td><td>1</td><td colspan="2">2</td><td colspan="2">1</td><td>往来</td><td>往来</td><td>1</td><td>往来</td><td>1</td><td>2</td><td>1</td></tr>
<tr><td>十209〜213</td><td>十209</td><td>十208〜209</td><td>十207〜208</td><td>十206〜207</td><td>十205〜206</td><td>十204〜205</td><td>十199〜204</td><td>十110</td><td>十111〜114</td><td>(空)</td><td>十一550〜552</td><td>(空)</td><td>十一552〜555</td><td>十一552</td><td>十一496</td><td>十一497</td><td>十一178</td><td>十一178〜180</td><td>十626〜627</td><td>十82〜109（〈15〉〈21〉〈33〉〈35〉〈47〉〈57〉〈63〉〈65〉〈67〉〈69〉〈71〉〈73〉〈77〉〈79〉〈81〉〈84〉〈86〉空）</td></tr>
<tr><td></td><td></td><td></td><td></td><td></td><td></td><td></td><td></td><td></td><td>〈3〉八543〜544、〈2〉二431〜432、〈1〉二430〜431</td><td></td><td></td><td></td><td></td><td></td><td></td><td></td><td></td><td>十一180</td><td></td><td>〈90〉十612〜614、〈89〉廿四224〜225、〈88〉〜〈85〉十637〜640、〈79〉十九551、〈21〉十440、〈20〉十四324〜325、〈19〉十441、〈18〉十266、〈16〉十109、〈13〉十110、〈8〉十87、〈7〉十442、〈6〉十九550〜551、未収</td></tr>
<tr><td>「卅　十三」</td><td>「卅二ノ三」</td><td>「卌三ノ六」</td><td>「廿三帙二巻」</td><td>「廿三帙二巻」</td><td>「廿四帙六巻」</td><td>「廿四帙一巻」</td><td>「廿八ノ八」</td><td></td><td></td><td></td><td></td><td></td><td></td><td></td><td></td><td>「卌二ノ十七」</td><td></td><td></td><td></td><td></td></tr>
<tr><td>「□」</td><td>「七」</td><td>「□」</td><td>「五」</td><td>「□」</td><td>「□」</td><td>「二」</td><td>「一」</td><td colspan="13"></td></tr>
<tr><td>704</td><td>810</td><td>1093</td><td>443の一部</td><td>443の一部</td><td>452の一部</td><td>447の一部</td><td>595</td><td colspan="2">1024</td><td colspan="5">1008</td><td colspan="2">1055</td><td colspan="2">99</td><td colspan="2"></td></tr>
<tr><td>30—13</td><td>32—3</td><td>43—6</td><td>23—2</td><td>23—2</td><td>24—6</td><td>24—1</td><td>28—8</td><td colspan="2">41—6</td><td colspan="5">40—8</td><td colspan="2">42—17</td><td colspan="2">8—6</td><td colspan="2"></td></tr>
</table>

帙	巻	続々修 料紙	続々修 記号	目録⑤（項）	大日本古文書 表	大日本古文書 裏	付箋 所属	付箋 順	未修目録 No.	未修目録 所属
6	7	往来軸	右軸	往来	十二223				1051	42-13
		1-3		1	十二223〜226					
		4			十二355					
		5			十二354					
		6			十二376〜377					
6	8	1-2		1	十二232〜236				35	3-7
		3				十一262〜263				
		往来軸	左軸	往来	十二231					
6	9	往来軸	右軸	往来	十二236				1018	40-18
		1-2		1	十二236〜238		「卌□」			
6	10	1	①	1	十214		「卅五ノ□」	「□」	898	35-1
		2	②	2	廿四595	廿四596	「廿□」	「二」	351	20-5
		3-4	③	3	廿四477	廿四479	「卅□十」	「三」	795の一部	31-10
		5-6	④		廿四476		「卅□十」	「四」	795の一部	31-10
		7-13	⑤	4	十238〜239		「廿三□二巻」	「五」	443の一部	23-2
		14-27	⑥	5	十240〜245	〈25〉廿四459（十244）			396	20-10
		28-54	⑦(1)	6	十245〜259（〈34〉〈53〉〈60〉〈62〉〈65〉空）		「三十六ノ□」	「七」	941	36-12
		55	⑦(2)			廿四324				
		56-65	⑦(3)							
6	11	1-17	①	1	十448〜453（〈8〉空）	〈17〉廿三105	「卅七ノ□」	「一」	954	37-6
		18	②	2	十615		「第八帙第三巻」	「二」	96の一部	8-3
		19-36	③	3	十615〜625	〈32〉十624、〈31〉十624、〈30〉十622、〈21〉十九550	「十ノ六」	「三」	125	10-6
6	12	1	①	1	十三70				341	20-4
		2	②	2	十657〜658		「廿帙五巻」	「一」	369	20-5
		3	③	3	廿四261〜262	習書（未収）	「廿四帙六巻」	「□」	452の一部	24-6
		4	④	4	九475〜476	廿四448〜449	「卌五ノ六」	「□」	1164	45-6

		5-8	⑤	5	十二226〜231		「卅六ノ十七」	「五」	946	36-17
6	13	1-2		1	十631〜635		「卅二ノ十二」		837	32-12
		3-4		2	十453〜456			「右」		
		5		3	十635〜637	十637	「卅七ノ一」	「左」	949の一部	37-1
6	14	往来軸	右軸	往来	十三45					
		1-2		1	十三45〜50					
		3				十三48				
		4				十三49(端裏)				
6	15	往来軸	右軸	往来	十三135				860	33-6
		1-6		1	十三135〜142	〈4〉四67〜68、未収				
7	1	1-50		1	七542〜560(〈14〉〈19〉空)	〈43〉〜〈42〉廿四148〜149、〈31〉廿四147、〈3〉廿四453(天地逆)、〈2〉廿四453、〈1〉廿四145〜146、未収			975	38-7
7	2	1-25		1	七577〜588	〈23〉廿四146、〈11〉廿四146			568	27-7
7	3	1	(1)	1	(空)				123の一部	10-4
		2-14	(2)		八22〜45	未収		「一」		
		15-16	(3)	2		未収		「二」	123の一部	10-4
		17-19	(4)							
		20-32	(5)	3				「□(三カ)」	123の一部	10-4
		33-66	(6)			未収				
7	4	1		1	廿四203〜204		「□九ノ三」		320	19-3
		2-4		2	八150〜153	〈4〉廿四204	「十ノ二」		121	10-2
		5-22		3	八67〜73					
		23-44			八140〜148	〈40〉八150、〈39〉〜〈36〉八130〜131、未収				
7	5	往来軸	右軸	往来	十三435				46	4-1
		1-20		1	十三436〜462	〈5〉十三462				

帖	巻	続々修 料紙	続々修 記号	目録⑤（項）	大日本古文書 表	大日本古文書 裏	付箋 所属	付箋 順	未修目録 No.	未修目録 所属
7	6	往来軸	右軸	往来	十三387				68	6―1
		1―46		1	十三387〜414	未収ほか				
8	1	1		1	四274				926	35―24
		往来軸	左軸	往来	四274					
8	2	往来軸	右軸	往来	十三423				62	5―12
		1		1	十三423〜426	十三426				
		2					「五ノ十二」			
8	3	往来軸	右軸	往来	十三419				931	36―2
		1	(1)	1	十三419〜422	十三422				
		2	(2)				「卅六ノ二」			
8	4	往来軸	右軸	往来	十三415				110	9―1
		1―2	(1)(2)	1	十三415〜418	〈2〉十三419（端裏ヵ）				
8	5	往来軸	右軸？	往来	十三362				927	35―25
		1		1	十三362〜363					
8	6	1―4	①(1)	1	十三373〜380	〈1〉十三373（楽書）		「一」		
		5	①(2)	2	十三431〜432		「卅一ノ六」	「二」	774	31―6
		6	①(3)	3	十三432〜434		「第八帖第十一巻」	「三」	104の一部	8―11
		7	①(4)	4	十三434〜435		「廿五帖三巻」	「四」	475の一部	25―3
		8	①(5)	5	十三489			「五」	761	31―5
		9	①(6)	6	廿五54〜55		「廿三帖二巻」		443の一部	23―2
		10	②	7	廿四475〜476	廿四475〜476	「廿九ノ十三」		687の一部	29―13
8	7	往来軸	右軸	往来	十三364				911	39―11
		1	①(1)	1	十三364〜371		「卅九ノ十一」	「一」		
		2―3	①(2)	2					1136	45―1
		4	①(3)	3			「廿ノ二」	「三」	334の一部	20―2
		5	②	4	十三371〜373		「廿三帖五巻」	「四」	446の一部	23―5

8	8	往来軸	右軸	往来	十三357〜358				39の一部	3−11
		1−2	(1)	1	十三358〜361		「三帙十一」	「一」		
		3	(2)				「三帙十一」	「二」	39の一部	3−11
8	9	往来軸	右軸	往来	未収				925	35−23
		1	(1)	1	四278〜280		「卅五ノ廿三」	「一」		
		2	(2)	2	未収		「廿帙五巻」	「二」	368	20−5
		3−4	(3)	3	未収		「廿帙七巻」	「三」	384	20−7
		5	(4)	4	未収		「廿九ノ一」	「四」	631	29−1
		6	(5)	5	未収		「廿帙五巻」	「五」	353	20−5
8	10	往来軸	右軸	往来	十三385〜386				112	9−3
		1		1	十三386					
8	11	往来軸	右軸	往来	十三463				1056	42−18
		1−4		1	十三463〜469					
8	12	往来軸	右軸	往来	十四191				1031	41−13
		1−2		1	十四191〜194					
8	13	往来軸	右軸	往来	十三318				1054	42−16
		1−8		1	十三318〜331	未収	「四十二ノ十六」			
8	14	往来軸	右軸	往来	十三353				60	5−10
		1−3		1	十三353〜356		「五ノ十」			
8	15	往来軸	右軸	往来	十四166〜167				982	39−2
		1−2		1	十四167〜169					
8	16	往来軸	右軸	往来	十四169				69の一部	6−2
		1		1	十四169〜170					
8	17	往来軸	右軸	往来	十四65				1033	41−15
		1−2	(1)	1	十四65〜68					
		3	(2)	2	十四69〜70				842	32−14
8	18	往来軸	右軸?	往来	十三490〜491				1045	42−7
		1		1	十三491〜492		「四十二ノ七」			

続々修 帙	続々修 巻	続々修 料紙	続々修 記号	目録⑤（項）	大日本古文書 表	大日本古文書 裏	付箋 所属	付箋 順	未修目録 No.	未修目録 所属
8	19	往来軸	右軸	往来	十三284				919	35―17
		1	①(1)	1	十三284〜298					
		2				十三242〜243				
		3	①(2)			十三237〜238				
		4	①(3)			十三236〜237				
		5	①(4)			十三381				
		6	①(5)			十三357				
		7	①(6)			十三380〜381・十四46〜47				
		8	①(7)				「卅五ノ十七」	「一」		
		9	①(8)	2			「卅五ノ十六」	「二」	918の一部	35―16
		10	②(1)	3	十三299〜309	十三475	「卅五ノ十六」	「三」	918の一部	35―16
		11―12	②(2)							
		13	②(3)			十三477〜478				
		14	②(4)			十三478				
		15	②(5)							
		16	②(6)			十三385				
		17	②(7)				「卅五ノ十六」	「三」		
		18	②(8)	4	十三309〜311		「卅五ノ十六」	「四」	918の一部	35―16
		19	②(9)	5	十三311〜312		「廿七ノ四」	「五」	550	27―4
		20	②(10)	6	十三313〜314		「廿五帙五巻」	「六」	447の一部	25―5
		21	②(11)	7	十三314〜316		「卅二ノ十三」	「七」	839	32―13
		22	②(12)	8	十三316〜317	十三486〜487	「廿三帙三巻」	「八」	444の一部	23―3
8	20	1	(1)	1	十四82〜95				917	35―15
		2	(2)			十四171〜172				
		3―5	(3)			〈5〉未収（封）				
		6	(4)			十四187〜188				

		7—8	(5)				「卅五ノ十五」	「一」		
		9	(6)	2	十四95～101		「卅五ノ廿六」	「二」	928	35—26
		10	(7)			十四191	「卅五ノ廿六」			
		11	(8)				「卅五ノ廿六」	「三」		
		12	(9)	3	十四101～103			「四」	773	31—6
9	1	1—3	①(1)—(3)	2	十一181～185		「卅七ノ十二」		960	37—12
		4—7	②	1	十一185～189		「九ノ九」		118	9—9
		往来軸	左軸	往来	十一181					
9	2	往来軸	右軸?	往来	十一191				1027	41—9
		1—9		1	十一191～200		「四十一ノ九」			
9	3	1—5	①	1	十一201～212		「卅七ノ十三」		961	37—13
		6—11	②	2	十一212～223		「六ノ四」		70	6—3
		往来軸	左軸	往来	十一201					
9	4	1		1	十一180～181		「八ノ十」		103	8—10
		往来軸	未詳	往来	十一180					
9	5	往来軸	未詳	往来	十二426				1140の一部	45—5
		1		1	十二426					
9	6	往来軸	右軸	往来	十二421～422				79	7—5
		1—2		1	十二422～423		「七ノ五」			
9	7	往来軸	右軸	往来	十二438				32	3—4
		1	(1)	1	十二438～439					
		2	(2)	2	十二439～440		「三ノ四」			
9	8	往来軸	右軸	往来	十六319				37	3—9
		1—2		1	十六320～322		「三ノ九」			
9	9	1	①	1	十二427～428		「卅一ノ三」	「一」	739	31—3
		2	②	2	十三225＊		「芥ノ二」	「二」	塵芥第2巻＊	
		3	③	3	廿五5～6		「卅一ノ六」	「三」	770	31—6
		4	④	4	十二564		「卅一ノ八」	「四」	786	31—8
		5	⑤	5	十六375～376	十六371	「十五帙六巻」	「五」	235	15—6

帙	巻	続々修 料紙	続々修 記号	目録⑤（項）	大日本古文書 表	大日本古文書 裏	付箋 所属	付箋 順	未修目録 No.	未修目録 所属
9	10	往来軸	右軸	往来	十一264				1016	40–16
		1–5		1	十一264～276					
9	11	往来軸	右軸	往来	十一545				6	1–6
		1	(1)	1	十一545～548					
		2	(2)			十一543				
9	12	往来軸	右軸	往来	十一484				1050	42–12
		1		1	十一484～485					
9	13	往来軸	右軸	往来	十一492				1028	41–10
		1–2		1	十一492～496	未収				
10	1	往来軸	右軸	往来	十六56				1015	40–15
		1–2		1	十六57（〈2〉空）					
10	2	往来軸	未詳	往来	十六50				983	39–3
		1–2		1	十六50～52					
10	3	往来軸	未詳	往来	十六55				1030	41–12
		1		1	十六55～56					
10	4	往来軸	右軸	往来	十六52				111	9–2
		1–2		1	十六53～54					
10	5	往来軸	右軸	往来	十六21				1060	42–22
		1–2		1	十六21～24					
10	6	往来軸	右軸	往来	十六17＊				続々修成巻時の取付（撰出or塵芥）＊	
		1	(1)	1	十六17～18			「一」	282	16–12
		2	(2)	2	十六18～20		「十六ノ十二」			
		3	(3)	3	十六20～21			「三」	580	27–9
10	7	往来軸	未詳	往来	十六25				75	7–1
		1–4	(1)	1	十六26～31	十五63～69	「七ノ一」	「一」		

		5	(2)	2	十六31～33	十六69～70	「卅九ノ十二」	「二」	992の一部カ	39-12
		6	(3)		十六33	十六68～69	「卅九ノ十二」	「三」	992の一部カ	39-12
10	8	1	①(1)	1	十六14～15				244	15-8
		2	①(2)	2	十六16					
		3-4	②	3	十六172～174		「二ノ七」	「三」	22	2-7
		5	③	4	九639＊		「出ノ十」	「一」	撰出第10巻＊	
		6	④		九639＊		「出ノ十」	「二」	撰出第10巻＊	
		7	⑤		九639＊		「出ノ十」	「三」	撰出第10巻＊	
		8	⑥		九639～640＊		「出ノ十」	「四」	撰出第10巻＊	
		9	⑦		九640＊		「出ノ十」	「五」	撰出第10巻＊	
		10	⑧		九640＊		「出ノ十」	「六」	撰出第10巻＊	
		11	⑨		九640＊		「出ノ十」	「七」	撰出第10巻＊	
		12	⑩		九640＊		「出ノ十」	「八」	撰出第10巻＊	
		13	⑪		九641＊		「出ノ十」	「九」	撰出第10巻＊	
		14	⑫		九641＊		「出ノ十」	「十」	撰出第10巻＊	
10	9	往来軸	右軸	往来	廿326				1046	42-8
		1-2		1	廿326～327					
10	10	往来軸	右軸	往来	十三101				1059	42-21
		1-2		1	十三101～105					
10	11	往来軸	右軸	往来	十六360				994	39-14
		1-2		1	十六360～362					
10	12	往来軸	右軸	往来	十六357				1052	42-14
		1-2		1	十六357～359					
10	13	往来軸	右軸	往来	十六334				987	39-7
		1	(1)	1	十六335					
		2	(2)	2	十六335～336		「卅一ノ□」	「左二」	753	31-4
10	14	往来軸	未詳	往来	十六345				1035	41-17
		1		1	十六345～347					
10	15	往来軸	右軸	往来	十六355～356				21	2-6

帙	巻	続々修 料紙	続々修 記号	目録⑤（項）	大日本古文書 表	大日本古文書 裏	付箋 所属	付箋 順	未修目録 No.	未修目録 所属
10	15	1		1	十六356				21	2-6
10	16	往来軸	未詳	往来	十六296				42	3-14
		1	(1)	1	(空)					
		2	(2)		十296〜304	廿四612				
		3-5								
		6				廿二374				
		7	(3)		(空)					
10	17	往来軸	右軸	往来	十六387				74	6-7
		1-2		1	十六388〜389					
10	18	往来軸	右軸	往来	十六367				981	39-1
		1-3		1	十六367〜371					
10	19	往来軸	右軸	往来	五418				1	1-1
		1-9		1	五418〜432		「一ノ一」			
10	20	往来軸	右軸	往来	十六363				102	8-9
		1		1	十六363〜364					
10	21	往来軸	右軸	往来	十六364				1012	40-12
		1-2		1	十六365〜367					
10	22	往来軸	右軸	往来	十六353				929	35-27
		1-2		1	十六353〜355					
10	23	1	①	1	七120〜121		「十六帙九巻」	「一」	267	16-9
		2	②	2	七122〜123		「卅一ノ五」	「二」	754	31-5
		3	③	3	七123〜124		「冊五ノ六」	「三」	1174	45-6
10	24	往来軸	左軸?	往来	九501	十118			910	35-8
		1		1	九501〜506					
		2-3				十119〜120				
10	25	往来軸	右軸	往来	十一72				2	1-2
		1	(1)	1	十一72〜80					

11			11													10		10		10		10						
2			1													29		28		27		26						
10-23	9	1-8	39	38	36-37	35	14-34	11-13	10	7-9	6	5	3-4	2	1	1	往来軸	1	往来軸	1-3	往来軸	7-9	6	5	4	1-3	3-12	2
(3)	(2)	(1)	(8)		(7)					(6)	(5)	(4)	(3)	(2)	(1)		右軸		右軸		右軸	②(4)	②(3)	②(2)	②(1)	①	(3)-(12)	(2)
1			4										3	2	1	1	往来	1	往来	1	往来	2				1		
八230〜247			八291〜304（〈39〉空）								八360〜361		八290〜291	廿四274〜275	八361〜362	十六415	十六414〜415	十六412〜414	十六412	十三73〜77	破損ヵ	十三50〜57＊				十三64〜69		
	十九552	未収	廿四231	廿四230〜231		八301		八337〜338			廿四41				八164〜165							十三57〜60		十二37〜38		十三97〜98		十一73（天地逆）
		「十一ノ二」										「七ノ十三」	「卅二ノ八」	「十九帙三巻」	「十二ノ七」	「卌ノ一」				「卌二ノ十九」					「出ノ五」	「卅六ノ十八」	「一ノ二」	
												「四」	「三」	「二」	「一」										「二」	「一」		
131の一部			87										826	319	173	1001の一部		1036		1057		撰出第5巻＊				947の一部		
11-2			7-13										32-8	19-3	12-7	40-1		41-18		42-19						36-18		

続々修				目録⑤	大日本古文書		付箋		未修目録	
帙	巻	料紙	記号	（項）	表	裏	所属	順	No.	所属
11	2	24—25	(4)	1					131の一部	11—2
		26	(5)			廿四232				
		27—28	(6)							
		29	(7)			廿四301				
		30—45	(8)							
		46	(9)	2	八247～256（〈60〉空）			「一」		
		47—54	(10)			未収	「十一ノ二」	「二」	131の一部	11—2
		55	(11)			廿四244（天地逆）				
		56—58	(12)							
		59—60	(13)			廿四244				
		61—62	(14)							
		63—64	(15)			廿四243				
		65	(16)			廿四243				
		66—74	(17)			未収				
11	3	1—6		1	八451～457	未収	「卅二ノ一」		796の一部	32—1
11	4	1	(1)	1	八461	廿四260～261	「廿九ノ十三」	「一」	687の一部	29—13
		2—13	(2)	2	八461～465（〈10〉空）	未収	「廿三ノ一」	「二」	442の一部	23—1
11	5	1	(1)	1	九191～199		「卅六ノ七」		936	36—7
		2	(2)			九199				
		3—11	(3)—11							
		往来軸	左軸	往来	九191					
11	6	往来軸	右軸	往来	十四224				56の一部	5—6
		1		1	十四224～225					
11	7	往来軸	右軸	往来	十一472				1049	42—11
		1—3		1	十一472～475		「卌二ノ十二」	「一」		
12	1	1—3		1	廿四17～22				870	34—6

12	2	1	(1)	1	十二473～499	十二447～449			305	18-9
		2-4	(2)			十二441～447				
		5	(3)			未収				
		6-8	(4)			十二470～473				
		9-10	(5)			十二459				
		11	(6)							
		12-21	(7)			十二449～459				
		22	(8)			十二546～547				
12	3	1-14		1	七5～32				880	34-10
12	4	1-3	(1)-(3)	1	九344～348	八591～597	「卌二ノ三」		1041	42-3
		往来軸	左軸	往来	九343					
12	5	1-3		1	十二293～298		「三十四ノ五」		868	34-5
12	6	1-3		1	十三172～177	十三178	「廿四ノ二」		448	24-2
12	7	1-2	①	1	十三178～181				881	34-11
		3	②	2	十三181～187					
		4-6				十三187～192				
12	8	1-5		1	廿三142～152				871	34-7
12	9	1-3	①(1)	1	十二17～21				122	10-3
		4	①(2)	2	十二8					
		5-7	②	3	十二9～12				877	34-9
		8-9	③	4	十二12～16				876	34-9
		10	④	5	十二16				1115	43-7
12	10	1-5	①	1	十二500～507	十二460～467				
		6-7	②(1)(2)	2	十二507～510	未収				
		8	②(3)	3	十二510～511		「卅四ノ八」			
		9-10	②(4)(5)	4	十二511～512	未収			161	12-2
12	11	1-2	①	1	十二467～470	未収			901	35-1
		3	②	2	廿三126～128	廿三126			899	35-1
		4	③	3	廿三128～129				1098	43-6

続々修				目録⑤	大日本古文書		付箋		未修目録	
帙	巻	料紙	記号	（項）	表	裏	所属	順	No.	所属
12	11	5	④	3	廿三156～157				1084	43-6
12	11	6	⑤	4	廿四543	廿四543	「卌三ノ六」	「四」	1087	43-6
12	11	7	⑥	5	廿三159		「十三帙七巻」	「五」	208	13-7
12	11	8	⑦	6	廿五56～57	廿五169～170	「卌五ノ六」	「六」	1162	45-6
12	11	9	⑧	7	十二430			「七」	625	28-12
12	11	10	⑨	8	廿四48～49		「十九帙二巻」	「八」	312	19-2
12	11	11	⑩	9	廿五199	廿五199～200	「八枚ノ内 廿五ノ五」	「九」	508の一部	25-9（25-5）
13	1	1		1	（空）	廿四81～82（外題ヵ）			857	33-3
13	1	2-24			十二99～147	〈2〉十二99				
13	2	1-11		1	十二522～543				862	34-2
13	3	1-6		1	十二513～521（〈1〉空）				867	34-5
13	4	1-3	(1)	1	十二549～563	十一477～482			866	34-4
13	4	4-8	(2)							
13	5	1	①	1	八525～526				865	34-3
13	5	2-5	②	2	八527～532	廿四479（八527）			864	34-3
13	5	6-9	③	3	八532～539				863	34-3
13	5	10	④	4	十二413～414					
13	5	11	⑤	5	廿五19～20				813	32-3
13	5	12	⑥	6	廿四457					
13	5	13	⑦	7	十二548～549				539	27-4
13	6	1-7		1	十二147～161	〈6〉～〈1〉十二159～148			16	2-1
13	7	1-16		1	十二61～99				673	29-11
13	8	1-11		1	十二42～60				652	29-3
14	1	1-4		1	七486～491				875	34-9
14	2	1-5		1	廿四396～402				861	34-1

14	3	1	①	1	七53〜54				743	31–4
14	3	2	②	2	九446〜448	未収（「七十二」）			720	31–2
14	3	3	③	3	十二204〜205				327	19–7
14	3	4	④	4	十二203〜204		「四十三□」		1121	43–8
14	3	5	⑤	5	十二205〜207			「五」	307	19–2
14	3	6	⑥	6	十二207				1107	43–7
14	3	7	⑦	7	十二208〜210				212	13–7
14	3	8	⑧	8	八221〜222				675	29–12
14	4	1–4		1	十二210〜216				27	2–12
		5		2	八131〜132					
14	5	1–4		1	十319〜324				872	34–8
		5		2	十324				90	7–15
		6		3	十325〜326				1145	45–6
		7		4	廿五57〜58				1146	45–6
		8		5	廿五38〜39				496	（25–2）25–7
		9		6	廿五60				569	27–8
		10		7	廿四557〜558				189	13–5
		11		8	廿五29					
		12		9	廿五27〜28					
		13		10	廿五26〜27				1142	45–6
14	6	1–2	①	1	十七65〜71	廿四206〜209			894	34–15
		3–4	②	2	廿三129〜133					
		5–6	③	3	廿四50〜53				958	37–10
		7			廿二186					
		8–9	④	4	廿五32〜33				869	34–6
		10	⑤	5	廿五30	廿五31〜32	「廿八ノ十」		601	28–10
14	7	1		1	廿三152〜153				488	（25–2）25–7

帙	巻	続々修 料紙	続々修 記号	目録⑤（項）	大日本古文書 表	大日本古文書 裏	付箋 所属	付箋 順	未修目録 No.	未修目録 所属
14	7	2		2	十七15〜17				419	21-3
		3		3	廿三153〜155	廿三155（朱書）				
		4		4	廿四545〜546	廿四544			392	20-8
		5		5	廿三160〜161、未収				1075	43-5
		6		6	七500〜501				258	16-3
		7		7	廿四23					
		8		8	廿三165				1072	43-5
		9		9	十二427				605	28-10
		10		10	廿三164				493	25-7（25-2）
		11		11	廿四378〜379				1106	43-7
		12		12	廿五37				1092	43-6
		13		13	八52〜53				706	31-1
		14		14	九342〜343				1083	43-6
		15		15	廿五367〜368				381	20-7
		16		16	廿三166					
		17			廿三167〜168					
		18			廿四464					
		19		17	十三20〜21					
		20		18	十六422					
		21		19	廿三165	未収				
		22		20	廿三167	廿三167				
		23-24		21	十二411〜413				874	34-9
14	8	往来軸	右軸	往来	十一42〜43				108の一部	8-15
		1	①	1	十一43					
		2-5	②	2	十一43〜48				473	25-1
		6	③	3	十一48〜49				1116	43-7

15	1	1	①	1	十二2〜3				686	29-12
15	1	2	②	2	十二3〜4				800	32-2
15	1	3	③	3	十二4〜5				190の一部	13-5
15	1	4	④	4	十381	未収（「五」）			190の一部	13-5
15	1	5	⑤	5	十382				407	21-2
15	1	6	⑥	6	十382〜383				1176	45-6
15	1	7	⑦	7	七497〜498				873	34-9
15	1	8	⑧	8	七495〜497	廿四149（天地逆）、未収			209	13-7
15	1	9	⑨	9	七493				738	31-3
15	1	10	⑩	10	七493〜494				1127	43-9
15	1	11	⑪	11	八576	八149				
15	1	12	⑫	12	七494〜495				350	20-5
15	1	13	⑬	13	七495				1128	43-9
15	2	1-2	①	1	十一9〜10				168	12-4
15	2	3			（空）：新補白紙カ					
15	2	4-6	②	2	十一10〜12				808	32-3
15	2	7			（空）：新補白紙カ					
15	2	8-9	③	3	十一12〜16					
15	2	10	④	4	十一16					
15	2	11	⑤	5	廿四163〜165				565	27-6
15	2	12	⑥(1)	6	廿四165〜168	廿四167（天地逆）			646	29-2
15	2	13	⑥(2)							
15	2	14	⑥(3)			廿四184				
15	2	15	⑦	7	廿四168〜169	廿四201〜202			255	16-3
15	2	16	⑧	8	廿四169〜170	廿四170			838	32-13
15	3	1-3	①	1	廿四170〜174	〈1〉廿四172			535	27-4
15	3	4-8	②	2	廿四174〜177	〈5〉廿四176、〈4〉廿四175			1180	45-6
15	3	9	③	3	廿四177〜179				636	29-2

帙	巻	続々修 料紙	続々修 記号	目録⑤（項）	大日本古文書 表	大日本古文書 裏	付箋 所属	付箋 順	未修目録 No.	未修目録 所属
15	3	10-11	④(1)	4	廿四179〜184				474	25-1
		12	④(2)			廿四76「子虫」				
		13	④(3)			廿四76「第七」				
		14	④(4)			十三60〜61				
		15	⑤	5	廿四185〜187				483	25-7（25-2）
		16	⑥	6	廿四187	廿四187（天地逆）			391	20-8
		17-18	⑦	7	廿四188〜191	廿四191〜193		「二」	640	29-2
		19	⑧	8	廿四194〜196	廿四196〜197			785	31-8
		20	⑨	9	廿四197	廿四197			566	27-6
		21	⑩	10	廿四197〜198	廿四198			879	34-9
		22	⑪	11	廿四199				181	13-3
		23	⑫	12	廿四200	十二549（天地逆）			547	27-4
15	4	1-2	①	1	三221〜222、十284〜287	未収（天地逆）			81	7-7
		3-4	②(1)	2	十三192〜201	十一383〜384			890	34-14
		5	②(2)							
		6-8	②(3)			十一380〜383				
		9	②(4)	3		十二352〜353				
		10	②(5)			廿五53〜54				
		11	②(6)							
		12	②(7)			十三116				
15	5	1	①	1	十276				843	32-14
		2	②	2	十276〜277	十277				
		3	③	3	十277					
		4	④(1)	4	十278〜280	九514〜515			145	11-5
		5	④(2)							
		6	⑤	5	十280〜281				501	25-8（25-3）

		7	⑥	6	十281〜282				365	20—5
		8	⑦	7	十282〜283				151	11—5
		9	⑧	8	十284				417	21—3
15	6	1—3		1	十二379〜384				174	13—1
15	7	往来軸	右軸	往来	十一40				1022	41—4
		1—2		1	十一40〜42					
		3								
15	8	往来軸	右軸	往来	十二287				77	7—3
		1—4	(1)	1	十二287〜293					
		5	(2)			十三171〜172				
		6—7	(3)							
15	9	往来軸	右軸	往来	九598				43	3—15
		1	①(1)	1	九599					
		2	①(2)		一154					
		3—8	②(1)		九599〜617	〈8〉九606、〈7〉九604				
		9	②(2)			九606（天地逆）				
		10	②(3)							
		11	②(4)			九609〜610				
		12—18	②(5)							
15	10	往来軸	右軸	往来	三220				938	36—9
		1		1	三220〜221					
		2		2	三487					
16	1	1—2	①	1	十377〜379	十374〜377				
		3	②	2	八370〜371				886	34—12
		4	③	3	十一170〜171	九260〜261			204	13—6
		5	④	4	十二174〜175				387	20—7
		6—7	⑤	5	十二175〜177				344	20—4
		8	⑥	6	十七49〜50				167	12—4
		9	⑦	7	十二384〜385				203	13—6

続々修 帙	続々修 巻	続々修 料紙	続々修 記号	目録⑤（項）	大日本古文書 表	大日本古文書 裏	付箋 所属	付箋 順	未修目録 No.	未修目録 所属
16	1	10	⑧	8	十六556～557	未収			1170	45-6
16	2	1	①	1	七189				466	24-12
		2	②	2	七189～191				902	35-1
		3	③	3	七192					
		4	④	4	七192～194					
		5	⑤	5	七513	廿四319			310	19-2
		6	⑥	6	十二1				268	16-9
		7	⑦	7	十二2				273	16-9
		8	⑧	8	十一500				663	29-5
		9	⑨	9	十三224～225				824	32-8
		10	⑩	10	十三133～134					
		11	⑪	11	十三132～133				243	15-8
16	3	1	①	1	七32				657	29-5
		2	②	2	七51					
		3	③	3	七51～52				418	21-3
		4	④	4	七52				213	13-7
		5	⑤	5	七52					
		6	⑥	6	七52～53				554	27-4
		7	⑦	7	十一176～177	十一177			590	28-6
		8	⑧	8	十三22～23				495	(25-2) 25-7
		9	⑨	9	十一419				469	24-12
		10	⑩	10	十三99				799	32-2
		11	⑪	11	十三69～70				345	20-4
		12	⑫	12	十三100～101					
		13	⑬	13	十三201					
		14	⑭	14	十一482				724	31-2

		15	⑮	15	十二 8				271	16-9
		16	⑯(1)	16	十六 557〜558				959	37-11
		17	⑯(2)		十六 558					
16	4	1	①	1	七 186〜187		「廿九ノ十二」	「一」	674	29-12
		2	②	2	七 191		「□四」			
		3	③	3	八 165〜166			「□」	767	31-6
		4	④	4	八 166〜167		「卅四ノ十五」	「四ノ上」	893	34-15
		5	⑤	5	八 167		「廿帙五巻」	「四ノ□」	367	20-5
		6-7	⑥	6	八 167〜168		「卌五ノ六」		1159	45-6
		8	⑦	7	八 168〜169		「四十三ノ九」		1125	43-9
		9	⑧	8	八 169		「卅一ノ九」		789	31-9
		10	⑨	9	廿四 594		「八張内　廿五ノ九」		508の一部	25-9
		11	⑩	10	十一 353〜354		「卅五ノ一」		896	35-1
		12	⑪	11	十二 39〜40	十二 40	「卅二ノ十四」		844	32-14
		13	⑫	12	十三 19〜20		「卅四ノ□」		889	34-14
		14	⑬	13	十三 38〜39		「廿七ノ六」		563	27-6
		15	⑭	14	十五 311		「廿八ノ十二」		618	28-12
		16	⑮	15	十四 309		「四十三ノ八」		1122	43-8
		17	⑯	16	廿五 266					
		18	⑰	17	十三 115		「八枚ノ内 廿五ノ□」		508の一部	25-9
		19	⑱	18	廿二 57		「廿一帙二巻」		406	21-2
		20	⑲	19	廿二 58		「廿七ノ四」		553	27-4
		21	⑳	20	廿四 607	廿四 270	「廿七ノ□」		583	27-9
		22	㉑	21	廿四 418〜419				412	21-2
		23	㉒	22	廿五 35〜36		「廿八ノ十」		603	28-10
		24	㉓	23	廿四 269		「卅一ノ□」		736	31-3
		25	㉔	24	廿五 171		「廿帙□」		388	20-7

続々修 帙	続々修 巻	続々修 料紙	続々修 記号	目録⑤（項）	大日本古文書 表	大日本古文書 裏	付箋 所属	付箋 順	未修目録 No.	未修目録 所属
16	4	26	㉕	25	十三39		「廿八ノ十三」		628の一部	28-13
16	5	1	①	1	十二310					
		2-3	②(1)	2	十二431～433	廿一518～523			651	29-2
		4	②(2)		十二433～434					
		5	③	3	十二388				1079	43-6
		6			十二388				1080	43-6
		7-8	④	4	十二389～390				193	13-5
		9	⑤	5	十三208～209				1151	45-6
		10	⑥	6	十三210～211				497	25-7（25-2）
		11	⑦	7	十三211～212				734	31-3
16	6	1	①	1	廿四221～223	未収				
		2	②	2	十627				713	31-1
		3	③	3	十628				470	24-12
		4	④	4	十628～629				560	27-5
		5	⑤	5	十629～630	未収			390	20-8
		6-7	⑥	6	十一346～347				126	10-7
		8	⑦(1)	7	（空）				548	27-4
		9	⑦(2)		十一503～504	十一502				
		10	⑧	8	十二425				467	24-12
		11	⑨	9	十二440				226	15-2
		12	⑩	10	十二440～441				465	24-12
		13	⑪	11	十三151				541	27-4
		14	⑫	12	十三154				269	16-9
		15-16	⑬	13	十三155～156	墨界			555	27-4
		17	⑭	14	十三233				504	25-8（25-3）

16		18	⑮	15	廿四268				394	20-8
		19	⑯	16	廿四267				376	20-6
		20	⑰	17	十四253～254				798	32-2
16	7	1	①	1	十一453～454	十一454（天地逆）			771	31-6
		2	②	2	十二263～264				200	13-6
		3	③	3	十二420～421				600	28-10
		4	④	4	十二430～431				1082	43-6
		5	⑤	5	十三121	十三121～122			783	31-8
		6	⑥	6	十二386				1152	45-6
		7-8	⑦	7	十二387～388				143	11-4
		9	⑧	8	十二389					
		10	⑨	9	十二415	（封痕）			677	29-12
		11	⑩	10	十三35				718	31-1
		12	⑪	11	十三21～22				274	16-9
		13	⑫	12	十二390～391				1161	45-6
		14	⑬	13	十二218～219				1168	45-6
		15	⑭	14	十二266				582	27-9
		16	⑮	15	十二267				215	13-7
		17	⑯	16	十二418～419				498	25-8（25-3）
		18	⑰	17	十二389					
		19	⑱	18	十三40				195	13-6
		20	⑲	19	十三63～64				1178	45-6
		21	⑳	20	十三62	（封痕）			400	21-1
		22	㉑	21	十三100	十三163～164			272	16-9
		23	㉒	22	十三154～155					
		24	㉓	23	十四323～324				1169	45-6
16	8	1	①(1)	1	七54～90				438	22-5
		2	①(2)							

続々修 帙	続々修 巻	続々修 料紙	続々修 記号	目録⑤（項）	大日本古文書 表	大日本古文書 裏	付箋 所属	付箋 順	未修目録 No.	未修目録 所属
16	8	3—4	①(3)						438	22—5
		5	①(4)							
		6	①(5)							
		7	①(6)							
		8	①(7)							
		9	①(8)							
		10	①(9)							
		11	①(10)							
		12	①(11)							
		13	①(12)							
		14	①(13)							
		15	①(14)							
		16	①(15)							
		17—18	②(1)		（七81）					
		19	②(2)							
		20	②(3)							
		21	②(4)							
		22	②(5)							
		23	②(6)			未収				
		24	②(7)			未収				
		25	②(8)							
16	9	1	(1)	2	十一499~500				399	21—1
		2	(2)	1	十三21				398	21—1
17	1	1—2	①	1	七167~168（〈2〉は空）	七122	「廿帙五巻」	「一」	348	20—5
		3	②(1)	2	七168			「二」	456の一部	24—10
		4	②(2)		七168~169	七169	「廿四帙十巻」			
		5	③(1)	3	七169~170		「廿八ノ三」	「三」	586	28—3

		6	③(2)	4	七170					
		7–8	③(3)	5	七170〜171					
		9	④	6	七171〜172				281	16–12
		10	⑤	7	七172〜173		「卅一ノ六」	「五」	768	31–6
		11	⑥(1)	8	七173〜179	廿四123〜124	「四十二ノ九」		1047	42–9
		12	⑥(2)			七187〜188				
		13–17	⑥(3)–(7)							
		往来軸	左軸？	往来	七167					
17	2	1	①(1)	1	七274〜275	七295	「十一ノ四」		138	11–4
		2	①(2)		七275					
		3–4	②(1)	2	七275〜295				44	3–17
		5	②(2)			廿四87				
		6	②(3)			七295〜296				
		7	②(4)			廿四126				
		8–11	②(5)							
		12	②(6)			未収、七283				
		13	②(7)							
		14	②(8)			未収、七296〜297				
		15–16	②(9)			七297				
		17–19	②(10)							
		往来軸	左軸	往来	七274					
17	3	1–3	(1)	1	七256〜262	十三92〜97	「十六ノ二」		254	16–2
		4	(2)	2	廿五206〜207					
		5	(3)	3	廿四559	廿四559				
		6	(4)	4	七125〜126					
		7	(5)	5	廿四77			「一」		
		8	(6)	6	二157〜158			「三」	696	30–8
		9	(7)	7	七485〜486	未収（端裏ヵ）	「廿八ノ十二」	「□」	617	28–12
		10	(8)	8	七499〜500					

続々修				目録⑤	大日本古文書		付箋		未修目録	
帙	巻	料紙	記号	(項)	表	裏	所属	順	No.	所属
17	3	11	(9)	9	八66～67				617	28－12
17	4	1	(1)	1	十六435～436				426	21－5
		2	(2)		十六436					
		3	(3)		十六437					
		4	(4)		十六437～438					
		5	(5)		十六438～439					
		6	(6)		十六439					
		7	(7)		十六440					
		8	(8)		十六440～441					
		9	(9)		十六441～442					
		10	(10)		十六442					
		11	(11)		十六443～444					
		12	(12)		十六444～445					
		13	(13)		十六445					
		14	(14)		十六445～446					
		15	(15)		十六446～447					
		16	(16)		十六447～448					
		17	(17)		十六448					
		18	(18)		十六449					
		19	(19)		十六449～450					
		20	(20)		十六450～451					
		21	(21)		十六451～452					
		22	(22)		十六452～453					
		23－24	(23)		十六453～454					
		25	(24)		十六455～456					
		26	(25)							
		27	(26)		十六456					

		28	(27)		十六456〜457					
		29	(28)		十六457〜459					
		30	(29)		十六459					
		31	(30)		十六460					
		32	(31)		十六460〜461					
		33	(32)		十六461〜462					
		34	(33)		十六463					
		35	(34)		十六463〜464					
		36	(35)		十六465					
		37	(36)		十六466〜467					
		38	(37)		十六467					
		39	(38)		十六468					
		40	(39)		十六468〜469					
		41	(40)		十六469					
		42	(41)		十六470					
		43	(42)		十六470〜471					
		44	(43)		十六471〜472					
		45	(44)		十六472〜473					
17	5	1	①	1	十七12		「廿五ノ九」	「一」	508の一部	25―9
		2	②	2	十六552〜553		「廿四帙十二」	「二」	468	24―12
		3	③	3	十六559		「十六ノ十」	「三」	276	16―10
		4	④	4	十六563〜564		「廿一帙□」	「四」	408	21―2
		5	⑤	5	十七23		「十六ノ十」		275	16―10
		6	⑥	6	十七74〜75		「廿九ノ五」		659	29―5
		7	⑦	7	十七72〜74					
17	6	1―10	(1)	1	十七34〜48	未収（〈9〉〈10〉端裏）	「卅三ノ二」		856	33―2
		11―17	(2)		十七24〜34					
17	7	1	①(1)	1	十七78〜80	十七116			656	29―5
		2	①(2)			十七115	「廿九ノ□」			

続々修 帙	続々修 巻	続々修 料紙	続々修 記号	目録⑤（項）	大日本古文書 表	大日本古文書 裏	付箋 所属	付箋 順	未修目録 No.	未修目録 所属
17	7	3	②	2	十七80～81				653の一部	29-4
		4	③	3	十七81～82				653の一部	29-4
		5-6	④	4	十七82～86			「□」	882	34-12
		7-8	⑤	5	十七86～88		「廿九ノ四」		653の一部	29-4
		9	⑥	6	十七88～90		「廿九ノ四」		653の一部	29-4
		10	⑦	7	十七90～91				885	34-12
		11	⑧	8	十七92～94		「廿九ノ四」		653の一部	29-4
		12	⑨(1)	9	十七94～96	十七19			653の一部	29-4
		13	⑨(2)			未収（「出上馬養」）				
		14	⑩(1)	10	十七96～97	十七21			653の一部	29-4
		15	⑩(2)			十七20				
		16-17	⑪(1)	11	十七98～100				653の一部	29-4
		18	⑪(2)	12	十七100～102				653の一部	29-4
		19	⑫(1)	13	十七102	十一252～253	「廿五帙五巻」		477の一部	25-5
		20	⑫(2)	14	十七102～103				985	39-5
		21	⑫(3)		十七103～104	十六433～434				
		22	⑫(4)		十七104～105					
		23	⑫(5)		十七105～109	十六427～428				
		24	⑫(6)			十七145				
		25	⑫(7)							
		26	⑫(8)			十七111				
		27	⑫(9)			十七77～78				
		28	⑫(10)		十七109～110					
		往来軸	左軸	往来	十六435					
17	8	1		1	十七117～118		「卅三ノ一」		855	33-1
		2-3			十七119～120					
		4			十七121					

						18							18				18										
						3							2				1										
19	18	9—17	8	7	6	5	4	3	2	1	往来軸	3	1—2	往来軸	往来軸	3	2	1	18—19	16—17	15	14	11—13	10	8—9	7	5—6
⑤	④(5)	④(4)	④(3)	④(2)	④(1)	③	②(2)	②(1)	①(2)	①(1)	右軸	(2)	(1)	右軸	左軸？	③	②	①									
64	60—63			19—59		18	6—17		1—5		往来	2	1	往来	往来		1										
十五187					十五159〜185	十五156〜157		十五147〜152		十五137〜140	十五137	五457〜458	五107〜110	五107	（空）	四432	廿五211〜212	十六9〜10	十七139〜142			十七135〜138	十七130〜135	十七129〜130	十七125〜128	十七124〜125	十七122〜123
五465	四397〜398	十四31〜45	十五258〜260	十五254		十五356		十五348〜349	十五310			未収					廿五212〜213				十七142	十七116〜117					
					「十二ノ七」	「廿四帙十二巻」	「未二帙九巻」		「卅六ノ六」			「三ノ六」						「卅六ノ八」									
	634			171		462	24の一部			935			34		937の一部		937の一部	937の一部									
	29—2			12—7		24—12	2—9			36—6			3—6		36—8		36—8	36—8									

続々修 帙	続々修 巻	続々修 料紙	続々修 記号	目録⑤（項）	大日本古文書 表	大日本古文書 裏	付箋 所属	付箋 順	未修目録 No.	未修目録 所属
18	3	20	⑥(1)	65	十五197〜207	十五254〜255			622	28-12
18	3	21	⑥(2)	66		五132			557	27-5
18	3	22	⑥(3)	67		十六276〜277			507	25-8（25-3）
18	3	23	⑥(4)	68		四505〜506			88	7-14
18	3	24	⑥(5)			四509				
18	3	25	⑥(6)			十五124〜125				
18	3	26	⑥(7)			十五462〜463	「七ノ十四」			
18	3	27	⑥(8)	69-71		廿五301〜302				
18	3	28	⑥(9)	72-74		十六57〜58				
18	3	29	⑦	75	十五211〜212	四367	「十二ノ七」	「三」	172	12-7
18	3	30	⑧(1)	76-79	十五216〜218	四360〜361				
18	3	31	⑧(2)	80-82		四485〜486			552	27-4
18	3	32	⑧(3)	83-84		四362〜363	「廿五ノ八」		499	25-8（25-3）
18	3	33	⑨	85-86	十五229	十五229〜230	「廿四ノ十二」	「五」	458	24-12
18	3	34	⑩	87-90	十五232〜234	五257〜258	「廿一帙二巻」		410	21-2
18	3	35	⑪	91	十五243		「第十六帙第三巻」		256	16-3
18	3	36-37	⑫	92-96	十五243〜247		「廿一帙三巻」		423	21-3
18	3	38	⑬(1)	97	十五251〜254	五147			611	28-11
18	3	39	⑬(2)	98		五288			581	27-9
18	4	1	①	1	五385〜386	五327	「廿九ノ五」	「一」	655	29-5
18	4	2	②	2	五386〜387	十五312〜313	「廿五帙七巻」	「二」	489	25-7（25-2）
18	4	3-4	③	3	五438、441〜442、444、444〜445、445〜446	十六429〜431			666	29-5
18	4	5	④	4	五256					

		6	⑤	5	十五456	十五257〜258	「卅一ノ一」		708	31－1
18	5	1	①	1	九7〜8		「卅一ノ十」	「二」	795の一部	31－10
		2	②	2	三125〜126		「廿一帙二巻」	「二上」	403の一部	21－2
		3	③	3	未収		「廿帙五巻」	「二中」	356	20－5
		4	④	4	四240〜241		「廿五帙七巻」		485	（25－2）25－7
		5	⑤	5	四242		「十六帙九巻」	「三」	270	16－9
		6	⑥	6	十三487	十四27	「廿四帙五巻」：表		451の一部	24－5
		7	⑦	7	四349		「卅九ノ十七」	「五」	997の一部	39－17
		8	⑧	8	十四275〜276		「廿九ノ十二」	「六」	679	29－12
		9	⑨	9	十四60		「卅二ノ七」	「七」	821	32－7
		10	⑩	10	廿五35		「廿九ノ一」	「八」	633	29－1
		11	⑪	11	廿四541	廿四541	「卅一ノ九」	「九」	790	31－9
18	6	往来軸?	未詳	往来						
		1	①	1	十四365〜366					
		2	②(1)		*十四366〜414（〈24〉空）	十四287			塵芥第15巻*	
		3	②(2)			十四284〜285				
		4	②(3)			十四279〜281				
		5	②(4)			十四275				
		6	②(5)			十四267				
		7	②(6)			十四267				
		8	②(7)			十四265				
		9	②(8)			十四266				
		10	②(9)			十四265				
		11	②(10)			十四260				
		12	②(11)			十四260				
		13	②(12)			十四259				
		14	②(13)			十四257〜258				

続々修				目録⑤	大日本古文書		付箋		未修目録	
帙	巻	料紙	記号	(項)	表	裏	所属	順	No.	所属
18	6	15	②(14)	1						塵芥第15巻＊
		16-18	②(15)			十四248～252				
		19	②(16)			十四246				
		20	②(17)			十四247～248				
		21	②(18)			十四244～245				
		22	②(19)			十四241～242				
		23	②(20)			十四199～200				
		24								
		25	②(21)			十四419～420				
		26	②(22)			十四258～259				
		27	②(23)			十四240～241				
		28	②(24)							
		29	②(25)			十四225				
		30	②(26)			十四220				
		31	②(27)			十四217～218				
		32	②(28)			十四220				
		33-34	②(29)			十四212～213				
		35	②(30)			十四210～211				
		36	②(31)			十四213～214				
		37	②(32)			十四208				
		38	②(33)			十四211				
		39	②(34)			十四208				
		40	②(35)							
		41	②(36)			十四209				
		42	②(37)			十四188～189				
		43	②(38)			四344～345				
		44-45	②(39)			四343～344				

																18								19		19
																7								1		2
46	47	48	49	50	51	52	53	54	55	56	57	58	59	60	61	1	2	3	4	5	6	7	8	1	2—10	往来軸
②(40)	②(41)	②(42)	②(43)	②(44)	②(45)	②(46)	②(47)	②(48)	②(49)	②(50)	②(51)	③(1)	③(2)	④(1)	④(2)	①(1)	①(2)	②(1)	②(2)	②(3)	②(4)		③	(1)	(2)	右軸
												2—4	5	6—8		1	2	3—5		6	7	8	9	1	2	往来
												十四415〜416	十四416〜417	十四417〜419		五467	五447	五501〜502、475		五505〜507	未収（二行）、五507	五503〜504	十四281〜281	七126〜128	七128〜145	七301
四343	十三335	四340〜341	四340	四326	四325、337〜338	十四180〜181、四324	四323	十四178〜179、四322	四320〜321	四320	四319〜320	十四173〜174	四428〜429（天地逆）	四313〜314	四312〜313	十六332	十六331〜332		十四421	五504〜505			十四281〜282＊	七164〜165	七145〜164	
											「芥ノ十五」						「廿四帙九巻」	「卅七ノ一」					「芥ノ十九」	「卅六ノ十六」	「卅六ノ十五」、「卅六ノ第十五」	
											「一」						「一」	「二」					「三」	「一」	「二」	
																455の一部		949の一部					塵芥第19巻＊	945の一部	944	50
																24—9		37—1						36—16	36—15	4—5

帙	巻	続々修 料紙	続々修 記号	目録⑤（項）	大日本古文書 表	大日本古文書 裏	付箋 所属	付箋 順	未修目録 No.	未修目録 所属
19	2	1－162		1	七301～373	〈139〉廿四458、〈105〉～〈103〉廿四111～112、〈96〉廿四108、〈95〉廿四107、〈93〉七420、〈91〉廿四108、〈84〉廿四107、〈79〉廿四112、〈77〉七420、〈69〉七418～419、〈61〉廿四106、〈59〉廿四105、〈52〉～〈51〉廿四105～106、〈49〉廿四96～97、〈42〉廿四104、〈38〉七318、〈30〉廿四102～103、〈29〉七390～391、〈15〉廿一272、〈12〉廿四125、〈6〉廿四95	「四ノ第五」		50	4－5
		163		2	七373～377		「□」	「三」	537の一部	27－4
		164－169					「廿七ノ四」	「□」	537の一部	27－4
		170		3	七377～378		「廿七ノ二」	「□」	528	27－2
		171－174								
19	3	往来軸	右軸	往来	七423					
		1－59		1	七423～449		「卅九ノ第十二」	「四」	993	39－13
		60－92		2	七449～472	〈86〉未収習書、ほか未収文字あり	「四十ノ第弐」「四十ノ二」	「三」「二」	1002の一部	40－2
		93－106					「卌ノ二」	「一」	1002の一部	40－2
19	4	1－7	(1)	1	八437～447		「廿九ノ九」	「一」	671	29－9
		8	(2)			廿四291～292				
		9－16	(3)			〈10〉未収				
		17	(4)			廿四266				
		18－19	(5)							

		20-22	(6)	2	八447〜450	〈20〉未収	「十一ノ五」	「二」	155	11-5
		23-24	(7)			廿四271				
		25	(8)							
		26	(9)			廿四270				
		27	(10)			八450				
19	5	1-22	(1)	1	八601〜609	〈11〉廿四322	「廿九ノ七」		669	29-7
		23-35	(2)	2	八610〜615		「廿九ノ六」	「二」	668	29-6
19	6	1-23	(1)	9	九76〜84		「卅八ノ十」	「一」	978	38-10
		24-28	(2)	8	九84〜87		「卅八ノ第六」	「二」	974	38-6
		29	(3)	7	九87		「卅一ノ十」	「三」	795の一部	31-10
		30-38	(4)	6	九87〜91		「十弐ノ一」	「四」	159	12-1
		39-42	(5)	5	九91〜92		「十八ノ五」	「五」	298の一部	18-5
		43-52	(6)	4	九92〜96		「四十三ノ七」	「六」	1102	43-7
		53-55	(7)	3	九96		「廿八ノ六」	「七」	593	28-6
		56-73	(8)	2	九97〜107		「卅二ノ五」	「八」	817	32-5
		74-135	(9)	1	九107〜134	〈112〉経文、〈106〉廿四357	「三ノ第十三」	「九」	41	3-13
		往来軸	左軸	往来	九76					
19	7	1-5	(1)	1	九142〜165		「卅七ノ第十四」		962	37-14
		6	(2)							
		7	(3)							
		8	(4)							
		9-13	(5)							
		14	(6)			一502〜503				
		15-18	(7)							
		19-21	(8)							
		22	(9)			一503〜504				
		23-26	(10)							
		27-32	(11)							

帙	巻	続々修 料紙	続々修 記号	目録⑤（項）	大日本古文書 表	大日本古文書 裏	付箋 所属	付箋 順	未修目録 No.	未修目録 所属
19	8	1−33	(1)	1	九301〜314（〈1〉空）＊		「芥ノ第十六」		塵芥第16巻＊	
		34	(2)		九314〜316＊	一298〜300				
		35	(3)		九316〜317＊	一433〜434				
		36	(4)		九317＊	未収				
19	9	1−4	(1)	1	九400〜402		「十三帙六巻」		206	13−6
		5−27	(2)	2	九402〜412		「卅二□」	「二」	816	32−4
19	10	1−32		1	九453〜466		「卅二ノ六」		818	32−6
19	11	1	①(1)	1	九536			「六」	169	12−5
		2	①(2)		九536〜537	九597				
		3−31	①(3)		九537〜549					
		32	①(4)		九549	廿四552〜553				
		33−49	①(5)		九550〜558			「六」		
		50−51	②	2	九559〜560		「廿八ノ十」	「五」	606	28−10
		52−56	③	3	九560〜563		「卅五ノ一」	「四」	897	35−1
		57	④	4	九563	廿四554	「十九ノ二」	「三」	315	19−2
		58−63	⑤(1)	5	九564〜566		「廿八ノ十二」		623	28−12
		64	⑤(2)		九566〜567	九585				
		65−66	⑤(3)		九567〜568					
		67−68	⑥(1)	6	九568		「五ノ十七」		67	5−17
		69−93	⑥(2)		九569〜580					
		94	⑥(3)		九581〜584					
		往来軸	左軸	往来	九536					
19	12	往来軸	右軸	往来	九586				59	5−9
		1−11	(1)	1	九586〜594		「五ノ第九」			
		12−13	(2)	2	九594〜595		「廿八ノ□」		598の一部	28−10
19	13	往来軸	未詳	往来	十九553				18	2−3
		1−39		1	十九554〜572					

20	1	往来軸	右軸?	往来	十七198				1137	45-2
		1-88		1	十七199〜236					
20	2	1-153		1	十八33〜94	〈98〉〜〈97〉十七607、〈96〉十八207			971	38-5
20	3	1-24		1	十八212〜220		「卅八ノ三」		969の一部	38-3
		25-35		2	十八220〜223				1073	43-5
		36-118		3	十八223〜256				970	38-4
20	4	1-47		1	十八323〜340				967	38-1
		48-49		2	十八340		「□」	「□」	170の一部	12-6
		50					「第十二ノ第六」			
		51-132		3	十八340〜365		「第十二ノ第六」	「三」	170の一部	12-6
		133-217		4	十八365〜392		「卅八ノ三」		969の一部	38-3 五十八通ノ内
20	5	1-5		3	十八473〜474		「十□五」	「一」	298の一部	18-5
		6-10		2	十八474〜476		「□」	「二」	303	18-7
		11-149		1	十八476〜519		「卌一ノ第弐」	「三」	1020の一部	41-2
		150-225			十八519〜541		「卌一ノ第弐」	「五」	1020の一部	41-2
		往来軸	左軸カ	往来	十八472					
21	1	往来軸	未詳	往来	十九253				1014	40-14
		1-117		1	十九253〜296		「卌ノ十四」			
21	2	1-136		1	廿1〜49	未収（習書ほか）	「廿二ノ第七」		440	22-7
21	3	1		1	廿79〜80		「廿帙六巻」	「一」	374	20-6
		2-18		2	廿80〜86		「十三ノ四」	「二」	188	13-4
		19-29		3	廿86〜88		「十三帙五巻」	「三」	191	13-5
		30-66		4	廿88〜101		「卅六ノ十三」	「四」	942の一部	36-13
		67-104			廿101〜113		「卅六ノ十三」	「五」	942の一部	36-13

続々修 帙	続々修 巻	続々修 料紙	続々修 記号	目録⑤（項）	大日本古文書 表	大日本古文書 裏	付箋 所属	付箋 順	未修目録 No.	未修目録 所属
21	3	105-112		5	廿113～116		「卅六ノ第十三」、「卅六ノ十三」	「六」「六」	942の一部	36-13
		113-157		6	廿116～133		「四十三ノ二」	「七」	1065	43-2
		158-160		7	廿133～134		「卅一ノ二」	「八」	719	31-2
		161-181		8	廿134～142		「十五　五」	「九」	231	15-5
		182-199		9	廿142～148		「十五ノ四」	「□」	230	15-4
		200-221		10	廿148～155	未収	「二十ノ十二」	「十二」	397	20-11
		222-287		11	廿156～178	未収	「卅六ノ第□四」		943	36-14
21	4	1-137		1	廿350～388	未収	「廿二ノ八」		441の一部	22-8
		138-401		2	廿388～466				219	14-2
21	5	1-27		1	廿二2～9		「卅六ノ第□」	「一」	945の一部	36-16
		28		2	廿二9～10		「卅六ノ十六」	「二」	945の一部	36-16
		29-32		3	廿二10～11		「卅一ノ二」	「三」	728	31-2
		33-109		4	廿二11～31		「十九ノ第五」	「四」	325	19-5
		110-133		5	廿二31～38		「廿二ノ第八」	「五」	441の一部	22-8
22	1	1-145		1	廿二429～471	〈33〉廿467	「十四ノ第三」		220	14-3
		往来軸	左軸	往来	廿二429					
22	2	1-116		1	廿三56～98		「□」	「右」	966	37-18
		117-129		2	廿三98～102	未収	「十ノ十」	「左」	129の一部	10-10
22	3	1	(1)	2	廿三346～347		「十七ノ二」		291の一部	17-2
		2-255	(2)	1	廿三347～426	〈128〉十九136～137、〈33〉十九133	「十七ノ第一」		290	17-1
		往来軸	左軸	往来	廿三346					
22	4	1-3		2	廿三518～519		「十ノ十」		129の一部	10-10
		4-137		1	廿三519～567	〈121〉廿三426、〈120〉廿三104、〈119〉廿三105、〈109〉未収経文、〈106〉廿三103	「十七ノ二」		291の一部	17-2

22	5	1—102		1	廿三584〜615	〈39〉未収（習書）ほか	「十ノ十」		129の一部	10—10
23	1	1		3	廿一326				695	30—8
		2—47		2	廿一326〜340				119	9—10
		48—243		1	廿一340〜398					
		往来軸	左軸	往来	廿一326					
23	2	1—175		1	廿227〜277		「八ノ第十六」		109	8—16
		176—178		2	廿277〜278		「第八帙ノ壹巻」		94の一部	8—1
23	3	往来軸	右軸	往来	廿二370				55	5—5
		1	(1)	1	廿二370					
		2	(2)		（空）	廿二59				
		3	(3)	2	廿二371					
23	4	1	①(1)	1	廿四92	廿四92			236	15—7
		2	①(2)		廿四87〜88					
		3	②(1)	2	廿四392〜393				298の一部	18—5
		4			九165〜166					
		5—7	②(2)		九231〜232					
		8—9	③	3	九232〜233（〈9〉空）				972	38—6
		10	④	4	九233	廿四405	「四十三ノ八」	「実四」	1123	43—8
		11—13	⑤		九233〜234	廿四467〜468（天地逆）			1124	43—8
		14—17								
		18	⑥		九234〜235	廿四375			1120	43—8
		19	⑦	5	九235				379	20—6
		20	⑧	6	九235〜236				973	38—6
		21	⑨	7	九266〜267				598の一部	28—10
		22	⑩	8	九267	廿四384（天地逆）			802	32—3
		23	⑪	9	九267				684	29—12
		24—25	⑫	10	九268（〈25〉空）				452の一部	24—6 五通之内

帙	巻	続々修 料紙	続々修 記号	目録⑤（項）	大日本古文書 表	大日本古文書 裏	付箋 所属	付箋 順	未修目録 No.	未修目録 所属
23	4	26	⑬	11	九268	廿四467			741	31-3
		27	⑭	12	九269				599	28-13
		28	⑮	13	九330～331				443の一部	23-2 □□之 □
		29	⑯	14	九331				682	29-12
		30	⑰	15	九331				198	13-6
		31	⑱	16	九341～342				456の一部	24-10
		32-36	⑲	17	九348～350（〈32〉空）＊				撰出第7巻＊	
		37-38	⑳	18	九350～351＊				撰出第10巻＊	
		39	㉑	19	九421～422	九364			729	31-2
		40	㉒	20	九431	未収			755	31-5
		41	㉓	21	九431～432				452の一部	24-6 五通之内
		42	㉔	22	九332				298の一部	18-5
		43	㉕		十二267				298の一部	18-5
		44	㉖	23	十237				443の一部	23-2 四通之内
		45	㉗(1)	24	十484～486				1129	43-9
		46	㉗(2)		十486	廿四323				
		47								
		48	㉗(3)		十259～260					
		49	㉘		十260					
		50			十261	未収				
		51	㉙(1)	25	十312～313	未収			681	29-12
		52				未収（天地逆）				
		53	㉙(2)		十447	未収				
		54	㉚	26	十一254				561	27-5

55	㉛	27	十二181〜182				476の一部	25-4
56	㉜	28	十二435〜436				638	29-2
57	㉝	29	十四219				316	19-2
58-59	㉞	30	十八102〜103	十八103			722	31-2
60	㉟	31	廿四481				711	31-1
61	㊱	32	廿四306				760	31-5
62	㊲	33	十二436				540	27-4
63	㊳	34	十二437	廿四468				27-1
64	㊴	35	廿四89		「卌五ノ六」：裏	「実卅九」：裏	1171	45-6
65	㊵	36	廿四90				443の一部	23-2四通之内
66	㊶	37	廿四15				437の一部	22-4二通二張之内
67	㊷	38	廿四16				386	20-7
68	㊸	39	廿四90〜91	未収（習書）			314	19-2
69	㊹	40	廿四273〜274				437の一部	22-4二通二張之内
70	㊺	41	廿四46				452の一部	24-6五通之内
71	㊻	42	廿四324〜325				313	19-2
72	㊼	43	廿四89				311	19-2
73	㊽	44	廿四462				508の一部	25-9廿□（廿枚ノ内）
74	㊾		廿四460	未収	「廿五ノ九廿枚ノ内」	「実四十九」	508の一部	25-9廿□（廿枚ノ内）

続々修 帙	続々修 巻	続々修 料紙	続々修 記号	目録⑤（項）	大日本古文書 表	大日本古文書 裏	付箋 所属	付箋 順	未修目録 No.	未修目録 所属
23	4	75	㊿	44	廿四460				508の一部	25—9 廿□（廿枚ノ内）
		76	㉛		廿四461				508の一部	25—9 廿□（廿枚ノ内）
		77	㊷		廿四546				508の一部	25—9 廿□（廿枚ノ内）
		78	㊸	45	廿四407	廿四469			452の一部	24—6 五通之内
		79	㊹	46	廿四450	廿四450（天地逆）			546	27—4
		80—81	㊺	47	廿四461（〈80〉空）				452の一部	24—6 五通之内
		82	㊻	48	廿四151				443の一部	23—2 四通之内
		83	㊼	49	廿四258				508の一部	25—9 雑廿九張之内
		84	㊽		廿四461				508の一部	25—9 雑廿九張之内
		85	㊾		廿四325〜326				508の一部	25—9 雑廿九張之内
		86			未収	未収				
		87			廿五249					
		88			（空）					
		89			未収					
		90			十262					
		91			廿500					

		92			廿501	未収（経文ヵ）				
		93			廿四297				508の一部	雑25-9
		94	(60)	50	廿五232					
		95	(61)	51	未収				854	32-15
		96	(62)	52	廿502				745の一部	雑31-4
		97			廿467					
		98			十八104	未収				
		99	(63)	53	十四218				628の一部	28-13
		100	(64)	54	十四219				471	24-12
		101	(65)	55	八54〜55				1069	43-5
23	5	1	①(1)	1	八616〜617				373	20-6
		2	①(2)			八135〜136				
		3	②(1)	2	八618〜620	八134〜135			730	31-2
		4	②(2)			廿四304				
		5-6	②(3)			八134				
		7	②(4)			八153〜154				
		8	③	3	八620〜621	八133〜134			371	20-6
		9				八137〜138				
		10	④	4	（空）	（空）			658	29-5
		11			八621〜622	八136〜137				
		12	⑤	5	九287〜289	九362			957	37-9
		13								
		14-15			九285〜287（〈14〉空）					
		16			九289〜291	九261〜262				
		17			九289					
		18	⑥(1)	6	九425〜427	九363			378	20-6
		19-20	⑥(2)			廿四268〜269				
		21	⑥(3)			廿五36				

帙	巻	続々修 料紙	続々修 記号	目録⑤（項）	大日本古文書 表	大日本古文書 裏	付箋 所属	付箋 順	未修目録 No.	未修目録 所属
23	5	22	⑥(4)	6		九209			378	20—6
		23	⑥(5)			九215〜216				
		24	⑦	7	九397〜398	九325〜326			687の一部	29—13
		25—26	⑧(1)	8	（空カ）	〈26〉廿四375			963の一部	37—15
		27	⑧(2)		九282〜284	未収（経文）				
		28	⑧(3)		未収カ（「司案」）					
		29—30	⑧(4)		九396〜397	廿二184〜185				
		31—32	⑧(5)		九629〜632	廿四293〜295				
		33	⑧(6)		九632	八544〜545				
		34—35	⑨	9	九263〜265（〈34〉空）				454の一部	24—8
		36				未収				
		37	⑩(1)	10	九265〜266	十173			133	11—4
		38	⑩(2)			未収（天地逆）				
		39	⑩(3)		（空）	廿四77〜78				
		40	⑪	11	九166〜167				632	29—1
		41	⑫	12	十一143	十一144			683	29—12
		42	⑬	13	廿四285〜286	廿四286〜287			288	16—13
		43	⑭	14	廿四83〜84				745の一部	雑31—4
		44	⑮	15	十二218		「廿九紙ノ内 廿五ノ九」		508の一部	25—9 廿九張ノ内
		45	⑯		廿四221（右端未収）		「廿九枚ノ内 廿五ノ九」	「行十六」	508の一部	25—9 廿九張ノ内
		46	⑰		十二429		「廿九枚ノ内 廿五ノ九」	「行十七」	508の一部	25—9 廿九張ノ内

		47	⑱		廿四451	廿四413	「廿九枚ノ内 廿五ノ九」	「行十八」	508の一部	25-9 廿九張ノ内
		48	⑲		廿四411		「廿九枚ノ内 廿五ノ九」	「行十九」	508の一部	25-9 廿九張ノ内
		49	⑳		十二216〜218				508の一部	25-9 廿九張ノ内
		50	㉑	16	十四164〜165	十四165〜166	「卅一ノ二」	「行廿二」	726	31-2
24	1	1-5		1	三249〜259（〈1〉空）		「卅ノ十二」		703	30-12
24	2	往来軸	右軸	往来	（頭欠）				907	35-5
		1-22		1	十一392〜418					
		23				十一418	「卅五ノ五」			
24	3	1	(1)	1	十二364〜375	十一380			25の一部	2-10
		2-3	(2)			十一376〜379	「二ノ十」			
		4-5	(3)			十一374〜376				
		6	(4)			十二312〜313				
		7	(5)			十二314〜315		「一」		
		8	(6)	2				「二」	25の一部	2-10
		往来軸	左軸	往来	十二364					
24	4	往来軸	右軸	往来	十三226				20	2-5
		1		1	（空）					
		2			十三226〜227	十二182	「二ノ五」			
24	5	1-2	①	1	一444、一629〜630（〈1〉空）	廿四12	「廿九ノ五」	「一」	661	29-5
		3-5	②(1)	2-3	二174、二352	廿四93〜95	「廿四ノ七」	「二」	453	24-7
		6	②(2)	4	二181	七224〜225				
		7	②(3)	5	廿四13					
		8	③	6	三125				508の一部	25-9

帙	巻	続々修 料紙	続々修 記号	目録⑤（項）	大日本古文書 表	大日本古文書 裏	付箋 所属	付箋 順	未修目録 No.	未修目録 所属
24	5	9	④	7	十三202～203	未収（「□経疏」）	「未修三帙十巻」	「四」	38の一部	3－10
		10	⑤	8	十三203～204	廿五202	「三帙十巻」	「五」	38の一部	3－10
		11	⑥(1)	9	七411～413			表「六上」:	775	31－6
		12	⑥(2)			未収、七183～184	「卅一ノ六」			
		13	⑦(1)	10	七413～415			「六下」	776	31－6
		14－16				廿四92～93	「卅一ノ六」			
		17	⑦(2)							
		18－25	⑦(3)			未収、七415～416				
		26	⑦(4)		七417	廿四74～75	「卅一ノ六」			
		27	⑧(1)	11	七417～418	廿四128	「四十三ノ九」		1133	43－9
		28－29	⑧(2)	12			表「卅一ノ十」:	表「七上」:	795の一部	雑31－10
		30	⑨	13	七418			「七」	1096の一部ヵ	43－6 二張之内
		31	⑩	14	廿四11～12		「廿三帙二巻」		443の一部	23－2
		32－35	⑪	15	廿四97～99	七248～249		「九」	508の一部	25－9 雑廿九張之内
		36				廿四95	裏「廿九枚ノ内 廿五ノ九」:			
		37	⑫	16	廿三176		「卅二ノ十五」	「十」		雑32－15
		38	⑬	17	十四364～365	廿一240	「第十五帙第七巻」		237	15－7
		39	⑭	18	十四364		「卅一ノ九」	「十二」	791	31－9
		40	⑮	19	七419	七421	「卌三ノ九」	「十三」	1089	43－6
		41	⑯	20	十四362～363＊	十四177			目録外＊	
		42	⑰	21	十四361～362＊	十四182			目録外＊	
24	6	1	①(1)	1	十336	十274	「卅九ノ十七」	「一」	997の一部	39－17

2	①(2)	2	十336〜337	十272〜273	「廿八ノ十三」	「二」	628の一部	28—13
3	①(3)	3	十337〜338	十272〜273	「廿九ノ十三」	「三」	687の一部	29—13
4	①(4)	4	十338	廿四558〜559	「廿ノ三巻」	「四」	340	20—3
5	①(5)	5	十338〜340	十271〜272	「廿一帙三巻」	「五」	421	21—3
6	②(1)	6	十340〜341	九299〜300	「十三ノ三〈一〉」	「六」	183の一部	13—3 四張之内
7	②(2)	6	十341〜342	九200〜201	「十三ノ三〈二〉」	「七」	183の一部	13—3 四張之内
8	②(3)	6	十342〜343	十304	「十三ノ三〈三〉」	「八」	183の一部	13—3 四張之内
9	②(4)	7	十343〜344			「九」：表	457の一部	24—11
10	②(5)	7	十344	十304		「九」：表	457の一部	24—11
11	②(6)	7	十344〜345	十316〜317	「廿四帙十一巻」：表	「九」：表	457の一部	24—11
12	③	8	十345〜348	十318〜319	「廿三帙二巻」	「拾」	443の一部	23—2
13—16	④	9	十348〜354	十305〜311	「廿三帙二巻」	「十一」	443の一部	23—2
17	⑤(1)	10	十354〜356	未収（帙様）	「十一ノ五」	「十二」	156	11—5
18	⑤(2)	11	十356〜358	十264〜266	「十三ノ三」	「十三」	183の一部	13—3 四張ノ内
19	⑥	12	十358〜359	十374	「廿四帙四巻」	「十四」	450の一部	24—4
20	⑦(1)	13	十359〜360	十二255	「十一ノ四」：表	「十五」：表	142	11—4
21	⑦(2)	14	十360〜361	十314〜316	「卌三ノ六」：表	「十六」：表	1096	43—6 二張ノ内
22	⑧	15	十361〜362		「十一ノ四」	「十七」：表	140	11—4
23	⑨(1)	16	十363〜364	十312	「卅一ノ三」	「十八」：表	737	31—3
24	⑨(2)	17	十364〜365	十三37	「廿四帙六巻」：表	「十九」：表	452の一部	24—6

続々修 帙	続々修 巻	続々修 料紙	続々修 記号	目録⑤（項）	大日本古文書 表	大日本古文書 裏	付箋 所属	付箋 順	未修目録 No.	未修目録 所属
24	7	1	①	1	十三157～158	十五308～309	「廿九ノ十二」		676	29—12
		2	②	2	十三232	十三222～223	「廿七ノ八」：表	「二」：表	573	27—8
		3	③	3	十六318～319	十六344	「卅五ノ一」	「三」	903	35—1
		4	④	4	廿330～331	廿一233	「十三帙六巻」	「四」	197	13—6
		5	⑤	5	十六384～385＊		「出八巻」	「五」	撰出第8巻＊	
		6	⑥	6	十五88～89				1158	45—6
		7	⑦	7	廿二39～40	未収（封墨痕）	「廿五ノ九」	「七」	508の一部	25—9
		8	⑧	8	廿三175～176	廿三177～178	「廿帙四巻」：表	「八」：表	343	20—4
		9	⑨	9	十三218＊	廿三177（版面なし）＊			目録外＊	
25	1	1—11		1	七391～395	〈11〉廿四147、〈10〉未収（習書）、〈8〉廿四103	「十五ノ三」	「一」	229	15—3
		12—13		2	七395	廿四118	「十六□」		257	16—3
		14		3	七396		「廿三帙二巻」	「三」	443の一部	23—2
		15			七396		「廿三帙二巻」	「四」	443の一部	23—2
		16			七396～397		「廿三帙二巻」	「五」	443の一部	23—2
		17			七397		「廿三帙二巻四」	「六」	443の一部	23—2
		18—33		4	七397～404	〈25〉廿四101、〈23〉廿四101、〈18〉廿四101	「十六ノ七」	「□」	265	16—7
25	2	1—10	①	1	七404～411	〈10〉廿四63、〈9〉廿四100、〈6〉廿四110、〈5〉廿四100、〈4〉未収（習書）、〈1〉未収（習書）	「卅八ノ十二」		980	38—12
		11	②	2	九236～237	廿四101（七237）			402	21—2
		12			九237					
		13			九237～238					

		14			九238					
		15			九238～239					
		16			九239		「廿一帙二巻」	「二」		
		17	③	3	九239～240		「廿一帙三巻」	「□」	424	21–3
		18	④(1)	4	九240～241		「十六ノ四」	「四」	262	16–4
		19–20	④(2)		九280～282					
		21–26	⑤	5	十一81～83(〈22〉空)	〈26〉十一83、〈21〉廿四611	「第廿七ノ第二」	「五」	525	27–1
25	3	1–60		1	十九498～549	〈29〉廿三103、未収(習書)	「卅三ノ五」	「一」	859の一部	33–5
		61–66					「卅三ノ五」		859の一部	33–5
25	4	1		1	十八393～394		「廿七ノ三」	「一」	531	27–3
		2–40		2	十八394～448	〈3〉～〈2〉十八257～258	「卅三ノ四」	「二」	858	33–4
		往来軸	左軸		(頭欠)					
25	5	1–36		1	十九38～78	〈32〉未収	「十四ノ一」		218	14–1
26	1	1–3	①(1)	1	七381～383、未収	七252～254	「廿五帙七巻」「廿五帙七巻」	「一」:表	492	(25–2) 25–7
		4–13	①(2)	2	七383～388	七250～252	「廿五帙四巻」	「二」	508カ	25–4
		14–19	②	3	七388～390〈17〉〈19〉空		「廿七ノ五」	「三」	559	27–5
26	2	1–23		1	七473～485、未収(習書)	〈9〉廿四5、〈6〉廿四119、〈5〉廿四120	「九ノ第七」		116	9–7
		往来軸	左軸	往来	七473					
26	3	1	(1)	1	八378～379	八219			1026	41–8
		2	(2)		八379～380	廿四305	「四十一ノ八」	「一」		
		3	(3)		八380					
		4	(4)		八380～381					
		5	(5)		八381～382	廿四274				
		6–7	(6)		八382～385					
		8–11	(7)		八385～389		「卌一ノ□」			
26	4	1–8	(1)	1	八497～501	〈5〉未収			65の一部	5–15

続々修 帙	続々修 巻	続々修 料紙	続々修 記号	目録⑤（項）	大日本古文書 表	大日本古文書 裏	付箋 所属	付箋 順	未修目録 No.	未修目録 所属
26	4	9	(2)	1	八501	廿四295（天地逆）			65の一部	5-15
		10-15	(3)		八501~504					
		16	(4)		八504~505					
		17-27	(5)		八505~509	〈23〉未収（経文）	「五ノ十五」	「一」		
		28-29	(6)		八509~510		「五ノ十五」	「二」	65の一部	5-15
		30-32	(7)		八510~511					
		往来軸	左軸	往来	（頭欠）					
26	5	往来軸	右軸	往来	八200				1025の一部	41-7
		1	(1)	1	八200	八220				
		2	(2)		八200~201	八221				
		3	(3)		八201~202					
		4	(4)		八202	廿四224（天地逆）	「卌一ノ七」	「七」		
		5	(5)	2	八202~203	廿四300	「十五帙八巻」:表	「六」:表	249	15-8
		6-9	(6)	3	八203~205			「五」	1025の一部	41-7
		10	(7)		八205					
		11	(8)		八205~206	廿二40				
		12-13	(9)		八206					
		14-20	(10)		八206~209	〈16〉廿四306				
		21	(11)		八209	廿四412				
		22-24	(12)		八210（〈22〉〈24〉空）		「卌一ノ七」	「四」		
		25-26	(13)	4	八210		「卅一ノ五」	「三」	762	31-5
		27	(14)	5	八210~212	廿四554~556	「卅七ノ□」	「二」	963の一部	37-15
		28	(15)	6	八212~213			「一」	964	37-16
		29	(16)		八214	未収（経文）				
		30	(17)		八215					
		31	(18)		八215~216	廿四321				

26							26		26		26		26										
10							9		8		7		6										
10	9	8	7	6	3—5	1—2	1	往来軸	1—3	往来軸	1—16	往来軸	63—65	60—62	52—59	51	44—50	43	28—42	15—27	3—14	2	1
⑤	④	③	②			①		右軸		右軸ヵ		右軸	(11)	(10)	(9)	(8)	(7)	(6)	(5)	(4)	(3)	(2)	(1)
5	4	3	2			1	1	往来	1	往来	1	往来	1										
九427〜428	九427参照	廿五175〜176	十440	十439〜440	九636〜638	九279〜280(〈1〉空)	十四195〜196	十四195	十三427〜430	(頭欠)	十一16〜39(〈16〉空)	(頭欠)	廿四351(〈65〉空)	廿四350〜	廿四347〜(〈56〉〈59〉空)	廿四347	廿四344〜	廿四343〜	廿四337〜343(〈30〉〈32〉〈33〉空)	(空、〈26〉廿四337)	廿四332〜337	廿四331	廿四331
					〈5〉廿四80〜81、〈4〉廿四79〜80、〈3〉九75〜76						〈16〉〜〈13〉十三23〜28、〈12〉十一39、〈10〉未収、〈2〉十663			九229〜230	九466〜473		十293〜296			十76〜82	九478〜485		未収(経文ヵ)
「卅二ノ十五」	「卅二ノ十五」	「廿七ノ第一」	「卌一ノ七」			「十六ノ三」	「卌一ノ十一」		「卅九ノ十」		「五ノ十三」		「廿四ノ一」：表										
「四二」	「四一」	「三」	「二」																				
		526	1025の一部			259	1029		990		63		447の一部										
32—15	32—15	27—1	41—7			16—3	41—11		39—10		5—13		24—1										

帙	巻	続々修 料紙	続々修 記号	目録⑤（項）	大日本古文書 表	大日本古文書 裏	付箋 所属	付箋 順	未修目録 No.	未修目録 所属
26	10	11	⑥	6	九428		「卅二ノ十五」	「四 三」		32—15
		12	⑦	7	九640		「卅二ノ十五」			32—15
		13	⑧	8	九428＊		「出ノ第十」	「五 一」	撰出第10巻＊	
		14	⑨		九428＊		「出ノ第十」	「五 二」	撰出第10巻＊	
		15	⑩		九428＊		「出ノ第十」	「五 三」	撰出第10巻＊	
		16	⑪		九428＊		「出ノ第十」	「五 四」	撰出第10巻＊	
		17	⑫	9	廿四457		「卅一ノ十」	「六」	795の一部	31—10
		18—19	⑬	10	廿四482（〈19〉空）		「廿七ノ一」	「七」		27—1
		20	⑭	11	廿四484		「廿四帙十巻」		456の一部	24—10
		21—22	⑮	12	廿四483		「卅二ノ二」	「九」	797	32—2
		23	⑯	13	廿四544		「卅五ノ一」	「十」	895	35—1
		24	⑰	14	廿五1		「廿九ノ十三」	「十一」	687の一部	雑 29—13
		25	⑱	15	廿四483		「卅一ノ四」	「十二 一」	745の一部	雑 31—4
		26	⑲		廿四123	廿四194	「卅一ノ四」	「十二 二」	745の一部	雑 31—4
		27	⑳	16	廿五234～235		「廿四帙六巻」	「十三」	452の一部	24—6
27	1	1—19	(1)	1	十七176～185		「卅ノ十三」		1013	40—13
		20	(2)		十七185					
		21—22	(3)		十七185～186					
		23	(4)		十七186					
		24—30	(5)		十七187～190					
		31—34	(6)		十七190～193	〈31〉十七195～196				
		35—36	(7)		十七193～194					
		37—38	(8)		十七194～195					
		往来軸	左軸カ	往来	十七176					

27	2	1—31		1	十九574〜595（〈3〉〈5〉〈21〉空）				72	6—5
		往来軸	左軸	往来	十九574					
27	3	1	①	1	八351〜352		「廿八ノ十二」	「一」	624	28—12
		2	②	2	八352		「廿七ノ一」	「二」		27—1
		3	③	3	九232		「廿七ノ八」	「三」	571	27—8
		4	④	4	九269〜270		「廿三帙二巻」	「四」	443の一部	23—2 二張之内
		5	⑤	5	九270	九270（天地逆）		「五」	732	31—3
		6	⑥	6	九332		「廿三帙五巻」	「六」	446の一部	23—5
		7	⑦	7	九445		「十三帙六巻」	「七」	199—1	13—6
		8	⑧	8	九596	九596（天地逆）	「卅一ノ六」	「八」	765	31—6
		9	⑨	9	九412		「十三帙七巻」	「九」	214	13—7
		10	⑩	10	十659〜660	十九552	「十九ノ六」	「十」	331	19—6
		11	⑪	11	十660〜661		「廿四帙十二巻」	「十一」	463	24—12
		12	⑫	12	十661		「廿八ノ十」	「十二」	604	28—10
		13	⑬	13	十661〜662			「十三」	185	13—3
		14			十九553（天地逆）		「十三帙三巻」			
		15—16	⑭	14	十一332		「卅一ノ一」	「十四」	716	31—1
		17	⑮	15	十一333		「廿四帙六巻」	「十五」	452の一部	24—6
		18	⑯	16	十一333		「卅二ノ三」	「十六」	811	32—3
		19	⑰	17	十一334〜337	十一334〜335	「十一ノ五」	「十七」	150	11—5
		20—21					「十一ノ五」			
		22	⑱	18	十二173		「卅二ノ十三」	「十八」	840	32—13
		23	⑲	19	十二173〜174		「廿五帙四巻」	「十九」	476の一部	25—4
		24	⑳	20	十四222〜223	十四223〜224	「廿七ノ六」	「廿」	562	27—6
		25	㉑	21	十四310〜311		「廿七ノ一」	「廿一」	524	27—1
		26	㉒	22	十四311		「廿七ノ一」	「廿二」		27—1

続々修 帙	続々修 巻	続々修 料紙	続々修 記号	目録⑤（項）	大日本古文書 表	大日本古文書 裏	付箋 所属	付箋 順	未修目録 No.	未修目録 所属
27	3	27	㉓	23	十四312		「十三帙六巻」	「廿三」	196	13－6
27	3	28	㉔	24	十四312〜313		「廿三帙二巻」	「廿四」	443の一部	二張之内 23－2
27	3	29	㉕	25	十四313〜314		「廿八ノ十二」	「廿五」	619	28－12
27	3	30	㉖	26	十四314〜315		「廿八ノ六」	「廿六」	591	28－6
27	3	31	㉗	27	十四315		「廿九ノ十三」	「廿七」	687の一部	29－13
27	3	32	㉘	28	十四315〜316		「廿七ノ四」	「廿八」	542	27－4
27	3	33	㉙	29	十四316〜317		「廿七ノ九」	「廿九」	576	27－9
27	3	34	㉚	30	十四317〜318	十四318	「廿八ノ十二」：裏	「卅」	613	28－11
27	3	35	㉛	31	十四318		「卌五ノ六」	「卅一」	1154	45－6
27	3	36	㉜	32	十四319		「廿八ノ十三」	「卅二」	628の一部	雑 28－13
27	3	37	㉝	33	七541〜542		「廿五ノ九」	「卅三」	508の一部	雑 25－9
27	3	38	㉞	34	八588〜590	八138〜139	「卅二ノ十四」	「卅四」	841	32－14
27	4	1	①	1	七90			「一」	784	31－3
27	4	2－3	②	2	八53〜54	〈3〉未収	「廿帙五巻」	「二」	352	20－5
27	4	4－11	③	3	八371〜373	〈6〉未収（天地逆）	「十三帙六巻」	「三」	201	13－6
27	4	12－15	④	4	八495〜497	〈13〉未収	「廿四帙六巻」	「四」	452の一部	24－6
27	4	16	⑤	5	八488	廿四248〜249（天地逆）			328	19－6
27	4	17	⑥	6	八488〜490		「廿七ノ九」	「六」	578	27－9
27	4	18	⑦	7	九50〜51		「卌五ノ六」	「七」	1173	四張之内 45－6
27	4	19			（空）					
27	4	20	⑧	8	九271	九271	「第八帙第三巻」	「八」	96の一部	8－3
27	4	21－22	⑨	9	九642		「卌三ノ六」	「九」	1081	43－6

23				未収				
24-25	⑩	10	九357	〈25〉未収（封墨痕ヵ）	「廿九張ノ内 廿五ノ□」	「十」	508の一部	25-9 雑廿九張之内
26	⑪	11	廿四474		「十九帙二巻」	「十一」	309	19-2
27	⑫	12	廿四593〜594		「四十一ノ十九」	「十二」	1037の一部	41-19
28	⑬	13	廿四586〜587		「卅一ノ十」	「十三」	795の一部	31-10
29	⑭	14	廿四597〜598	廿四597	「廿帙七巻」	「十四」	385	20-7
30	⑮	15	廿四590〜591		「卅一ノ一」	「十五」	707	31-1
31	⑯	16	廿四598〜599		「卅一ノ九」	「十六」	788	31-9
32	⑰	17	十一1		「廿九ノ十三」	「十七」	687の一部	29-13
33	⑱	18	十一483〜484	十一483	「廿帙三巻」	「十八」	335	20-3
34-36	⑲	19	十一392	〈35〉未収	「卅一ノ十」	「十九」	795の一部	雑31-10
37-38	⑳	20	十二317〜319		「十三帙七巻」	「廿」	210	13-7
39-40	㉑	21	七108〜112		「四十三ノ五」	「廿一」	1068	43-5
41-42				七112〜114				
43				未収（習書）				
44								
45	㉒	22	廿五16〜17	廿五17、廿五18	「廿九張ノ内 廿五ノ九」	「廿二」	508の一部	25-9 雑廿九張之内
46	㉓	23	十二331〜332		「卅二ノ三」	「廿三」	809	32-3
47	㉔	24	廿四410〜411		「廿五帙八巻」	「廿四」	502	25-8
48	㉕	25	十二416〜417	十二417〜418	「廿四帙八巻」	「廿五」	454の一部	24-8
49	㉖	26	廿四589〜590	未収	「卅一ノ十」	「廿六」	795の一部	31-10
50	㉗	27	廿四478	廿四543	「卅一ノ十」	「廿七」	795の一部	31-10
51	㉘	28	廿四451〜452	廿四452	「廿四帙六巻」	「廿八」	452の一部	24-6

帙	巻	続々修 料紙	続々修 記号	目録⑤（項）	大日本古文書 表	大日本古文書 裏	付箋 所属	付箋 順	未修目録 No.	未修目録 所属
27	4	52	㉙	29	廿四322	廿四323	「四十三ノ七」	「廿九」	1109	43―7 四張之内
		53―54	㉚		廿四412～413、十九551		「四十三ノ七」	「卅」	1110	43―7 四張之内
		55	㉛	30	廿四205		「卅一ノ三」	「卅一」	740	31―3
		56	㉜	31	廿四589	未収	「十三帙三巻」	「卅二」	187	13―3
		57	㉝	32	廿四406		「卌五ノ六」	「卅三」	1165	45―6 四張之内
		58	㉞	33	廿五242～243		「卅二ノ三」	「卅四」	806	32―3
		59	㉟	34	廿四610		「廿九ノ十三」		687の一部	29―13
28	1	1―13		1	七103～108（〈5〉〈10〉空）		「廿七ノ三」		529	27―3
28	2	往来軸	右軸	往来	七514				61	5―11
		1―7		1	七514～520		「五ノ十一」			
28	3	1―5	(1)	1	八111～116	〈5〉廿四47～48、〈4〉～〈1〉八127～130・未収（習書）	「十ノ八」		127	10―8
		6―16	(2)		八116～126、未収（端裏書「天平十四年七月廿四日　充装潢幷本経紙」）	〈16〉廿四210、〈15〉未収（「宮一切千手雑物□□」、〈13〉廿四42～43・未収（習書）、〈11〉廿四303・未収（楽書）、〈10〉廿四43～44・未収（楽書）、〈9〉～〈7〉廿四53～58・未収（楽書）				
		17―18	(3)	2	七501～503	〈18〉未収、〈17〉未収（封墨痕）				
28	4	往来軸	右軸	往来	八310				47	4―2
		1―2		1	八311～313	七35～37	「四ノ二」			
28	5	往来軸	右軸	往来	八338				40	3―12

		1	(1)	1	八338〜339	未収				
		2	(2)		八339	廿四233（天地逆）				
		3	(3)		八339〜341	廿四302				
		4—11	(4)		八341〜350	〈7〉未収（天地逆）	「三ノ十二」			
28	6	往来軸	右軸	往来	八304				52	5—2
		1—8		1	八304〜310	〈4〉未収、〈3〉廿四459（天地逆）	「五ノ二」			
28	7	往来軸	右軸	往来	九367				29	3—1
		1		1	九367〜370	未収（天地逆）	「三ノ一」			
28	8	往来軸	右軸	往来	九69				114の一部	9—5
		1	(1)	1	九69〜71	一543〜544				
		2	(2)							
		3—4	(3)		(空)	〈3〉未収				
		5—6	(4)		九71					
		7—8			九271〜274		「九ノ五」			
28	9	往来軸	右軸	往来	九515				97	8—4
		1	(1)	1	九515〜516	二422				
		2	(2)		九516〜517	二394				
		3	(3)		九517	一209〜210、廿73				
		4—17	(4)		九517〜536		「八ノ四」			
28	10	1—9		1	十653〜657	〈7〉十656（封墨痕）、〈5〉未収	「四十二ノ一」		1039	42—1
		往来軸	左軸	往来	十652					
28	11	往来軸	右軸	往来	(頭欠)				908	35—6
		1—4		1	十643〜648					
28	12	往来軸	右軸	往来	十一68				58	5—8
		1		1	十一68〜69	十一70〜71	「五ノ八」			
28	13	1—4	①	1	十一422〜427		「廿四帙六巻」	「一」	452の一部	24—6
		5	②(1)	2	十二165〜172	十二165、廿四472	「卅ノ一」	「二」	688の一部	30—1

帙	巻	続々修 料紙	続々修 記号	目録⑤（項）	大日本古文書 表	大日本古文書 裏	付箋 所属	付箋 順	未修目録 No.	未修目録 所属
28	13	6	②(2)	2	十一236～241	廿五34		「二」	688の一部	30—1
		7	②(3)			廿五34				
		8—11	②(4)				「卅ノ一」			
		12—17	③	3			「八ノ八」、「第八帙ノ八巻」	「三」	101の一部	8—8
28	14	往来軸	右軸	往来	十四205＊				撰出第3巻＊	
		1—2		1	十四205～207＊					
		3				十四198～199、未収（習書）				
28	15	1—10		1	十一464～471		「三十六ノ十八」		947	36—18
		11—13			十一276～280					
28	16	往来軸	右軸	往来	十二319				986	39—6
		1—7		1	十二319～330（〈1〉空）		「卅九ノ六」			
28	17	往来軸	右軸	往来	十二357				107	8—14
		1—5		1	十二357～363		「八ノ十四」			
28	18	往来軸	右軸カ	往来	十四322＊				撰出第12巻＊	
		1		1	十四322～323＊					
28	19	1—4	①	1	十七148～150（〈1〉空）		「十一ノ四」	「一」	137	11—4
		5—9	②	2	十七150～153		「八ノ五」	「二」	98	8—5
		往来軸	左軸	往来	十七148					
28	20	往来軸	右軸	往来	廿四484				54	5—4
		1		1	廿四484～487	廿四486、廿四484				
28	21	往来軸	右軸	往来	（頭欠カ）＊				塵芥第7巻＊	
		1	①(1)	1	十四19～26＊	廿五267				
		2—4	①(2)			〈4〉未収	「芥ノ七」	「一」		
		5	②				「出　八巻」	「二」	撰出第8巻＊	
		6	③				「出　八巻」	「三」	撰出第8巻＊	

29	1	1—152		1	十七489～555				293	17—4
29	1	往来軸	左軸	往来	（頭欠カ）				293	17—4
29	2	1—257		1	十八113～206	〈236〉～〈234〉十九132～133			292	17—3
29	3	1—187		1	十八258～320	〈10〉未収（天地逆）			294の一部	18—1 百八十張ノ内
29	4	1—64		1	十八549～570				304	18—8
29	4	65		2	十八570～571				294の一部	18—1 百八十張ノ内
29	5	1—98		1	十九1～36	〈5〉廿一124			1017	40—17
29	5	往来軸	左軸	往来	十九1				1017	40—17
30	1	1—61		1	十九325～346		「九ノ八」		117の一部	9—8
30	1	往来軸	左軸	往来	十九325				117の一部	9—8
30	2	1—215		1	十九418～497	〈35〉廿一123	「九ノ八」		117の一部	9—8
30	3	1—7		2	廿178～180		「十八帙五巻」	「一」	298の一部	18—5
30	3	8—154		1	廿180～222		「九ノ八」	「二」	117の一部	9—8
30	4	1—2		1	廿278～279		「廿七張ノ内 廿五ノ九」	「一」	508カ	25—9 雑二十七張ノ内
30	4	3		2	廿279		「廿七張ノ内 廿五ノ九」	「二」	508カ	25—9 雑二十七張ノ内
30	4	4—6		3	廿279～281		「四十三ノ九」	「三」	1132の一部	43—9
30	4	7—8		3	廿279～281		「四十三ノ九」	「四」	1132の一部	43—9
30	4	9—25		4	廿281～287		「卅八ノ九」	「五」	977	38—9
30	4	26—30		5	廿287～289		「十八帙五巻」	「六」	298の一部カ	18—5

続々修 帙	続々修 巻	続々修 料紙	続々修 記号	目録⑤（項）	大日本古文書 表	大日本古文書 裏	付箋 所属	付箋 順	未修目録 No.	未修目録 所属
30	4	31–32		6	廿289		「十八帙五巻」	「□」	カ 298の一部	18–5
		33–86		7	廿289～307		「十八ノ六」	「□」	299	18–6
31	1	1–85		1	廿468～495		「卅八ノ八」	「□」	976	38–8
		86–98		2	廿495～500		「廿七ノ七」		567	27–7
31	2	1–73	①	1	廿一285～307	〈70〉廿三619（廿一306）	「廿八ノ一」		584の一部	28–1
		74–75	②(1)	2	廿一307～308		「廿八ノ二」	「二」	584の一部	28–1
		76–133	②(2)	3	廿一308～325	〈133〉習書（未収）	「□（廿八ノ一カ）」	「三」	584の一部	28–1
31	3	1–231		1	廿一529～597	〈218〉未収、〈1〉未収（習書）			584の一部	28–1
31	4	1–387		1	廿二59～178	〈278〉未収、〈241〉未収（習書）、〈204〉廿三104、〈203〉廿三104、〈21〉廿二416			73	6–6
		往来軸	左軸	往来	廿二59					
31	5	1–2	①	1	廿二382				508の一部	25–9 雑廿七張ノ内
		3–5		2	廿二383～384		「卌五ノ六」	「二」	1167	45–6
		6			廿二384		「卌五ノ六」	「四」	1166	45–6
		7–10	②	3	廿二384～385		「廿五帙七巻」	「三」	494	25–7（25–2）
		11–92		4	廿二385～414	〈53〉廿466、〈32〉未収（習書）	「廿二ノ六」	「五」	439	22–6
32	1	1–54		2	廿二473～491	〈41〉廿二472、〈29〉廿二414	「廿九ノ八」	「□」	670	29–8
		55–89		1	廿二491～504	〈87〉廿三515～516		「□」	66	5–16
		90			廿二381	廿一524				

		91			廿二381					
		往来軸	左軸	往来	廿二473					
32	2	1―143		1	廿三4〜50	〈99〉廿二414、〈65〉未収（習書）・廿三24、〈54〉廿二179、〈2〉廿二471	「十五ノ九」		250	15―9
32	3	1―4		2	廿三322〜323		「□」		508の一部	25―9 雑廿七張ノ内
32	3	5―82		1	廿三324〜345		「廿一ノ四」	「一」	425	21―4
32	3	83		1	廿二380〜381	廿二472			425	21―4
32	4	1―268		1	廿三430〜515	〈245〉廿二191〜192、〈192〉廿三175、〈188〉廿二414、〈158〉〈156〉未収（習書）、〈153〉廿二471、〈137〉廿二472・廿三104、〈62〉廿三346、〈60〉廿三515	「四ノ四」		49	4―4
32	4	往来軸	左軸	往来	廿三430					
32	5	1―2	①	1	八45〜47		「卅一ノ八」	「第壹」	782	31―8
32	5	3	②	2	八47		「□」	「第二」	450の一部	24―4
32	5	4	③	2	八47		「廿四ノ四」	「□」	450の一部	24―4
32	5	5	④	2	八48		「廿四ノ四」	「第四」	450の一部	24―4
32	5	6	⑤	2	八48		「廿四ノ四」	「第五」	450の一部	24―4
32	5	7―8	⑥	3	八48〜49	十六279	「□」：裏	「第六」：表	1074	43―5
32	5	9	⑦	4	八49	十五354	「卅二ノ七」	「第七」	828	32―8
32	5	10	⑧	5	八49〜50		「卅一ノ五」	「第八」	759	31―5
32	5	11	⑨	6	八50〜51				324の一部	19―4
32	5	12	⑩	6	八51〜52	九340	「十九帙四」	「第□」	324の一部	19―4
32	5	13―16	⑪(1)	7	九351〜353	九353〜357	「廿七ノ第一」	「第□」	523	27―1
32	5	17―18	⑪(2)	7	未収				523	27―1

続々修 帙	続々修 巻	続々修 料紙	続々修 記号	目録⑤（項）	大日本古文書 表	大日本古文書 裏	付箋 所属	付箋 順	未修目録 No.	未修目録 所属
32	5	19	⑫	8	九423〜424	一96	「廿四ノ四」	「第□」	450の一部	24-4
		20-21	⑬	9	九434	廿四318	「卅一ノ十」	「十一下」	795の一部	31-10
		22-23	⑭	10	九598		「卅二ノ八」	「第□」	827	32-8
		24	⑮	11	九597		「卅一ノ十」	「十二下」	795カ	31-10
		25	⑯	12	十132		「卅一□」	「第十三」	709	31-1
		26-27	⑰	13	十一189〜190		「廿ノ三」	「第□」	337	20-3
		28	⑱(1)	14	十一250〜251	十一256	「廿七ノ四」	「□」	551	27-4
		29	⑱(2)							
		30	⑲	15	十一251〜252	廿四60〜62	「廿四帙□」：表		450の一部	24-4
		31	⑳	16	十四345〜346		「卅一ノ□」	「第十六下」	795の一部	31-10
		32	㉑	17	廿四611	廿四611	「廿四□」	「第十七」	450の一部	24-4
		33	㉒	18	十五353〜354・未収	未収（天地逆）	「廿九ノ十二」	「第十八」	685	29-12
		34	㉓	19	十五353		「□」	「十□」	158	11-5
		35	㉔	20	廿四9〜10	廿四10	「卅九ノ十□」	「第廿」	999	39-17
		36-37	㉕	21	十四161〜164	十四214〜215	「十九ノ六」	「第廿二」	326	19-6
		38	㉖	22	廿四76〜77	未収（天地逆）	「廿帙□」	「第□」	346	20-4
		39	㉗	23	十九417〜418*		「出　八巻」	「廿三」	撰出第8巻*	
		40	㉘	24	廿一415	未収	「廿九ノ十三」	「廿四」	687の一部	雑29-13
		41	㉙	25	十一370〜371		「□内　廿五ノ九」	「廿五」	508の一部	25-9 雑廿七張ノ内
		42	㉚		十四70〜71	十七197	「廿七張ノ内廿五ノ九」	「廿六」	508の一部	25-9 雑廿七張ノ内

		43	㉛		十 264	未収（天地逆）	「廿七張ノ内 廿五ノ九」	「廿七」	508の一部	25-9 雑廿七張ノ内
		44	㉜	26	十五 355		「廿八ノ十三」	「廿八」	628の一部	28-13 雑
33	1	1-7		3	十九 353~355	〈5〉未収			508の一部	25-9 廿七張ノ内
33	1	8		2	十九 355~356	十九 549~550			48	4-3
33	1	9-177		1	十九 356~417	〈132〉十九296、〈170〉〈155〉〈146〉〈128〉〈126〉〈125〉〈124〉〈123〉〈118〉〈117〉〈115〉〈99〉〈98〉〈89〉〈86〉〈82〉〈77〉〈76〉〈67〉〈63〉〈51〉〈50〉〈23〉〈21〉〈12〉未収			48	4-3
33	1	往来軸	左軸	往来	十九 353				48	4-3
33	2	1-10	(1)	4	廿一 241~245				796の一部	32-1
33	2	11-33	(2)	3	廿一 245~252				836の一部	32-11 二百七十四張之内
33	2	34-39	(3)	2	廿一 252~254				836の一部	32-11 二百七十四張之内
33	2	40-81	(4)	1	廿一 254~266				836の一部	32-11 二百七十四張之内
33	2	82	(5)	1	廿一 266	廿一 268			836の一部	32-11 二百七十四張之内
33	2	83-84	(6)	1	廿一 266~268				836の一部	32-11 二百七十四張之内
33	2	往来軸	左軸カ	往来	廿一 241				836の一部	32-11 二百七十四張之内
33	3	1-15		1	廿一 419~423				836の一部	32-11 二百七十四張之内
33	3	16-210		2	廿一 423~484	〈97〉未収（経文）、〈30〉未収			836の一部	32-11 二百七十四張之内
33	4	1-11		7	廿二 219~223				794	31-9
33	4	12-13		6	廿二 224				687の一部	29-13
33	4	14-15		5	廿二 224~225				628の一部	28-13
33	4	16-18		4	廿二 225~226				130	11-1
33	4	19-27		3	廿二 226~228				130	11-1

続々修 帙	続々修 巻	続々修 料紙	続々修 記号	目録（項）⑤	大日本古文書 表	大日本古文書 裏	付箋 所属	付箋 順	未修目録 No.	未修目録 所属
33	4	28–32		2	廿二229～230				130	11–1
		33–182		1	廿二230～278					
33	5	1–249		1	廿二504～584	〈207〉廿二180、〈199〉廿二471～472、〈198〉廿二179～180、〈181〉未収（習書）、〈162〉未収（習書）、〈127〉廿三103、〈23〉廿三515			1019	41–1
		往来軸	左軸	往来	廿二504					
34	1	往来軸	右軸	往来	八467				78の一部	7–4
		1–4	①(1)	1	八467～471					
		5	①(2)			二353				
		6–8	①(3)							
		9	①(4)			廿四221				
		10	①(5)				「七ノ四」			
		11	②	2	八471～472		「一九帙□」		321	19–3
		12	③	3	八472～473	廿四299～300	「廿四ノ四」	「三」	450の一部	24–4
		13	④(1)	4	八473～486	廿四563	「七ノ十二」	「四」	86	7–12
		14–22	④(2)			〈16〉十九550				
		23–24	④(3)			十二543～545				
		25–28	④(4)							
34	2	1	①	1	九178		「廿七張ノ内廿五ノ九」	「二」	508の一部	25–9 雑廿七張ノ内
		2–4	②	2	九178～179	〈4〉二111～112	「卅一ノ五」	「三」	757	31–5
		5–6	③	3	九179		「廿七張ノ内廿五ノ□」		508の一部	25–9 雑廿七張ノ内
		7–8	④	4	九180		「卅一ノ五」	「五」	758	31–5

		9	⑤(1)	5	九180				763	31-6
		10	⑤(2)		九181	九477	「卅一ノ六」	「六」		
		11-13	⑥	6	九181～183	〈13〉廿三174～175	「廿九ノ二」		642	29-2
		14-17	⑦	7	九183～185		「卅二ノ一」	「八」	796の一部	32-1
		18	⑧	8	九185～186		「廿七張ノ内 廿五ノ九」	「九」	508の一部	25-9 廿七張ノ内
		19-20	⑨	9	九186～187		「廿二ノ四」	「十」	436の一部	22-4
		21	⑩	10	九187		「卅一ノ四」		751	31-4
		22-25	⑪	11	九188～189				1010	40-10
		往来軸	左軸	往来	九178					
34	3	1-15		1	十186～199	〈13〉〈10〉〈9〉未収			1064	43-1
34	4	1	①	1	九190～191		「廿七張ノ内 廿五ノ九」		508カ	25-9 雑廿七張ノ内
		2-6	②	2	十543～551				779	31-7
		7	③	3	十551～552				349	20-5
34	5	1		1	十一171～173	十一173			1067	43-4
		往来軸	左軸	往来	(頭欠)					
34	6	1	①(1)	1	十554～555	未収			727	31-2
		2	①(2)		十555	九641				
		3	②(1)	2	十556～588		「十九ノ一」	「二」	306	19-1
		4	②(2)			廿四411				
		5-9	②(3)							
		10-11	②(4)			十二386				
		12-25	②(5)							
34	7	往来軸	右軸	往来	十二278				106	8-13
		1-7		1	十二278～286					
34	8	往来軸	未詳	往来	十三238				915	35-13
		1		1	十三238～240					

続々修 帙	続々修 巻	続々修 料紙	続々修 記号	目録（項）⑤	大日本古文書 表	大日本古文書 裏	付箋 所属	付箋 順	未修目録 No.	未修目録 所属
34	9	往来軸	右軸	往来	六255				909	35-7
		1-9		1	六255〜272					
34	10	1	①(1)	1	十九247〜252	廿一270〜272			449	24-3
		2-3	①(2)							
		4	①(3)?	2	十九252＊				目録外＊	
		5-6	②(1)	3	十八448〜458	十三384〜385			120	10-1
		7-8	②(2)			十三383〜384				
		9	②(3)			十三381〜383				
		10	②(4)			十三334〜335				
		11	②(5)			十三241〜242				
		12	②(6)			十八571〜572				
34	11	往来軸	右軸	往来	廿一404				1139	45-4
		1-7		1	廿一404〜414					
34	12	1-3		1	廿二216〜219				934	36-5
		往来軸	左軸カ	往来	廿二216					
34	13	往来軸	右軸	往来	廿二422				19	2-4
		1-3	(1)	1	廿二422〜428（〈1〉空）					
		4-5	(2)			廿五354〜357				
34	14	往来軸	右軸	往来	廿71〜72				105	8-12
		1		1	廿72					
34	15	往来軸	右軸カ	往来	廿64				1037の一部	41-19
		1	①	1	廿64〜67					
		2-4	②	2	廿67〜71				192	13-5
35	1	1-2		1	（空）	七561			286	16-13
		3-5			七561〜572	七236〜239				
		6-10				七225〜236	「十六ノ十三」:裏	「二」:裏		

		11		2	七572〜577			616	28―12
		12				七195〜197			
		13―16				廿四78〜79	「廿八ノ□」		
		17				七188			
35	2	1―49	①	1	八321〜332	〈38〉未収（封墨痕）、〈20〉〈19〉未収		672の一部	29―10
		50―72	②	2	八332〜337	〈69〉〜〈66〉廿四162〜163、〈72〉〈54〉〈53〉未収		672の一部	29―10
35	3	1―2	①	1	八389〜390	廿四34〜35	「廿帙五巻」	357	20―5
		3	②(1)	2	八390〜399			689	30―2
		4	②(2)			廿四29(2)〜(4)			
		5	②(3)			廿四259〜260			
		6―9	②(4)			廿四24〜29(1)	「卅ノ二」		
35	4	1		1	未収	未収		979の一部	38―11
		2―8			八419〜427	〈8〉未収			
35	5	往来軸	右軸	往来	「常疏紙充」（表裏）			塵芥第5巻＊	
		1―2	(1)	1	未収＊	一290〜291			
		3―7	(2)			一281〜290			
		8―12	(3)			一270〜281			
		13―14	(4)			一267〜270			
		15	(5)			一254〜255			
		16―17	(6)			一602			
		18―21	(7)			一258〜266			
		22	(8)			一542〜543			
		23	(9)			一257〜258			
		24―25	(10)			一603			
		26	(11)			一257			
		27―28	(12)			一255〜256			
		29	(13)			一541〜542			

続々修 帙	続々修 巻	続々修 料紙	続々修 記号	目録⑤（項）	大日本古文書 表	大日本古文書 裏	付箋 所属	付箋 順	未修目録 No.	未修目録 所属
35	5	30	(14)	1		一601〜602				塵芥第5巻＊
		31—32	(15)							
		33	(16)			二468〜469				
		34	(17)			一266〜267				
		35	(18)			一604				
		36	(19)							
		37—38	(20)							
		39	(21)			二478				
		40	(22)							
		41	(23)			（墨界）				
		42	(24)							
		43	(25)			二471〜472				
		44—45	(26)							
		46—47	(27)			二475				
		48	(28)							
35	6	1	①	1	（空）＊	一604				撰出第5巻＊
		2	②(1)		（空）＊	廿五205				撰出第5巻＊
		3	②(2)		九13〜41＊	一605〜606				
		4	②(3)			一605				
		5	②(4)			一605				
		6	②(5)			一217〜218				
		7	②(6)			一604				
		8—9	②(7)							
		10	②(8)			二20〜21				
		11	②(9)			九363				
		12—16	②(10)							
		17	②(11)			八577				

18	②(12)	二392	
19	②(13)	二714〜715	
20–22	②(14)		
23	②(15)	一439	
24	②(16)	未収（習書）	
25	②(17)		
26	②(18)	未収（天地逆）	
27	②(19)		
28	②(20)	廿四289〜290	
29	②(21)	九201〜202	
30	②(22)	廿四129	
31	②(23)	未収（願文）	
32	②(24)	八577	
33	②(25)		
34	②(26)	十一264（天地逆）	
35	②(27)		
36	②(28)	九513	
37	②(29)	廿四423	
38	②(30)	未収（願文）	
39	②(31)		
40	②(32)	二419	
41	②(33)	未収（願文）	
42	②(34)	二472	
43	②(35)	未収（願文）	
44	②(36)		
45	②(37)	未収（願文）	
46	②(38)		
47	②(39)	未収（願文）	
48–49	②(40)		

続々修 帙	続々修 巻	続々修 料紙	続々修 記号	目録⑤（項）	大日本古文書 表	大日本古文書 裏	付箋 所属	付箋 順	未修目録 No.	未修目録 所属
35	6	50	②(41)	1		二470～471			撰出第5巻＊	
		51－52	②(42)							
		53－54	②(43)			未収				
		55	②(44)							
		56	②(45)			二395～396				
		57	②(46)			九258				
		58	②(47)			九327～328				
		59	②(48)			二393～394				
		60	②(49)							
		61	②(50)			九513～514				
		62	②(51)			九437				
		63	②(52)							
		64	②(53)			九437～438				
		65	②(54)			二421				
		66	②(55)			九327				
		67	②(56)			九512				
		68	②(57)			九327				
		69	②(58)			一209				
		70	③(1)	2	（空）＊	九512			撰出第5巻＊	
		71－72	③(2)		九42～50＊	一208				
		73	③(3)			十九552	「出ノ五」			
		74	③(4)			一208				
		75	③(5)			廿四452				
		76	③(6)			一208				
		77	③(7)			十九551～552				
		78	③(8)			未収				
		79	③(9)							

		80	③(10)			廿五18～19				
		81—82	③(11)							
		83	③(12)			廿五205				
		84	③(13)				「出ノ五」	「三」		
35	7	1	①	1	廿五25	廿五25			795の一部	雑31—10
		2			廿五26					
		3	②	2	廿四271～272				766	31—6
		4	③	3	廿五59～60	未収（習書）			362	20—5
		5	④	4	十一95				342	20—4
		6	⑤	5	十三115～116				422	21—3
		7	⑥	6	十三158～159	未収（習書）			814	32—3
35	8	往来軸	右軸	往来	十一89				30	3—2
		1—3		1	十一90～93					
35	9	1—37		1	廿一1～58				223	14—6
35	10	1—22		1	廿503～541（十九418：附紙裏）	廿三107～125			1001の一部	40—1
36	1	1—56		1	十384～435	〈23〉〈13〉未収			1135	44
36	2	1—42		1	十一300～323	〈42〉～〈32〉十四117～161・未収、〈30〉十四135、〈28〉十四130、〈26〉十四125			1134	44
37	1	1		1	九207～208		「三ノ三」		31	3—3
		2		2	九208	九208				
		3		3	九208～209	九300～301				
		4			（空）					
		5		—	九300（天地逆、上端：九209＝「往来頭」）					
		往来軸	左軸	往来	（頭欠）					
37	2	1	(1)	1	九64～69	八597～601	「卅ノ九」		700	30—9
		2	(2)							

続々修 帙	続々修 巻	続々修 料紙	続々修 記号	目録（項）⑤	大日本古文書 表	大日本古文書 裏	付箋 所属	付箋 順	未修目録 No.	未修目録 所属
37	2	3	(3)	1					700	30―9
		4	(4)							
		5	(5)							
		6―7	(6)		九450～451					
		8	(7)		十二222～223					
		9	(8)		九452～453					
		10	(9)			九452・453間の写真版	「卅ノ九」			
37	3	往来軸	右軸ヵ	往来	十443				1006	40―6
		1―3		1	十443～447					
37	4	1―5	①(1)	1	十267～271		「四十三ノ五」	「一」	1076	43―5
		6	①(2)			十九553				
		7―8	①(3)			〈7〉未収				
		9―10	②(1)	2	十一364～366				330	19―6
		11―12	②(2)	3	十一156	十663			965	37―17
		13―27	②(3)		十一156～169	〈22〉十一164、〈15〉未収、〈14〉十一169～170	「卅七ノ十七」	「三」		
		28―40	②(4)	4	三594～612		「卅ノ十一」		702	30―11
37	5	1―3	(1)	1	十二333～342（〈1〉空）		「卅ノ六」		693	30―6
		4	(2)			十二353				
		5	(3)							
		6	(4)			十一505				
		7―15	(5)							
37	6	往来軸	右軸	往来	十三41				932	36―3
		1―2		1	十三41～42（〈1〉空）		「卅六ノ三」	「一」		
37	7	往来軸	右軸	往来	（頭欠）				263	16―5
		1―32		1―32	十三1～18		「十六ノ五」			
37	8	往来軸	右軸	往来	十九123～124				80	7―6

	1	(1)	1	十九124～131					
	2	(2)			十九122～123				
	3	(3)			六222～223				
	4	(4)			十七10～11	「七ノ六」			
37 9	1	①	1	七35		「廿帙六巻」	「一」	375	20-6
	2	②	2	二31		「廿七ノ八」	「二」	572	27-8
	3	③	3	二25～26		「十三帙七巻」	「三」	217	13-7
	4	④	4	廿四59		「卅ノ一」	「四」	688の一部	30-1
	5	⑤	5	七165～166	廿333～334（天地逆）	「廿四帙十巻」	「五」	456の一部	24-10
	6	⑥(1)	6	廿四109～110	廿三166、廿四109		「□」	247	15-8
	7	⑥(2)		七422		「十五帙八巻」			
	8	⑦	7	廿四150	廿四150〈天地逆〉	「廿一帙二巻」		411	21-2
	9	⑧	8	八459～461	廿四330～331（天地逆）	「卅八ノ十一」	「六」	979の一部	38-11
	10-11	⑨	9	廿四353		「廿三帙一巻」	「□」	442の一部	23-1
	12	⑩	10	十一544		「卅一ノ四」	「十」	752	31-4
	13	⑪(1)	11	廿四478～479	廿四360		「十一」	114の一部	9-5
	14	⑪(2)							
	15	⑫	12	廿四480				339	20-3
	16	⑬	13	廿四562	廿四585	「廿五ノ九」	「十三」	508の一部	25-9
	17-20	⑭	14	廿四596～597	〈17〉廿四596	「廿九張ノ内 廿五ノ九」	「十四上」	508の一部	25-9 廿九張之内雑
	21	⑮	15	廿四586				508の一部	25-9 雑
	22	⑯	16	十一1～2	未収（天地逆）	「廿三帙二巻」	「十四下」	443の一部	23-2
	23	⑰	17	十一330～331	廿五5	「廿七ノ第六」	「十五」	564	27-6
	24	⑱	18	十一549		「卅一ノ九」	「十六」	793	31-9
	25	⑲	19	十二315～316	十二316（天地逆）	「廿七ノ八」	「十七」	570	27-8

帙	巻	続々修 料紙	続々修 記号	目録⑤（項）	大日本古文書 表	大日本古文書 裏	付箋 所属	付箋 順	未修目録 No.	未修目録 所属
37	9	26	⑳	20	十二415～416		「廿九張ノ内廿五ノ九」	「十八」	508の一部	25—9 雑廿九張ノ内
		27	㉑	21	十三111		「十五ノ二」	「十九」	228	15—2
		28	㉒	22	十二378～379				628の一部	雑28—13
		29	㉓	23	十四304～307		「卅一ノ四」	「廿一」	748	31—4
		30	㉔	24	十四329		「廿帙三巻」		338	20—3
		31	㉕	25	十五102～103	十四346	「卅二ノ二」		801	32—2
		32	㉖	26	十六483～484		「廿五帙七巻」	「廿四」	484	25—7（25—2）
		33	㉗	27	廿四526～527		「廿四帙十巻」	「廿五」	456の一部	24—10
		34	㉘	28	廿四288～289	廿四288、廿四289・未収	「四十三ノ九」	「廿六」	1126	43—9
		35	㉙	29	十三332～334		「廿七ノ四」	「廿七」	536	27—4
		36	㉚	30	廿四601～602	廿四600～601	「卅一ノ六」	「廿八」	769	31—6
		37	㉛	31	十四277	十四277			508の一部	25—9 雑廿九張之内
		38	㉜	32	廿四4		「卅一ノ四」	「卅」	742	31—4
		39	㉝	33	十四254～255	十四255	「卌五ノ六」：表	「卅一」：表	1172	45—6
		40	㉞	34	廿四296		「廿三帙二巻」	「卅二」	443の一部	23—2
		41	㉟	35	二26		「第七帙十五巻」	「卅三」	93	7—15
		42	㊱	36	廿五268	廿五269	「廿九ノ十三」		687の一部	雑29—13
		43	㊲	37	十四328				480	25—7（25—2）

		44	㊳	38	十四334	十四333～334	「卅二ノ八」	「卅六」	832	32―8
		45	㊴	39	十三63				1175	45―6
		46	㊵		廿四471		「卌五ノ六」	「卅七」		
		47	㊶	40	二27	廿四322	「廿帙三□」	「□」	336	20―3
		48―49	㊷	41	廿四547		「卅二ノ十五」	「卅九」	848	32―15
		50	㊸	42	廿四454		「四十三ノ七」	「卌」	1112	43―7
		51	㊹	43	廿四282		「廿五ノ九」	「□」	508の一部	雑25―9
		52	㊺	44	廿四388	廿四388			329	19―6
		53	㊻	45	廿五341	習書（未収）			1088	43―6
		54				経文（未収）				
		55―56	㊼	46	十四255～256	十四255、十四256			717	31―1
		57	㊽	47	廿四608～610	廿四587～588			721	31―2
		58	㊾	48	廿四120～121	廿四297～298（天地逆）			144	11―4
		59―64	㊿	49	廿四281	〈60〉廿四281（天地逆）	「十五ノ六」	「卌七」	233	15―6
		65	(51)	50	廿五6～8	廿五8			370	20―5
		66	(52)	51	廿四282	廿四282	「四十三ノ七」：表	「卌九」：表	1100	43―7
38	1	1	①	1	十一489～491	廿五9～11	「廿三帙三巻」		444の一部	23―3
		2	②	2	十一491～492	廿五22（天地逆）	「廿四帙六巻」：表		452の一部	24―6
		3	③	3	十一227～229		「廿七ノ四」		543	27―4
		4	④(1)	4	十一229～233				108の一部	8―15
		5	④(2)			十一360～361	「八帙十五巻」：表			
		6―9	⑤	5	十一233～235	十一140～142	「八帙十五巻」：表	「五」：表	108の一部	8―15
38	2	1	①(1)	1	十一506～517	十一506、十一507	「十ノ五」	「一」	124	10―5
		2―4	①(2)			十一539～542（天地逆）				
		5	①(3)			廿五20～21				

続々修 帙	巻	料紙	記号	目録⑤（項）	大日本古文書 表	大日本古文書 裏	付箋 所属	付箋 順	未修目録 No.	未修目録 所属
38	2	6	①(4)	1					124	10-5
		7	①(5)			十一514				
		8	①(6)							
		9-10	①(7)							
		11	②	2	十一517		「卅二ノ□」	「二」	831	32-8
		12-15	③(1)	3	十一518～523				690	30-3
		16	③(2)		十一523～525	十一501				
		17-18	③(3)	4	十一525～528	十一427～429		「□」：表	645	29-2
		19	③(4)	5	十一528～529	十一549～550	「十五ノ一」	「六」	224	15-1
		20-26	③(5)	6	十一529～538					
38	3	1	(1)	1	十二300～303		「廿九ノ五」	「一」	662	29-5
		2		2			「四十三ノ八」	「二」	1119	43-8
		3	(2)		十二303～304	十二350～351				
		4	(3)		十二304～305	十二355～356				
		5	(4)	3	十二306	十二257～258	「廿八ノ十一」	「三」	609	28-11
		6-7	(5)		十二307～310	〈6〉十二307				
38	4	1	①	1	十二395～397		「四十三ノ五」	「一」	1077	43-5
		2	②	2	十二397～399		「四十三ノ五」	「二」	1078	43-5
		3	?	3	十二399～401	十二565			845	32-14
		4	?	4	十二401～403		「卅ノ四」	「四」	691	30-4
		5	?		十二403～405	十二33～34				
		6	④(1)	5	十二405～407		「十一ノ四」	「五」	135	11-4
		7	④(2)	6	十二407～408	十一385～387				
		8		7			「十一帙二巻」	「□」	409	21-2
		9	⑤	8	十二409～410	未収	「廿帙五巻」	「七」	354	20-5
38	5	1	(1)	1	十三164～168		「廿九ノ二」	「一」	643	29-2
		2		2			「廿九ノ十三」	「二」	687の一部	29-13

		3—4	(2)		十三168〜170	十三71〜72				
		5	(3)	3	十三170〜171	十三113〜114	「卅二ノ十四」	「三」：表	847	32—14
38	6	往来軸	右軸ヵ	往来	四229					
		1—3	①(1)	1	四229〜230、四232、四233〜234、四236〜237、四238	十三144〜146			906	35—4
		4—5	①(2)			十三142〜144				
		6	①(3)		四243	廿五42、未収	「三十五ノ四」	「一」		
		7	②	2	十三352	廿五210			795の一部	31—10
		8—13	③	3	十三228〜231	十三106〜110	「廿三ノ四」		445	23—4
38	7	往来軸	右軸	往来	十三337＊				撰出第1巻＊	
		1—2	(1)	1	十三337〜340＊					
		3—6	(2)	2	十三340〜346＊					
		7—10	(3)	3	十三346〜352＊		「出ノ一」			
38	8	1—3	①(1)	1	十五471〜478	四353〜358			516	26—6
		4	①(2)	2	十五478〜479	十三219			393	20—8
		5	②	3	十五483〜486	十二311〜312			372	20—6
		6	③(1)	4	十五486〜488	廿五198〜199			251	15—10
		7—10	③(2)		十五488〜492	廿五368〜371				
		11—12	③(3)		十五492〜495	十五457〜460				
		13	④(1)	5	十五497〜499	廿五260〜261			139	11—4
		14	④(2)		十五499〜500	未収	「十一　四」			
38	9	1—5	(1)	1	十五391〜399	五125〜131	「廿六ノ三」		511	26—3
		6—13	(2)	2	十五399〜413	十六263〜274	「卅ノ十」		701	30—10
		14—19	(3)	3	十五413〜426	十六253〜263	「廿六ノ二」		510	26—2
39	1	往来軸	右軸ヵ	往来	(頭欠)					
		1	①(1)	1	十七329〜369	十七198			1063	42—25
		2	①(2)			十七174				
		3	①(3)			十七175				
		4	①(4)			十七173〜174				
		5	①(5)			十七147〜148				

続々修 帙	続々修 巻	続々修 料紙	続々修 記号	目録⑤（項）	大日本古文書 表	大日本古文書 裏	付箋 所属	付箋 順	未修目録 No.	未修目録 所属
39	1	6-19	①(6)	1		廿五271～300			1063	42-25
		20-21	①(7)							
		22-23	①(8)			十八22～25				
		24-35	①(9)	2	十七369～392	十八1～22			432	21-11
		36	①(10)	3	十七392～393	十八111～112			241	15-8
		37-59	②	4	十七395～405	十七562～571			1003の一部	40-3
		60	③(1)	5	十七406～407				444の一部	23-3
		61	③(2)			十七561～562				
		62	③(3)	6	十七407～408				1003の一部	40-3
		63	③(4)			十七561				
		64	③(5)			十七561				
		65-78	④	7	十七409～415	十七555～561			1003の一部	40-3
		79-81	⑤	8	十七417～419	十八104～106			992の一部	39-12
		82	⑥	9	十七420～421	十八256			477の一部	25-5
		83	⑦	10	十七422～424	十八392～393			147	11-5
39	2	1-12	(1)	1	十七424～484	十七600～607（空）			522	26-9
		13-17	(2)							
		18	(3)							
		19-20	(4)							
		21	(5)			六172				
		22	(6)			十七600				
		23	(7)							
		24	(8)			十八471～472				
		25	(9)			十七592～599（〈38〉空）				
		26	(10)							
		27-28	(11)							
		29	(12)							

30	(13)	
31	(14)	
32	(15)	
33―37	(16)	
38	(17)	
39―40	(18)	
41	(19)	
42―44	(20)	
45―47	(21)	十八542〜544・544〜546
48	(22)	十八458〜459
49	(23)	十九131〜132
50	(24)	十七486
51	(25)	十八591
52―53		十八581〜582、十八585〜586
54―56	(26)	十七585〜592
57	(27)	
58―64	(28)	
65	(29)	
66―68	(30)	
69	(31)	
70	(32)	十八321
71	(33)	十七572〜585（〈92〉未収）
72―75	(34)	
76	(35)	
77―82	(36)	
83	(37)	
84―87	(38)	
88―89	(39)	

続々修 帙	続々修 巻	続々修 料紙	続々修 記号	目録⑤（項）	大日本古文書 表	大日本古文書 裏	付箋 所属	付箋 順	未修目録 No.	未修目録 所属
39	2	90—91	(40)	1					522	26—9
		92	(41)							
		93	(42)							
		94—99	(43)				「廿六ノ□」			
		100—102	(44)	2	十七485～486	十七571～572			284	16—12
		103	(45)							
		104	(46)			十八211				
39	3	往来軸	右軸	往来	十九79				904の一部	35—2
		1	①(1)	1	（空）	十八211				
		2—14	①(2)		十九81～89	十八466～471				
		15	①(3)			廿二208～210	「卅五ノ二」			
		16—17	②(1)	2	十九89～105	十九37		「三」	904の一部	35—2
		18—25	②(2)			十八463～466				
		26	②(3)			十八583（十五69～70）				
		27	②(4)			十八584（十五70～71）				
		28	②(5)			十八107～108				
		29—33	②(6)			十三482、十三485、十三484、十三482～483、十三483～484				
		34	②(7)			十三480～481				
		35—36	③	3	十九108	十九122			245	15—8
39	4	往来軸	右軸	往来	十九151				905	35—3
		1	①(1)	1	十九151～158	廿502～503				
		2	①(2)			十九120～121				
		3	①(3)			十九110～111				
		4	①(4)			未収	「三十五ノ三」	「□」		
		5	②(1)	2	十九166～167	十八322～323	「廿九ノ五」	「二」：表	660	29—5

6-7	②(2)	3	十九167〜171	十九319〜321		「三」	667	29-5
8	②(3)			廿一121	「□五」			
9	③	4	十九173〜175	十八589〜591	「十三帙一巻」	「四」	176	13-1
10	④	5	十九181	廿61〜62	「廿四帙五巻」	「五」	451の一部	24-5
11	⑤(1)	6	十九181〜188	廿61			952の一部	37-4
12	⑤(2)			廿63〜64				
13-14	⑤(3)			廿323〜325				
15	⑤(4)			廿321〜323				
16	⑤(5)				「三十七ノ四」			
17	⑥(1)	7	十九192〜194	廿61		「□」	952の一部	37-4
18	⑥(2)			廿60〜61	「三十七ノ四」			
19	⑥(3)	8	十九194〜195	廿60	「三十ノ八」：表	「□」：表	698	30-8
20	⑦	9	十九196〜198	十六71〜73	「十五帙六巻」：表		234	15-6
21	⑧(1)	10	十九206〜216	廿59		「□」：表	253	16-1
22-35	⑧(2)			廿53〜59	「十六ノ一」：表			
36-38	⑨(1)	11	十九218〜228	廿52〜53	「十六ノ一」：表		252	16-1
39	⑨(2)	12		十九497			608	28-11
40-41	⑨(3)			廿74・未収（習書）	「廿八ノ十一」			
42-43	⑨(4)			廿一122				
44-45	⑨(5)			十八108〜109				
46	⑨(6)	13		廿318〜319		「□」	444の一部	23-3
47	⑨(7)							
48-51	⑨(8)			廿316〜317				
52-56	⑩(1)	14	十九231〜234	廿314〜316		「□」	444の一部	23-3
57	⑩(2)			廿51	「廿三帙三巻」			

帙	巻	続々修 料紙	続々修 記号	目録⑤（項）	大日本古文書 表	大日本古文書 裏	付箋 所属	付箋 順	未修目録 No.	未修目録 所属
39	4	58—59	⑪(1)	15	十九235〜242	廿50〜51			444の一部	23—3
		60	⑪(2)			十九239 1.5				
		61	⑪(3)							
		62	⑪(4)			未収（経文）				
		63	⑪(5)			廿二213				
		64	⑪(6)			廿五335〜336				
40	1	往来軸	右軸	往来	廿一125				222	14—5
		1	①(1)	1	廿一125〜154	廿334〜335				
		2—4	①(2)			十九316〜318				
		5—6	①(3)							
		7	①(4)			廿一269				
		8	①(5)							
		9	①(6)			十九351〜353				
		10	①(7)			十九351				
		11—12	①(8)			十九350〜351				
		13	①(9)							
		14—19	①(10)			十九348〜350				
		20	①(11)			十九348				
		21—24	①(12)			十九346〜348				
		25	①(13)			廿一269〜270				
		26—44	①(14)			廿343〜350				
		45—49	①(15)			廿342〜343				
		50—52	①(16)			廿341	「十四ノ五」	「□」		
		53—66	①(17)	2	廿一154〜182	廿335〜340	「卅七ノ三」	「二」	951	37—3
		67	①(18)			十九315〜316				
		68	①(19)			十九314〜315				
		69—70	①(20)			十九313〜314				

71	①(21)			十九312				
72	①(22)			十九311〜312				
73	①(23)			十九310〜311				
74	①(24)			十九310				
75–83	①(25)			十九300〜310				
84	①(26)			十九299〜300				
85–87	①(27)			十九296〜299	「以下十一日分欠／接廿九帙十三巻」			
88	②	3	廿一182			「四」	687の一部	29–13
89	③(1)	4	廿一183〜184	十三38	「以上十三日首及十二日尾／廿九巻」‥表		630	29–1
90	③(2)	5	廿一184〜192	廿五40〜41			85	7–11
91–92	③(3)			十二162〜163				
93	③(4)			十二6〜7				
94	③(5)			十二548				
95	③(6)			十一555〜556				
96	③(7)			十一548				
97								
98	③(8)			十一448〜449				
99	③(9)	6	(空)				629	29–1
100			廿一192〜194	十一505〜506				
101	③(10)			十一475〜476				
102	③(11)			十一139〜140	「廿九ノ□」			
103	④(1)	7	廿一228〜233	廿二1			323	19–4
104				廿二38〜39				
105	④(2)			廿二210〜211				
106				廿二215				

続々修 帙	続々修 巻	続々修 料紙	続々修 記号	目録⑤（項）	大日本古文書 表	大日本古文書 裏	付箋 所属	付箋 順	未修目録 No.	未修目録 所属
40	1	107—108	④(3)	7		〈108〉未収（天地逆）			323	19—4
		109—110	④(4)			未収、廿二188〜191	「十九ノ四」			
40	2	往来軸	右軸カ	往来	廿二278				1138の一部	45—3
		1—2	①	1	廿二278〜281	廿313〜314				
		3				廿318				
		4	②	2	廿二369〜370	廿一418〜419			477の一部	25—5
		5—6	③(1)	3	廿二294〜302	十五95〜97		「三」	1138の一部	45—3
		7	③(2)							
		8	③(3)			廿一239〜240				
		9—10	③(4)							
		11	③(5)			廿二379				
		12	③(6)			廿二181〜182	「四十五ノ三」	「三」		
		13	④(1)	4	廿二305〜311	廿319〜320	「卌九ノ十六」	「四」	996の一部	39—16
		14	④(2)			廿327〜328				
		15	④(3)			廿329〜330				
		16	⑤(1)	5	廿二312〜326	廿501	「卌九ノ十六」	「五」	996の一部	39—16
		17	⑤(2)			未収				
		18—19	⑤(3)			十一450〜453				
		20	⑤(4)			十一449				
		21	⑤(5)			十八548				
		22—23	⑤(6)							
		24	⑤(7)			十九244				
		25—27	⑤(8)			廿308〜310				
		28	⑤(9)			廿64				
		29	⑤(10)					「五」		
		30	⑥(1)	6	廿二327〜332	廿二52〜53			128の一部	10—9
		31—32	⑥(2)			廿二51〜52				

		33–34	⑥(3)			廿二417				
		35	⑥(4)			廿二415〜416				
		36	⑦	7	廿二334〜336	廿二377〜378	「十ノ九」		128の一部	10–9
		37	⑧(1)	8	廿二337〜338	廿二377		「八」	128の一部	10–9
		38	⑧(2)			廿二378〜379	「十ノ九」			
		39–40	⑨(1)	9	廿二340〜356	廿五358〜359		「九」	128の一部	10–9
		41–42	⑨(2)			廿五359〜361				
		43	⑨(3)			廿五353〜354				
		44–51	⑨(4)			廿三418〜421				
		52–62	⑨(5)			廿三52〜55				
		63–64	⑨(6)			廿二588				
		65	⑨(7)			廿二587				
		66–67	⑨(8)			廿二587〜588				
		68	⑨(9)			廿225〜227				
		69	⑨(10)							
		70	⑨(11)			廿二428〜429	「十ノ九」	「九」		
		71	⑩	10	廿二356〜357	六290〜291	「廿七ノ四」∶表	「十」∶表	549	27–4
		72	⑪(1)	11	廿二358〜368	廿三178〜179			692	30–5
		73	⑪(2)			廿三168〜169				
		74–75	⑪(3)			廿三170〜171				
		76	⑪(4)			廿二182〜183				
		77	⑪(5)			廿五365				
		78	⑪(6)			廿二415				
		79	⑪(7)							
		80–81	⑪(8)			廿二585〜586				
40	3	往来軸	右軸	往来	廿三185				221の一部	14–4
		1	①(1)	1	(空)	廿二56	「十四ノ四」			
		2	①(2)		廿三185〜209	廿二588				

続々修 帙	続々修 巻	続々修 料紙	続々修 記号	目録⑤（項）	大日本古文書 表	大日本古文書 裏	付箋 所属	付箋 順	未修目録 No.	未修目録 所属
40	3	3	①(3)	1	（袖：十八547）	廿二589			221の一部	14—4
		4	①(4)				「十四ノ四」			
		5	①(5)			廿三2〜3				
		6—7	①(6)			廿三3〜4				
		8—9	①(7)							
		10	①(8)			十七13〜15				
		11	①(9)							
		12	①(10)			廿三177				
		13	①(11)			廿二381〜382				
		14	①(12)			十八546〜547				
		15	①(13)			十八210				
		16	①(14)			十八548				
		17	①(15)			十八208〜209				
		18	①(16)			十八207〜208				
		19	①(17)			十八208				
		20	①(18)			六84〜85				
		21	①(19)			廿二55〜56				
		22	①(20)			廿三318				
		23	①(21)			廿二206〜208				
		24—25	①(22)			廿三319〜321				
		26	①(23)			廿三429〜430	「十四ノ四」			
		27	②(1)	2	廿三211〜230	廿三180		「二」：表	83	7—9
		28	②(2)							
		29	②(3)			未収（「上馬養」）				
		30	②(4)			十八462				
		31	②(5)			十八459〜460				
		32	②(6)			十九141〜143				

		33	②(7)							
		34	②(8)			十八461〜462				
		35	②(9)			未収				
		36—53	②(10)			廿二41〜46				
		54	②(11)			廿三518				
		55	②(12)			廿三517				
		56—57	②(13)			六580〜581	「七ノ九」：表	「二」：表		
		58	③(1)	3	廿三232〜235	廿三1〜2		「□」	221の一部	14—4
		59	③(2)			十九108〜109				
		60	③(3)			廿三171〜172	「十四ノ四」			
		61	③(4)	4	廿三235〜237	廿二215	「十六ノ十」		279の一部	16—10
		62	③(5)	5	廿三237〜248	廿三516、未収（習書）		「□」	221の一部	14—4
		63	③(6)			十九109				
		64	③(7)			十四446〜447				
		65	③(8)			未収（習書）、十四446				
		66	③(9)			廿五348、未収				
		67	③(10)			廿五364〜365				
		68	③(11)			廿五363				
		69—70	③(12)			廿三427				
		71	③(13)			廿二375〜377				
		72	③(14)							
		73	③(15)							
		74	③(16)							
		75	③(17)							
		76	③(18)							
		77	③(19)			廿三427〜428				
		78	③(20)			九363〜364				
		79—80	③(21)			九339	「十四ノ四」			

続々修 帙	続々修 巻	続々修 料紙	続々修 記号	目録⑤ (項)	大日本古文書 表	大日本古文書 裏	付箋 所属	付箋 順	未修目録 No.	未修目録 所属
40	4	1-9	①(1)	1	廿三249～279	〈9〉九329～330、〈8〉九342、〈7〉九328、〈6〉九329、〈5〉九358、〈4〉～〈3〉九343、〈2〉九338、〈1〉九340～341	「卌二ノ□」		1043	42-5
		10	①(2)			未収				
		11-13	①(3)			九199～200、九214、九215				
		14	①(4)			九207				
		15	①(5)			未収				
		16-17	①(6)			九206～207				
		18	①(7)			廿三51				
		19	①(8)			廿三179				
		20-21	①(9)			廿二49～51				
		22	①(10)							
		23	①(11)							
		24	①(12)			六538				
		25-26	①(13)			廿二49				
		27	①(14)			廿一525～526				
		28-35	①(15)			廿二47～48				
		36	①(16)			廿三568				
		37	①(17)			廿310～312				
		38-44	①(18)			廿一401～403				
		45	①(19)			廿五243				
		46	①(20)			廿二211				
		47	①(21)			廿二57				
		48	①(22)			廿五364				
		49	①(23)			廿三569				
		50-51	①(24)							

52―54	①(25)			廿三570～571				
55	①(26)			廿二371～372				
56―58	②(1)	2	廿三281～303	十三147・148・148～149	「卌二ノ六」	「二」	1044	42―6
59	②(2)			廿二39				
60	②(3)			六585				
61―62	②(4)			廿三568				
63	②(5)			廿二188				
64―66				廿二187				
67	②(6)			廿三571、未収				
68	②(7)			廿二589～590				
69	②(8)			十七488～489、未収(習書)				
70	②(9)			六584				
71―85	②(10)			廿三576～581				
86―87	②(11)							
88	②(12)			十五93～95				
89	②(13)			廿三617				
90―101	②(14)			廿一398～401				
102―109	②(15)			廿三573～576	「卌二ノ六」	「二」		
110―111		3	廿三303～304	廿三573～574	「十八ノ四」	「□(四カ)」	297の一部	18―4
112	②(16)							
113	②(17)			廿二186～187				
114―115				廿三573				
116	②(18)	4	廿三305～306	廿三581～583	「十八ノ二」、「廿日以下至廿八日続集四十八巻」	「□(五カ)」	295	18―2
117	③(1)	5	廿三308～311	十八461	「十八ノ三」	「□(六カ)」	296	18―3
118	③(2)			廿278				
119	③(3)			廿三172				

続々修 帙	続々修 巻	続々修 料紙	続々修 記号	目録⑤（項）	大日本古文書 表	大日本古文書 裏	付箋 所属	付箋 順	未修目録 No.	未修目録 所属
40	4	120	③(4)	5		廿四586			296	18-3
		121	③(5)							
		122	③(6)			廿三618				
		123	③(7)							
		124	③(8)							
		125	③(9)							
		126	④(1)	6	廿三312～316	廿二417～418	「十八ノ四」	「七」	297の一部	18-4
		127	④(2)							
		128	④(3)			廿三183				
		129-130	④(4)			廿三181				
		131	④(5)			廿三184				
40	5	1	①(1)	1	十六35～40	十六134～136			992の一部	39-12
		2	①(2)			十六129～130	「卅九ノ十二」	「二」	992の一部	39-12
		3	①(3)			十六129	「卅九ノ十二」	「三」	992の一部	39-12
		4	①(4)			十六120	「卅九ノ十□」	「四」	992の一部	39-12
		5	①(5)			十六131～132	「卅九ノ十二」	「五」	992の一部	39-12
		6	②(1)	2	十六44～48	十六171	「卅九ノ十□」	「六」	992の一部	39-12
		7	②(2)			十六136～137	「卅九ノ□」	「七」	992の一部	39-12
		8	②(3)			十六316	「卅九ノ□」	「八」	992の一部	39-12
		9	②(4)				「卅九ノ十二」	「九」	992の一部	39-12
		10	③(1)	3	十六5～6	十四282～283	「第八帙ノ八巻」：表	「十」：表	101の一部	8-8
		11	③(2)	4	十六6～8	十四283	「廿五帙五巻」	「□」	477の一部	25-5
		12	③(3)	5	十六8～9	十四61			279の一部	16-10
41	1	1-7		1	十一568～587		「卅二ノ第九」		834	32-9
		8-9				十一587～589				
		10-11								

		12				十一587				
41	2	1—6		1	十一557〜568	〈1〉十一557、未収（習書）	「卅九ノ十五」		995	39—15
41	3	1—7	①	1	十一439〜447（〈7〉空）		「廿一ノ第六」		427	21—6
		8—9	②	2	四441〜444	未収	「卅ノ七」	「□」	694	30—7
41	4	1—3	①	1	八582〜584	〈1〉八582	「廿二ノ三」	「一」	435	22—3
		4—5	②	2	九137〜139		「□帙二巻」	「二」	403の一部	21—2
		6	③(1)	3	九176〜177	廿四291	「廿一ノ□」	「三」	430	21—9
		7—9	③(2)	4	九294〜299					
		10—12	③(3)	5	九250〜254	九246〜249	「廿六ノ七三張ノ内」	「四」：表	520の一部	26—7 三張ノ内
		13—14	③(4)	6		九241〜244		「五」：表	177	13—2
		15—16	④	7	九358〜361		「廿二ノ四」	「□」	436の一部	22—4
41	5	1—3	①(1)	1	十588〜592		「廿一帙二巻」	「□」	404	21—2
		4—5	①(2)	2	十592〜597	十540〜543	「廿一ノ十」	「二」	431	21—10
		6	②	3	十597〜601		「廿一ノ八」	「三」	429	21—8
		7—8				十602〜604				
		9—10	③(1)	4	十604〜609＊	十一429〜430	「出　八巻」	「三」	撰出第8巻＊	
		11—13	③(2)	5		十609〜612、未収（習書）	「出ノ十巻」		撰出第10巻＊	
		14	③(3)	6	十一295〜300＊	十一366、十一295			塵芥第10巻＊	
		15—17	③(4)			十一285〜288				
		18	③(5)	7	廿四591〜592＊				塵芥第10巻＊	
		19	③(6)	8	三127〜128＊				塵芥第10巻＊	
41	6	1	①(1)	1	十三85〜87		「十一ノ三」	「二」	132	11—3
		2—5	①(2)	2	十一288〜294					
		6—7	②	3	十一361〜363		「廿一帙三巻」	「□」	415	21—3
		8	③	4	十三43〜44		「廿一帙二巻」	「四」	403の一部	21—2
		9		5					405	21—2
		10—11	④	6	十一367〜370		「廿二ノ二」	「五」	434	22—2
41	7	往来軸	未詳	往来	十六178〜179					

続々修 帙	続々修 巻	続々修 料紙	続々修 記号	目録（項）⑤	大日本古文書 表	大日本古文書 裏	付箋 所属	付箋 順	未修目録 No.	未修目録 所属
41	7	1	(1)	1	十六179〜185	十六176			104の一部	8－11
		2	(2)	2		十六175〜176			715	31－1
		3	(3)	3		十六175		「三」	628の一部	28－13
		4	(4)	4		十六12	「廿五ノ九」	「四」	508の一部	雑25－9
		5	(5)	5		十六177	「卅九ノ十七」	「五」	998	39－17
		6	(6)	6		十六171	「十一ノ五」	「六」	149	11－5
		7	(7)	7		十六117〜118	「廿一ノ二」、「廿一帙二巻」：表	「七」：表	413	21－2
42	1	1－2	①	1	十四184〜187		「第十□帙一巻」		160	12－1
		3		2			「卅一ノ□」	「一」	795の一部	31－10
		4	②	3	廿五168〜169	廿四417〜418	「廿四帙十巻」	「二」	456の一部	24－10
		5	③	4	九322〜323		「十三帙三巻」	「三」	180	13－3
		6－7	④	5	九321〜322	廿五358、廿四404（天地逆）	「卅七ノ一」	「四」	949の一部	37－1
		8	⑤	6	廿四283〜284		「十九帙三巻」	「五」	318	19－3
		9	⑥	7	十四420		「廿一帙三巻」	「六」	420	21－3
		10	⑦	8	廿四385		「卅一　十」	「七」	795の一部	31－10
		11	⑧	9	十六562	廿三173	「卅　□」	「八」	949の一部	37－1
		12	⑨	10	廿四402〜403		「廿四帙六巻」	「九」	452の一部	24－6
		13－14	⑩	11	十二36〜37		「廿八ノ十二」	「十」	620	28－12
		15	⑪	12	十二35		「十三帙三巻」	「□」	186	13－3
		16	⑫	13	九485〜486	九486	「卅一ノ十」	「□」	795の一部	31－10
		17	⑬	14	十三223〜224	十380	「□」	「□」	1131	43－9
		18	⑭	15	十一71		「廿八□」	「□」	628の一部	28－13
		19	⑮	16	四444〜445		「廿六ノ六」	「十五」	517	26－6
42	2	1	①	1	七39〜40	七43			1141	45－6

2	②	2	七40～41				260の一部	16-3
3	③		七41～42	七43～44			260の一部	16-3
4-7	④	3	七598～602				781	31-8
8	⑤	4	廿一415～417	廿一417～418			680	29-12
9	⑥	5	十九572～573	十九573～574	「廿五帙□」	「五ノ中」	477の一部	25-5
10	⑦	6	八170	廿四202～203			833	32-8
11	⑧	7	八352～357	廿四256			592	28-6
12		8		廿四561			575	27-8
13-26								
27-28	⑨	9	九284～285				446の一部	23-5
29	⑩	10	廿四464～467	九318～320			277	16-10
30				九326～327				
31				九318				
32	⑪	11	廿五231				194	13-5
33-35	⑫	12	十二183～187				953	37-5
36	⑬	13	十二188～189				443の一部	23-2
37	⑭	14	十二189～190				1143	45-6
38	⑮	15	十二190～191				1111	43-7
39	⑯	16	十二191	十二192			745の一部	雑31-4
40	⑰	17	十二191～192				628の一部	雑28-13
41	⑱	18	十二192～193				803	32-3
42	⑲	19	十二193	九241（天地逆）			614	28-11
43	⑳	20	十二194				452の一部	24-6
44	㉑	21	十二194				628の一部	28-13
45-46	㉒	22	十二195				476の一部	25-4
47	㉓	23	十二195				745の一部	雑31-4

続々修 帙	続々修 巻	続々修 料紙	続々修 記号	目録⑤（項）	大日本古文書 表	大日本古文書 裏	付箋 所属	付箋 順	未修目録 No.	未修目録 所属
42	2	48	㉔	24	十二195〜196	廿五234			361	20—5
		49	㉕	25	十二196〜198				795の一部	雑31—10
42	3	1	①	1	十二351〜352		「第八帙第三巻」	「一」	96の一部	8—3
		2—4	②(1)	2	十二342〜346		「十六ノ八」	「二」	266	16—8
		5—8	②(2)	3	十二272〜277	十一280〜284				
		9—12	②(3)	4	十二268〜272		「十六ノ八」			
42	4	1	①	1	三476〜477				697	30—8
		2	②	2	廿五345〜346				134	11—4
		3—5	③	3	十六407〜412	十六347〜352			433	22—1
		6		4					1153	45—6
		7	④	5	十一421〜422				506	25—8（25—3）
		8		6	廿五209	廿五209（封墨痕）				25—8（25—3カ）
		9		7	廿五43〜44				456の一部	24—10
		10		8	十一253〜254	十一255			456の一部	24—10
		11	⑤	9	十二200〜201	十二201			452の一部	24—6
		12	⑥	10	十九199〜200				1144	45—6
		13	⑦	11	八450〜451				382	20—7
		14	⑧	12	八590〜591	十五97〜98			154	11—5
		15	⑨	13	三199〜200				520の一部	26—7 三張ノ内
42	5	1	①(1)	1	十437〜439				358	20—5
		2	①(2)		廿四521					
		3	②	2	十436				750	31—4

		4	③	3	十三221	十441			820	32—7
		5—6	④	4	十六425〜427				1179	45—6
		7	⑤	5	十五463〜465		「四十三ノ七」	「五」	1101	43—7
		8	⑥	6	十六70〜71				1117	43—7
		9	⑦	7	十六419〜420	十四283〜284			635	29—2
		10	⑧(1)	8	廿一512〜516	十一556〜557			649	29—2
		11	⑧(2)			十二39				
		12	⑧(3)			廿五37				
		13	⑨	9	十四14〜16	十四239			1149	45—6
		14	⑩	10	十四16〜17	十四239〜240	「十六ノ四」：表 「第十六帙第四巻」：裏	「□」：表	261	16—4
		15	⑪(1)	11	十四17〜18	十五102			207	13—7
		16	⑪(2)			十四200				
		17	⑫	12	廿四241〜242	八161〜162			332	19—6
		18	⑬	13	廿五265				459	24—12
		19	⑭	14	廿五247	廿五247〜248			733	31—3
43	1	往来軸	?	往来	七92				988	39—8
		1—2		1	七379〜381	七184〜186				
		3			七381(奥)	七99				
		4			七97〜98	七92〜97				
		5								
		6			七91(奥)	七91				
		7—8			七100〜102	七117〜120				
43	2	往来軸	右軸	往来	十一419〜420				113	9—4
		1		1	十一420〜421	廿五23				
		2					「九ノ四」			
43	3	往来軸	?	往来	四76				17	2—2

続々修 帙	続々修 巻	続々修 料紙	続々修 記号	目録⑤（項）	大日本古文書 表	大日本古文書 裏	付箋 所属	付箋 順	未修目録 No.	未修目録 所属
43	3	1	(1)	1	四 76～80	十五 426～436	「二ノ二」		17	2-2
		2	(2)	2						
		3	(3)							
		4	(4)	3						
		5	(5)	4	四 29～30					
43	4	往来軸	右軸	往来	十三 254				1062	42-24
		1-2		1	十三 254～257		「四十二ノ□」			
43	5	往来軸	右軸カ	往来	十三 243～244 *				撰出第2巻*	
		1-2	(1)	1	十三 244～252 *					
		3	(2)			十三 462～463				
		4	(3)			十三 479				
		5	(4)							
43	6	往来軸	右軸	往来	十三 257				115の一部	9-6
		1	①	1	十三 260～265		「九ノ六」			
		2		2			「廿三帙五巻」	「二」	446の一部	23-5
		3		3				「三」	115の一部	9-6
		4-6	②	4	十三 269～283		「廿ノ二」	「四」	334の一部	20-2
		7		5			「十六帙拾巻」	「五」	278	16-10
		8		6			「廿三帙五巻」	「六」	446の一部	23-5
		9						「七」	446の一部	23-5
		10					「廿三ノ五」	「八」	446の一部	23-5
		11					「廿三帙五巻」		446の一部	23-5
		12					「廿三帙五巻」	「十」	446の一部	23-5
		13	③	7	十三 283～284		「十一ノ五」	「十一」	157	11-5
43	7	1-9		1-9	十四 47～52 *				塵芥第18巻*	
43	8	往来軸	右軸	往来	未収*				撰出第6巻*	
		1	①(1)	1	十四 1～14 *					

		2–3	①(2)			十四28〜29				
		4	①(3)							
		5	①(4)			十四176〜177				
		6–8	①(5)					「一」		
		9	②					「二」	撰出第6巻＊	
		10	③				「出　六」	「三」	撰出第6巻＊	
43	9	1	①	1	十四302〜304	十四301〜302	「十五ノ八」		242	15–8
		2	②	2	十五444〜446	四265〜266	「廿六ノ六」‥表		518	26–6
		3	③(1)	3	十五446〜448	十五129	「卅一ノ二」	「三」	725	31–2
		4	③(2)			十五376				
		5	③(3)	4		廿五372			731	31–2
		6	④(1)	5	十五448〜450	十五454〜455		「五」‥表	225	15–2
		7	④(2)	6		十四442			227	15–2
		8	⑤	7	十五451〜452	十六274〜275			246	15–8
		9	⑥	8	十五452〜453	十四197	「廿五帙六巻」	「八」	478の一部	25–6
43	10	往来軸	右軸カ	往来	十六486				1011	40–11
		1		1	十六486〜492					
		2–3		2			「廿五帙六巻」		478の一部	25–6
43	11	往来軸	右軸	往来	十四201				33の一部	3–5
		1		1	十四201〜202		「三ノ□」			
		2		2			「三ノ五」	「三」	33の一部	3–5
43	12	往来軸	右軸	往来	十六492				57	5–7
		1		1	十六493					
43	13	往来軸	右軸	往来	四532				12–1の一部	1–12
		1		1	四532〜536		「一ノ十二」	「□」		
		2					「一ノ十二」	「二」	12–1の一部	1–12
43	14	往来軸	右軸	往来	未収＊				撰出＊	

帙	巻	続々修 料紙	続々修 記号	目録⑤（項）	大日本古文書 表	大日本古文書 裏	付箋 所属	付箋 順	未修目録 No.	未修目録 所属
43	14	1		1	四537～539		「一ノ十二」	「一」	12-2	1-12
43	15	1-2	①	1	十四343～345		「第十五帙第八巻」		248	15-8
		3-9	②	2-3	十四334～342		「十六ノ六」		264	16-6
43	16	1	①	1	十六132～134＊				撰出第10巻＊	
		2	②(1)	2	十六78～87＊			「二」	撰出第10巻＊	
		3	②(2)			未収（封墨痕）	「出ノ十」	「三」	撰出第10巻＊	
		4	②(3)						撰出第10巻＊	
		5	②(4)	3		十六48～50			撰出第10巻＊	
		6		4				「六」：表	477の一部	25-5
		7	③	5	十六74～78				285	16-12
		8		6			「廿一帙二巻」		414	21-2
43	17	1		1	五478～480		「十九帙三巻」	「一」	322	19-3
		2		2	十六499～502	十六473～477	「卌五ノ六」：表「四十五ノ六」：裏	「二」：表	1150	45-6
		3					「四十五ノ六」	「三」：表	1155	45-6
43	18	往来軸	右軸	往来	十六484				1004	40-4
		1		1	十六484～486					
43	19	1	①(1)	1	十四105～108				772	31-6
		2	①(2)	2		十四235		「二」：表	574	27-8
		3	①(3)			未収（封墨痕）	「廿七ノ八」：表			
		4	②(1)	3	十四109～113＊	十四196～197			塵芥第3巻＊	
		5	②(2)			廿五246			塵芥第3巻＊	
		6	②(3)	4			「出八巻」	「四」	撰出第8巻＊	
		7	③	5	十六177～178	十五470～471			1103	43-7

		8	④	6	十五437＊				目録外＊	
		9	⑤	7	十五437＊				目録外＊	
43	20	1	(1)	1	十六121～129				455の一部	24-9
		2-5	(2)	2			「廿四ノ九」		455の一部	24-9
		6		3	＊				目録外＊	
43	21	往来軸	右軸	往来	六278					
		1-2		1	六279～281	十九244～247	「卅六ノ十二」	「□」	940の一部	36-11
		3		2	廿76～77	廿75	「卅六ノ十二」	「□」	940の一部	36-11
43	22	1	①	1	十四180		「廿四帙十二巻」	「一」	472	24-12
		2	②	2	四526		「廿五帙三巻」	「二」	475の一部	25-3
		3	③	3	五85		「卌五ノ六」	「三」	1157	45-6
		4	④	4	十五457		「卅一ノ一」		710	31-1
		5	⑤	5	廿五230	十二180	「卅二ノ三」	「五」	807	32-3
		6	⑥	6	十五312＊		「出　十ノ八」	「六」	撰出第10巻＊	
		7	⑦		十五471＊		「出　十ノ八」	「七」	撰出第10巻＊	
		8	⑧	7	十六277＊		「出　十ノ八」		撰出第10巻＊	
		9	⑨	8	十五454＊	十五308			撰出第19巻雑＊	
		10	⑩	9	十六317		「廿五ノ九」		508の一部	雑25-9
		11	⑪	10	廿五205	十七110	「十六帙十三巻」		287	16-3
		12	⑫	11	十三118		「廿四帙五巻」		451の一部	24-5
		13	⑬	12	十三118～120		「卅一ノ四」	「一」	744	31-4
		14	⑭	13	十四326～327		「卅二ノ八」	「二」	825	32-8
		15	⑮	14	廿五264		「卅一ノ五」	「三」	756	31-5
		16	⑯	15	三412		「三十ノ八」	「四」	699	30-8
		17	⑰	16	十五460	十五460（封墨痕）	「廿五帙三巻」		475の一部	25-3
		18	⑱	17	十五461		「廿七ノ五」	「六」	558	27-5

続々修 帖	続々修 巻	続々修 料紙	続々修 記号	目録⑤（項）	大日本古文書 表	大日本古文書 裏	付箋 所属	付箋 順	未修目録 No.	未修目録 所属
43	22	19	⑲	18	十四449〜450	十四450	「卅一ノ一」	「七」	714	31—1
		20	⑳	19	十四307＊		「出　八巻」	「八」	撰出第8巻＊	
		21	㉑	20	十八581		「廿四帙五巻」		451の一部	24—5
		22	㉒	21	十六130〜131		「卅二ノ三」		804	32—3
		23	㉓	22	十六372		「四十二ノ二」	「十二」	1040の一部	42—2
		24	㉔	23	十六373		「十三帙三巻」		182	13—3
		25	㉕	24	十四304		「廿八ノ十二」	「十三」	626	28—12
		26	㉖	25	十四326		「卌五ノ六」	「十四」	1160	45—6
		27	㉗	26	十四53	十四53（天地逆）	「卌五ノ六」		1177	45—6
		28	㉘	27	廿四104	廿四102	「廿四帙五巻」		451の一部	24—5
		29	㉙	28	十六386＊	十六385（封）	「出　八巻」	「十七」	撰出第8巻＊	
		30	㉚	29	十四307〜308	十四307（切封）	「四十三ノ七」		1113	43—7
		31	㉛	30	十五468〜469		「廿□」		508の一部	雑 25—9
		32	㉜	31	十六10〜12＊				塵芥第19巻雑＊	
44	1	往来軸	？	往来	十一3				1061	42—23
		1—4		1	十一3〜9		「四十二ノ廿三」			
44	2	往来軸	右軸	往来	（頭欠）				1058	42—20
		1—3		1	十二238〜242	〈3〉十二242	「卌二　廿」	「□」		
44	3	往来軸	右軸ヵ	往来	十一347				1042の一部	42—4
		1	①（1）	1	十一347〜349	十一351〜353	「卌二ノ四」			
		2		2			「一ノ十五」		15の一部	1—15
		3	①（2）	3			「廿四帙十一巻」：裏	「三」：裏	457の一部	24—11
		4	①（3）	4		十一351	「卅二ノ□」：表		849	32—15
		5	②	5	十一349〜350	十一350	「一ノ十五」	「四」	15の一部	1—15

44	4	往来軸	右軸	往来	十四261*				塵芥第12巻*
		1—3		1	十四261〜265*	二273〜280	「芥ノ十二」		
44	5	往来軸	右軸	往来	(頭欠)*				塵芥第3巻*
		1—2	①(1)	1	十四71〜80*	十四182〜184			
		3	①(2)						塵芥第3巻*
		4—5					「芥ノ三」	「二」	
		6	②	2			「芥ノ三」	「三」	塵芥第3巻*
		7	③				「芥ノ三」	「四」	塵芥第3巻*
		8	④	3					塵芥第3巻*
		9	⑤	4		十四190*	「背出ノ十四」	「六」	撰出第14巻*
44	6	往来軸	右軸	往来	十五314*				撰出第9巻*
		1	①(1)	1	十五314〜326*	廿五233			
		2	①(2)			十四63			
		3	①(3)			廿五236〜237			
		4	①(4)			廿五239〜240			
		5	①(5)			廿五242			
		6	①(6)			廿五235			
		7	①(7)			廿五349			
		8	①(8)			廿五238〜239			
		9	①(9)			十四29〜31			
		10	②(1)		十五327〜333*	十四348〜349			撰出第9巻*
		11—12	②(2)			十四235〜238			
		13	②(3)			十四238			
		14	③(1)		十五333〜337*	十五461			撰出第9巻*
		15	③(2)			廿五350〜351			
		16	③(3)			廿五349〜350			
		17	④		十五337〜339*	十五350〜351			撰出第9巻*
		18	⑤		十五339〜340*	十四360〜361			撰出第9巻*

続々修				目録⑤	大日本古文書		付箋		未修目録	
帙	巻	料紙	記号	（項）	表	裏	所属	順	No.	所属
44	6	19	⑥	1	十五340〜342＊	十六482〜483			撰出第9巻＊	
44	7	1	①	1	十一387〜389	未収	「廿五ノ九」	「一」	508の一部	25-9
		2-3	②	2	十一389〜390		「廿四帙十巻」	「二」	456の一部	24-10
		4-5	③	3	十一390〜392		「四十三ノ七」	「三」	1105	43-7
		6	④	4	十五122〜124		「廿五ノ九」	「四」	508の一部	雑25-9
		7	⑤	5	十五120〜122	十七9	「廿八ノ十」	「五」	602	28-10
		8		6	十五122	十七8〜9	「第十五帙第七巻」		239	15-7
		9	⑥	7	十六13		「廿五帙七巻」	「六」	481	25-7（25-2）
		10	⑦	8	十四242〜244	未収	「十三帙六巻」		199-2-1	13-6
		11		9			「十三帙六巻」	「七」	205-1	13-6
44	8	往来軸	右軸	往来	十一463				1053	42-15
		1		1	十一463		「卌二ノ十五」			
44	9	往来軸	右軸	往来	十六566＊				塵芥第11巻＊	
		1-19		1	十六566〜593＊					
44	10	1	①	1	附141〜142				15の一部	1-15
		2	②		附143〜144				15の一部	1-15
		3	③	2	十五439〜440	十五377	「廿五ノ九」	「四」	508の一部	雑25-9
		4	④		十六324〜325				508の一部	雑25-9
		5	⑤	3	十六386〜387			「七下」	795の一部	雑31-10
		6	⑥		十六400		「卅一ノ十」	「七」	795の一部	雑31-10

7	⑦	4	十六325～326		「廿八ノ十三」		628の一部	28—13
8	⑧	5	五636～637			「六ノ上」	712	31—1
9	⑨	6	十七71～72・72				1094	43—6
10	⑩	7	十六520	十六520（天地逆、奥）			1085	43—6
11	⑪	8	四413～414		「廿六ノ五」	「十一」	515	26—5
12	⑫	9	十四327～328	廿五241			84	7—10
13	⑬	10	廿333		「廿九張ノ内廿五ノ九」	「十三」	508の一部	25—9雑廿九張之内
14	⑭	11	十三134～135				461	24—12
15	⑮	12	廿四542	廿四542（奥）	「廿帙五巻」	「十五」	347	20—5
16	⑯	13	三335		「一ノ十五」	「十六」	15の一部	1—15
17	⑰	14	十三224	十二545			900	35—1
18	⑱	15	十六563				1086	43—6
19	⑲	16	十二203		「卅一ノ四」	「十九」	747	31—4
20	⑳	17	十二431		「十三帙七巻」	「二十」	216	13—7
21	㉑	18	廿五372		「卅一ノ十」	「廿一」	795の一部	31—10
22—23	㉒	19	八376～378	八428（八376、奥）	「廿五帙七巻」	「廿二」	486	25—7（25—2）
24	㉓	20	八559～560		「第十五帙第七巻」	「廿三」	240	15—7
25	㉔	21	廿五12～14	十四53～54	「廿六ノ五」	「廿四」	513	26—5
26	㉕	22	二30		「廿四帙十一巻」	「廿五」	457の一部	24—11
27	㉖(1)	23	八578～579		「廿九ノ□」‥表	「廿□」‥表	648	29—2
28—29	㉖(2)		八579～581	未収				
30	㉗(1)	24	廿四328～330		「四十三ノ七」	「廿□」	1104	43—7
31	㉗(2)			廿四560				
32	㉗(3)			廿四393				

帙	巻	続々修 料紙	続々修 記号	目録⑤（項）	大日本古文書 表	大日本古文書 裏	付箋 所属	付箋 順	未修目録 No.	未修目録 所属
44	10	33	㉘	25	十七7～8		「廿五ノ九」	「廿八」	508の一部	25―9
		34	㉙	26	十三480		「十九帙三巻」	「廿九」	317	19―3
		35	㉚	27	十七10	廿五14	「廿八ノ十三」	「卅一」	628の一部	雑28―13
		36	㉛	28	廿五14		「卅一ノ三」	「三□」	735	31―3
		37	㉜	29	十662	未収ヵ（封墨痕ヵ）	「卅二ノ三」	「卅□」	812	32―3
		38	㉝	30	四277				534	27―4
		39	㉞	31	四245		「卅一　四」	「卅四」	745の一部	雑31―4
		40	㉟	32	廿四82～83		「卅一ノ十」	「卅二」	795の一部	雑31―10
		41	㊱(1)	33	十五501				232	15―6
		42	㊱(2)		十五342					
		43	㊱(3)		十五343～344					
		44	㊱(4)		十五343					
		45	㊲	34	十五466～467		「廿五ノ九」		508の一部	雑25―9
		46	㊳	35	廿五23～24		「卅一ノ□」	「廿□」	795の一部	雑31―10
		47	㊴		廿五336	十五436	「卅一ノ十」	「廿□」	795の一部	雑31―10
		48	㊵	36	廿五250	廿五250	「卅二ノ十五」	「四十」		雑32―15
		49	㊶	37	十六340～341＊	未収（封墨痕）	「出　八巻」	「四十一」	撰出第8巻＊	
44	11	往来軸	右軸	往来	（頭欠）				71	6―3
		1―2	①	1	附55～58		「六ノ三」	「一」		
		3	②	2	附99～100		「一ノ□」	「二」	15の一部	1―15
		4	③	3	附116～117＊		「出　八巻」	「三」	撰出第8巻＊	

		5	④	4	附118〜119＊		「芥六」	「四」	塵芥第6巻＊	
		6	⑤	5	廿五365〜366		「四十五ノ五」		1140の一部	45-5
		7					「四十五ノ五」		1140の一部	45-5
		8	⑥	6	附8〜9＊			「□」	目録外＊	
		9	⑦	7	附9＊				目録外＊	
		10	⑧	8	附54〜55＊				目録外＊	
45	1	往来軸	右軸カ	往来	五74				4	1-4
		1	(1)	1	五74〜75					
		2	(2)		四528〜529					
		3	(3)		五104〜105					
45	2	往来軸	右軸	往来	十五292				1023	41-5
		1	①(1)	1	十五292〜295	十四245〜246				
		2	①(2)			廿五347〜348				
		3	①(3)			十五378				
		4	①(4)			十四178				
		5	②	2	十五297	廿五255			1097	43-6
		6	③(1)	3	十五298〜301	未収			749	31-4
		7	③(2)	4		五60〜62			92	7-15
		8	④	5	十五303	十六275〜276	「廿五ノ九」	「五」	508の一部	25-9
		9-10	⑤	6	十五303〜305	〈10〉十五465〜466	「廿五帙七□」		479	25-7（25-2）
45	3	往来軸	右軸	往来	十五260				24の一部	2-9
		1-6	①(1)	1	十五260〜275	十四226〜234				
		7	①(2)							
		8	①(3)			十四252	「二ノ九」	「一」		
		9-10	①(4)	2		十四114〜117	「二ノ九」	「三」	24の一部	2-9
		11-12	①(5)			十五290〜292				
		13	②(1)	3	十五280	廿三178	「廿九ノ五」	「一」：表	654	29-5
		14	②(2)		十五280〜281	十五441				

続々修 帙	続々修 巻	続々修 料紙	続々修 記号	目録⑤（項）	大日本古文書 表	大日本古文書 裏	付箋 所属	付箋 順	未修目録 No.	未修目録 所属
45	3	15	③	4	十五281〜282	廿三173〜174	「二ノ九」	「二」	24の一部	2—9
		16	④(1)	5	十五284〜285	廿五304〜305	「□四」	「三」	544	27—4
		17	④(2)	6	十五285〜287	十五374〜376・未収	「□」	「四」	455の一部	24—9
		18	⑤(1)	7	十五288〜289	十五356	「廿七ノ□」		530	27—3
		19	⑤(2)	8		十五440〜441	「□」	「六」	538	27—4
45	4	往来軸	右軸カ	往来	十五365				984	39—4
		1—2	①	1	十五365〜367	十八587〜589、未収				
		3	②		十五367〜369	十五455	「卅九ノ四」			
45	5	1	①	1	廿五308〜309	十六251〜252			355	20—5
		2—12	②	2	廿五309〜328	十六232〜250	「三十ノ十四」		705	30—14
		13—14	③	3	廿五328〜329	十六229〜230(7)			687の一部	雑29—13
		14'	④		廿五330（1〜5）	十六230(8)〜(12)			687の一部	雑29—13
		15	⑤	4	廿五330〜331	十六230(8)〜232	「廿一ノ一」	「四」	401	21—1
45	6	1	①	1	十四200〜201		「十三帙三巻」	「一」	184	13—3
		2	②	2	十五462		「廿五ノ九」	「二」	508の一部	雑25—9
		3	③	3	廿五334		「卅二ノ十五」			雑32—15
		4	④(1)	4	五262〜265	十三234〜236			519	26—6
		5	④(2)			四271〜272	「廿六ノ六」：表	「四」：表		
		6	⑤	5	十六227〜229	十六306〜307			153	11—5
45	7	1—2	①	1	十六212〜215＊	十六223〜226			目録外＊	
		3	②		十六215〜216＊	十六223			目録外＊	
		4	?		十六216＊	未収			目録外＊	
		5—6	③		十六216〜219＊	十六219〜222			目録外＊	

付　続々修と未修古文書目録の対照表

46	1	往来軸	右軸	往来	十二242					
46	1	1-2	①	1	十二243～244		「一ノ十三」		13	1-13
46	1	3	②	2	十二244～246		「廿五帙七巻」	「一」	490	25-7 （25-2）
46	1	4	③	3	十二246～247		「十八ノ七」「十八帙七巻」	「二」	301	18-7
46	2	往来軸	右軸	往来	未収					
46	2	1-2		1	三592～593	未収（天地逆）			76	7-2
46	3	1-2	①	1	十二247～249				280	16-11
46	3	3	②	2	十二249～250		「廿帙五巻」	「□」	366	20-5
46	3	4	③	3	十二250～251	十二251	「廿帙五巻」	「三」	360	20-5
46	3	5	④	4	十二251		「廿四帙十二巻」	「四」	464	24-12
46	3	6	⑤	5	十二251～252		「廿帙五巻」	「□」	359	20-5
46	4	1	①	1	十三216		「卅一ノ十」	「一」	795の一部	31-10
46	4	2	②	2	三640～641		「十一ノ四」	「三」	136	11-4
46	4	3	③	3	十二253～254	未収	「廿一□」	「□」	579	27-9
46	4	4	④	4	十二256		「廿五ノ九」	「四」	508の一部	25-9
46	4	5	⑤	5	十四309～310		「卅一ノ二」		723	31-2
46	4	6	⑥	6	廿五61	廿五61（袖）			628の一部	28-13
46	4	7	⑦	7	十三112～113	十三113			238	15-7
46	4	8	⑧	8	十五313～314		「十六帙十□」	「□」	289	16-13
46	4	9	⑨	9	十四325～326	十四325（封墨痕）	「卅二ノ八」	「□」	830	32-8
46	4	10	⑩	10	十二252	未収	「卅二ノ□」		829	32-8
46	4	11	⑪	11	廿五202～203	未収（封墨痕）	「廿六ノ五」	「十一」	514	26-5
46	4	12	⑫	12	十三204～205＊		「出ノ十□」	「十□」	撰出第13巻＊	
46	4	13	⑬	13	四223・未収＊	十三217	「出□」	「□」	撰出第13巻＊	
46	4	14	⑭	14	未収（宝相華の絵ヵ）＊		「出ノ十」：表「出ノ十一ノ」：裏	「十四」：表	撰出第10巻＊	
46	5	1	①	1	廿五130～131	十五131～132	「廿八ノ十一」	「一」	610	28-11

続々修 帙	続々修 巻	続々修 料紙	続々修 記号	目録⑤（項）	大日本古文書 表	大日本古文書 裏	付箋 所属	付箋 順	未修目録 No.	未修目録 所属
46	5	2	②	2	十二392		「廿五ノ九」	「二」	508の一部	25-9
		3	③	3	四81～82		「十六帙十二巻」	「三」	283	16-12
		4	④	4	十七111～114		「廿七ノ三」	「四」	532	27-3
		5				十七114（袖）	「廿七ノ三」		533	27-3
		6	⑤	5	十292～293		「十八ノ七」		302	18-7
46	6	1	①（1）	1	三487～489・未収	未収（習書）・十442～443			487	25-7（25-2）
		2	①（2）							
		3	②	2	十一485～486				78の一部	7-4
		4	③（1）	3	十一486～489	十一323			505	25-8（25-3）
		5		4		三409～410			503	25-8（25-3）
		6		5		三410			451の一部	24-5
		7		6		三410～411	「廿五帙七巻」：裏		482	25-7（25-2）
		8	③（2）			三411				
		9	④	7	十一489	三406	「廿四帙五巻」		451の一部	24-5
46	7	1	①	1	三587＊				撰出第10巻＊	
		2	②	2	三587＊				撰出第10巻＊	
		3	③	3	三346＊	未収（裏紙）			撰出第13巻＊	
		4	④	4	三346～347＊	未収（裏紙）			撰出第13巻＊	
		5	⑤	5	一441	十五85	「卅一ノ九」：裏		792	31-9
46	8	1			七182～183				780	31-7
		2			七183					
		3			七179					
		4			七180					

		5			七180	七180（袖）				
		6			七180〜181					
		7			七181					
		8			七181〜182					
		9			七166〜167	七166（奥）				
		10			一327					
		11			廿四116〜118・未収（習書）	廿四116（奥）				
46	9	1	①	1	未収					
46	9	2	②	2	七124*				目録外*	
46	9	3	③	3	十六58〜59			「一」	508の一部	25―9
46	9	4	④	4	廿五166〜167*	廿五166		「丁二上」	撰出第10巻*	
46	9	5	⑤	5	廿五167*	廿五167	「出ノ十二」	「丁二下」	撰出第13巻*	
46	9	6	⑥	6	廿四257	廿四257	「卅二ノ十五」			雑32―15
46	9	7	⑦	7	十五439	未収、十五439	「廿五ノ九」	「三」	508の一部	25―9
46	9	8	⑧	8	十四332	十四332	「廿七ノ四」	「四」	545	27―4
46	9	9	⑨	9	十四64	十四64（封墨痕）	「廿四帙四巻」	「五」	450の一部	24―4
46	9	10	⑩	10	十三489*	十三489〜490	「出 八巻」	「六」	撰出第8巻*	
46	9	11	⑪	11	廿三181〜182*	廿三182	「出 八巻」	「七」	撰出第8巻*	
46	9	12	⑫	12	七223	七223〜224	「卅一ノ第八」	「八」	787	31―8
46	9	13	⑬	13	十三36〜37				202	13―6
46	9	14	⑭	14	廿五237〜238	廿五238（封墨痕）			815	32―3
46	9	15	⑮	15	附34		「廿五ノ九」	「十一」	508の一部	雑25―9
46	10	1	①	1	未収（経文）*	未収			塵芥第9巻*	
46	10	2	②	2	未収（経文）*				塵芥第9巻*	
46	10	3	③	3	未収（経文）*				塵芥第9巻*	
46	10	4	④	4	未収（経文）*				塵芥第9巻*	

帖	巻	続々修 料紙	続々修 記号	目録⑤（項）	大日本古文書 表	大日本古文書 裏	付箋 所属	付箋 順	未修目録 No.	未修目録 所属
46	10	5	⑤	5	未収（経文）＊				塵芥第9巻＊	
		6	⑥	6	未収（経文）＊				塵芥第9巻＊	
		7	⑦	7	未収（経文）＊				塵芥第9巻＊	
		8			未収（経文）＊				塵芥第9巻＊	
		9	⑧	8	未収（経文）＊				塵芥第9巻＊	
		10	⑨	9	未収（経文）＊				塵芥第9巻＊	
		11	⑩	10	未収（経文）＊	未収			塵芥第9巻＊	
		12	⑪	11	未収（経文）＊				塵芥第9巻＊	
		13	⑫	12	未収（経文）					31—4
		14	⑬	13	（空）	未収			377	20—6
		15	⑭		未収（経文）					
		16	⑮	14	未収（経文）＊	未収			塵芥第9巻＊	
		17	⑯	15	未収（経文）＊	未収（習書）			塵芥第9巻＊	
		18	⑰	16	未収（経文）＊				塵芥第9巻＊	
		19	⑱	17	未収（経文）＊				塵芥第9巻＊	
46	11	1		1	未収＊				目録外＊	
46	12	1—3	①	1	未収					
		4	②	2	未収					
		5—7	③	3	未収					
		8	④	4	未収					
		9	⑤	5	未収					

第47帖は破片を多く含み、対照作業が困難なため、省略した。

〔コラム〕「内大臣藤原卿」は誰か
―文書の表裏と関連史料の重要性―

歴代の議政官を記載した『公卿補任』をめくると、太政大臣、摂政、関白、左大臣、右大臣、内大臣、大納言、中納言、参議、非参議といった正史に見える有名人たちが綺羅星のごとく登場する。このうち摂政と関白が律令に規定がないいわゆる令外官であることは一般にも知られているが、実は内大臣も令外官のひとつである。

内大臣が左右大臣に次ぐ地位として常置されるのは十世紀末以降であり、それ以前は藤原鎌足の例に倣って内臣に任じられた後に内大臣に就くという事例が奈良時代後半に散見される。具体的にみると、

藤原鎌足　皇極天皇四年六月任内臣、天智天皇八年十月任内大臣、翌日薨去
藤原良継　宝亀二年三月任内臣、宝亀八年正月任内大臣、宝亀八年九月薨
藤原魚名　宝亀九年三月任内臣、宝亀十年正月任内大臣、天応元年六月辞

のごとくである。

この内大臣が石山寺造営関係史料の紙背に登場する。続修十七④裏に収められている画所解である（二十三621～622）。後欠で年月日を欠くが、画所が彩色作業に用いた顔料等の用残を報告する文中に「内大臣藤原卿」と見え、これを『大日本古文書』はなぜか藤原良継に当て宝亀八年（七七七）に収める。また竹内理三他編『日本古代人名辞典』六（吉川弘文館）もこの解釈を容れ、「藤原朝臣宿奈麻呂」の項にこの記載を採用している（宿奈麻呂は宝亀元年に良継に改名）。

しかし、この解釈に問題があることは表裏関係からすぐに理解できる。この画所解の紙背に当たる続修十七④は天平宝字七年（七六三）六月に愛智郡司解の継文を写し連ねたうちの一紙であり、造石山寺所解移牒符案はこの継文を末尾に記載を閉じるためである。石山寺造営関係史料はまとまった形で保管

され二次利用はされないため、その紙背が宝亀八年ではおかしいのである。

それでは「内大臣藤原卿」は誰なのか。結論から言うと、紫微内相藤原朝臣仲麻呂である。

正倉院文書に見える「卿」は八省卿もしくは公卿に対する敬称であるが、公卿は次の四名のみである。

藤原仲麻呂—「紫微中台令藤原卿」（十一167）、「大納言藤原卿」（十六458、十二433、十三16、二十五204、四95）、「大納言従二位藤原卿」（二十五205）

巨勢奈弖麻呂—「故大納言巨勢卿」（四94、十二390）

巨勢堺麻呂—「坤宮官大弼巨勢卿」（十四208、十四209）

文室浄三—「御史大夫文室卿」（十六69）

この中で藤原姓は仲麻呂のみで、可能性が高まる。さらに、仲麻呂に関わる記述として、天平勝宝九歳（七五七）三月九日付の造東大寺司定文に大仏殿院歩廊の彩色に用いる緑青のうち一五八斤一〇両が「大納言殿」より提供されたと見える（続々修四六—四、四223）。彩色に用いる顔料を提供した藤原氏は他に見えず、「内大臣藤原卿」は仲麻呂と考えるのが妥当であろう。仲麻呂は同年五月に大臣に準じる紫微内相に任じられており、この紫微内相の別称として「内大臣」が使用されていたのであろう。

以上は、文書の一次利用と二次利用の理解を誤った結果、「内大臣」の記載に引かれ、その該当者および文書の年代を誤った一例である。文書の字句のみに頼り過ぎるのは危険であり、史料全体の復原を通じて作成過程を検討し、関連史料と併せて考察することで、より深く正確に史料を理解することができる。復原研究は地味な作業の繰り返しで面白みに欠けると見る向きもあるが、その重要性は明らかであろう。

【参考文献】矢越葉子「写経所文書に見える官人の敬称」『（お茶の水女子大学）大学院教育改革支援プログラム「日本文化研究の国際的情報伝達スキルの育成」活動報告書　平成二一年度 学内教育事業編』二〇一〇年

第二章　『政事要略』による『西宮記』勘物の復原

はじめに

『政事要略』は[1]、その記述の中に多数の典籍が引用されており、特に現在は散逸してしまったものが多く含まれることから、逸文研究の分野で重要視されてきた。また、現存する典籍に関しても、現行文との比較を通じて、現行文には含まれない要素を多く含むことが判明している[2]。その代表的な典籍の一つが『西宮記』である。近世以前に遡る『西宮記』の写本としては前田家巻子本と壬生本の二つの系統が存在するが、『政事要略』に引かれる『西宮記』の儀式文はそのいずれとも完全には一致せず、より詳細な内容を含むことが和田秀松氏および所功氏により指摘されている[3]。所氏の研究が発表されてのち、『西宮記』の写本系統に関する論考が多数出されており[4]、また代表的な古写本の影印が相次いで刊行されている[5]。そこで、本章では『政事要略』所引の『西宮記』のうち勘物を対象として、『西宮記』の現行文との比較を試みることとした。

なお、『政事要略』のテキストは新訂増補国史大系本（以下「大系本」と略記する）を基本とし、必要に応じて大系本の底本とは写本系統の異なる国立公文書館所蔵稲葉通邦自筆書入本および東京大学附属総合図書館所蔵本を対

校に用いた。(6)

一　定官中考事

『政事要略』中に『西宮記』は十四篇十九箇条が引かれるが、(7)その大半は儀式文そのものであり、『西宮記』より引用する勘物であることが記載から判明するのは、定官中考事（巻二十二）、駒牽（巻二十三）、御仏名事（巻二十八）、追儺事（巻二十九）の四項目である。以下、順に検討していく。

まず、定官中考事であるが、大系本で見ると二七頁二行目から三〇頁にかけて『西宮記』の儀式文を引用し、三一頁一〜三行に『延喜式』を挟んだのち、三一頁四行目から三二頁一〇行目にかけて十八条の勘物を引いている。この定官中考事に対応する『西宮記』の項目は「考定」であり、古写本としては前田家巻子本巻五と大永本第三に対応箇所が残る。双方の勘物を年代順に対照させたのが表22である。なお、以降、勘物には項目内での記載順に数字を振り、『政事要略』所引の『西宮記』勘物の場合には漢数字で、現行の『西宮記』勘物の場合にはアラビア数字で表記することとする。

この表より、『政事要略』所引の勘物は、四・六・七・九・一五を除いて、基本的に前田家巻子本に記載された範囲のものに限られ、大永本において末尾に付加されている「定考」（No.13〜37）および「大弁於穏座見参議」（No.38〜45）内にまとめられた勘物は含んでいないことが判明する。また四・六・七・九・一五の五例は典拠が不明なものの、該当する勘物は「定考」および「大弁於穏座見参議」には含まれていない。以上のことから、『政事要略』の著者である惟宗允亮が参照した『西宮記』には「定考」「大弁於穏座見参議」の箇所が存在していなかったと推測される。

次に注目されるのは五と一八である。五の典拠であると推定されるNo.3および一八の典拠であると推定されるNo.11は、前田家巻子本には記載が見えず、大永本にのみ見える勘物である。また大永本におけるその記載は追記のような形態を遺しており、No.3とそれが右肩に追記されたNo.4は、「延長七年、依二風水損一停二止音楽一。但、奉二挿頭一」（No.3）、「天慶五年八月十三日、定考、依二大風一延引」（No.4）と音楽が停止された理由が風水と大風で類似しており、同様にNo.11とそれが右肩に追記されたNo.12は「天暦十年八月十三日、依二厨犬死一延引。依二旱魃一止二音楽一」（No.11）、「同九年八月十一日（中略）依レ旱無レ楽（以下略）」（No.12）と楽停止の理由が旱魃と旱で一致している。また、No.3およびNo.11を除いたNo.1〜12の『西宮記』勘物は年代順に記載されており、No.11を挿入することでその配列順に狂いが生じている。以上より、No.3とNo.11は成立当初の『西宮記』には勘物として記載されていなかったものの、いつの段階でか類似する例として注記の形で勘物部分に付加されたと考えられる。その追記の時期は少なくとも『政事要略』成立以前、すなわち十世紀末以前であると言える。

なお、『政事要略』所引『西宮記』勘物と現行の『西宮記』勘物の記載の粗密に関しては、二一とNo.2のように、

二一　承和九年七月十五日。嵯峨太上皇崩。依二上宣一停二止考定一。但定考事、惣依二弁官定一。弁以下着二弁官庁一聊有レ酒。別当史依レ例作二見参一了。

No.2　承和九年十月七日。嵯峨天皇崩。定考停止。於二弁官一聊設二酒肴一云々。

と『政事要略』所引勘物が詳細な場合もあれば、一七とNo.12のように、

表22「定官中考事」勘物対照表

年月日	『政事要略』所引『西宮記』勘物 番号	『政事要略』所引『西宮記』勘物 記事	現行の『西宮記』勘物 No.	現行の『西宮記』勘物 記載位置など	現行の『西宮記』勘物 記事
弘仁十四年七月二十三日			16	定考	
天長元年七月七日	一	天長元年七月七日。奈良太上皇崩。仍九月日有定考。	1		天長元年七月七日、奈良天皇崩、九月有定考
承和七年八月十一日			17	定考	
承和九年十月七日	二	承和九年七月十五日。嵯峨太上皇崩。依上宣停止考定。但定考事。惣依弁官定。弁以下着弁官庁聊有酒。別当史依例作見参了。	2		承和九年十月七日、嵯峨天皇崩、定考停止、於弁官聊設酒肴〈云々〉、
嘉祥元年八月十一日			40	大弁於穏座見参議	
貞観三年八月十一日			41	大弁於穏座見参議	
貞観十一年八月十一日			39	大弁於穏座見参議	
貞観十七年八月十一日・十二日、九月十七日			30	定考	
寛平三年八月十一日	三	寛平三年八月十一日。於太政官有定考事。左右大臣以下参議以上同預此政。但右大臣及右衛門督藤原時平卿。〈重服〉政畢之後。参着左仗。于時召昨釈奠博士等。天皇御出。		項目内	寛平三年八月十一日、重服公卿、参定考并政、畢之後、参陣事、
			13	定考	寛平三年八月十一日、定考云々。右大臣〈良世〉及右衛門督藤原時平卿重服。仍政畢之後、参左近陣云々。天皇御南殿。有内議事云々。
延喜五年八月十一日			23	定考	
延喜十七年八月十一日			33	定考	
延喜二十二年八月十一日			36	定考	

延長三年	四	延長三年。音楽不候。〈不見停止由。依止音楽。不注進造挿頭花由。〉			
延長七年	五	同（延長）七年。依上宣無音楽。依風水損也。有挿頭事。	3	（大永本のみ）	延長七年、依風雨損止音楽。但、奉挿頭。
延長八年	六	同（延長）八年。楽人不召。〈上宣。〉不注進挿頭由。			
承平六年八月十一日			35	定考	
承平七年八月十一日			31	定考	
天慶三年	七	天慶三年。依中宮御薬音楽停止。舞挿頭及宴□。但於食所覧参入了。			
天慶五年八月十三日	八	同（天慶）五年八月十三日。有定考事。依大風雨時延引也。	4		天慶五年八月十三日、定考、依大風延引、
			20	定考	
			22	定考	
			25	定考	
			27	定考	
			38	大弁於穏座見参議	
			42	大弁於穏座見参議	
天慶六年	九	同（天慶）六年。依皇太后御薬事音楽停止。依同三年例所行也。〈中納言元方為日上也。〉			
天慶七年八月十三日	一〇	同（天慶）七年八月十三日。有定考事。依左衛門陣物忌〈犬死〉所延也。	5		同（天慶）七年、「依」左衛門陣物忌延引、

年月日	『政事要略』所引『西宮記』勘物 番号	『政事要略』所引『西宮記』勘物 記事	現行の『西宮記』勘物 No.	現行の『西宮記』勘物 記載位置など	現行の『西宮記』勘物 記事
天慶八年八月十四日	一一	同（天慶）八年八月十四日。依散斎日停止音楽。〈昨日伊勢使。〉但有挿頭事。	6		同（天慶）八年、依散斎延引、又停楽、但有挿頭、
			28	定考	
			29	定考	
天慶九年	一二	同（天慶）九年八月十四日。定考。無音楽。今月十三日伊勢使発遣。依斎内停止也。軽服人着穏座。及当日上卿依着軽服。停留音楽之例。無所見之。	7		同（天慶）九年、依斎無楽、上卿軽服、
天暦元年	一三	天暦元年八月十一日。依疱瘡无音楽。准延長三年例。有挿頭事。	8		天暦元年、疱瘡無楽、有挿頭、〈延長三年例、〉
天暦元年	一四	同（天暦）元年十一月十三日。宣旨云。左大弁源庶明伝宣。左大臣宣。太政官列見定考。賀茂祭六月禊等饗。年来之間。甚以過差。自今以後。惣従倹約。至于裹銭。一切停止。又史生使部等定考可行者。	9		同元年（天暦元年）、宣旨停裹銭、
天暦二年八月十一日			24	定考	
天暦三年八月十一日	一五	同（天暦）三年八月十一日。依無南面人。宴座之間。治部卿兼明卿入自北門忽着座。			
天暦七年八月十一日	一六	同（天暦）七年八月十一日。依例雅楽祗候。〈今日内論義。諸卿分参向。〉而依院御国忌月之上。々卿已巻纓也。停止音楽畢。〈左大臣不参。然而依先例載見参之。〉	10		同（天暦）七年八月十一日、故院御忌月之上、々卿軽服無楽、今日有内論議、
			32	定考	

天暦九年八月十一日	一七	同（天暦）九年八月十一日。参議左大弁藤原有相依未着座。不着宴座及穏座。〈右大弁好古着宴座行酒。〉	12		同（天暦）九年八月十一日、左大弁不着庁并宴座、及穏座、〈未着座也〉、右大弁着宴座、退出依旱無楽、無大弁被行例、度々有日記、依巨勢内親王薨日、近無楽挿頭、
天暦十年八月十三日	一八	同（天暦）十年八月十三日。有定考。右大臣不着宴座退出。今日依旱魃無音楽。	11	（大永本のみ）	天暦十年八月十三日、依厨犬死延引。依旱魃止音楽。
			14	定考	
			19	定考	
			21	定考	
天徳二年八月十一日			26	定考	
天徳二年八月十一日			43	大弁於穏座見参議	
応和二年八月十一日			15	定考	
天延三年八月十一日・十七日			44	大弁於穏座見参議	
天延三年八月十七日・二十日			18	定考	
永観元年九月十六日			45	大弁於穏座見参議	
寛和元年八月二十日			34	定考	
長徳元年八月十二日			37	定考	

一七　同九年八月十一日。参議左大弁藤原有相依レ未二着座一、不レ着二宴座及穏座一。右大弁好古着二宴座一行酒。

№12　同九年八月十一日。左大弁不レ着二庁幷宴座、及穏座一未二着座一也。右大弁着二宴座一。退出。依レ旱無レ楽。無二大弁被レ行例一、度々有二日記一。依二巨勢内親王薨日近一、無二楽・挿頭一。

と現行の『西宮記』勘物がより多くの情報量を含む場合もある。しかし、№12で単に「左大弁」とする記載を一七では「参議左大弁藤原有相」と兼官およびその姓名をも記している点からは、『政事要略』が引用を行った『西宮記』の勘物は現行文よりも詳細な記述を含んでいたと考えられる。

二　駒牽

『政事要略』中の駒牽関連の項目は、巻二十二に収められる七日牽甲斐勅旨御馬事（A）、巻二十三に収められる十三日牽武蔵秩父御馬事（B）、十五日牽信濃勅旨御馬事（C）、十七日牽甲斐穂坂御馬事（D）、廿日武蔵小野御馬事（E）、廿三日信濃望月御馬事（F）、廿五日武蔵勅旨牧幷立野御馬事（G）、廿八日上野勅旨御馬事（H）の計八項目があり、B・D・F・G・Hの五項目に『西宮記』勘物が引用され、またCには典拠不詳ながら年記を有する勘物が列挙されている。他方、これに対応する現行の『西宮記』では前田家巻子本巻五、壬生本第五軸、大永本第三の「上野御馬」にのみ勘物が付けられている。つまり、『西宮記』では駒牽の最終に当たる「上野御馬」に一括で勘物記載が設けられているのに対し、『政事要略』ではそれを各駒牽に分割して記述しているのである。この振り分け過程を考察するために作成したのが表23である。なお、前節と同様に、前田家巻子本に記載のない壬生本・大永本の「九記云」以下の勘物は『政事要略』へは引かれないため、この表には含めていない。また『政事要略』所引勘物は各項目内で番号を付与し、A―一のように表記することとする。

まず、年記の一致から、No.2、10、11、12、14、16、17、18、19、20が、『政事要略』中にはC―三、D―二、H―一、F―三、F―一、C―二、D―三、H―二、H―三、B―二として引用されていることが判明する。次に、元号が一致しないものの、No.5、6、13、15は年記の数字部分および記載内容からC―四、C―五、B―一、D―一として引かれていると推定される。すなわち、No.5「同〔天慶カ〕七八一六」はC―四「天暦七年八月十六日」と類似し、かつ「以㆓信濃別貢㆒、為㆓東宮牽分㆒」と「次別貢二疋、牽巡如㆑例。即以㆓一御馬㆒為㆓東宮牽分㆒」で一致、No.6「同〔天慶カ〕十八十六」はC―五「同〔天暦〕十年八月十六日」と類似し、かつ「無㆓東宮牽分㆒」で一致、No.13「延長三八一三」はB―一「延喜三年八月十三日」と一字違いであり、かつ「上卿不㆑候。配㆓給両寮㆒」と「不㆑召㆓上卿㆒。□御覧。□給㆓左右寮㆒已了」は表現として類似し、またNo.15「五年八廿」はD―一「延喜五年八月廿日」と類似し、かつ「即被㆑奉㆓中六条院㆒」で一致するのである。

この結果、『政事要略』に引用されている勘物は全てNo.1～20の範囲に含まれていることが判明する。なお、この範囲内に存在するものの『政事要略』に引かれないNo.1、3、4、7、8、9は、No.1については「信濃御馬」とあることより後述するように大幅な錯簡を挟むC部分に引かれていたと推測される。またNo.3、4、7、8、9については、『政事要略』のA部分には勘物が全く記載されていないため判然とはしないものの、3、4、8は「真衣野御馬」とある点より、No.7、9は「八月三日」「八月七日」という日付より、Aの勘物であったと考えられ、A部分への引用が想定される。では、翻って考えるに、No.21～35が『政事要略』中に引用されない理由は何に拠る

表23　駒牽　勘物対照表

No.	『西宮記』勘物		『政事要略』所引『西宮記』勘物		
	年記	記事	番号	年記	記事
1	延喜十二八廿四	於清涼殿、覧信濃御馬廿疋。参議定方候。於御前分取。解文、主当寮付頭恒佐朝臣。			
2	天慶七九十四	牽信濃御馬、王卿着左衛門陣。右大臣右大弁、留在宜陽殿、定御読経事。	C—三	天慶七年九月十四日	信乃御馬六十疋牽進也。王卿依例着左衛門陣。此中右大臣。左大弁在衡着宜陽殿座。定秋季御読経請僧。仍不給御馬。
3	同八年九十一日	牽真衣野御馬。参議左大弁在衡、依召参入。御南殿。分取。蔵人遠規、以解文給参議。			
4	同八廿八	御仁寿殿、御覧真衣野御馬。左大臣候。			
5	同七八十六日	取信濃御馬。无東宮牽分。	C—四	天暦七年八月十六日	貢信乃御馬六十疋。（中略）此度無東宮牽分事。
6	同十八十六	以信濃御馬別貢、為東宮牽分。	C—五	同（天暦）十年八月十六日	御覧信乃御馬左右取了。次別貢二疋。牽巡如例。即以一御馬為東宮牽分。以二御馬給左馬寮了。
7	天徳四年八月七日	左中将伊尹重服、取御馬。依無他将。			
8	応和二年九月三日	御仁寿殿、覧真衣野御馬。依雨取手立綾綺殿壇上。両牧一度牽時、度々取之。牽由比、小河、石川、立野之時、後取立野御馬別貢。又後取之。有先後論之時、依外記日記、上卿定下。自御即位年、可定取歟。公家有事時、牽諸牧御馬、准繋飼例。仰左右馬寮、於本寮令分取。〈承平元年例。〉			

9	延長三年八月三日	駒牽御馬。御覧之後、直分給馬寮事。			
10	延喜十八十七	牽穂坂御馬。上卿不候。於綾綺殿前分取。更有御覧遅速。以三疋被奉仁和寺、一疋被奉東宮。	D—二	同（延喜）十年八月十七日	甲斐穂坂御馬卅疋牽進。而上卿不候。仍於綾綺殿前奉覧之後。為覧走之遅速。御南殿令馳。此日御馬三疋。被奉仁和寺。一疋給東宮。
11	十三九十六	牽上野御馬。給人々奏慶。依雨「无」拝舞。	H—一	延喜十三年九月十六日	上野駒牽進。諸卿依例各給御馬。令右少将忠房奏悦。依雨儀無拝舞。
12	廿二九四	牽望月御馬。中納言仲平候。於清涼殿令分取。	F—三	同（延喜）二十二年九月四日	貢望月御馬。中納言仲平依召参入。天皇御清涼殿。令分配□□□□
13	延長三八十三	覧秩父御馬。上卿不候。配給両寮。	B—一	延喜三年八月十三日	西宮記。（中略）貢進秩父御馬。依宇多院供馬。不召上卿。御覧之後給左右馬寮已了。
14	二年十十六	権中納言恒佐、於昭訓門前、令取望月御馬。依降雨也。艮北三間立床子、東面。近衛馬寮、着五間、北面西上。外記史着六間。史生着七間。	F—一	延長二年十月十六日	西宮記。（中略）貢望月御馬。此日降雨。於昭訓門前取御馬。未二刻。権中納言恒佐行事。八省艮角北第三間立床子。〈東面。〉左少将平伊望。右中将英明。左右馬着第五間。〈北面西上。〉第六間着外記史生官掌。〈北面西上。〉
15	五年八廿	貢穂坂御馬。即被奉中六條院。即被返奉、於中隔取之。	D—一	延喜五年八月廿日	西宮記。（中略）貢穂坂御馬卅疋。即被奉中六條院。御覧了。又被返奉。
16	天慶元年九七	牽信濃御馬。師輔卿任府督、未着陣、着宜陽殿奏解文。他諸卿着左衛門陣饗。	C—二	天慶元年九月七日	牽進信乃駒。〈申延期及今日。非式日之時。兼召仰本陣令儲饌。〉此日諸卿不参。左衛門督卿〈師輔〉任府之後。未着本陣。仍上卿不着左衛門陣。参議当幹。淑光。顕忠等着饌座。但上卿在宜陽殿座。
17	天慶四十一	貢穂坂御馬。依御物忌、実頼卿以詞付蔵人尹風、被奏可取由。〈解文付尹風。〉	D—三	天慶四年十一月四日	進穂坂御馬廿疋。此日御物忌也。而右大将実頼卿。依先例。以詞奏可取御馬由。但解文付蔵人伊風奉仰返給。

No.	『西宮記』勘物		『政事要略』所引『西宮記』勘物		
	年記	記事	番号	年記	記事
18	六年九月十五・十六日	御南殿、覧上野秩父御馬。顕忠卿候御前。先取上野、次取秩父御馬。／給左右寮、秩父御馬二疋、給太政大臣。又給上野太守一疋。	H―二	天慶六年九月十五日・十七日	上野御馬卌疋。秩父御馬廿疋於南殿御覧。中納言顕忠候御前。先覧上野。択取如常。覧秩父如前。／以左右馬寮秩父御馬二疋給大相国幷上野大守各一疋。
19	天暦元年八廿九	貢上野御馬。左大臣以下着大庭、令分取。又給人々如例。大臣以下、於温明殿巽角奏慶。	H―三	天暦元年八月廿九日	貢上野御馬廿疋。左大臣奏解文。即先日不給御馬右大臣已下着大庭。令取御馬。幷給人々如常。大臣以下列立温明殿巽角奏悦由。〈蔵人左少弁俊奏事由。〉参議以上一列。
20	応和二八廿	於仁寿殿覧秩父御馬。以一疋給左大臣。奏賀拝舞。	B―二	応和二年八月二十日	於仁寿殿前。御覧秩父御馬。以一疋給左大臣。奏悦由拝舞。
21	延喜五八十四	於仁寿殿、覧秩父御馬。帰御以黄褂一領給牧司利春。			
22	十八年八月廿日	召武蔵御牧司道行、給衾一條。〈右近陣。〉			
23	十年十月	以馬形絵幣等、給秩父御牧馬。			
24	天慶元四十五	太政大臣使参議師尹献馬四疋、二鹿毛。先年給秩父御馬也。使給御衣。			
25	天暦九々十二日	於仁寿殿、御覧「識」原御馬。乗尻員少、府生行忠等乗之。諸牧御馬、左右分取之後、近衛将馬寮、共着馬場、令走定其品。作奏差允奏文、蔵人「奏」聞。其文不披露云々。馳遣牧御馬之後破埒。			
26	応和三九月	左右将差馬允顕盛、付蔵人奏。牽真木野御馬之間、無仰人、以允可迎御馬由。外記不参、以蔵人可令奏歟。然間外記参入。此例不叶例。			

27	天徳四八十一	於仁寿殿、覧穂坂御馬。以春宮亮延光、令取御馬一疋。			
28	応和二八廿三	牽望月御馬。上卿不参。依仰相分、令候左右馬寮。			
29	天暦七年十一月二日	於仁寿殿、覧陸奥臨時交易御馬。			
30	応和四五二	蔵人付典侍〈三位〉、奏臨時交易御馬解文。仰右大将分給馬寮。〈中宮崩給間也。〉			
31	天暦二年八月十五日	被立伊勢大幣之日、有取御馬例。			
32	同三十廿三	於仁寿殿、覧後院利山萩原御馬。近衛府分取。遣給当時親王等遺、給水御牧。			
33	応和二□九日	於南殿覧上野御馬。為平親王候御屏風辺。今年殿上人給御馬、依延木七八年例。両年給之。			
34	天暦八十七	召後院蕗原御馬〈本殿〉、覧二疋、給左右寮。又賜親王外戚侍臣。於中隔取之。			
35	応和元九七	召後院小笠「原御馬」、於本殿覧。賜親王達故右大臣男舎人。			

のであろうか。これらの事例を検討してみると、No.21～24は牧司や御牧への賜物といった事例であり、No.25～35には「陸奥臨時交易御馬」や「後院蕗御馬」などの臨時の駒牽、および「此例不レ叶例」（No.26）や「今案、此事非二宜例一」（No.31、『北山抄』巻二「十五日牽信濃勅旨御馬事」）と称されるような違例が集成されている。つまり、『西宮記』勘物のうちNo.21～35の部分にはかなり特殊な事例が列記されているのであり、そのため惟宗允亮は意図的に『政事要略』に引かなかったのではなかろうか。

次に、『政事要略』の側から勘物を眺めることにしよう。

はじめにB・D・F・G・Hの五項目に『西宮記』勘物が引用されていると述べたが、現行の『西宮記』と一致するのはBに引かれた二条（大系本三六頁一一行～一三行）、Dに引かれた四条（大系本四八頁一四行～四九頁六行）のうち一～三、Fに引かれた四条（大系本四九頁一五行～五〇頁六行）のうち一・三、Hに引かれる三条（大系本五四頁一二行～一六行）のうち一・二である。D―四の天暦元年九月四日条、F―二の同〔延長カ〕三年九月廿五日条、F―四の天暦七年八月十五日条、G―一の天暦三年九月廿八日条（大系本五〇頁一五行～一六行）、H―三の天暦元年八月廿九日条は現行の『西宮記』からは確認できない。

またCに列記された年記を有する勘物（大系本四二頁一二行～四三頁九行）については、その記載からは典拠が不詳であるものの、現行の『西宮記』勘物との対比よりC―二～五が『西宮記』勘物である可能性が極めて高いと判断される。また直前のC―一も、C―一・C―二は行を変えずに続けて記載されており、また三の冒頭に引書名が明記されていないことより、『西宮記』勘物に当たる可能性は十分にあろう。このC部分の勘物は従来『西宮記』勘物であるとは指摘されていないが、(8) その原因はC―一直前に存在する錯簡にある。大系本四八頁頭注が「伏請以下至二五十頁四行目一分配□、原在二上文四十二頁十一行之畢次一、今意移」と指摘し、また稲葉通邦自筆書入本にお

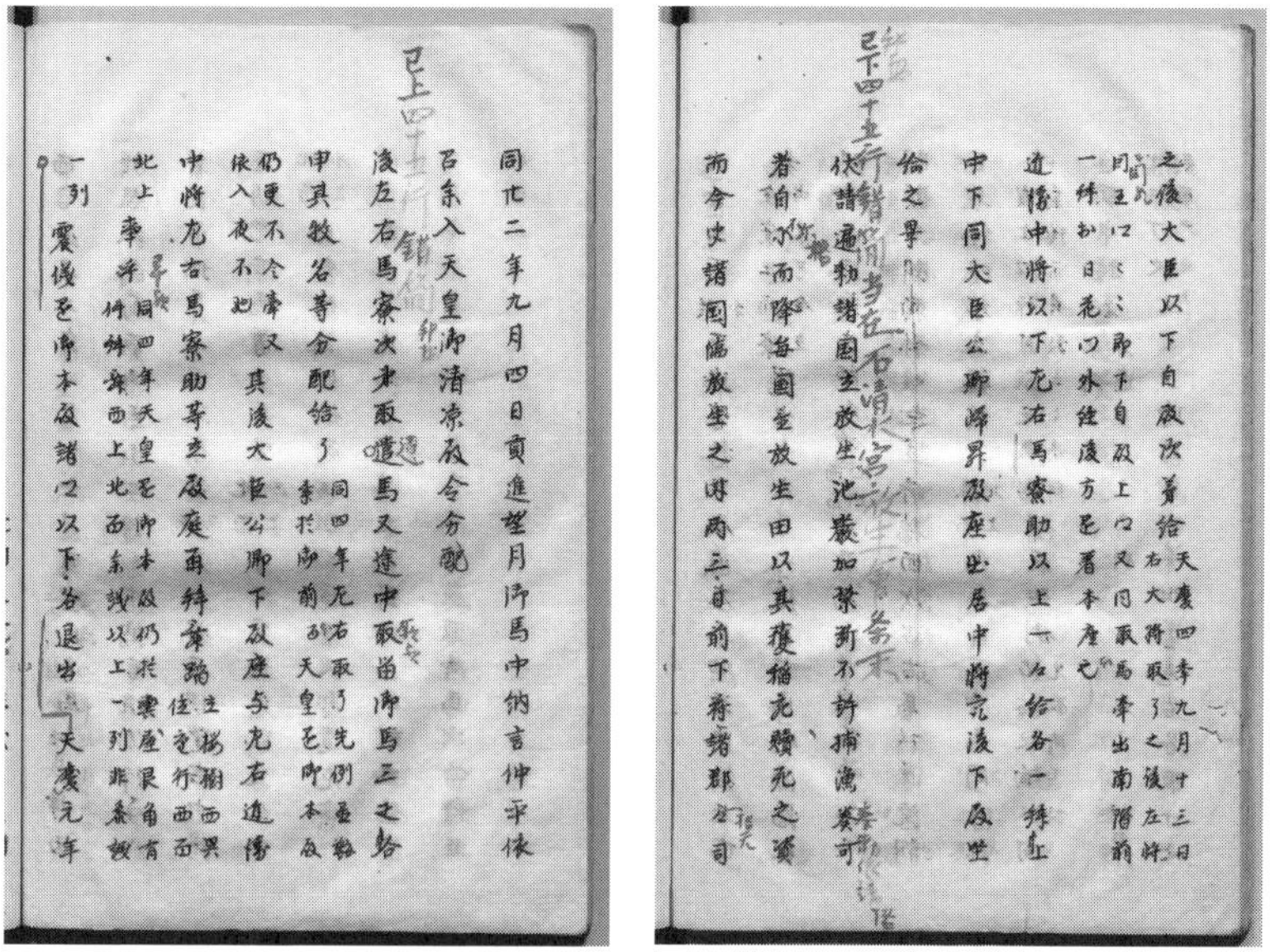

写真12　稲葉通邦自筆書入本に見える錯簡の指示
（179-0093、国立公文書館デジタルアーカイブ、国立公文書館〔旧内閣文庫〕所蔵）

いて大系本四八頁六行目に当たる箇所に「邦按／已下四十五行錯簡当レ在二石清水宮放生會条末一」、五〇頁四行目末に当たる箇所に「已上四十五行錯簡邦按」と朱書するように、大系本四二頁一一行目と一二行目の間および四八頁六行目、また五〇頁四行目と五行目の間には大きな錯簡が生じている。四八頁六行目は内容から見て直接するものの、四二頁一一行目と一二行目の間および五〇頁四行目と五行目の間は連続せず、四二頁一二行目頭部および五〇頁四行目脚部に欠損として表現されている。[9] つまり、C―一と直前の外記日記との間で錯簡が生じ、またC―一前半が失われているために、これまでC部分の勘物は『西宮記』勘物であるとは想定されてこなかったものである。しかし表23から明らかなように、『西宮記』勘物の『政事要略』への引用状況から見てC部分も『西宮記』勘物に当たると判断される。また、現在は逸しているもののC―一の前にも勘物（例えば№1など）が存在した可能性も十分にあると考えられよう。

三　御仏名事

『政事要略』所引の『西宮記』勘物は大系本一七九頁七行目から一八〇頁八行目にかけて記載が設けられ、十二条の勘物から構成されている。これに対応する現行の『西宮記』は、前田家巻子本巻六（甲）、前田家巻子本巻六（乙）、壬生本第八軸が残る。なお、御仏名事に関しては、十一世紀末成立の『撰集秘記』に儀式文および勘物が引用されており、[10]院政期に流布した『西宮記』の様子が窺える。この三者の勘物を対照させたのが表24である。

まず『政事要略』における『西宮記』勘物の引用方法を見ると、前節までと同様に、基本的に後補と思われる部分（前田家巻子本の裏書、壬生本の「御仏名事」以下の勘物）を全く含まず、№1〜6を三・七・九・五・六・一一として引用している。しかし一・二・四・八・一〇・一二は、現行の『西宮記』ばかりか『西宮記』を直接に引用したと思われる『撰集秘記』にも見えない。これに対して、『北山抄』巻二「御仏名事」は六（№5）と同内容の勘物に続けて八と同日の記事を、

延喜十三年有㆓此例㆒。又御導師長絲竹道、能合㆓其音㆒。仍有㆓恩賜㆒云々。

と割注の形で記しており、八の、

（裏88）　（裏89）　（裏89）

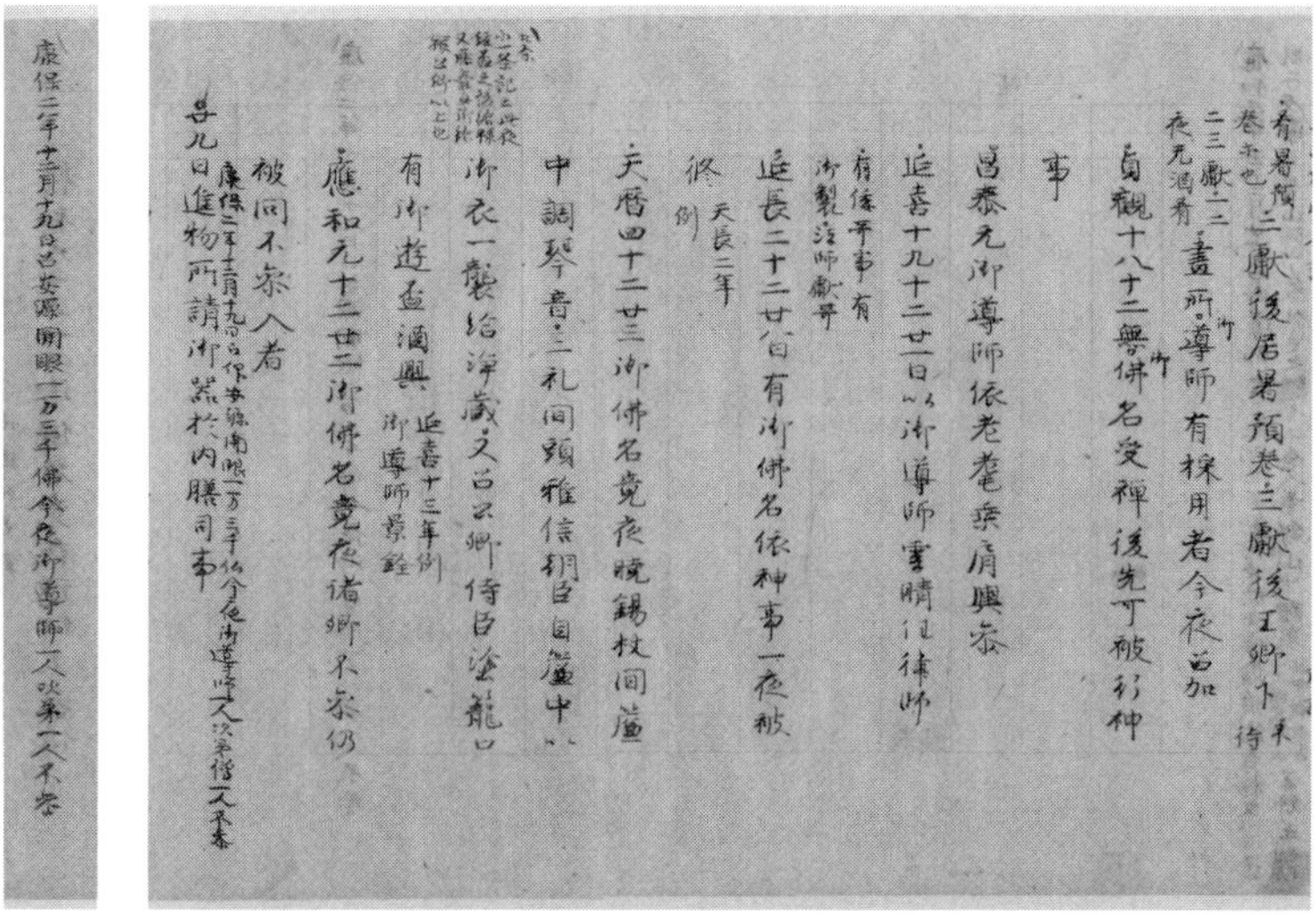

写真13　前田家巻子本（甲）に見られる裏書から勘物への転化
（『西宮記』巻六（甲）、前田育徳会尊経閣文庫所蔵）

御導師景銓、誦二錫杖一之間、調二琴及和琴一。導師和二音韻一如二水乳一。仍給二御阿古女一。恒佐朝臣給レ之。

の部分の記載と内容の一致を見せる。

また、『政事要略』には引かれない№7の「康保二年十二月十九日。召二仰安源一開二眼一万三千仏一。今夜御導師一人、次第僧一人不レ参」は、前田家巻子本（甲）においては細字の注記として記されているものの、前田家巻子本（乙）および壬生本においては№6に続けて大字で記されている。ここで注目すべきは、前田家巻子本（甲）の裏書のみに存する№7と全く同文の勘物である。影印では一四〇頁に巻六（甲）の裏89として収められ、ちょうど№6の初行に当たる位置に記載されていることが判明する。しかし、この勘物は、前田家巻子本（乙）の裏書および壬生本の「御仏名事」以下の勘物には見えない。これらの状況から、№7は№6と類似する例としてその紙背に裏書されたものの、転写を経るうちに表

表24「御仏名事」勘物対照表

年月日	『政事要略』所引『西宮記』勘物		現行の『西宮記』勘物			『撰集秘記』所引『西宮記』勘物
	番号	記事	No.	記載位置など	記事	
承和十三年十月二十七日				行仏名懺悔事（裏書）		
貞観元年十二月三日	一	貞観元十二三。大般若御読経。并仏名〈云々〉。〈諒闇。〉				
貞観十三年九月八日				安置一萬三千画仏像・七十二鋪事（裏書）		
貞観十四年十二月十九日	二	同（貞観）十四十二十九。於大極殿有御読経并仏名事。				
貞観十八年十二月二十四日	三	同（貞観）十八十二廿四。停仏名。受禅之後。先行神事也。	1		貞観十八十二、無御仏名、受禅後、先可被行神事、	○
元慶元年正月三日	四	（元慶）元年正月三日。天皇即位於豊楽院。〈大極殿未作。〉				
昌泰元年	七	昌泰元年。御導師権少僧都延窮老不堪行歩。乗片輿参上。	2		昌泰元、御導師依老耄、乗肩輿参、	○
延喜十三年十二月十九日	八	延喜十三年十二十九。有御仏名。廿一日竟夜。御導師景銓。誦錫杖之間。調琴及和琴。導師和音韻如水乳。仍給御阿古女。〈恒佐朝臣給之。〉僧退出下之後。天皇出御侍所。有盃酒管絃事。次給禄有差。〈四位綾。五位以下絹。〉				
延喜十五年十二月二十三日				御仏名事（裏書）		
延喜十九年十二月二十一日	九	（延喜）十九十二廿一日。以導師雲晴任権律師。〈褒老年也。召御前給酒。〉次折削花為侍臣挿。右大臣折一枝。奉天皇云。雲乃内乃山乃路仁雲晴天発スル花乃散由毛無。即被仰云。此夜転付雲晴法師云。言為花乎折天ハ帰道仁見天迷ム山乃白雲。	3		延喜十九十二廿一日、御導師雲晴任律師、〈有倭哥事、有御製、法師献哥、〉	○
				御仏名事（裏書）		

延長二年十二月二十八日	五	延長二十二廿八。有御仏名。恒例三夜。而神事一夜所被修也。〈天長二年之例云々。〉	4		延長二十二廿八、有御仏名、依神事、一夜被修、〈天長二年例、〉	○
延長三年閏十二月二十一日				御仏名事（裏書）		
天徳四年十二月十九～二十一日	一〇	天徳四十二十九廿廿一。於冷泉院有御仏名。廿一日夜半諸卿参。丑時候御前。御物忌之中〈云々〉。依仰也。				
正暦四年十二月二十三日	六	天暦四十二廿三。御仏名竟夜也。暁御導師浄蔵。錫杖之間。簾中調琴音。三礼之間。蔵人頭雅信朝臣自簾中以御衣一襲給之。次召上達部侍臣於塗籠中。有御遊盃倭歌之後。各給禄有差。延喜例。	5		天暦四十二廿三、御仏名竟夜、暁錫杖間、簾中調琴音、三礼間、頭雅信朝臣、自簾中以御衣一襲給浄蔵、又召公卿侍臣塗籠口、有御遊盃酒興、〈延喜十三年例、御導師景銓、〉	○
応和元年十二月二十二日	一一	応和元十二廿二。御仏名竟夜。諸卿不参。仍被問右大臣及不参人々。	6		応和元十二廿二、御仏名竟夜、諸卿不参、仍被問不参人者。	○
				御仏名事（裏書）		
応和三年閏十二月二十一日				御仏名事（裏書）		
康保二年十二月十九日			7		康保二年十二月十九日、召仰安源開眼一萬三千仏、今夜御導師一人、次第僧一人不参、	○
康保二年十二月十九日				裏書（前田家巻子本（甲）のみ）	康保二年十二月十九日、召仰安源開眼一萬三千仏、今夜御導師一人、次第僧一人不参、	
康保三年十二月十九日				御仏名事（裏書）		
延暦三年（正暦二年）十二月二十一～二十三日	一二	延暦三年十二月廿二三并三夜有御仏名也。雖諒闇有名謁并近衛府奏時事。又白木御帳懸角鏡等也。				

面への追記となり、最終的には他の勘物と見分けが付かない大字の記載へと変化していったと考えられないだろうか。№７の追記されていない段階を①、№７が裏書された段階を②、№７が表面への追記へと変化した段階を③、大字の記載へと変化した段階を④とすると、①に当たるのが『政事要略』、②〜③の過渡期に当たるのが前田家巻子本（甲）、④に当たるのが前田家巻子本（乙）および壬生本ということになる。なお、『撰集秘記』所引の『西宮記』勘物が③と④のどちらの段階に属するかは一概には決めかねるが、№１〜６の勘物に続けて大字で記す様からは④の可能性が高いであろう。とすれば、№７の②〜④の記載の変化は『政事要略』成立以降、院政期の『撰集秘記』成立までの間に起きたことになり、注記が勘物へと転化していく様子を如実に示す事例と言えよう。

四　追儺事

『政事要略』所引の『西宮記』勘物は、大系本二一九頁第一一〜一二行目に設けられた天暦八年（九五四）十二月晦日条のみである。ただし、これに続けて二一九頁第一三行目から二二〇頁第六行目にかけて、『吏部記』を引く延長二年（九二四）十二月晦日条、「延暦九年閏三月十五日外記別日記」を引く延暦の事例、典拠未詳の長保三年（一〇〇一）閏十二月の事例、の三条の勘物が記されており、追儺事の勘物は計四条から構成されている。

これに対応する現行の『西宮記』勘物は、前田家巻子本巻六（甲）、前田家巻子本巻六（乙）、壬生本第八軸に記載が残る。なお、前田家巻子本（甲）・（乙）の裏書および壬生本の「追儺事」以下の勘物記載、つまり明らかに後補されたと判別できる箇所を除いた成立当初からの勘物と推定できるものは、天暦八年十二月条（№１）、延暦条（№２）の二条である。記載は、天暦八十二、雖二諒闇一有二追儺一。
延暦夫人薨。未レ葬之間、无二追鬼一。

と極めて簡略であるが、『撰集秘記』所引の『西宮記』勘物もこの現行文と同一である。
『政事要略』への勘物の引用を見ると、『西宮記』勘物の№1は直接に引用して、

西宮記。天暦八十二晦日。晴。雖二諒闇一也。作法如レ常。左衛門督師尹行二事追儺一奏レ之。□日。中務省録付二内侍一奏聞。無二内侍一付二蔵人一。

と記されている。しかし、№2は内容としては継受するものの、間に延長二年十二月晦日の『吏部記』を挟み、さらに典拠として「外記別日記」を挙げるなど、『西宮記』から直接に引用した勘物でないことは明らかである。記載を見ると、

延暦九年閏三月十五日外記別日記云。延暦八年十二月廿八日辰時、皇太夫人崩二於中宮一。今上即位之日、尊為二皇大夫人一。祓事。神祇官。天慶元年記文云[11]。未二御葬送一仍止二大祓一。又不レ追レ鬼者。朝議以為有レ葬解除者。世俗所レ為以二此論一之、大祓何妨。仍不レ停二其事一。進二御麻一事、伝二授内侍一、進二於御所一。不レ用二常儀式一。正月一日、依二日蝕一停二挙哀一。六日、献二卯杖一。其朝廷者直進レ勅所。中宮者一如二平生一。皇后春宮両宮者進レ衛。

七日、停レ御二覧青馬一。十二日、陪葬衛府者、依二勝宝六年例一、定二其数一着二商布一。案二件記一、依レ未二御葬送一、不レ追レ鬼歟。

と他の勘物に比してかなり詳細な内容となっている。しかし、文末の割注記載は№2の「未レ葬之間、无レ追レ鬼」と共通しており、『西宮記』勘物を参考にしつつ、より詳細な内容を含む資料に基づき記述している様子が窺える。とすれば、『政事要略』に「西宮記」と明記して列挙された勘物の典拠はいずれも確実に『西宮記』であると言え、現行文に存在しない『西宮記』勘物も惟宗允亮の参照した『西宮記』には存在したものと想定できよう。

さらに、この延暦の事例に続けて、

長保三年閏十二月廿二日、東三條院崩。今上母。廿四日、御送。停二追儺一了。但有二大祓一。雖二御送葬了一、依二近日一被レ停歟。爰散位従四位下安倍朝臣晴明来偁。不レ可レ有二追儺一之由。私宅行二此事一之間、京中響共以追儺。其事宛如二恒例一。晴明陰陽達者也。

と長保三年の藤原詮子の事例を挙げているが、これは『政事要略』編纂当時の最新の事例であり、かつ直前に引かれた延暦の高野新笠の事例とは年末に崩御している点、また追儺が実施されていないという点で共通しているものの、葬送の実施時期が年始に持ち越されるか、年末に実施されるかという点で好対照をなす事例である。そのため、『政事要略』において新たに勘物として採用されたのであろう。なお、この長保三年の事例は、『北山抄』巻二「追儺事」にも、

諒闇年、如レ例行レ之。但、長保三年、停二此儀一。依二七々日内一也。尋二往昔例一、被二定行一耳。

として勘物に採用されている。ただし、『北山抄』には「往昔例」は全く引かれておらず、編者の関心の有り様や引用態度の差が見て取れる。

おわりに

以上、『西宮記』から『政事要略』が直接に引用したことが明白な勘物を四項目に渡って検討してきたが、その結果は以下の三点にまとめられる。

一、『政事要略』所引の『西宮記』勘物は、諸本の裏書（前田家巻子本）やそれを文末に列記したと思われる部分（壬生本、大永本）の勘物は一切含んでいない。よって、この箇所は惟宗允亮の参照した『西宮記』には記載が設けられていなかったと考えられる。

二、現行の『西宮記』儀式文や勘物への注記の中には『政事要略』に『西宮記』勘物として採用されているものもあり、注記といえども『西宮記』成立直後から記載されている、もしくは原『西宮記』の記載に由来しているものも少なからず存在していた。ただし、転写の過程で裏書が注記へと移動する事例や注記が通常の勘物へと変化する事例もあり、即断はできない。

三、『政事要略』は基本的に『西宮記』勘物のうち異例や臨時の事例を除いた全ての勘物を引用しており、先学の指摘するように、その中には現行本の勘物には見当たらない事例やより詳細な記述を含んでいる。しかし、『西宮記』記載の勘物の内容に不足があると判断した場合には、直接に勘物として採用せず、より適当な他の資料に基づき『政事要略』中に記載を設けることもある。

なお、この一～三に基づきつつ『政事要略』所引の勘物を検討した結果、駒牽のうち「十五日牽信濃勅旨御馬事」の項で『西宮記』勘物である可能性が高いと思われる勘物五条が見出された。周囲の事例より見て『西宮記』勘物を引用していることが事前に想定でき、かつ錯簡の多い巻二十三内の記載であることに大いに拠るところではあるが、逸文研究の分野で活用される『政事要略』であるだけに、『政事要略』所引の典拠未詳の勘物はその出拠を再検討する余地が十分にあろう。またそのためには、錯簡部分の特定や文字の校勘など、テキストとしての『政事要略』を見直す必要がある。

注

（1）『政事要録』に関する基本的論考としては、和田英松『本朝書籍目録考証』（パルトス社、一九九〇年、初発表一九一五年）、太田晶二郎「『政事要略』補考」（『太田晶二郎著作集』二、吉川弘文館、一九九三年、初発表一九六四年）、虎尾俊哉「政事要略について」（『古代典籍文書論考』吉川弘文館、一九八二年、初発表一九七一年）、木本好信「『政事要略』と惟宗允亮」（『政事要略総索引』国書刊行会、一九八二年）などが挙げられる。

（2）『政事要略』の引用書については和田英松注（1）書、『政事要略総索引』（注（1）書）などに詳しい。また引用典籍に関する個別の論考としては、飯田瑞穂「『政事要略』所引聖徳太子伝について」（『飯田瑞穂著作集一　聖徳太子伝の研究』吉川弘文館、二〇〇〇年、初発表一九七一年）、所功「「政事要略」所引「西宮記」と現行文の対比」（『平安朝儀式書成立史の研究』国書刊行会、一九八五年。なお、収録に当たっては第一篇第三章第二項に収められている。初発表一九七二年）、太田次郎「『政事要略』所引の白氏文集について」（『史学』四五—四、一九七三年）、清水潔「『国史』について—『政事要略』所引「国史」を中心として—」（『皇學館論叢』七—一、一九七四年）などがある。

（3）和田英松注（1）書、所功注（2）論文。

（4）代表早川庄八『儀式書を中心とみた平安時代政治機構の総合的研究』（平成二年度科学研究費補助金（総合研究A）研究成果報告書、一九九一年）、北啓太「壬生本『西宮記』旧内容の検討」（『史学雑誌』一〇一―一一、一九九二年）、栗木睦「『官奏事』の基礎的研究―『西宮記』か『北山抄』か―」（『古代文化』五三―一一、二〇〇一年）、同「『西宮記』写本分類についての試論」（『日本歴史』六四一、二〇〇一年）、同「『雑類略抄』逸文の基礎的検討―『西宮記』と呼ばれない『西宮記』の存在について―」（『皇學館論叢』三六―三、二〇〇三年）など。

（5）影印としては、前田家巻子本および大永本が前田育徳会尊経閣文庫編『（尊経閣善本影印集成）西宮記』一～四および五・六（八木書店、一九九三～一九九五年）、壬生本が『（宮内庁書陵部本影印集成）西宮記』一～三（八木書店、二〇〇六～二〇〇七年）として刊行されている。

（6）『政事要略』の写本については押部佳周「政事要略の写本に関する基礎的考察」（『広島大学学校教育学部紀要』二―五、一九八二年）を参照した。押部氏によると、近世における『政事要略』の蒐集には大系本の底本である中原本系統のほかに、紀宗直所蔵本に端を発する神村家本系統、前田綱紀蒐集本などが存在するも、いずれも大系本の対校には用いられていないという。今回対校するために参照した国立公文書館所蔵稲葉通邦自筆書入本（請求記号一七九―〇〇九三）は神村家本系統に属する写本であり、また東京大学附属総合図書館所蔵本（請求記号A〇〇―六〇七三）は前田綱紀が蒐集過程において書写した京極御所本系統に属するかと推測されている写本である。

（7）所功注（2）論文一二二～一二三頁。

（8）所功注（2）論文、財団法人神道大系編纂会編『神道大系　朝儀祭祀編二　西宮記』（一九九三年）など。

（9）記号や注記で明記はなされていないものの、大系本五五頁第一行「件符給諸牧。仍駒牽終日附出。」の「此符」が五一頁第六～一三行の天暦六年九月二十三日付太政官符を指していることは内容から明かであり、「廿八日上野勅旨御馬事」の項目内にも小さな錯簡が存在している。

（10）『撰集秘記』については、影印としては所功編『京都御所東山御文庫本　撰集秘記』（国書刊行会、一九八六年）

を用い、また同書所収の所功「『撰集秘記』の基礎的研究」を参照した。

(11) 大系本の頭注に「天慶元年、恐誤」とあるように、「天慶元年記文」という表現は不可解であり、大系本ではこの箇所で改行をしている。しかし、写本で確認する限りではこの箇所で改行したものない。また、同じ頭注に「按下文或係延暦九年事」とあるように、元旦に日蝕が発生している点、さらに「勝宝六年例」すなわち『続日本紀』天平勝宝六年七月壬子条（十九日）に崩御の記事が載せられる太皇太后藤原宮子の事例を引用している点に鑑みて、延暦八年十二月に崩御した高野新笠の葬送に関する記載であると判断し、行を続けることとした。

第三章　天一閣蔵明鈔本天聖令の書誌学的検討

―唐令復原の一方法として―

はじめに

日本古代社会を規定した令は唐令に基づいて定められたが、その唐令のテキストは既に散逸し、今日に残存する各種史料を用いて復原研究が行われてきた[1]。しかし、近年、中国浙江省寧波市の天一閣博物館で発見された明鈔本天聖令は、唐令と同様に既に散逸した宋令のテキストであると同時に、宋代には実効性を失っていた唐令の条文を「不行唐令」という形で篇目の末尾に列記しているという点で大きな注目を集めた。二〇〇六年に『天一閣蔵明鈔本天聖令校證』（以下、『校證』とする）として影印と中国社会科学院歴史研究所天聖令課題組による復原研究が発表されて以降[2]、日本史の分野でも広く活用されている[3]。この明鈔本天聖令は孤本であるという点で史料的価値は高いが、誤字・脱字の多さ等から必ずしも善本とは言えず[4]、また整理班の牛来穎氏により営繕令部分には錯簡があることが指摘されている[5]。

牛氏に拠ると[6]、営繕令は袋綴の用箋計七丁に渡って記載が設けられるが、

①第２丁表末に二行の空行、第２丁裏が空紙となっている。

②第3丁表の始行は、第3丁裏の末行から記載が続いている。
③第4丁表から裏に渡っている記載は、第5丁裏に続いている。
④第5丁表の末行の記載は、第6丁裏の始行に続いている。
⑤第6丁表に「右令不行」と書かれているにもかかわらず、第6丁裏に記載がある。

ことから、これを第2丁～第6丁（牛氏は第三紙～巻末とする）の表裏を誤ったことに起因し、現存する『天聖令』の書写に用いたテキスト（親本）で既に錯簡が発生していたことが推測され、錯簡を補正した結果、宋令二十八条、不行唐令四条、計三十二条の配列が復原される。しかし、牛氏の説明では第2丁末の空行が発生した理由や、錯簡が生じ得た状況についての解明がなされておらず、書誌学的な検討に基づいた、テキストの復原を行う余地があると思われる。

一　テキストとしての明鈔本天聖令

明鈔本天聖令の書誌については『校證』の中で袁慧・宋家鈺の両氏により述べられているが、書写過程については冒頭の料紙の右下方に「范氏天一閣藏書」の朱方印が捺されており、他に蔵書印が見えないことから、天一閣を創建した范欽が蒐書活動の一環として人を雇い書写したものであるとされている。[7] この范欽の蒐書活動については、清の儒学者全祖望の「天一閣蔵書記」に、

范侍郎欽素好二購書一、先時嘗従二道生一鈔書、且求其作二蔵書記一、至レ是以其幸存之餘、帰二於是閣一。又稍従二弇州一互鈔以増二益之一、雖レ未レ能レ復二豊氏之旧一、然亦雄二視浙東一焉。

（傍線は筆者追加）

と触れられ[8]、豊坊（のち道生に改名）や王世貞（号弇州老人）との交流が知られる。特に豊坊は当時この地域で有数の蔵書家であり、豊氏代々の当主によって築かれた蔵書はその書庫萬巻楼に収められていた。その豊坊に従って范欽が書物の書写（「鈔書」）を行ったのであれば、この明鈔本天聖令には当時の蔵書家による熱心な書写活動の一端が反映されていると言えよう[9]。

それでは、この書写活動はどのように行われたのであろうか。当時の史料に具体的な記載は見えないが、明鈔本の影印からその活動の一端を窺うことができる。まず挙げられるのは、その筆跡である。明鈔本天聖令は全一一二丁から成るが、影印で見る限りでは、第一～三丁、第四～一二丁、第一三～二三丁、第二四～三一丁、第三二～四三丁、第四四～四五丁、第四六～四八丁、第四九～五一丁、第五二～五四丁、第五五～五六丁、第五七丁、第五八～六三丁、第六四～一一二丁で筆跡が異なっている。令の篇目は第一～一一丁が田令（巻二十一）、第一二～二一丁が賦役令（巻二十二）、第二二～三一丁が倉庫令（巻二十三）、第三二～四五丁が廐牧令（巻二十四）、第四六～五〇丁が関市令（巻二十五）、第五一～五五丁が捕亡令（巻二十五）、第五六～六一丁が医疾令（巻二十六）、第六二～六六丁が仮寧令（巻二十六）、第六七～八〇丁が獄官令（巻二十七）、第八一～八七丁が営繕令（巻二十八）、第八八～九二が喪葬令（巻二十九）、第九三～一〇〇丁が喪葬年月（巻二十九）、第一〇一～一一二丁が雑令（巻三十）であり、書写担当者の変更と篇目とが合致しているのは第三一・三二丁（倉庫令・廐牧令）の間、第四五・四六丁（廐牧令と関市令）の間のみであり、その他の箇所では対応していない。書写枚数が一～三丁の人物が多い点と合わせると、作業を行うことのできる人物に日毎に割り当てて書写を行わせていたと考えられよう。このような作業形態では担当者の習熟はあまり見込めず、また内容に対する熟練度の低さから誤字が発生することが多いのではなかろうか。また担当者の技量によるテキストの粗密が同じ巻の中でも発生することに繋がる。

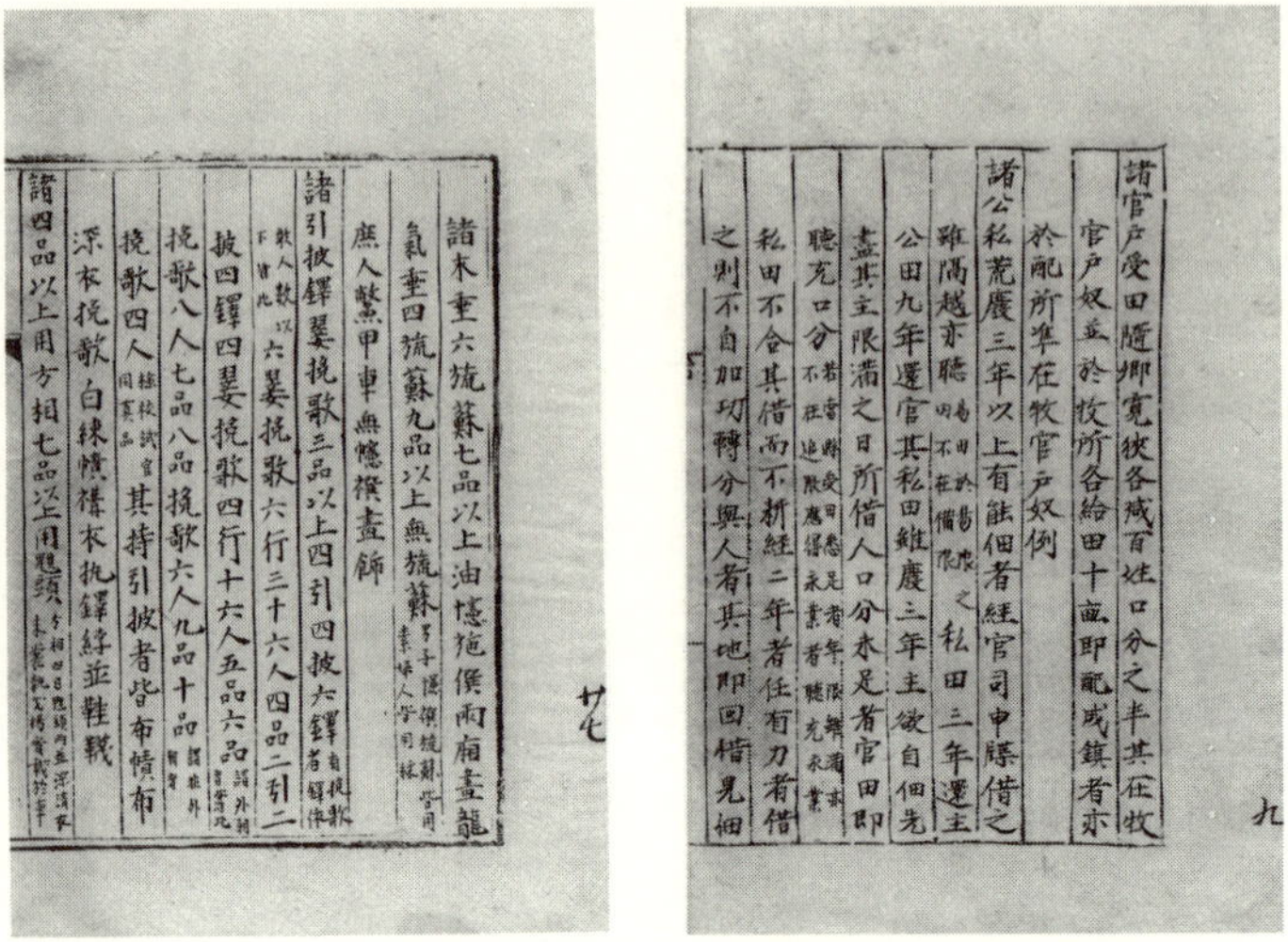

諸官戶受田隨鄉寬狹各減百姓口分之半其在牧
官戶奴並於牧所各給田十畝即配戍鎮者亦
於配所準在牧官戶奴例
諸公私荒廢三年以上有能佃者經官司申牒借之
雖隔越亦聽　私田三年還主
公田九年還官其私田雖廢三年主欲自佃先
盡其主限滿之日所借人口分未足者官田即
聽充口分
私田不合其借而不折經二年者任有力者借
之則不自加功轉分與人者其地即回借見佃
九

諸末垂六旒蘇七品以上油幰施襈兩廂畫雲
氣垂四旒蘇九品以上無旒蘇
庶人鱉甲車無幰襈畫飾
諸引披鐸翣挽歌三品以上四引四披六鐸
六翣挽歌六行三十六人四品二引二
披四鐸四翣挽歌四行十六人五品六品
挽歌八人七品八品挽歌六人九品十品
挽歌四人　其持引披者皆布幘布
深衣挽歌白練幘褠衣執鐸綍並鞋韈
諸四品以上用方相七品以上用魌頭
廿七

写真14　明鈔本『天聖令』に見られる丁番号
（天一閣博物館所蔵、『天一閣蔵明鈔本天聖令校証』上冊より転載）

次に挙げられるのは、欄外に記載された丁番号である。『校證』所収の影印は当然ながら天聖令のテキストに重点を置くため紙端までは写っていないが、欄外右下に書き込まれた数字が見える箇所がある。明鈔本の丁数とその記載数字を挙げると、

第七丁　―「九」　　　　第一一丁―「十三」
第九〇丁―「廿七」　　　第九一丁―「廿□〔八カ〕」
第九二丁―「廿九」　　　第九三丁―「三十」
第九四丁―「三十一」　　第九五丁―「三十二」
第九六丁―「三十三」　　第九七丁―「三十四」
第九九丁―「三十□〔六カ〕」　第一〇〇丁―「三十七」
第一〇一丁―「卅八」　　第一〇二丁―「三十九」
第一〇三丁―「四十」　　第一〇四丁―「四十一」
第一〇六丁―「四十三」　第一〇八丁―「四十□〔五カ〕」
第一〇九丁―「四十■〔抹消〕六」

の一九箇所となる。このうち第九〇～一〇九丁に付された数字は第六四～一一二丁の書写を担当した人物の第六四丁以降の通算の作業枚数と完全に一致しており、これらの数

字が丁番号であることが判明する。『校證』の解説の中では触れられていないが、影印で見る限り数字が確認できない丁にも、写真に写らない箇所に恐らく数字が書き込まれているのであろう。また、このように書写状況に応じて丁の欄外に数字を書き込んでいる様子からは、書写時には用箋が一紙毎にバラバラな状態にあったことが判明する。つまり、枠線を印刷した綴じられていない用箋を作業担当者に渡して書写を行ったため、丁順の維持と作業枚数の把握のために欄外に通し番号を振っていたのである。さらに、「九」および「十三」の見える第七丁・第一一丁は、第四～十二丁の担当者の書写範囲に当たるが、この範囲に振られた通し番号としては合わない。この人物は他の箇所の書写も担当し、全体を通じての通し番号を振ってしまったのであろうか。右に見た用箋の順序の管理を作業担当者に任せてしまうような方法では、用箋の表裏を取り違えたり、丁番号の振り方を誤ったりすることで、簡単に錯簡が発生する可能性がある。

　以上が明鈔本天聖令に見える具体的な書写の状況であるが、このような方法は范欽が独自に編み出したものではなく、豊坊や王世貞といった当時の蔵書家とも交流を通じて共有されていたものであろう。とすれば、范欽が明鈔本の書写に用いた親本の段階でも誤字や脱字、錯簡は間々存在していたはずである。

二　明鈔本天聖営繕令による親本の復原

　一ではテキストとしての明鈔本天聖令の書写状況を見てきたが、営繕令に見える錯簡を基に明鈔本の親本やさらにその親本の書式を復原することができる。

　その手掛かりとなるのが錯簡の結果として頁の境に生じた、条文を越えての不自然な改行箇所である。ここでは

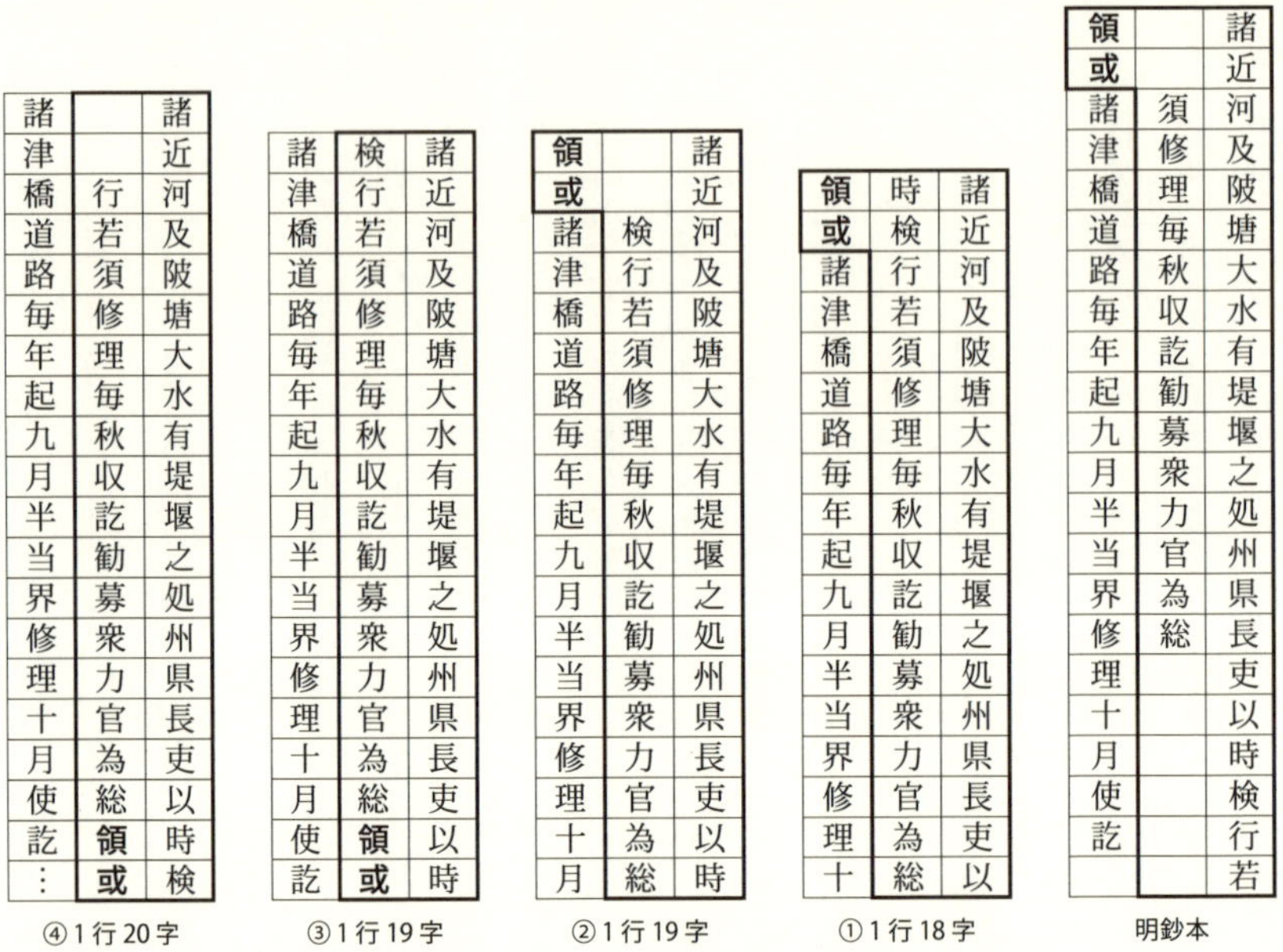

図2　宋令第二十六条の配列復原

第4丁表から裏に及ぶ宋令第二十六条を例に見ていく。明鈔本では宋令第二十六条は図2および写真15―1に示したように第4丁表第9行目から記載が始まり、書写の過程で第4丁裏に及び、宋令第十九条に混入している。この混入の原因はいずれかの書写の際に行われた改行箇所の変更にあると考えられるが、第4丁表第10行目の記載が約六文字分の余白をもって終わり、第4丁裏第1行目の記載が上端から始まることから、親本の段階で既に第4丁裏は「領或」で始まっていたと見られる。ただし、「領或」は明らかに第二十六条に含まれる文言であることから、その直前の「為総」は行末に存在していたと思われる。「諸近」～「為総」は計三十六文字であるが、親本の一行の文字数を明鈔本と同じく二十字前後と想定すると、①一行当たりの字数は十八文字、②一行当たりの文字数は十九文字で二行目以降は二字下げ、のどちらかとなるであろう。①・②どちらが妥当かは

（第4丁表）
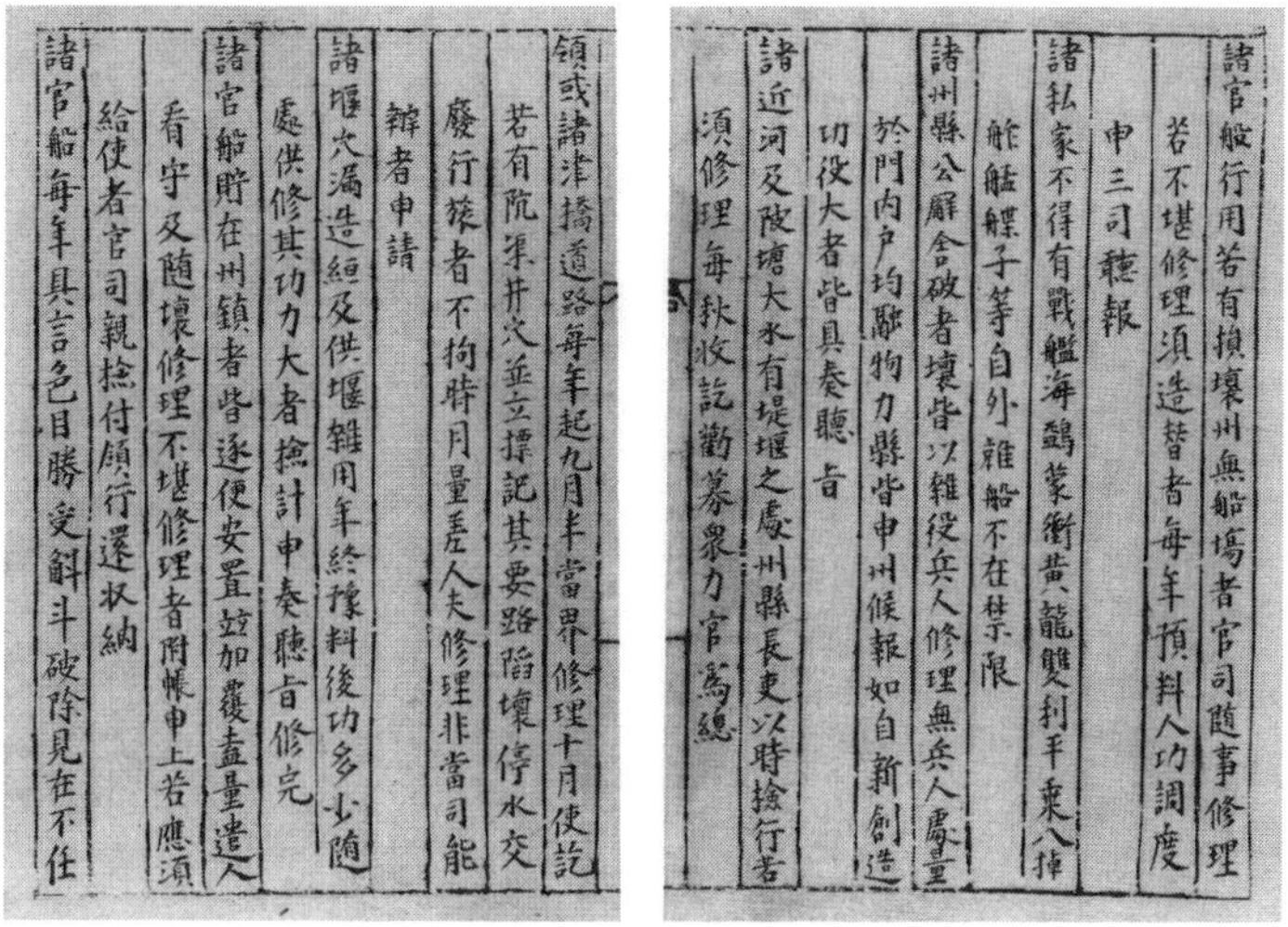
諸官船行用若有損壞州無船塲者官司隨事修理
若不堪修理須造替者每年預料人功調度
申三司聽報
諸私家不得有戰艦海鶻蒙衝黄龍雙利平乗八棹
舴艋艓子等自外雜船不在禁限
諸州縣公廨舎破壞者皆以雜役兵人修理無兵人處量
於門内戸均融物力縣皆申州候報如自新創造
功役大者皆具奏聽旨
諸近河及陂塘大水有堤堰之處州縣長吏以時撿行若
須修理每秋收訖勸募衆力官爲總
領或諸津橋道路每年起九月半當界修理十月使訖
若有阬渠井穴並立標記其要路陷壞停水交
廢行旅者不拘時月量差人夫修理非當司能
辦者申請
諸堤内穴漏造絙及供堰雜用年終豫料役功多少隨
處供修其功力大者撿計申奏聽旨修完
諸官船貯在州鎮者皆逐便安置並加覆盖量遣人
看守及隨壞修理不堪修理者附帳申上若應須
給使者官司親撿付領行還收納
諸官船每年具言色目勝受斛斗破除見在不任
（第4丁裏）

写真15-1　営繕令部分の錯簡状況
（天一閣博物館所蔵、『天一閣蔵明鈔本天聖令校証』上冊より転載）

営繕令全体をこの書式に配列し直して見れば分かるが、結論だけを述べると、①を採用した場合のみ第4丁裏から第5丁表に及ぶ宋令第二十二条の「帳申」の字句が行頭に来る。したがって、明鈔本の親本は①のごとく一行当たり十八文字の書式を採用していたことが判明する。

しかし、この段階ではまだこれらの字句は本来の条文内に収まっていない。そこで次にこれらの字句が行末に存在していた状況を想定する必要がある。すなわち「諸近」～「領或」の三十八文字が二行に収まるような状況である。先ほどと同様に一行の文字数を二十字前後と仮定すると、親本の親本は③・④のどちらかとなる。③・④についても先ほどと同様に営繕令全体の文字の配列を改変する方法で確認すると、行の収まり具合等から見て、④がより適切であると判断される。

三　親本による明鈔本天聖営繕令の復原

二では明鈔本天聖令から親本および親本の親本の姿を復

（第5丁表）

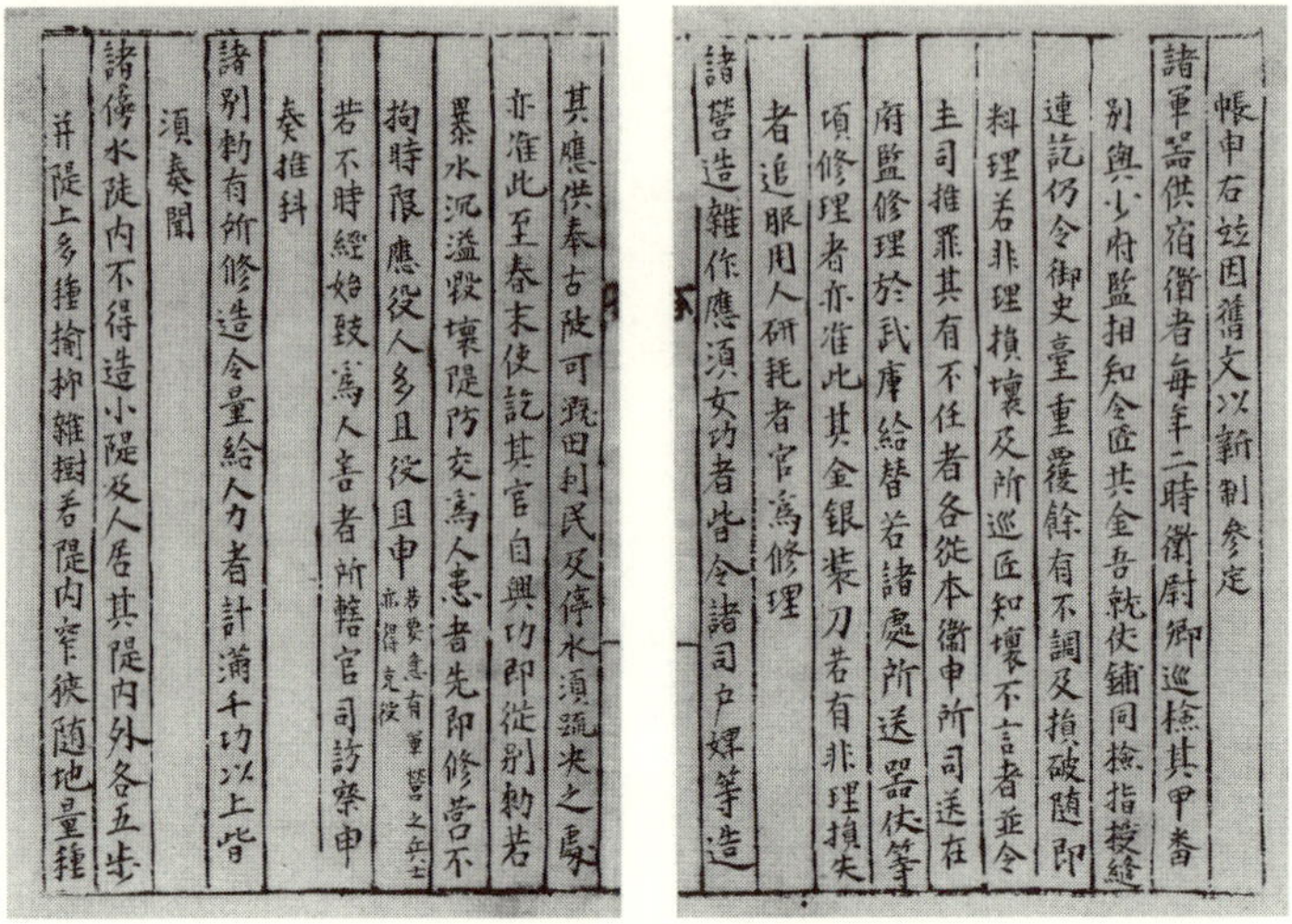
帳申右並因舊文以新制參定
諸軍器供宿衛者每年二時衛尉卿巡検其甲矟
別與少府監相知令匠共金吾執仗舖同検指授縫
連訖仍令御史臺重覆餘有不調及損破隨即
料理若非理損壞及所巡匠知壞不言者並令
主司推罪其有不任者各從本衛申所司送在
府監修理於武庫給替若諸處所送器仗等
須修理者亦准此其金銀装刀若有非理損失
者追服用人研耗者官為修理
諸營造雑作應須女功者皆令諸司戸婢等造

（第5丁裏）

其應供奉古陂可溉田利民及停水須疏決之處
亦准此至春末使訖其官自興功即從別勅若
暴水泛溢毀壞隄防交為人患者先即修營不
拘時限應役人多且役且申若要急有軍營之兵士亦得充役
若不時經始致為人害者所轄官司訪察申
奏推科
諸別勅有所修造令量給人力者計滿千功以上皆
須奏聞
諸傍水隄内不得造小隄及人居其隄内外各五歩
并隄上多種榆柳雑樹若隄内窄狭随地量種

写真15-2　営繕令部分の錯簡状況
（天一閣博物館所蔵、『天一閣蔵明鈔本天聖令校証』上冊より転載）

原したが、逆に復原された親本の親本の姿から、天聖令の条文を復原することもできる。それは不行唐令第二条である。

不行唐令第二条は写真15―2に示したように第5丁表第10行目から記載が始まり、書写の過程で第5丁裏に及び、宋令第二十六条に混入してしまっている。現状を示すと図3のごとくであるが、二で扱った宋令第二十六条の事例と同じく「其応供奉」は不行唐令第二条の文言であると見られることから、明鈔本の親本の段階では「其応供奉」は行頭に、親本の親本の段階では行末に存在していたと考えられる。ところがここで問題になるのは、不行唐令第二条の場合、「諸営」～「其応供奉」は字数が二十二字である点である。すなわち親本の親本の段階で「其応供奉」が行末に来るように復原すると①となり、一行当たり二十字とした復原案からは二字も超過することになる。当然のことながら、用箋には枡目状の枠が施されている訳ではないため、写す際の文字の大きさ次第で一字程度の増減は発生するであろう。しかし、他の箇所で齟齬が生じない点より見て、

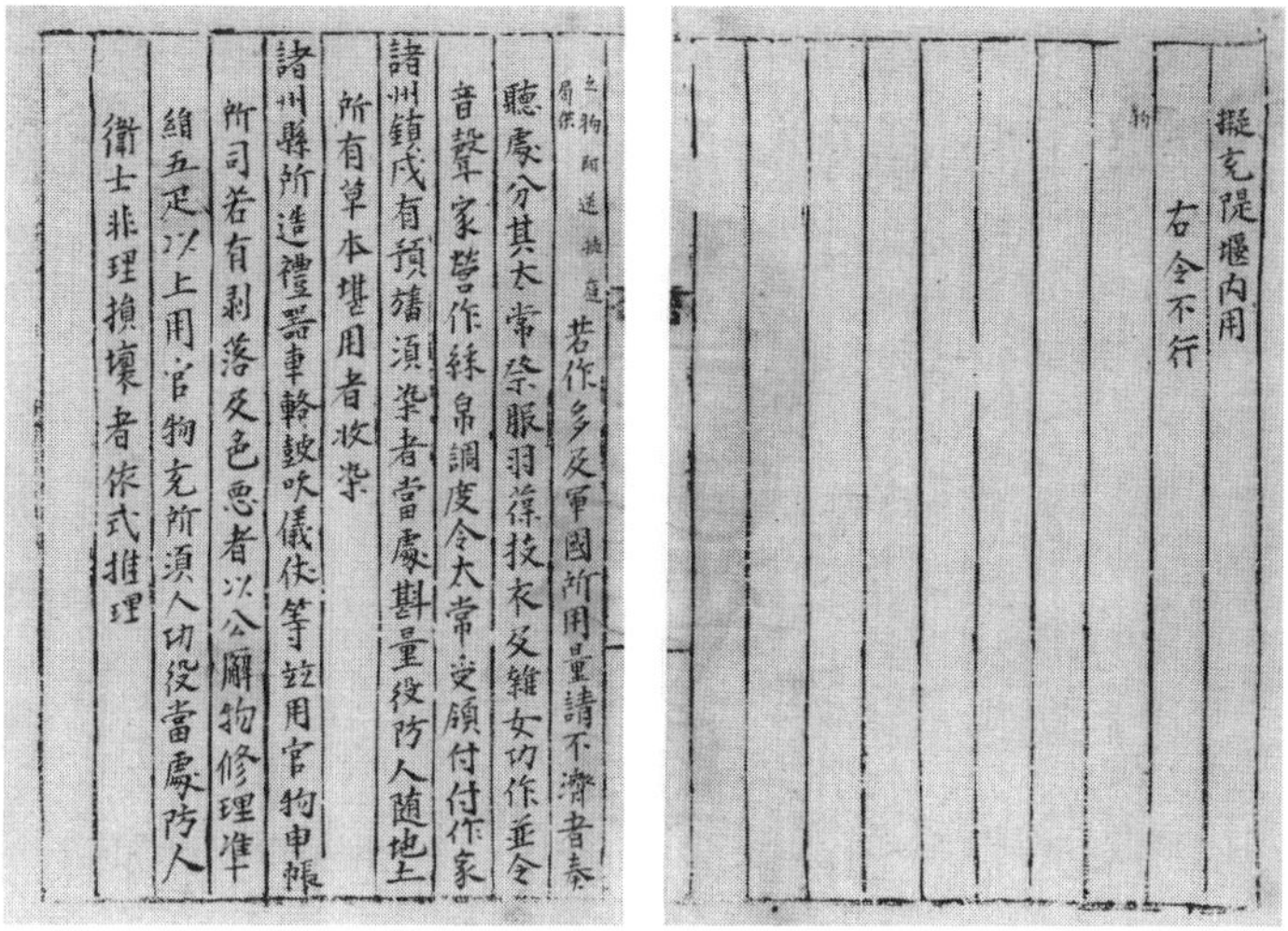
（第6丁表）

擬充隄堰内用

右令不行

（第6丁裏）

之物即送掖庭局供　若作多及軍國所用量請不濟者奏

聽處分其太常祭服羽葆技衣及雜女功作並令

音聲人家營作絲帛調度令太常受領付作家

諸州鎮戍有預繕須染者當處斟量役防人隨地土

所有草本堪用者收染

諸州縣所造禮器車輅鼓吹儀仗等並用官物申帳

所司若有剥落及色惡者以公廨物修理準

絹五疋以上用官物充所須人功役當處防人

衛士非理損壞者依式推理

写真 15-3　営繕令部分の錯簡状況
（天一閣博物館所蔵、『天一閣蔵明鈔本天聖令校証』上冊より転載）

一行当たりの文字数はやはり二十字程度であったと判断するべきである。とすれば、「其応供奉」をこのままの状態で行末に置くことは不適当である。それではどのようにすべきか。解決策はこの「其応供奉」に続く不行唐令第二条の文言に明らかである。既に牛氏により指摘されているように、この第5丁表の不行唐令第二条の記載は第6丁裏に続き、その第6丁裏の冒頭には「之物即送掖庭局供」の注が存在しているのである（写真15―3参照）。「其応供奉」がこの注に続くのであれば、「其応供奉」自体を注として復原することが可能であろう。「其応供奉」を注として復原すると②となり、一行当たり二十字とした親本の親本の姿と齟齬がない。さらに、明鈔本に見られる錯簡箇所を補正すると③となり、先述の通り注記載が連続する。

また、この不行唐令第二条に対応する日本令は養老営繕令9須女功条であり、

凡在京営造、雑作物、応レ須二女功一者、皆令二本司造一。

若作多、及軍事所レ用、量謂不レ済者、申二太政官一、

役二京内婦女一。

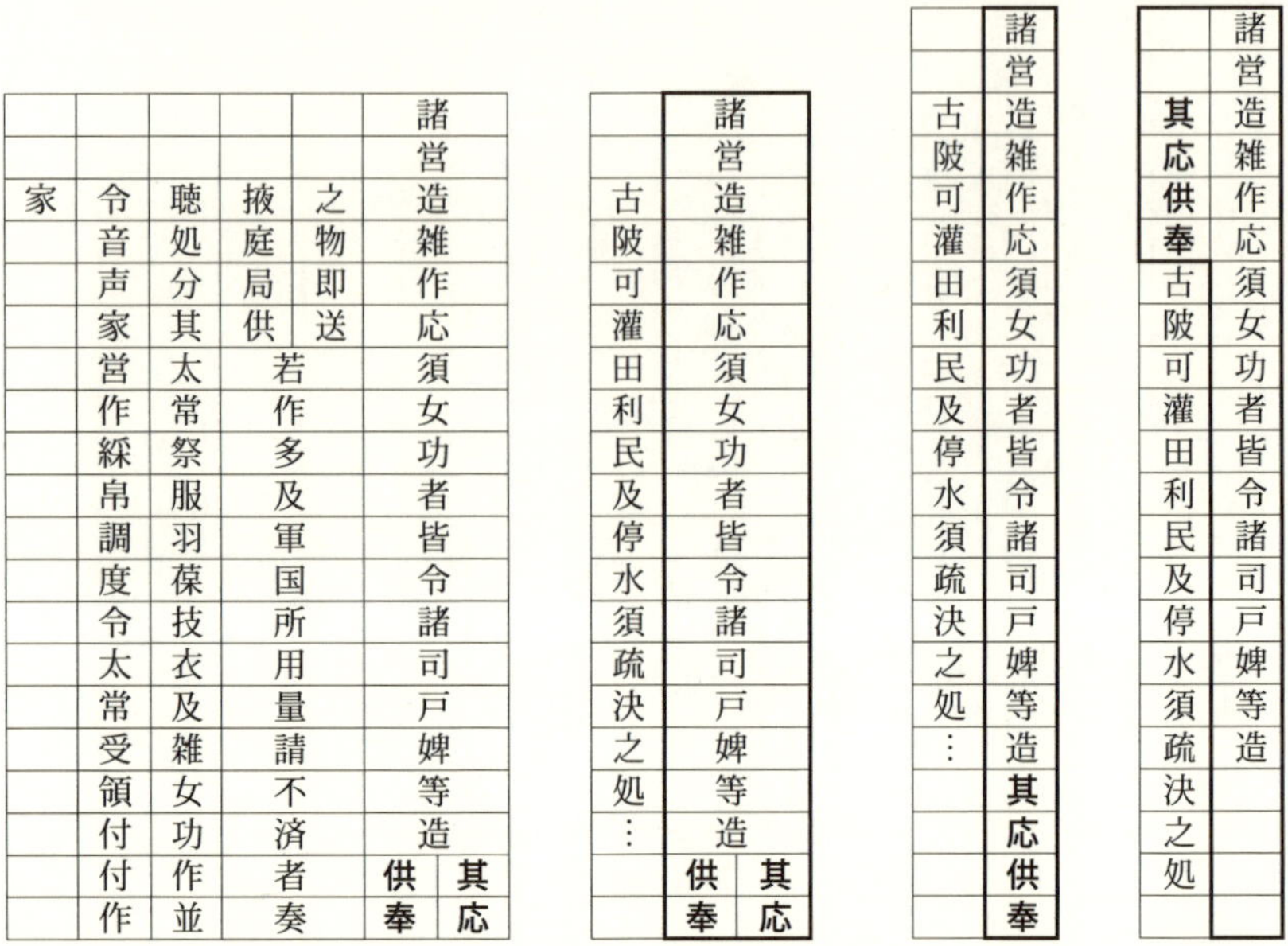

③　②　①　明鈔本

図3　不行唐令第二条の配列復原

と大宝令でもほぼ同文であったことが判明する[10]。明鈔本の錯簡を補正した結果、注であると判断した「其応供奉之物、即送掖庭局供」に見える「掖庭局」は内侍省に設けられた五局のうちのひとつであるが、宮人の簿籍を掌ると同時に犯罪により配役された婦人のうち「簡能縫作的者」を配置されることより[11]、諸司が女功を用いて製作した成果物を送ることになっていると考えられる。しかし、日本では須女功条に見える「本司」を『令集解』諸説はいずれも縫部司であると解釈しており、職員令37縫部司条にはその職員として「縫女部」が見えることから、その縫女部による女功すなわち作業量の管理のみであれば縫部司内で完結し「掖庭局」に相当する中務省が関与する余地はない。そのため、日本令では、唐令に見られた女功による成果物を確認するための「其応供奉之物、即送掖庭局供」の注を削除し、前後の本文のみを継受したのである。営造に関して女功を用いる官司を

「本司」（縫部司）へと限定して継受したため、注が不要になったのである。[12] なお、天聖令に見られる注を有する条文は計一〇一条（一三七箇所）を数えるが、日本令へ継受されたのはこのうち一九条のみ（うち一条は大宝令のみ）であり、唐令を継受する段階における日本側の意識が反映されていると言えよう。

翻って唐令であるが、牛氏は「其応供奉」が注ではなく本文記載であることより「之物即送掖庭局供」を本文として復原する。しかし、親本の書式および日本令の継受の姿勢を見る限りでは、「其応供奉」を注として復原し、これに「之物即送掖庭局供」を続けた「其応供奉之物、即送掖庭局供」が唐令においては注であったと判断すべきである。

おわりに

本章では、まず明鈔本天聖令に見られる錯簡を手掛かりに親本および親本の親本の姿を復原した。[13] このような復原方法は従来あまり採られてこなかったが、テキストがほぼ判明している場合には有効であり、[14] 明鈔本もその一例に加えるべきであろう。この復原された親本の姿から、続いて不行唐令の条文を復原した。この復原により判明した注記載は日本令には継受されなかった部分であるが、『校證』はその復原において日本令を重視しすぎる傾向があり、日本令に存在しない箇所の復原については再検討の余地があることを示す事例と言えよう。

また、明鈔本の発見により、中国令には日本令よりもかなり多くの注が設けられていたことが判明した。逆に日本令から見れば、中国令に含まれていた注の内容を検討し、必要に応じて字句の改変を加えつつ継受し、あるいは削除を行っていたことになる。したがって、日本令の制定段階においては、中国令はそのままの形で導入された訳ではなく、令文全体を通じての法意の統一や担当官司の決定等、多くの改変を加えつつ継受したのである。

注

(1) 代表的な成果は、仁井田陞『唐令拾遺』（東方文化学院東京研究所、一九三三年、のちに東京大学出版会より一九六四年に覆刻）、仁井田陞著・池田温編集代表『唐令拾遺補』（東京大学出版会、一九九七年）である。

(2) 天一閣博物館・中国社会科学院歴史研究所天聖令課題組編著『天一閣蔵明鈔本天聖令校證（附唐令復原研究）』（中華書局、二〇〇六年）。

(3) 岡野誠・服部一隆・石野智大「『天聖令』研究文献目録（第2版）」（『法史学研究会会報』一四、二〇一〇年）、服部一隆「『天聖令』研究文献目録―日本語文献を中心として―」（『明治大学古代学研究所紀要』一二、二〇一〇年）などがある。また以後も、天聖令を用いた多くの論考が発表されている。

(4) 宋家鈺「明鈔本北宋天聖令（附唐開元令）的重要學術價値」（注（2）書上冊）。明鈔本天聖令について「因輾轉傳鈔、文字訛誤、脱漏甚多、有的因鈔者補鈔漏文而造成錯行、錯頁和改變條文次第」とする。

(5) 牛来穎「天聖営繕令復原唐令研究」（注（2）書下冊）。

(6) 明鈔本天聖令全体の丁数は漢数字で、営繕令部分の丁数はアラビア数字で表わすこととする。

(7) 袁慧「天一閣蔵明鈔本官品令及其保護經過」（注（2）書上冊）。注（4）宋解説。

(8) 『鮚埼亭集外編』巻十七所収。ここでは朱鋳禹彙校集注『全祖望集校集注』（上海古籍出版社、二〇〇〇年）を用いた。また駱兆平編『天一閣蔵書史志』（上海古籍出版社、二〇〇五年）は「録自天一閣中庁板刻」として当該史料を収載する。

(9) 当時の書物の出版状況については井上進「書籍業界の新紀元」『中国出版文化史』（名古屋大学出版会、二〇〇二年）に詳しい。井上氏は元阮の『天一閣書目』に基づき、范欽とその子范大沖による蒐書のうち鈔本書を八〇〇冊と見積り、その鈔書活動の熱心さを指摘する。

(10) 右傍の記載は、○は大宝令にその文字が存在したこと、×は存在しないこと、など大宝令との異同を示す。

（11）天聖雑令不行唐令第十八条。

（12）彭麗華「唐、日《営繕令》〝應須女功〟條研究―兼論此條不行於宋代的原因」（『唐研究』第一四巻、二〇〇八年）は本条と関連して主に中国側の女功について述べる。

（13）営繕令全体の復原結果は、本章の初出時（『（お茶の水女子大学）人文科学研究』一二）に図3として掲出してあるので参照されたい。なお、明鈔本天聖令には、営繕令の他にも賦役令（影印本六七頁）、倉庫令（同七九頁、八〇頁）、関市令（同一三五頁）、医疾令（同一四四頁、一五七頁）、獄官令（同一五九頁、一六四頁）、雑令（同二三四頁）に改行箇所の誤りがあるが、親本もしくは親本の親本の字配りに戻すことで、改行を誤った時点が判明する。

（14）石上英一氏による『令義解』紅葉山文庫本の復原研究の事例がある（「史料体論」（『日本古代史料学』東京大学出版会、一九九七年、初発表一九八八年））。

まとめと今後の展望

本書では、日本古代の一次史料群である正倉院文書を主に用いて、史料群としての形成の過程と史料研究を行う上での復原の方法について二部に渡って論じてきた。

第一部「正倉院文書の形成と文書行政」では、正倉院文書が形成される契機となった日本の律令国家における文書行政の実態について論じた。

第一章「写経所と「告朔解」」は、日本古代の文書行政を象徴する儀式である告朔との関わりが指摘される「告朔解」のうち、近年の研究によりその機構の変遷が明らかになりつつある写経所の「告朔解」を用いて、その書式の変化を検討することで上申文書の書式を規定する要因について考察した。写経所の「告朔解」は天平勝宝年間を境に作業量の報告形態が個人毎の作業量を具体的に列記するものから、単口や散役のように延べ人数という抽象的な数値へと変化することを明らかにし、この変化が写経所およびその上級官司の機構の変遷とは無関係に発生していることから国家の側からの要請であると結論付けた。

第二章「造石山寺所の文書行政―文書の署名と宛先―」は、正倉院文書中において最も復原研究が進展し史料の原形がほぼ判明している天平宝字五（七六一）～六年の石山寺造営関係史料を用いて、造営を担当した造石山寺所において行われていた文書行政の実態を検討した。まず、発信文書を対象に、既に写経所文書について指摘されている署名への位階記載の有無と宛先との関連性を確認した。次にこの位階記載の有無に着目して造石山寺所が作成した上申文書を検討し、上級官司である造東大寺司の外に宛てて発信されるものが存在することを明らかにした。また同じ方法により、勅による指示等の重要案件を内容に含む場合に造東大寺司に宛てて公式令に定められた書式をとらない事例があることを指摘したが、文書の内容が書式に影響を与えるという点は公式様文書ではない宣旨等の成立を考える上で意義がある。次に造石山寺所の受信文書を検討し、署名と宛先の関連性は造東大寺司内の各部局から送られてきた文書に共通して窺えることから、造東大寺司内では共通の理解の下で署名を行っていることを指摘した。また復原される史料群の姿から受信文書の処理過程を考察し、到来した文書は受信先や案件毎に分類された上で継文として貼り継がれ、その分類に入らないものを「造石山院所貯蓄継文」に貼り継いだことを確認した。さらに上級官司である造東大寺司に宛てて提出された継文の存在から、石山寺造営関係史料中に残存する継文および帳簿類は造東大寺司に提出する必要がなかったと結論付けた。最後にこれらの結論を踏まえて、天平宝字六年の「告朔解」を検討した。

　第三章「日本古代文書行政の特質―正倉院文書と敦煌・吐魯番文書の比較を通じて―」では、前章において一次史料の検討から把握された造石山寺所および造東大寺司の文書行政の実態が、日本古代国家が導入した律令制の中でどのような位置づけにあるかを明らかにすることを目的に、唐の敦煌・吐魯番文書の中に残る案巻との比較を行った。敦煌・吐魯番文書の案巻は文書の到来から返信の作成までの全ての過程を一つの帳簿上に書き記すことを特徴とし、その処理過程において官人の自筆での判語・判辞（決裁文言）が表面に書き込まれ、裏面には押縫（継目への押署）という形で各人の責任の所在が明示される。また料紙数の多い案巻では紙縫（継目）毎に数字が裏書される事例が確認され、紙縫に対して厳重な注意を払いつつ作成された上で、担当部局から上級官庁へと送られ、長官が管理する庫で作成された文書の案と共に保管された。このように、唐では案巻の処理、文書の作成、案の保管および廃棄の三者が一体となって一つのシステムとして機能していた。これに対して、日本は従来指摘されているように制度として案巻を継受せず、文書の作成は実施可能な変容した形で継受したのみならず、案についても唐に倣って令条を立てたものの中央官司では恐らく太政官の発信文書に限定して集約的な管理を行ったと推測される。その結果、太政官以下では事務の過程における文書や帳簿の処理・保管・廃棄は、案件を担当する下級の部局およびその事務担当者に委ねられたと結論付けた。このような状況の下で形成されたのが史料群としての正倉院文書なのである。

第二部「古代史料とその復原」では、第一部の検討を含め、日本古代史の研究においては不可欠と言える史料の復原の重要性について論じるため、第一章では正倉院文書を、第二章・第三章では典籍を取り上げた。

第一章「「未修古文書目録」に見る明治十年代の正倉院文書整理」では、近世から近代にかけて実施され、奈良時代末以来保たれていた正倉院文書の原形を破壊した「整理」のうち、その最末期に行われた続々修整理の具体的な様子を明らかにすることを目的に、編纂過程で作成された目録の比較を試みた。現在、続々修の復原研究には明治十八年に図書寮が作成した目録の写本が広く活用されているが、これに先行する明治十五年図書局作成の目録との間に既に差異が認められることを明らかにした。この差異こそがこの間に実施された整理の結果であり、より旧状を多く伝えるこの図書局本も活用されるべきである。ただし、図書局本は記載が簡略な部分が多く、図書局本と現状の続々修との直接の対照では対応の確定は難しいため、現在までに判明している図書寮本と続々修の対照成果を付表の形で添えた。

第二章・第三章では正倉院文書を離れて、典籍による史料復原の事例を取り上げた。第二章「『政事要略』による『西宮記』勘物の復原」では平安時代の法制書である『政事要略』の検討を通じて引用される儀式書『西宮記』の勘物（先例）の逸文を指摘し、第三章「天一閣明鈔本天聖令の書誌学的検討—唐令復原の一方法として—」では近年中国の天一閣博物館で発見された明鈔本天聖令の具体的な書写の過程を明らかにし、さらに大幅な錯簡の見られる営繕令のテキストから親本やその親本の姿を復原し、その復原された親本の姿から唐令の復原を行った。近年は古代史の史料のうち善本については影印が多く刊行されており、原本を直に観察せずとも記載されている文字や字配り等については影印で確認することが可能である。もちろん原本を直接に観察できるに越したことはないが、正倉院文書研究のうち復原研究で『正倉院古文書影印集成』が大いに活用されているように、他史料についてもこれら影印を活用することで復原を行い得ることを示した。

以上、本書の概要と得られた結論を述べたが、いくつかの課題が残された。まず第一部第一章および第二章の検討により「告朔解」に石山寺造営事業と同様の署名方法を採用していたことが判明した宝亀年間（七七〇～七八一）の奉写一切経所についてである。この奉写一切経所は皇后宮職系統写経機関の最末期に当たり、写経事業終了時点で写経所に残されていた文書群が正倉院文書であると言われている。したがって、他の時期よりも史料の残存状況が良好であるものの、その点数も膨大な数に上り、奉写一切経所期の史料の全体像の解明は不十分な状況にある。[1]しかし、復原結果によっては、官司における文書および帳簿の処理状況を検討するに最適の史料群となる可能性も高く、この宝亀年間の写経所文書全体の復原およびその検討を一点目の課題として挙げたい。

また、この奉写一切経所に関しては、近年の聖語蔵経巻の画像の公刊にともない[2]、聖語蔵経巻に収められている第四類「神護景雲二年御願経」がこの宝亀年間に奉写一切経所で書写された今更一部一切経であることが判明し[3]、また藤田美術館所蔵の魚養経（薬師寺伝来）が先一部一切経である可能性が示唆されている。[4]これらの成果に導かれ、東大寺の内外で所蔵されている奈良時代経巻の検討が進展しており、宝亀年間に書写された一切経に属する経巻が相次いで見出されている[5]。正倉院文書の記載と関わる経巻群の発見は、経巻の書写過程で作成された事務帳簿および報告書と書写された経巻との比較検討を可能とし、今後は文書および帳簿のみでは写経事業やその管理体制の全貌を論じることができなくなったとも言える。特にこの宝亀年間の文書群は、残存状況の良好さからいわゆる「帳簿論」のモデルとして扱われることが多く、文書および経巻の双方による検討は古代における官司（もしくは工房）の運営方法の解明にもつながり得るであろう。これを二点目の課題としたい。

さらに、第一部第三章で行った唐の実例との比較研究では、官文書のうちの案巻のみに対象を絞って検討を行ったが、敦煌・吐魯番文書の中には案巻以外の官文書も存在し、また寺院関係の帳簿類も多数残存している。日本の正倉院文書研究の成果から明らかなように、文書は種々の帳簿に基づいて作成されるものであり、これら帳簿類の検討から唐における事務処理過程ひいては文書行政システムを解明することが可能であろう。近年、中国では社会科学院歴史研究所により「中国古文書学」が提唱されており[6]、今後一次史料を用いた論考が相次いで発表されると見られる。さらに、後者の寺院関係の帳簿類に関しては、土肥義和氏による敦煌仏教教団によって行われた写経事業に関する研究があるが[7]、宋太宗による国家的崇仏事業と関連を有する点、官人・俗人・僧侶によって事業が担われている点、この写経事業中断と共に「敦煌遺書」が封蔵されると推測される点など、皇后宮職系統の写経事業の中でも特に宝亀年間の奉写一切経所と共通する特徴が多い。また敦煌には書写された経巻も多く残存し、その影印も広く公刊されている。したがって、この敦煌・吐魯番文書中の帳簿類および経巻の検討を三点目の課題とし、帳簿の処理過程および経巻の作成過程の双方から日唐の比較を行うことで、先に挙げた奉写一切経所の成果の相対化を図ることを目指したい。

以上のように残された課題は多いが、ここでは指摘するに止め擱筆することとする。

注

(1) 山下有美「正倉院文書研究における帳簿論—宝亀年間の写経所の帳簿管理技術—」(『民衆史研究』五八、一九九九年)において整理はなされているが、復原に問題のある箇所が存在する。

(2) 聖語蔵経巻は電子資料として『宮内庁正倉院事務所蔵聖語蔵経巻 カラーCD—R版』として「第一期 隋・唐経篇」(二〇〇〇年)および「第二期(天平十二年御願経編)」(二〇〇七〜二〇一〇年)が、『宮内庁正倉院事務所蔵聖語蔵経巻 カラーデジタル版』として「第三期(神護景雲二年御願経)」(二〇〇七〜二〇一〇年)、「第四期(甲種写経)」(二〇一一年)、「第五期(乙種写経)」(二〇一三年〜)が丸善より刊行されている。

(3) 飯田剛彦「聖語蔵経巻「神護景雲二年御願経」について」(『正倉院紀要』三四、二〇一二年)。

(4) 野尻忠「藤田美術館所蔵『大般若経』(魚養経)の調査研究」(科学研究費基盤研究(A)「奈良時代の仏教美術と東味さの文化交流」〔課題番号二〇二四二〇〇四、研究代表者湯山賢一、二〇〇八〜二〇一〇年度〕報告書〔奈良国立博物館、二〇一一年〕第一分冊)、同「薬師寺伝来の大般若経(魚養経)と正倉院文書にみる宝亀初年の一切経書写」(『鹿園雜集』二〇、二〇一八年)。

(5) 矢越葉子「東大寺所蔵経巻の検討—「神護景雲二年御願経」と正倉院文書を手がかりに—」(『正倉院文書研究』一五、二〇一七年)、宮内庁書陵部蔵漢籍研究会編『図書寮漢籍叢考』(汲古書院、二〇一八年)等。

(6) 黄正建主編『中国古文書学研究初編』(上海古籍出版社、二〇一九年)。

(7) 土肥義和「曹氏帰義軍後期、燉煌管内仏教教団の写経事業記録の分析—「燉煌遺書」の性格を探って—」(『燉煌文書の研究』汲古書院、二〇二〇年、初発表二〇〇九年)。

あとがき

本書は、二〇一三年三月にお茶の水女子大学大学院に提出した博士論文「正倉院文書を中心とした日本古代史料の形成と復原の研究」をもとにしている。審査に際しては、主査の古瀬奈津子先生をはじめ、学内の安田次郎先生、荻原千鶴先生、伊藤美重子先生、学外から審査に加わっていただいた山口英男先生から数多くのご教示をいただいた。まずは、この五名の先生方に感謝申し上げたい。

本書を執筆するに当たり、全体の論旨に変更は加えていない。しかし、提出から既に七年が経過したこともあり、『正倉院文書目録』七、八が刊行され、さらに関連する論文も多く公表された。そのため、加筆・修正した箇所が含まれていることをお断りしておきたい。

さて、初めての著書のあとがきと言えば、自身の専門分野を研究するに至った経緯を述べる場でもある。そこでつらつらと思い返してみたが、大学入学時に歴史学を学びたいと志したものの、愛読していた本の影響か、当時は西洋中世史に興味を抱いていたように記憶している。それが日本古代史を専攻するに至ったのは、大学入学後に入部した考古学研究会（顧問は鷹野光行先生）の合宿で京都府向日市を訪れ、寺戸大塚古墳や長岡宮跡の発掘調査に参加したことに端を発している。長岡京は延暦三年（七八四）からわずか十年間のみ用いられた都であり、未完成のまま平安京へと遷都するが、正史である『続日本紀』『日本後紀』が語らない情報を発掘調査が明らかにすることできるという点に強く惹かれた。また出土文字資料である木簡の実物を初めて目の当たりにしたのもこの向日市においてであった。私が大学に入学した一九九〇年代後半は、平城宮跡の長屋王家木簡の整理が進んで正報告書が刊行され始めた時期でもあり、木簡に基づく多くの論考が発表されていた。このように考古学の成果や一次史料である出土文字資料に触れることで、歴史学を研究するのであれば一次史料に基づくものにしよう、一次史料を観察するのであれば日本古代史、特に奈良時代を専門にしようと決めるに至ったのである。

　このように奈良時代の一次史料に基づいて研究を進めようと決めたものの、当時はまだウェブ上でのデータの公開も進んでおらず、また木簡は報告書の刊行によって研究内容が左右されるという状況であった。卒業論文のテーマを決めるに当たって指導教員である古瀬先生に相談したところ、おすすめいただいたのが正倉院文書であった。今日では正倉院文書の入門書が複数刊行されているが、当時は専門書と雑誌論文しかなく、『大日本古文書』編年文書をめくりつつ、専門論文を四苦八苦して読み、何とか卒業論文（本書第一部第一章）を書きあげた。

　大学院進学後、正倉院文書を専門的に学ぶのであればと出席させていただいたのが、東京大学史料編纂所で開講されていた石上英一先生の正倉院文書の演習であった。卒業論文執筆時は『大日本古文書』のみを使用していたため文書の表裏関係がよく分からず、またお茶の水女子大学に備えられてなかったため写真帳を目にしたことがなかった。このようなほぼ素人の状態で演習に参加し、写真帳の見方をようやく実地で学び始めたところで、驚くことに前期の中頃には編年整理の担当が回ってきた。石上ゼミは写経機関関係文書を年毎に整理して内容を検討するという方針で進めていたが、そのうちの天平宝字六年（七六二）の担当となったのである。ほぼ初学者に無事に報告が務まるはずもなく、当時史料編纂所にお勤めでゼミに参加されていた西洋子さんに手取り足取りご教示いただきつつ何とか準備をして、隔週開催のゼミで報告し、石上先生をはじめ出席者の方々からご意見をいただくという状態が約一年間続いた。他の授業や研究会もあり、毎回十全な準備をして臨んだとは言い難いが、一年をかけて正倉院文書の基礎をじっくりと学ぶことができたのは今となっては一番の財産かもしれない。この天平宝字六年の文書の整理結果は東京大学日本史研究室の紀要に報告し、また整理結果に基づいた修士論文は本書第一部第二章として収めた。

博士後期課程に進んだ後は、前述の卒業論文と修士論文を手直しして公表しつつ、史料群としての正倉院文書の位置づけを探ることを目的に中国の敦煌文書や吐魯番文書との比較を行い、また史料の復原研究にかかる成果を公表した。それらの成果をまとめたのが、本書のもととなった博士論文である。

また、博士後期課程在籍時から様々な研究プロジェクトに参画させていただいたが、博士論文ひいては本書を執筆する上で大きな影響を受けたのが市川市史編さん事業の「下総国戸籍」の釈文検討でご一緒した故皆川完一先生である。皆川先生は今日につながる正倉院文書研究に先鞭を着け、復原の最小単位となる断簡を示した上で史料の復原方法を論文の中で初めて示した方である。その皆川先生から「下総国戸籍」の写真版を挟んで断簡の分け方についてレクチャーを受け、また文書の観察方法を学ぶことができたのは得難い経験であった。この経験は西さんと共同で発表した「未修古文書目録」と続々修の対照、および本書第二部第一章付表に活きているであろう。

このように見てくると、これまでの私の研究の歩みは数多くの方とのご縁とそのお力添えと共にあったように思う。学位取得後、明治大学で研究を続けているが、本書の刊行を後押ししてくださったのは吉村武彦先生である。加藤友康先生からも折に触れてご助言をいただいた。このほかにも一人ひとりのお名前を挙げることはできないが、多くの方にお世話になった。ここに記して感謝申し上げる。

また本書の刊行にあたって、八木書店出版部の恋塚嘉さんには親身に相談に乗り、限られた日程の中で書類を揃え、また組版や装幀などについて可能な限り意見を容れていただいた。厚くお礼申し上げる。

最後に表紙カバー裏面について。現在、猛威を振るっている新型コロナウィルス感染症の終息を願い、正倉院宝物のうち絵紙（中倉四五）に描かれた麒麟を掲載することとした。一日も早い日常の回復を祈念しつつ。

二〇二〇年十月

矢越　葉子

本書は、独立行政法人日本学術振興会・令和二（二〇二〇）年度科学研究費助成事業（科学研究費補助金）（研究成果公開促進費「学術図書」〔課題番号：20HP5088〕）の助成を受けた。

初出一覧

はじめに―研究の視角―〔新稿〕

第一部　正倉院文書の形成と文書行政

第一章　写経所と「告朔解」

原題「写経所の「告朔解」について」『お茶の水史学』第五三号（八五～一二二頁、二〇一〇年三月）

第二章　造石山寺所の文書行政―文書の署名と宛先―

『正倉院文書研究』第一一号（二五～八四頁、二〇〇九年二月）

第三章　日本古代文書行政の特質―正倉院文書と敦煌・吐魯番文書の比較を通じて―

原題一、「官司中的文書處理―正倉院文書與敦煌文書的比較―」〔中文〕『お茶の水女子大学大学院教育改革支援プログラム 平成二一年度活動報告書海外教育派遣事業編』（二九五～二九七頁、二〇一〇年三月）

原題二、「唐代的案巻与日本的継文」〔中文〕王振芬・栄新江 主編、旅順博物館・北京大学中国古代史研究中心編『絲綢之路与新疆出土文献―旅順博物館百年紀念国際学術検討会論文集』（中華書局、六〇四～六一三頁、二〇一九年三月）それぞれ中文にて一部を公表ののち加筆。

第二部　古代史料とその復原

第一章　「未修古文書目録」に見る明治十年代の正倉院文書整理

『（お茶の水女子大学）人間文化創成科学論叢』第一四号（三―一～八頁、二〇一二年三月）

付　続々修と未修古文書目録の対照表〔新稿〕

第二章　『政事要略』による『西宮記』勘物の復原

原題「『政事要略』所引の『西宮記』勘物について」『東京大学史料編纂所紀要』第一九号（一九～二八頁、二〇〇九年三月）

第三章　天一閣蔵明鈔本天聖令の書誌学的検討―唐令復原の一方法として―

『（お茶の水女子大学）人文科学研究』第一二号（五五～六三頁、二〇一六年三月）。〔中文翻訳〕「天一閣蔵明鈔本天聖令的文献学研究―作為唐令復原的方法之一」『法律史訳評』第六巻（一六七～一七八頁、二〇一八年一一月）

まとめと今後の展望〔新稿〕

事　項（50音順）

人　名（50音順）

史 料 名（50音順）

【た】

【は】

【ま】

【や】

【著　者】
矢越　葉子（やごし　ようこ）
1980年　新潟県に生まれ、東京都で育つ
2002年　お茶の水女子大学卒業
2013年　お茶の水女子大学大学院にて学位取得（博士（人文科学））
2013年　明治大学研究・知財戦略機構 研究推進員（ポスト・ドクター）
現　在　明治大学研究・知財戦略機構 研究推進員
市川市史編さん専門員

〔共著書〕
市川市史編さん歴史部会（古代）下総国戸籍研究グループ編『市川市史編さん事業調査報告書　下総国戸籍』写真編、釈文編・解説編（市川市、2012年）
明治大学広開土王碑拓本刊行委員会編『明治大学図書館所蔵　高句麗広開土王碑拓本』（八木書店、2019年）

〔本書未収録の主な論文〕
「正倉院文書写経機関関係文書編年目録 —天平宝字六年」（『東京大学日本史学研究室紀要』11、2007年）
「「未修古文書目録」と「続々修正倉院古文書目録」の対照表（二）」「同（三）」（西洋子氏と共著、『正倉院文書研究』12・13、2011年・2013年）
「東大寺所蔵経巻の検討 —「神護景雲二年御願経」と正倉院文書を手がかりに—」（『正倉院文書研究』15、2017年）
「文書行政と官僚制 —正倉院文書の検討を中心に—」（『律令国家の理想と現実』〔古代文学と隣接諸学5〕竹林舎、2018年）

日本古代《にほんこだい》の文書行政《もんじょぎょうせい》—正倉院文書《しょうそういんもんじょ》の形成《けいせい》と復原《ふくげん》—

2020年12月20日　初版第一刷発行　　定価（本体8,000円＋税）

著　者　矢　越　葉　子
発行所　株式会社　八木書店出版部
代表　八　木　乾　二
〒101-0052 東京都千代田区神田小川町3-8
電話 03-3291-2969（編集）-6300（FAX）
発売元　株式会社　八　木　書　店
〒101-0052 東京都千代田区神田小川町3-8
電話 03-3291-2961（営業）-6300（FAX）
https://catalogue.books-yagi.co.jp/
E-mail pub@books-yagi.co.jp

印　刷　上毛印刷
製　本　牧製本印刷
用　紙　中性紙使用
ISBN978-4-8406-2240-0